KEROUAC · UNTERWEGS

Universal
Bibliothek

BELLETRISTIK

Jack Kerouac

UNTERWEGS

Roman

1987

Verlag Philipp Reclam jun. Leipzig

Berechtigte Übertragung aus dem Amerikanischen
Nachwort von Bernhard Scheller

ISBN 3-379-00062-0

Lizenzausgabe des Verlages Philipp Reclam jun. Leipzig für die DDR und die anderen sozialistischen Länder mit Genehmigung der Rowohlt Verlag GmbH, Reinbek bei Hamburg

Text nach: Jack Kerouac, „Unterwegs", Rowohlt Verlag GmbH Hamburg 1959

Reclams Universal-Bibliothek Band 760
3. Auflage
Umschlaggestaltung: Friederike Pondelik
unter Verwendung eines Werkes von Robert Rauschenberg, Black Market, 1961, Leinwand, Holz, Metall und Ölfarbe, Wallraf-Richartz-Museum, Köln
Farbaufnahme: Gerhard Reinhold, VBK/DDR, Leipzig-Mölkau
Lizenz Nr. 363. 340/76/87 · LSV 7331 · Vbg. 19,6
Printed in the German Democratic Republic
Grafischer Großbetrieb Völkerfreundschaft Dresden
Gesetzt aus Garamond-Antiqua
Bestellnummer: 660 842 5
00250

Erster Chorus

Nicht lange, nachdem meine Frau und ich uns getrennt hatten, traf ich Dean zum erstenmal. Ich hatte gerade eine schwere Krankheit überstanden, die ich nicht weiter erwähnen will, höchstens daß sie etwas mit der scheußlich deprimierenden Trennung zu tun hatte und mit meinem Gefühl, alles sei tot. Mit dem Auftauchen von Dean Moriarty begann der Teil meines Lebens, den man mein Leben auf den Straßen nennen könnte. Ich hatte schon vorher oft davon geträumt, in den Westen zu gehen, um das Land kennenzulernen, aber es war immer bei vagen Plänen geblieben, und ich war niemals losgezogen. Dean ist der ideale Kumpel für die Straße, denn er wurde praktisch auf der Straße geboren, und zwar als seine Eltern 1926 in einem abgetakelten alten Automobil unterwegs nach Los Angeles durch Salt Lake City gekommen waren. Die ersten Berichte über ihn erhielt ich von Chad King; er zeigte mir einige seiner Briefe aus einer Besserungsanstalt in New Mexico. Mich interessierten die Briefe enorm, denn Dean bat in ihnen so naiv und nett, Chad möge ihm alles über Nietzsche beibringen und alle die wundervollen intellektuellen Dinge, die Chad wußte. Gelegentlich sprachen Carlo und ich über die Briefe und überlegten, ob wir diesen merkwürdigen Dean Moriarty wohl jemals kennenlernen würden. Das alles liegt weit zurück, als Dean noch nicht so war, wie er heute ist, sondern noch ein junger, von Geheimnis umgebener Gefängnisvogel. Später hörten wir, Dean sei aus der Besserungsanstalt heraus und komme zum erstenmal nach New York; es hieß auch, er habe gerade ein Mädchen namens Marylou geheiratet.

Eines Tages lungerte ich auf dem Universitätsgelände herum; und Chad und Tim Gray erzählten mir, Dean wohne in einer Bude ohne jeden Komfort in East Harlem, dem spanischen Teil von Harlem. Dean war am Vorabend zum erstenmal in New York angekommen, zusammen mit seinem Biest Marylou; sie stiegen in der 50. Straße aus dem Greyhound-Überlandbus, suchten ein Eßlokal in der Gegend und gingen geradewegs zu Hector's, und seither ist Hector's Selbstbedienungsrestaurant für Dean ein wichtiges Symbol von New York geblieben. Sie legten ihr Geld in schönen großen Kuchen mit Zuckerguß und Windbeuteln an.

Während der ganzen Zeit sprach Dean auf Marylou ein, etwa so: „Also Liebling, nun sind wir in New York, und wenn ich dir auch nicht alles gesagt habe, was ich dachte, als wir durch Missouri kamen, und schon gar nicht, als wir an der Besserungsanstalt in Booneville vorbeifuhren, die mich an mein Gefängnisproblem erinnerte, so müssen wir jetzt unbedingt all diese noch offenen Fragen unserer persönlichen Liebesangelegenheiten vertagen und unverzüglich damit beginnen, uns präzise Gedanken über unser Arbeitsleben zu machen ..." und so weiter in der Art, die er in jenen früheren Tagen an sich hatte.

Ich ging mit den Jungen zu seiner Bude. — „Nur kaltes Wasser" — und Dean kam in seinen Shorts zur Tür. Marylou sprang gerade vom Sofa herunter; Dean hatte die Vermieterin in die Küche geschickt, vermutlich, um Kaffee zu machen, während er mit seinen Liebesproblemen fortfuhr, denn für ihn war das Geschlechtliche die einzig heilige und wichtige Sache im Leben, wenn er auch schwitzen und fluchen mußte, um genug zum Leben und was dazu gehört zu verdienen. Man sah es an der Art, wie er den Kopf hängen ließ, den Blick immer gesenkt; dabei nickte er wie ein junger Boxer in der Instruktionsstunde, um glauben zu machen, er höre jedem Worte aufmerksam zu, und warf dauernd „Ja" und „Ganz richtig" dazwischen. Mein erster Eindruck von Dean war der eines jungen Gene Autry — sauber, schmalhüftig, blauäugig, mit einem echten Oklahoma-Akzent —, ein Held aus dem schneereichen Westen mit Koteletten im Gesicht. Tatsächlich hatte er auch auf einem Bauernhof gearbeitet, bei Ed Wall in Colorado, bevor er Marylou heiratete und nach dem Osten kam. Marylou war eine hübsche Blondine mit riesigem Wuschelkopf, der aussah wie ein Meer von goldenen Locken; sie saß auf dem Sofarand, ließ ihre Hände in den Schoß hängen und hielt ihre rauchblauen Landaugen weit und starr geöffnet, denn sie sah auch in so eine graue New-Yorker Bude, wie man sie ihr schon seinerzeit im Westen geschildert hatte, und sie wartete wie eine langwüchsige, ausgemergelte surrealistische

Frauengestalt von Modigliani in einem düsteren Raum. Abgesehen davon, daß sie ein süßes kleines Ding war, war sie jedoch furchtbar dumm und konnte die schrecklichsten Sachen anstellen. Diese Nacht tranken wir alle Bier und spielten „Stemmen“ und erzählten bis zur Dämmerung, und am Morgen, als wir so dasaßen und im grauen Licht eines trüben Tages Stummel aus den Aschenbechern rauchten, stand Dean nervös auf, spazierte herum, dachte nach und beschloß, das Richtige sei, Marylou Frühstück machen und den Boden fegen zu lassen. „Mit anderen Worten, wir müssen zu jeder Zeit auf Draht sein, Liebling, wie ich sage, sonst kommt alles ins Schwanken, und die richtige Weisheit wird fehlen, und unsere Pläne werden sich nicht herauskristallisieren.“ Dann ging ich weg.

Während der nächsten Woche vertraute er Chad King an, er müsse unbedingt von ihm lernen, wie man schreibt; Chad sagte, ich sei ein Schriftsteller, und er müsse sich an mich um Rat wenden. Inzwischen hatte Dean einen Job auf einem Parkplatz gefunden, hatte sich mit Marylou in ihrer Wohnung in Hoboken gezankt — weiß Gott, warum sie dorthin gezogen waren —, und sie war so wütend und so von Rachsucht besessen, daß sie bei der Polizei irgendeine völlig erfundene, hysterisch verrückte Anzeige erstattete, und Dean mußte aus Hoboken verduften. So hatte er keine Bleibe. Er kam direkt nach Paterson in New Jersey, wo ich mit meiner Tante wohnte, und eines Nachts, als ich studierte, klopfte es an die Tür, und da stand Dean, verbeugte sich, schlurfte unterwürfig durch das Dunkel des Vorzimmers und sagte: „Hal-lo, erinnern Sie sich an mich — Dean Moriarty? Ich bin gekommen, um Sie zu fragen, ob Sie mir nicht zeigen können, wie man schreibt.“

„Und wo ist Marylou?“ fragte ich, und Dean sagte, sie hätte anscheinend ein paar Dollar zusammengehurt und wäre nach Denver zurückgefahren — „die Hure!“. Darauf gingen wir ein paar Bier trinken, denn vor meiner Tante, die im Wohnzimmer saß und ihre Zeitung las, konnten wir nicht so sprechen, wie wir wollten. Sie warf einen Blick auf Dean und kam zu dem Schluß, daß er ein Irrer sei.

In der Bar sagte ich zu Dean: „Zum Teufel, Mann, ich weiß ganz genau, daß Sie nicht zu mir gekommen sind, bloß weil Sie ein Schriftsteller werden wollen, und schließlich, was

verstehe ich denn überhaupt davon, außer daß man sich mit der Energie eines Rauschgiftsüchtigen dranmachen muß."
Und er sagte: „Ja, natürlich, ich weiß genau, was Sie meinen, und tatsächlich sind alle diese Probleme auch mir aufgestoßen, aber was ich brauche, ist die Erkenntnis jener Faktoren, die, wenn man sich auf Schopenhauers Dichotomie verlassen sollte, um irgendwelche inneren Erkenntnisse ..." und so weiter in dieser Manier: Dinge, von denen ich nicht ein Wort verstand und er selbst auch nicht. In jenen Tagen wußte er wirklich nicht, was er zusammenredete; das heißt, er war ein junger Gefängnisvogel, begeistert von den wunderbaren Möglichkeiten, ein richtiger Intellektueller zu werden, und er liebte es, in der Art zu reden und die Worte zu gebrauchen, die er bei „wirklichen Intellektuellen" gehört hatte, nur daß bei ihm alles durcheinandergeriet — obwohl er, recht verstanden, in allen anderen Dingen keineswegs naiv war und kaum ein paar Monate mit Carlo Marx nötig hatte, um in allen Angriffen und Schlagworten ganz zu Hause zu sein. Dennoch verstanden wir einander auf anderen Ebenen der Verrücktheit, und ich gestattete ihm, bei mir wohnen zu bleiben, bis er einen Job gefunden habe; außerdem kamen wir überein, irgendwann nach dem Westen zu gehen. Das war im Winter 1947.
Eines Nachts, als Dean bei mir zu Abend aß — er hatte bereits den Posten auf dem Parkplatz in New York —, beugte er sich über meine Schulter, als ich gerade an der Maschine im schönsten Schreiben war, und sagte: „Los, Mann, die Mädchen werden nicht warten, mach schnell."
Ich sagte: „Nur einen Moment, ich komme gleich, sobald ich das Kapitel fertig habe", und es war eines der besten Kapitel in dem Buch. Dann zog ich mich an, und ab ging's nach New York, um irgendwelche Mädchen zu treffen. Als wir mit dem Bus durch die unheimlich phosphoreszierende Leere des Lincoln-Tunnels fuhren, lehnten wir aneinander und redeten mit den Händen und schrien aufgeregt, und ich begann demselben Bazillus zu verfallen wie Dean. Er war einfach ein Junge, den das Leben furchtbar erregte, und wenn er auch ein Hochstapler war, so schwindelte er nur, weil er so heftig leben und mit Menschen zusammenkommen wollte, die ihm sonst keine Beachtung geschenkt hätten. Er nahm mich aus und wickelte mich ein, und ich wußte es (mit Wohnung und Essen und „Wie-schreibt-man" usw.), und er wußte, daß ich es wußte (das war

die Grundlage für unsere Beziehungen gewesen), aber das störte mich nicht, und wir kamen gut miteinander aus — ohne einander zu belästigen oder zu umsorgen; wir tänzelten umeinander herum wie herzzerbrechend neue Freunde. Ich begann, genausoviel von ihm zu lernen, wie er vermutlich von mir lernte. Was meine Arbeit anging, meinte er: „Nur weiter, alles, was du machst, ist großartig." Er sah mir über die Schulter, wenn ich Geschichten schrieb, und schrie: „Ja! So ist's richtig! Prima, Mensch!" und „Dufte!" und wischte sich mit dem Taschentuch über das Gesicht. „Mensch, du, es gibt soviel zu tun, soviel zu schreiben. Wie soll man überhaupt *anfangen*, das alles zu Papier zu kriegen — ohne modifizierte Einschränkungen und ganz frei von literarischen Hemmungen, grammatikalischen Ängsten und solchen Dingern."

„Hast recht, Alter, sprich dich nur aus." Und ich sah eine Art heiligen Blitz aus seiner Erregung und seinen Visionen aufleuchten, die er so sprudelnd beschrieb, daß sich die Leute in den Bussen nach ihm umdrehten, um zu sehen, wer da „übergeschnappt" war. Im Westen hatte er ein Drittel seiner Zeit in der Billardkneipe verbracht, ein Drittel im Gefängnis und ein Drittel in der Stadtbibliothek. Man hatte ihn eifrig durch die winterlichen Straßen laufen sehen, ohne Hut, mit Büchern unterwegs in die Billardkneipe, oder wie er auf Bäume kletterte und von da in die Dachstuben von Kameraden einstieg, um dort ganze Tage mit Lesen zu verbringen oder sich vor der Polizei versteckt zu halten.

Wir fuhren nach New York — ich weiß nicht mehr, wie es genau war, es ging um zwei farbige Mädchen —, die Mädchen waren nicht da; sie hätten ihn in einem Eßlokal treffen sollen und waren nicht gekommen. Wir gingen auf seinen Parkplatz, wo er einiges zu erledigen hatte: Er zog sich in einem rückwärtigen Verschlag um und richtete sich vor einem gesprungenen Spiegel ein bißchen her und so weiter, und dann zogen wir los. Das war die Nacht, in der Dean Carlo Marx kennenlernte. Eine tolle Sache war das, als Dean Carlo Marx traf. Beide waren kluge Köpfe und waren einander im Handumdrehen sympathisch. Zwei durchdringende Augen sahen in zwei durchdringende Augen — der heilige Hochstapler mit dem glitzernden Verstand und der traurig-poetische Hochstapler mit dem düsteren Verstand: Carlo Marx. Von diesem Augenblick an sah ich Dean nur noch sehr wenig, und das tat mir auch ein bißchen leid. Ihre Energien platzten aufeinander; mit ihnen verglichen war ich nur ein Tölpel, ich konnte mit ihnen nicht Schritt halten. Damals begann der ganze verrückte Trubel all der Dinge, die wir noch vor uns hatten; er sollte alle meine Freunde und alles, was mir von meiner Familie geblieben war, zu einer großen Staubwolke über der amerikanischen Nacht durcheinanderwirbeln. Carlo erzählte ihm von Old Bull Lee, Elmer Hassel und Jane: Lee pflanzte in Texas „Unkraut", Hassel war auf Riker's Island, und Jane wanderte mit Benzedrinhalluzinationen auf dem Times Square umher, ihre kleine Tochter auf dem Arm, und landete schließlich im Bellevue-Hospital. Und Dean erzählte Carlo von unbekannten Leuten im Westen, so von Tommy Snark, dem klumpfüßigen Spielautomatenhaifisch und Kartenspieler und komischen Heiligen. Er erzählte ihm von Roy Johnson, Big Ed Dunkel, seinen Jugendkumpanen, seinen Straßenkumpanen, seinen unzähligen Mädchen und Sexpartys und pornographischen Bildern, seinen Helden, Heldinnen, Abenteuern. Sie rannten zusammen die Straße hinunter und spürten alles auf in ihrer damaligen Art, die später so traurig-bewußt und ausdruckslos wurde. Aber damals tanzten sie über die Straßen wie Waldgeister, und ich schlurfte hinter ihnen her, wie ich mein ganzes Leben lang hinter Leuten hergeschlurft bin, die mich interessieren. Denn die einzig wirklichen Menschen sind für mich die Verrückten, die verrückt danach sind zu leben, verrückt danach zu sprechen, verrückt danach, erlöst zu werden, und nach allem gleichzeitig gieren — jene, die niemals gähnen oder etwas Alltägliches sagen, sondern brennen, brennen, brennen wie phantastisch gelbe Wunderkerzen, die gegen den Sternenhimmel explodieren wie Feuerräder, in deren Mitte man einen blauen Lichtkern zerspringen sieht, so daß jeder „Aahh!" ruft. Wie nannte man doch solche jungen Leute in Goethes Deutschland? Da Dean dringend schreiben lernen wollte wie Carlo, stürzte er sich zunächst einmal mit einer großen liebenden Seele auf ihn, wie sie nur ein ganz Ausgekochter haben kann. „Jetzt, Carlo, laß *mich* sprechen — also dazu möchte *ich* sagen ..." Zwei Wochen lang sah ich sie nicht, und während dieser Zeit bauten sie ihre Beziehungen zu teuflischen Ausmaßen aus — den ganzen Tag und die ganze Nacht redeten sie.

Dann kam das Frühjahr, die große Reisezeit, und jedes Mitglied der zerstreuten Bande machte sich für irgendeine Reise fertig. Ich arbeitete fleißig an meinem Roman, und als ich etwa in der Mitte angelangt war — nach einer Reise mit meiner Tante in den Süden zu meinem Bruder Rocco —, machte ich mich fertig, um zum allererstenmal nach dem Westen zu fahren.

Dean war bereits fort. Carlo und ich gaben ihm das Geleit zur Greyhound-Überlandbusstation in der 34. Straße. Im Obergeschoß konnte man sich für einen Vierteldollar fotografieren lassen. Carlo nahm seine Brille ab und sah finster drein. Dean ließ eine Profilaufnahme machen und setzte eine züchtige Miene auf. Ich ließ mich en face aufnehmen und sah aus wie ein dreißigjähriger Italiener, bereit, jeden zu töten, der etwas gegen seine Mutter sagen würde. Dieses Bild schnitten Carlo und Dean in der Mitte sauber mit einem Rasiermesser entzwei, und jeder steckte eine Hälfte in seine Brieftasche. Für seine Rückreise nach Denver trug Dean einen Sakkoanzug echt westlicher Machart; er hatte seinen ersten großen Wurf in New York hinter sich. Ich sage „Wurf", aber er hatte nur auf einem Parkplatz wie ein Hund gearbeitet. Er ist der phantastischste Parkwächter der Welt und kann einen Wagen mit siebzig Sachen im Rückwärtsgang in eine enge Lücke fahren und hart an der Wand anhalten, herausspringen, zwischen den Kotflügeln durchlaufen, in einen anderen Wagen springen, ihn mit achtzig Kilometer pro Stunde in einem Engpaß wenden, schnell in eine Lücke hinein, ratsch! Den Wagen mit der Handbremse anhalten, daß man ihn sich aufbäumen sieht, während Dean herausgesaust kommt; dann los zum Kassenschalter, im Sprintertempo; Parkschein übergeben, in einen neuankommenden Wagen springen, bevor der Fahrer auch nur halbwegs heraus ist, buchstäblich unter ihm hindurchspringen, während er aussteigt, den Wagen bei noch offener Tür anlassen und wegrasen zum nächsten freien Platz, Bogen schlagen, hineinspringen, bremsen, raus, loslaufen; so ohne Pause acht Stunden die Nacht arbeiten, im Abendhauptverkehr und im Hauptverkehr nach dem Theater, in schmierigen Landstreicherhosen mit ausgefranster, pelzgefütterter Jacke und abgetragenen Schuhen, deren Sohlen klaffen. Nun hatte er sich für die Rückfahrt einen neuen Anzug gekauft; blau, mit Nadelstreifen, Weste und allem Drum und Dran — elf Dollar in der Third Avenue, mit Uhr und Uhrkette und einer Reiseschreibmaschine, auf der er in seinem Mietszimmer in Denver zu schreiben anfangen wollte, sobald er dort einen Job hatte. Wir aßen zum Abschied Würstchen mit Bohnen in einer Riker-Stube in der Seventh Avenue, und dann kletterte Dean in den Bus mit der Aufschrift „Chicago“ und brauste los in die Nacht. Da fuhr er nun, unser Diskutierer! Ich nahm mir das Versprechen ab, denselben Weg zu gehen, sobald der Frühling richtig in Blüte stehen und das Land aufwecken würde.

Und das war dann wirklich der Anfang all meiner Straßenerfahrungen, und die Dinge, die da kommen sollten, sind so phantastisch, daß man sie einfach erzählen muß.

Sehen Sie, ich wollte Dean nicht nur näher kennenlernen, weil ich Schriftsteller war und neue Erlebnisse brauchte und weil mit dem Herumlungern auf der Universität mein Leben seinen Kreis vollendet hatte und erstarrt war, sondern weil er bei aller Verschiedenheit unserer Charaktere mir fast wie ein lang verlorener Bruder vorkam; der Anblick seines leidenden, knochigen Gesichtes mit den langen Koteletten und seines angespannten, muskulösen, schwitzenden Halses rief mir die eigene Jugend an jenen Tümpeln und Schwimmteichen und Uferstrichen in Paterson und am Passaic-Fluß in Erinnerung. Die schmutzige Arbeitskleidung stand ihm so graziös, als könnte man von keinem Maßschneider einen besseren Sitz verpaßt bekommen, sondern sich ihn nur vom natürlichen Schneider der natürlichen Freude verdienen, wie Dean es in seinem Drange getan hatte. Und in seiner aufgeregten Art zu sprechen hörte ich wieder die Stimmen der alten Kameraden und Brüder unter der Brücke, inmitten der Motorräder, vor der wäschebehangenen Nachbarschaft und den nachmittäglich schläfrigen Türstufen, wo die Jungen Gitarre spielten, während ihre älteren Brüder in den Mühlen arbeiteten. Alle meine anderen derzeitigen Freunde waren „Intellektuelle“ — Chad, der Anthropologe mit dem Nietzsche-Komplex, Carlo Marx und seine leicht übergeschnappten, leisen, ernsten, sturen Reden, Old Bull Lee und seine schleppende Sprache, mit der er grundsätzlich alles kritisierte —, oder sie waren schleichende Verbrechertypen wie Elmer Hassel mit seinem höhnischen Grinsen; oder Jane Lee, die hingerekelt auf dem Orientüberwurf ihres Sofas über den „New-Yorker“ die Nase rümpfte. Aber Deans Intelligenz war genauso formvollendet und glänzend und vollständig, ohne die fade Intellektualität. Und seine „Kriminalität" schmollte und grinste nicht, sie war ein wilder, „yea"-sagender, überschwenglicher Ausbruch amerikanischer Freude; sie war aus dem Westen, der Westwind, eine Ode aus den Prärien, etwas Neues, lang prophezeit, lang im Kommen (er stahl Autos nur zu Vergnügungsfahrten). Außerdem gefielen sich alle meine New-Yorker Freunde in der negativen und beklemmenden Haltung, die Gesellschaftsordnung herunterzumachen, und das mit ihren müden formalen oder politischen oder psychoanalytischen Argumenten zu begründen, während Dean nur in der Gesellschaft herumtobte, gierig nach Brot und Liebe; er kümmerte sich nicht darum, wer recht hatte, „solange ich immer noch die lieben kleinen Mädchen mit dem lieben kleinen Etwas zwischen den Beinen kriegen kann, Junge" und „solange wir noch was zu essen haben, Mensch, hörst du? Ich bin *hungrig*, ich *verhungere, essen wir gleich jetzt was!*" Und los stürzten wir dann zum *Essen*, wovon saget Ecclesiastes: „Es ist dein Anteil unter der Sonne."

Ein westlicher Verwandter der Sonne, das ist Dean. Obwohl meine Tante mich warnte, er würde mich in Schwierigkeiten bringen, konnte ich einen neuen Ruf hören und einen neuen Horizont sehen und bei meiner Jugend daran glauben; und ein bißchen Ärger oder sogar, daß Dean mich schließlich als Kumpan verwerfen würde, ja, daß er mich, wie es später geschehen sollte, hungernd dem Rinnstein und dem Krankenbett überließ — was machte es aus? Ich war ein junger Schriftsteller und wollte starten.

Ich wußte, irgendwo auf der Strecke würde es Mädchen geben, Visionen, alles; irgendwo auf der Strecke würde mir die Perle überreicht werden.

2

Im Monat Juli 1947, nachdem ich etwa fünfzig Dollar aus meiner Kriegsteilnehmerrente erspart hatte, war ich soweit, an die Westküste zu fahren. Mein Freund Remi Boncœur hatte mir einen Brief aus San Francisco geschrieben, der besagte, ich möge kommen und mich mit ihm auf einem Weltrundreisedampfer einschiffen. Ich schrieb zurück, ich würde mit einem alten Frachter zufrieden sein, wenn ich nur ein paar lange Reisen in den Stillen Ozean mitmachen könnte und mit genug Geld zurückkäme, um bei meiner Tante leben zu können, bis mein Buch fertig sein würde. Er sagte, er habe eine Hütte in Mill City, und ich würde dort zum Schreiben mehr als genug Zeit haben, sowieso, während wir den ganzen Klimbim erledigten, um das Schiff zu kriegen. Er lebte mit einem Mädchen namens Lee Ann; er sagte, sie sei eine wunderbare Köchin, und wenn ich erst da wäre, würden wir gewaltig einen flottmachen. Remi war ein alter Freund aus den Vorbereitungskursen, ein in Paris erzogener Franzose und ein wirklich verrückter Kerl — wie verrückt, wußte ich damals noch nicht. Er erwartete mich in zehn Tagen. Meine Tante war mit meiner Reise nach dem Westen völlig einverstanden; sie sagte, es würde mir guttun, ich hätte den ganzen Winter über so hart gearbeitet und wäre zuwenig ausgegangen; sie klagte nicht einmal, als ich ihr sagte, ich müßte streckenweise per Anhalter fahren. Sie wünschte nur, ich möge heil zurückkommen. So ließ ich mein großes Halbmanuskript auf dem Schreibtisch liegen, machte eines Morgens zum letztenmal mein bequemes Bett, nahm meinen Segeltuchsack, in den ein paar Sachen des allerprimitivsten Bedarfs gepackt waren, und zog mit den fünfzig Dollar in der Tasche los zum Stillen Ozean.

In Paterson hatte ich mich monatelang über Landkarten der Vereinigten Staaten gebeugt, hatte sogar Bücher über die ersten Siedler gelesen und Namen wie Platte und Cimarron und so weiter genießerisch studiert, und auf der Straßenkarte zog sich eine lange rote Linie hin, Straße 6 genannt; die führte von der Spitze von Cape Cod geradeaus nach Ely, Nevada, und bog dort nach Los Angeles ab. Ich würde einfach den ganzen Weg nach Ely auf der 6 bleiben, sagte ich mir, und zog zuversichtlich los. Um zur 6 zu kommen, mußte ich hinauf nach Bear Mountain. Ich träumte davon, was ich in Chicago tun würde, in Denver und schließlich in San Francisco, als ich in der Seventh-Avenue-Untergrund zur Endstation an der 242. Straße fuhr, und von dort einen Trolleybus nach Yonkers nahm; in der Stadtmitte von Yonkers stieg ich in einen anderen in die Vorstadt und fuhr bis zum Stadtrand am Ostufer des Hudson-Flusses. Wenn du eine Rose in den Hudson wirfst, da, wo er den Adirondocks geheimnisvoll entspringt, denk an all die Plätze, an denen sie vorbeireist, während sie für immer in den See hinausschwimmt — denk an dies wunderschöne

Hudson-Tal. Ich begann mit der Anhalterroutine. Fünf verschiedene Fahrten brachten mich zu der erwünschten Bear-Mountain-Brücke, wo Straße 6 im Bogen aus New England kam. Es fing an, in Strömen zu regnen, als man mich dort absetzte. Die Landschaft war hügelig. Straße 6 führte über den Fluß, wand sich um eine Verkehrsinsel und verschwand in der Wildnis. Es war kein Verkehr, aber es schüttete wie aus Eimern, und ich hatte keinen Unterschlupf. Ich trabte unter ein paar Kiefern, um Schutz zu suchen; es half nichts; ich begann zu heulen und zu schimpfen und mir an den Schädel zu hauen, weil ich so ein Idiot gewesen war. Ich war siebzig Kilometer nördlich von New York; es hatte mir unterwegs schon die ganze Zeit Kummer gemacht, daß ich mich an diesem, meinem großen Premierentag nur nach Norden statt nach dem so ersehnten Westen bewegte. So, jetzt steckte ich in meiner nördlichsten Ecke. Ich rannte ein paar hundert Meter zu einer schicken verlassenen Tankstelle im englischen Stil und stellte mich unter die tropfende Dachrinne. Hoch über mir sandten die großen haarigen Berge des Bear Mountain Blitz und Donner herunter und brachten mir Gottesfurcht bei. Ich konnte nur rauchige Bäume und grausige Wildnis zum Himmel aufsteigen sehen. „Was, zum Teufel, mach ich hier oben?“ fluchte ich und schrie nach Chicago. „Sogar jetzt amüsieren sie sich da alle wie verrückt; ganz bestimmt. Und ich bin nicht dabei, wann werd ich hinkommen!“ — und so weiter. Schließlich hielt ein Wagen an der leeren Tankstelle; die Insassen, ein Mann und zwei Frauen, wollten die Karte studieren; sie berieten; ich sah natürlich aus wie ein Irrer: mein Haar ganz naß, meine Schuhe ganz durchgeweicht. Meine Schuhe, ich Idiot, waren mexikanische „Huaraches“, pflanzengleiche Siebe, nicht geeignet für Amerikas regnerische Nächte und die barbarischen Nächte auf der Straße. Aber die Leute nahmen mich auf und fuhren mich *zurück* nach Newburgh, und ich nahm es als das kleinere von zwei Übeln — besser, als die ganze Nacht in der Wildnis des Bear Mountain gefangen zu sein. „Übrigens“, sagte der Mann, „es geht kein Verkehr über die 6. Wenn Sie nach Chicago wollen, dann gehen Sie besser durch den Holland-Tunnel in New York und nehmen die Richtung Pittsburgh“, und ich wußte, daß er recht hatte. Es war mein Traum gewesen, diese aufgedrehte, diese blödsinnige Kateridee, daß es wundervoll sei, quer durch Amerika einer

einzigen fetten roten Linie zu folgen, statt es auf verschiedenen größeren und kleineren Straßen zu versuchen.
In Newburgh hörte der Regen auf. Ich ging zum Fluß hinunter und mußte nach New York in einem Autobus zurückfahren, zusammen mit einer Abordnung von Schullehrerinnen, die von einem Wochenende aus den Bergen zurückkamen — tratsch-tratsch klapp-klapp, und ich fluchte über die ganze verlorene Zeit und das hinausgeworfene Geld und beschimpfte mich selbst, weil ich doch nach dem Westen wollte und den ganzen Tag und bis in die Nacht hinein auf und ab gefahren war, nach Norden und nach Süden, wie einer, der nicht vom Boden loskommt. Und ich schwor, ich würde morgen in Chicago sein, und hielt meinen Schwur auch, indem ich einen Autobus nach Chicago nahm und den größten Teil meines Geldes ausgab, scherte mich aber den Teufel darum, wenn ich nur morgen in Chicago sein würde.

3

Es war eine gewöhnliche Autobusreise mit kreischenden Babys und heißer Sonne und biederen Landleuten, die in Pennsylvania Stadt für Stadt zustiegen, bis wir in die Ohio-Ebene kamen und wirklich zügig fuhren, hinauf bis Ashtabula und in der Nacht geradeaus durch Indiana. Ich kam recht früh am Morgen in Chicago an, fand ein Zimmer im CVJM und ging mit sehr wenig Geld in der Tasche zu Bett. Nach einem guten Tagesschlaf machte ich mich über Chicago her.
Der Wind vom Michigansee, Be-bop auf dem Loop, lange Spaziergänge in South Halsted und North Clark und ein langer Spaziergang nach Mitternacht in das „Dschungelviertel", wo mir ein Patrouillenwagen folgte, weil er mich für eine verdächtige Figur hielt. Zu jener Zeit, 1947, stand ganz Amerika wie wahnsinnig auf Be-bop. Die Typen auf dem Loop bliesen ihn, aber mit müden Mienen, denn der Be-bop befand sich gerade in einem Übergangsstadium zwischen Charlie Parkers „Ornithology"-Periode und einer anderen, weniger hitzigen Periode, die mit Miles Davis einsetzte. Und ich saß da und lauschte den Tönen der Nacht, deren Inbegriff Be-bop für uns alle geworden war; ich dachte an alle meine Freunde von einem Ende des Landes zum anderen und wie sie eigentlich alle in

demselben Hinterhof irre und rasende Dinge trieben. Und am folgenden Nachmittag fuhr ich zum erstenmal in meinem Leben in den Westen. Es war warm und ein herrlicher Tag für Anhalter. Um aus den unmöglichen Komplikationen des Chicagoer Verkehrs herauszukommen, nahm ich einen Bus nach Joliet, Illinois, am Zuchthaus von Joliet vorbei, und postierte mich eben außerhalb der Stadt, nachdem ich durch die belaubten baufälligen Straßen dahin gewandert war, und winkte. Die ganze Strecke von New York bis Joliet per Bus: Ich hatte mehr als die Hälfte meines Geldes ausgegeben.

Zuerst fuhr ich auf einem Dynamitlaster mit einer roten Fahne, rund fünzig Kilometer in das große, grüne Illinois hinein, bis der Fahrer auf die Stelle wies, wo Straße 6, auf der wir waren, Straße 66 kreuzt, bevor beide unglaublich weit westwärts davonschießen. Etwa um drei Uhr nachmittags, nach einer Apfeltorte mit einer Portion Eis in einem Kiosk am Straßenrand, hielt eine Frau mit einem kleinen Zweisitzer meinetwegen an. Ich war mächtig froh, als ich zum Wagen rannte. Aber es war eine Frau in den „besten Jahren", sie hatte in der Tat Söhne in meinem Alter und wollte jemand, der ihr nach Iowa fahren helfen würde. Das war was für mich. Iowa! Nicht so weit weg von Denver, und wenn ich erst einmal in Denver war, konnte ich ausspannen. Sie fuhr die ersten paar Stunden, und irgendwo bestand sie darauf, eine alte Kirche zu besichtigen, als ob wir Vergnügungsreisende seien, und dann übernahm ich das Steuer, und obwohl ich kein besonderer Fahrer bin, fuhr ich ohne Unterbrechung durch den Rest von Illinois nach Davenport, Iowa, über Rock Island. Und hier sah ich zum erstenmal in meinem Leben meinen geliebten Mississippi-Fluß, trocken im Sommerdunst, Niederwasser, mit seinem starken üppigen Duft, der riecht wie der rohe Körper von Amerika, denn er wäscht ihn aus. Rock Island — Eisenbahngleise, Baracken, ein kleines unteres Stadtviertel; und über die Brücke nach Davenport, dieselbe Sorte Stadt: Alles riecht in der warmen Sonne des Mittelwestens nach Sägespänen. Hier mußte die Dame nach ihrem Heimatort in Iowa einen anderen Weg nehmen, und ich stieg aus.

Die Sonne ging unter. Ich trank ein paar Glas kaltes Bier und ging dann zum Stadtrand; es war eine lange Wanderung. Die Männer fuhren von der Arbeit nach Hause, mit Eisenbahnermützen, Baseballmützen, allen möglichen Kopfbedekkungen, wie überall nach der Arbeit und in jeder Stadt. Einer nahm mich eine Strecke bergauf mit und setzte mich an einer einsamen Kreuzung am Rande der Prärie ab. Es war schön dort. Die einzigen Wagen, die vorbeifuhren, gehörten Bauern; sie warfen mir mißtrauische Blicke zu und rasselten weiter. Die Kühe waren auf dem Heimweg. Nicht ein Lastauto. Ein paar Wagen flitzten vorbei. Ein Junge in einer zusammengebastelten Knatterkiste kam vorbei, sein Halstuch flatterte im Winde. Die Sonne ging ganz unter, und ich stand da in der violetten Finsternis. Da hatte ich auf einmal Angst. Man sah nicht einmal Lichter in der Iowa-Landschaft; in einer Minute würde mich niemand mehr sehen können. Zum Glück nahm mich ein Mann, der nach Davenport zurückfuhr, in die Stadt mit. Aber ich war genau da, wo ich angefangen hatte.

Ich ging in die Busstation, um mich hinzusetzen und zu überlegen. Ich aß wieder eine Apfeltorte und Eis; das ist eigentlich alles, was ich auf dem Wege quer durch das Land gegessen habe; ich wußte, es war nahrhaft, und es schmeckte natürlich ausgezeichnet. Ich beschloß, etwas zu riskieren. Nachdem ich eine halbe Stunde damit verbracht hatte, die Kellnerin im Café in der Busstation zu betrachten, nahm ich in der Stadtmitte von Davenport einen Bus und fuhr zum Stadtrand, aber diesmal in die Nähe der Tankstellen. Hier brummten die schweren Laster vorbei, rrrum, und innerhalb von zwei Minuten bremste einer. Ich rannte hinterher, so schnell ich konnte, ich jubelte. Und was für ein Fahrer — ein großer starker, zäher Lastwagenfahrer mit vorstehenden Augen und einer heiseren kratzenden Stimme, die überall anstieß und nach allem schlug, seinen Zug in Bewegung setzte und mich kaum beachtete. So konnte ich meinen müden Geist ausruhen, denn es ist eine der größten Unannehmlichkeiten bei Anhalterfahrten, mit unzähligen Leuten reden und ihnen das Gefühl geben zu müssen, daß sie keinen Fehler gemacht haben, als sie dich mitnahmen. Ja, man muß sie sogar unterhalten, und das ist alles sehr anstrengend, wenn man den ganzen Weg so zurücklegt und nicht in Hotels schlafen kann. Der Kerl brüllte in das Gebrumm hinein, und ich brauchte nur zurückzubrüllen; und wir machten es uns bequem. Und er rollte das Ding bis Iowa City und brüllte mir die ulkigsten Geschichten zu: wie er die Polizei in jeder Stadt mit unfairer Geschwindigkeitsbegrenzung zum besten gehalten hatte, und sagte immer und immer wieder:

„Diese gottverdammten Polypen werden *mir* keine Fliegen auf den Arsch setzen!" Als wir nach Iowa City hineinrollten, bemerkte er einen anderen Laster hinter uns, und da er in Iowa abbiegen mußte, blinkte er mit den Schlußlichtern, um den anderen aufmerksam zu machen, und fuhr langsamer, damit ich abspringen könne, was ich mit meinem Reisesack tat, und der andere Laster bestätigte diesen Tausch, er hielt für mich an, und im Handumdrehen war ich wieder in einem anderen hohen Führerhaus, bereit, Hunderte von Kilometern durch die Nacht zu fahren, und wie froh war ich! Der neue Fahrer war genauso verrückt wie der andere und brüllte genausoviel, und ich brauchte mich nur zurückzulehnen und weiterzurollen. Nun konnte ich Denver vor mir in der Ferne auftauchen sehen wie das Verheißene Land, weit voraus unter den Sternen, jenseits der Prärien von Iowa und der Ebenen von Nebraska; und noch weiter voraus die größere Vision von San Francisco, wie glitzerndes Geschmeide in der Nacht.

Zwei Stunden lang trieb er das Straßenungetüm voran und erzählte Geschichten, und dann, in einer Stadt in Iowa, wo Jahre später Dean und ich in einem Cadillac angehalten wurden, der wie gestohlen aussah, schlief er einige Stunden in seinem Sitz. Auch ich schlief und machte dann einen kleinen Spaziergang an den einsamen, von einer einzigen Laterne erleuchteten Ziegelmauern entlang; am Ende jedes Gäßchens brütete die Prärie, dort lag der Geruch von Mais wie nächtlicher Tau.

Beim Morgengrauen wachte er jäh auf. Ab ging's, und eine Stunde später sahen wir den Rauch von Des Moines vor uns über den grünen Maisfeldern. Er wollte jetzt langsam und gemütlich sein Frühstück verzehren; so fuhr ich mit zwei Jungen von der Iowa-Universität weiter, geradewegs in das noch etwa sieben Kilometer entfernte Des Moines hinein; und es war eigenartig, in ihrem funkelnagelneuen, bequemen Wagen dazusitzen und zuzuhören, wie sie von Prüfungen sprachen, während wir sanft in die Stadt sausten. Nun hätte ich gern einen ganzen Tag geschlafen. Ich fragte also beim CVJM nach einem Zimmer; sie hatten keins, und instinktiv ging ich hinunter zu den Eisenbahngleisen — davon gibt's eine Menge in Des Moines — und geriet schließlich in einen düsteren alten Präriegasthof neben der Lokomotivenremise und verbrachte einen langen Tag schlafend auf einem großen,

sauberen, harten, weißbezogenen Bett mit lasziven, in die Wand gekratzten Sprüchen neben meinem Kissen und abgenutzten, gelben Stores, die vor das rauchige Bild des Rangierbahnhofs gezogen waren. Ich wachte auf, als die Sonne sich rötete; und das war der einzige bestimmte Zeitpunkt in meinem Leben, dieser eigentümliche Augenblick, in dem ich nicht wußte, wer ich war — ich war weit fort von zu Haus, gejagt und müde von der Reise, in einem billigen Hotelzimmer, das ich nie gesehen hatte, und hörte von draußen das Zischen des Dampfes und das Knarren des alten Holzes im Hotel und Schritte über mir und all die traurigen Geräusche, und ich blickte auf die gesprungene hohe Decke und wußte etwa fünfzehn seltsame Sekunden lang wirklich nicht, wer ich war. Ich hatte keine Angst, nur, daß ich jemand anders sei, irgendein Fremder. Und mein ganzes Leben war zu einem Spuk geworden, das Leben eines Geistes. Ich befand mich auf dem halben Wege quer durch Amerika, auf der Scheide zwischen dem Osten meiner Jugend und dem Westen meiner Zukunft, und vielleicht ist das der Grund, warum es mir gerade dort und damals geschah, an diesem sonderbar roten Nachmittag.
Aber ich mußte losziehen und aufhören zu jammern, so nahm ich meinen Sack auf, sagte „Wiedersehen" zum alten Hotelwirt, der neben seinem Spucknapf saß, und ging essen. Ich aß Apfeltorte und Eis — sie wurden besser, je tiefer ich nach Iowa kam, die Torte größer und das Eis sahniger. Wohin ich diesen Nachmittag in Des Moines auch blickte, überall gab es Rudel der schönsten Mädchen — sie gingen gerade von der Oberschule nach Hause —, aber ich hatte jetzt keine Zeit für derlei Gedanken und nahm mir vor, mich in Denver groß zu amüsieren. Carlo Marx war bereits in Denver; Dean war dort; Chad King und Tim Gray waren dort, es war ihre Heimatstadt; Marylou war dort; und angeblich gab es noch eine große Bande mit Ray Rawlins und seiner schönen blonden Schwester Babe Rawlins; zwei Kellnerinnen, die Dean kannte, die Schwestern Bettencourt; und sogar Roland Major war dort, mein alter Schriftstellerkollege von der Universität. Ich sah ihnen allen mit Freude und Erwartung entgegen. So eilte ich an den hübschen Mädchen vorbei, und in Des Moines wohnen die hübschesten Mädchen der Welt.
Ein Mann mit einer Art Werkzeugschuppen auf Rädern, einem Wagen voll Werkzeug, den er stehend fuhr wie ein moderner

Milchkutscher, nahm mich die lange Steigung auf den Hügel mit, wo ich dann sofort von einem Bauern und seinem Sohn, die nach Adel in Iowa fuhren, mitgenommen wurde. In dieser Stadt, unter einer großen Ulme in der Nähe einer Tankstelle, machte ich die Bekanntschaft eines anderen „Anhalters", eines typischen New-Yorkers, eines Iren, der den größten Teil seiner Arbeitsjahre einen Lastwagen für die Post gefahren hatte und unterwegs zu einem Mädchen in Denver war, und zu einem neuen Leben. Ich glaube, er war auf der Flucht vor irgend etwas in New York, höchstwahrscheinlich der Polizei. Er war ein richtiger rotnäsiger junger Süffel, etwa dreißig Jahre alt, und er hätte mich normalerweise kaltgelassen, aber meine Sinne sehnten sich nach irgendeiner Art menschlicher Freundschaft. Er trug einen abgetragenen Pullover und aus der Form geratene Hosen und hatte nichts Gepäckähnliches bei sich, nur eine Zahnbürste und Taschentücher. Er schlug vor, wir sollten zusammen weitermachen. Ich hätte „nein" sagen sollen, denn auf der Straße sah er ziemlich schlimm aus. Aber wir blieben zusammen und wurden von einem schweigsamen Mann nach Stuart, Iowa, mitgenommen, einer Stadt, in der wir wirklich steckenblieben. Wir standen in Stuart vor einem Schuppen, der als Fahrkartenausgabe für die Eisenbahn diente, und warteten auf den Verkehr in Richtung Westen, bis die Sonne sich neigte, gute fünf Stunden; wir schlugen die Zeit tot, indem wir über uns selbst erzählten, dann gab er schlüpfrige Geschichten zum besten, dann spielten wir mit Kieselsteinen Fußball und produzierten dumme Geräusche. Wir begannen uns zu langweilen. Ich beschloß, einen Dollar für Bier auszugeben; wir gingen in eine alte Kneipe in Stuart und tranken ein paar. Dabei besoff er sich wie nur je in den Nächten daheim in der Ninth Avenue und brüllte fröhlich alle gemeinen Träume seines Lebens in mein Ohr. Ich mochte ihn irgendwie; nicht, weil er ein guter Kerl war, wie sich später erwies, sondern weil er die Dinge enthusiastisch nahm. Wir gelangten in der Dunkelheit auf die Straße zurück, und natürlich hielt niemand, und es kam auch nicht viel vorbei. So ging es weiter bis drei Uhr morgens. Einige Zeit versuchten wir, auf der Bank in der Fahrkartenausgabe zu schlafen, aber der Telegraf tickte die ganze Nacht, und wir konnten nicht schlafen, und große Güterwagen bumsten draußen herum. Wir wußten nicht, wie man richtig auf eine Rangierkette springt; wir hatten es vorher noch nie getan; wir wußten nicht, ob sie ostwärts oder westwärts fuhren, oder wie wir herausfinden konnten, welche Güterwagen und Pritschenwagen und abgetauten Kühlwagen wir wählen sollten, und so weiter. Als daher kurz vor Sonnenaufgang der Omaha-Bus durch die Stadt kam, sprangen wie lieber da auf und gesellten uns zu den schlafenden Fahrgästen — ich zahlte nicht nur für meine, sondern auch für seine Fahrkarte. Er hieß Eddie. Er erinnerte mich an meinen angeheirateten Vetter aus der Bronx. Aus diesem Grunde blieb ich bei ihm. Es war, als hätte man einen alten Freund mit, einen lächelnden, gutmütigen Tippelkumpan.

In der Dämmerung kamen wir nach Council Bluffs; ich blickte hinaus. Den ganzen Winter über hatte ich von den großen Wagengemeinschaften gelesen, die hier Rast hielten, bevor sie die Pfade nach Oregon und Santa Fé einschlugen; und natürlich sah man jetzt nur neckische Vorstadthäuschen in dem einen oder anderen entsetzlichen Stil; sie breiteten sich in der trüben grauen Morgendämmerung aus. Dann Omaha und, bei Gott, der erste Cowboy, den ich sah, er ging in einem Zehngallonenhut und Texasstiefeln an der öden Mauer des Fleischgroßlagers entlang und sah aus wie irgendein abgetakelter Charakter an den Ziegelmauern der Lagerhausviertel im Osten, außer was die Aufmachung angeht. Wir stiegen aus dem Bus und wanderten den ganzen Hügel hinauf, den langen, über die Jahrtausende vom mächtigen Missouri geformten Hügel, an dem entlang Omaha gebaut ist, und kamen in die Landschaft hinaus und streckten unsere Daumen aus. Eine kurze Strecke wurden wir von einem reichen Viehzüchter in einem Zehngallonenhut mitgenommen, der sagte, das Platte-Tal sei ebenso groß wie das Nil-Tal in Ägypten, und als er das sagte, sah ich in der Ferne die großen Bäume, die sich längs des Flußbettes reihten, und die grünenden Felder drum herum, und gab ihm beinahe recht. Als wir dann an einer anderen Kreuzung standen und Wolken aufkamen, rief uns ein anderer Cowboy herüber; er war 1,80 groß, trug einen bescheidenen Halbgallonenhut und wollte wissen, ob einer von uns fahren könnte. Natürlich konnte Eddie fahren, und er hatte einen Führerschein, und ich hatte keinen. Der Cowboy hatte zwei Wagen mit, die er nach Montana zurückfuhr. Seine Frau war in Grand Island, und er wollte, daß wir einen der Wagen hinführen; dort würde sie ihn übernehmen. Von da an würde er nordwärts fahren, und das wäre der Endpunkt unserer Fahrt mit ihm. Aber es waren mehr als hundertfünfzig Kilometer nach Nebraska hinein, und natürlich sprangen wir darauf an. Eddie fuhr allein, der Cowboy und ich folgten, und kaum waren wir aus der Stadt heraus, als Eddie aus purem Überschwang den Karren auf hundertvierzig Stundenkilometer hinaufjagte. „Zum Teufel, was macht der Junge!“ schrie der Cowboy und raste ihm nach. Es sah wie ein Rennen aus. Einen Augenblick lang dachte ich, Eddie versuche mit dem Wagen davonzufahren — und soviel ich weiß, hatte er das auch vor. Aber der Cowboy blieb ihm auf den Fersen, holte ihn ein und hupte. Eddie verlangsamte. Der Cowboy machte ihm mit der Hupe Zeichen, stehenzubleiben. „Verdammt, Junge, bei dieser Geschwindigkeit geht Ihnen ein Reifen flöten. Können Sie nicht etwas langsamer fahren?“

„Ja, ich werd verrückt, bin ich wirklich hundertvierzig gefahren?“ sagte Eddie. „Auf dieser feinen Straße hab ich's nicht gemerkt.“

„Na, machen Sie ein bißchen langsam, damit wir alle in einem Stück nach Grand Island kommen.“

„Wird gemacht.“ Und wir nahmen unsere Fahrt wieder auf. Eddie hatte sich beruhigt und war wahrscheinlich sogar schläfrig geworden. So fuhren wir hundertfünfzig Kilometer quer durch Nebraska, den Windungen des Platte mit seinen grünenden Feldern nach.

„Während der Wirtschaftskrise“, sagte der Cowboy zu mir, „pflegte ich mindestens einmal im Monat auf Güterzüge zu springen. In jenen Tagen konnte man Hunderte von Männern auf einem Pritschenwagen oder in einem Kastenwagen fahren sehen, und es waren nicht nur Landstreicher, es waren alle Arten Arbeitslose, die von einem Ort zum anderen fuhren — manche nur, um herumzuziehen. So war's im ganzen Westen. Die Bremsschaffner belästigten einen niemals in dieser Zeit. Wie's heut ist, weiß ich nicht. Nebraska kann mir gestohlen werden. Ja, Mitte der dreißiger Jahre war diese Gegend eine einzige riesige Staubwolke, so weit das Auge reichte. Man konnte nicht atmen. Der Boden war schwarz. Ich war in jenen Tagen hier. Von mir aus können sie Nebraska den Indianern übergeben. Ich hasse diese verdammte Gegend mehr als irgendeine Gegend in der Welt. Jetzt bin ich in Montana zu Hause — Missoula. Sie müssen da mal raufkommen und das gottgesegnete Land sehen.“ Später, am Nachmittag, als er das Erzählen satt hatte, schlief ich ein — er war ein interessanter Erzähler.

Unterwegs hielten wir, um einen Happen zu essen. Der Cowboy ging weg, um einen Ersatzreifen flicken zu lassen, und Eddie und ich setzten uns in eine Art selbstgezimmerte Barackenwirtschaft. Ich hörte ein schallendes Lachen, das schallendste Lachen der Welt, und in die Wirtschaft trat ein ungehobelter eingesessener Nebraska-Bauer mit einer Gruppe von Jungen; man konnte sein krächzendes Rufen weit über die ganzen Ebenen hin hören, quer über die ganze graue Welt dieses Tages. Alle lachten mit. Er hatte keinen Kummer auf der Welt und war überaus freundlich zu jedermann. Ich sagte mir, Donnerwetter, hör zu, wie dieser Mann lacht. Das ist der Westen, hier bin ich im Westen. Er kam strahlend in die Wirtschaft, rief nach Mutti, und sie machte die süßeste Kirschtorte in Nebraska, und ich bekam etwas ab mit einem ganzen Berg Eiskrem darauf. „Mutti, kratz mir irgendeinen Fraß zusammen, eh ich mich selbst roh verspeisen muß oder so was verdammt Blödes.“ Und er warf sich in seinen Stuhl, und weiter ging's ha-ha-ha. „Und schmeiß 'n paar Bohnen hinein.“ Es war der Lebenshauch des Westens, der da neben mir saß. Ich hätte gerne dies ganze rauhe Leben gekannt und gewußt, was zum Teufel er in all diesen Jahren gemacht hatte, außer so zu lachen und zu brüllen. Donnerwetter, sagte ich mir. Da kam der Cowboy zurück, und ab ging's nach Grand Island.

Im Handumdrehen waren wir dort. Er ging seiner Frau und seinem weiteren Schicksal entgegen, und Eddie und ich nahmen's wieder mit der Straße auf. Wir wurden von einigen jungen Burschen aufgenommen — halbstarken, jugendlichen Bauernburschen in einem zusammengebastelten fahrbaren Untersatz —, und irgendwo an der Straße setzten sie uns in einem dünnen Regen ab. Dann nahm uns ein alter Mann, der kein Wort sagte — und Gott allein weiß, warum er uns aufnahm —, nach Shelton mit. Hier stand Eddie verloren auf der Straße vor einem stur dreinblickenden Haufen von kleinen untersetzten Omaha-Indianern, die nirgendwo hingehörten und nichts zu tun hatten. Jenseits der Straße sah man die Eisenbahnschienen und den Wasserbehälter mit der Aufschrift SHELTON. „Zum Teufel“, sagte Eddie ganz erstaunt, „ich war schon mal in dieser Stadt. Das war vor Jahren, während des Krieges, bei Nacht, spätnachts, als alle Leute schliefen. Ich ging auf die Plattform hinaus, um zu rauchen, und da waren wir zwischen nirgendwo und nirgends und alles schwarz wie die Hölle, und wie ich aufguck, seh ich die Aufschrift Shelton auf dem Wassertank. Wir hatten Marschbefehl für den Stillen Ozean, alle schnarchten, jeder gottverdammte Trottel, und wir hielten nur ein paar Minuten, sie schürten das Feuer oder sonst was, und ab ging's. Zum Teufel, dieses Shelton! Seit der Zeit hab ich das Nest gehaßt!" Und in Shelton blieben wir stecken. Wie in Davenport, Iowa, gehörten alle Wagen irgendwie Bauern und ab und zu Vergnügungsreisenden, was noch schlimmer ist; alte Männer fuhren, während die Frauen sie auf die Sehenswürdigkeiten aufmerksam machten oder Landkarten studierten und zurückgelehnt alles mißtrauisch betrachteten.

Der Regen wurde stärker, und Eddie begann zu frieren; er hatte sehr wenig an. Ich fische ein kariertes Wollhemd aus meinem Reisesack, und er zog es an. Das half. Ich war erkältet. Ich kaufte Hustenbonbons in irgendeinem wackligen Indianerladen. Ich ging in ein winziges Postamt und schrieb meiner Tante eine gewöhnliche Postkarte. Wir gingen zurück zur grauen Straße. Da war es vor uns, Shelton, in großen Buchstaben auf dem Wassertank. Der Rock-Island-Expreß brauste vorbei. Verschwommen sahen wir Gesichter der Pulmanpassagiere. Der Zug heulte über die Ebene hinweg in der Richtung unserer Wünsche. Der Regen wurde stärker.

Ein langer, dürrer Mann mit einem Gallonenhut hielt seinen Wagen auf der verkehrten Straßenseite an und kam zu uns herüber. Er sah aus wie ein Sheriff. Wir bereiteten im stillen unsere Ausreden vor. Er nahm sich Zeit mit dem Herüberkommen. „Ihr Jungs, reist ihr wohin oder reist ihr bloß so?" Wir verstanden seine Frage nicht, und es war eine verdammt gute Frage.

„Warum?" sagten wir.

„Tja, diese Straße runter, 'n paar Kilometer von hier, habe ich einen kleinen Rummelplatz und such 'n paar richtige Burschen, die arbeiten und sich 'nen Dollar verdienen wollen. Ich habe 'ne Roulettekonzession und 'ne Ringwurfkonzession, ihr wißt ja, wo man nach Puppen wirft und sein Glück versucht. Wenn ihr Burschen für mich arbeiten wollt, könnt ihr dreißig Prozent

von den Einnahmen kriegen."
„Wohnung und Essen?"
„Ihr könnt ein Bett kriegen, aber kein Essen. Ihr müßt in der Stadt essen. Wir reisen ziemlich viel rum."
Wir überlegten.
„Es ist eine gute Gelegenheit", sagte er und wartete geduldig auf unseren Entschluß.
Wir kamen uns dumm vor und wußten nicht, was wir sagen sollten, und was mich anbelangt, wollte ich nicht in eine Wanderschau verwickelt werden. Ich hatte Eile, zu der Bande in Denver zu kommen.
Ich sagte: „Ich weiß nicht, ich will so schnell weiterkommen, wie ich kann, und ich glaub nicht, daß ich Zeit habe." Eddie sagte dasselbe, und der gute Mann winkte mit der Hand und schlenderte gemütlich zu seinem Wagen zurück und fuhr davon. Und das war das. Wir lachten eine Weile darüber und stellten uns vor, wie es wohl gewesen wäre. Ich stellte mir eine dunkle und staubige Nacht in der Prärie vor und sah im Geiste Gesichter von Familien aus Nebraska mit ihren rosigen Kindern vorbeiziehen, die alles ehrfürchtig anstarrten, und ich weiß, ich hätte mich gefühlt wie der Teufel höchstpersönlich, wenn ich sie mit all den billigen Wanderzirkustricks übers Ohr gehauen hätte. Und das Riesenrad, das sich in der Dunkelheit des Flachlandes drehte, und, allmächtiger Gott, die trübsinnige Musik des Karussells und ich, der ich meinem Ziel näher kommen wollte — und in irgendeinem vergoldeten Wohnwagen auf einem Bett aus Sackleinwand schlafen würde.
Eddie stellte sich als ein ziemlich zerstreuter Straßenkamerad heraus. Eine komische alte Fahrmaschine rollte vorbei, am Steuer saß ein alter Mann; sie war aus irgendwelchem Aluminium gemacht, viereckig wie eine Kiste — ein Wohnanhänger ohne Zweifel, aber ein seltsamer, verrückter selbstgemachter Nebraska-Anhänger. Er fuhr sehr langsam und blieb stehen. Wir rannten hin; er sagte, er könne nur einen mitnehmen; ohne ein Wort sprang Eddie hinein und ratterte langsam außer Sicht, und er hatte mein kariertes Wollhemd an. Na ja, Kismet, ich sagte meinem Hemd adieu; es hatte sowieso nur Andenkenwert. Ich wartete in diesem für uns so miesen Shelton lange, lange Zeit, mehrere Stunden, und dachte immer, es würde Nacht; in Wirklichkeit war es erst am frühen Nachmittag, aber dunkel. Denver, Denver, wie würde ich je

nach Denver kommen? Ich war gerade dabei aufzugeben und wollte mich zu einem Kaffee hinsetzen, als ein ziemlich neuer Wagen mit einem jungen Mann am Steuer anhielt. Ich lief wie ein Irrer.

„Wo wollen Sie hin?“

„Denver.“

„Gut, ich kann Sie fast zweihundert Kilometer in der Richtung mitnehmen.“

„Herrlich, herrlich, Sie sind mein Lebensretter.“

„Ich bin früher selbst per Anhalter gefahren, und darum nehm ich immer einen Kumpel mit.“

„Ich würd's auch, wenn ich einen Wagen hätte.“ Und so plauderten wir, und er erzählte mir von seinem Leben; es war nicht sehr interessant, und ich begann ein wenig zu schlafen und wachte gerade außerhalb der Stadt Gothenburg auf. Da ließ er mich aussteigen.

4

Nun kam die tollste Fahrt meines Lebens; ein Lastwagen, hinten auf der Pritsche räkelten sich sechs oder sieben Jungen; die Fahrer, zwei junge blonde Bauern aus Minnesota, nahmen jede Seele auf, der sie auf dieser Straße begegneten — das lachendste, fröhlichste Paar gutaussehender Landpomeranzen, das man je zu treffen sich wünschen konnte; beide waren nur mit Baumwollhemden und Overalls und sonst nichts bekleidet; beide kräftig und ordentlich, hatten sie ein breites Begrüßungslächeln für jeden und alles, was ihnen in den Weg kam. Ich lief hin, sagte: „Ist noch Platz?“ Sie sagten: „Sicher, hopp rauf, Platz für jedermann.“

Ich war noch nicht richtig auf der Pritsche, als der Lastwagen schon losbrauste; ich taumelte, einer der Mitfahrer griff nach mir, und ich setzte mich. Jemand reichte mir eine Flasche rüber mit einem Rest Schnaps. Ich nahm in der wilden, singenden, sprühenden Luft von Nebraska einen kräftigen Schluck. „He, wir fahren los!“ rief ein Junge mit Baseballmütze, und sie jagten den Laster auf hundertzehn und überholten alles, was auf der Straße war. „Auf diesem Mistvieh fahren wir seit Des Moines. Die Kerle bleiben nie stehen. Ab und zu mußt du nach einer Schiffpause brüllen, sonst mußt du aus der Luft schiffen,

und halt dich fest, Mensch, halt dich fest."
Ich sah mir die Gesellschaft an. Da waren zwei junge Landwirtssöhne aus North Dakota mit roten Baseballkappen, der üblichen Kopfbedeckung der Landjungen in North Dakota, und ihr Ziel war dort, wo geerntet wurde; ihr Erzeuger hatte ihnen Urlaub gegeben, einen Sommer lang auf Wanderschaft zu gehen. Weiter waren da zwei Stadtjungen aus Columbus, Ohio, Fußballgrößen in ihrer Mittelschule, die Gummi kauten, winkten, im Wind sangen und sagten, sie würden sich den Sommer über in den ganzen Vereinigten Staaten per Anhalter herumtreiben. „Wir fahren nach Los Angeles!" riefen sie.
„Was werdet ihr dort machen?"
„Zum Teufel, das wissen wir nicht. Ist auch nicht wichtig."
Dann war da ein großer schlanker Bursche mit einem verschlagenen Blick. „Wo bist du her?" fragte ich. Ich lag neben ihm auf der Plattform; man konnte nicht sitzen, ohne hinuntergerüttelt zu werden, es gab keine Bordwand. Und er drehte sich langsam zu mir, öffnete seinen Mund und sagte: „Mon-ta-na."
Schließlich waren noch Mississippi Gene und sein Schützling da. Mississippi Gene war ein kleiner dunkler Mann, der im ganzen Lande auf Güterzügen herumfuhr, ein dreißigjähriger Landstreicher von so jungem Aussehen, daß man nicht genau sagen konnte, wie alt er war. Und er saß mit untergeschlagenen Beinen auf den Brettern, schaute über die Felder und sagte Hunderte von Kilometern lang nichts, schließlich aber drehte er sich zu mir und sagte: „Wo willst *du* hin?"
Ich sagte Denver.
„Ich hab eine Schwester dort, aber ich hab sie nicht gesehen seit etlichen Jahren." Seine Sprache war melodisch und langsam. Er war geduldig. Sein Schützling war ein sechzehn Jahre alter Junge, ebenfalls in Landstreicherlumpen; das heißt, sie trugen abgetragene Kleidung, die vom Ruß der Eisenbahnen und dem Schmutz der Frachtwagen und vom Schlafen auf der Erde geschwärzt war. Der blonde Junge war auch still und schien vor etwas davonzulaufen; und wenn man ihn ansah, wie er geradezu vorwärts schaute und in sorgenvolle Gedanken vertieft die Lippen befeuchtete, tippte man auf Polizei. Montana Slim richtete gelegentlich an die beiden mit einem hämischen, vielsagenden Lächeln das Wort. Sie beachteten ihn gar nicht. Slim war ganz Verständnisinnigkeit. Sein anhaltend

idiotisches Grinsen, das er einem mitten ins Gesicht bleckte und dann zerstreut beibehielt, war mir unbehaglich.
„Hast du was Geld?“ sagte er zu mir.
„Nein, zum Teufel, vielleicht für eine halbe Flasche Whisky, bis ich nach Denver komme. Wie ist es mit dir?“
„Ich weiß schon, wo ich was kriegen kann.“
„Wo denn?“
„Überall. Man kann immer einem Mann in ein stilles Gäßchen nachgehen, nicht wahr?“
„Mhm, kann sein.“
„Ich kann nicht garantieren, daß ich so was nicht mache, wenn ich wirklich Pinke brauche. Ich geh nach Montana, um meinen Vater zu besuchen. In Cheyenne werde ich von dem Kasten runter müssen und anderswie weiterkommen. Diese verrückten Jungs fahren nach Los Angeles.“
„Direkt?“
„Ganz durch — wenn du nach LA willst, hast du einen D-Zug erwischt.“
Ich ließ mir das durch den Kopf gehen; der Gedanke, die ganze Nacht durchzubrausen, durch Nebraska, Wyoming, und am Morgen durch die Utah-Wüste, und dann wahrscheinlich am Nachmittag durch die Nevada-Wüste, und tatsächlich in absehbarer Zeit in Los Angeles anzukommen, ließ mich beinahe meine Pläne umstoßen. Aber ich mußte nach Denver. Ich würde auch in Cheyenne absteigen und hundertfünfzig Kilometer nach dem Süden per Anhalter abreißen.
Ich war froh, als die zwei Minnesota-Bauern, denen der Lastwagen gehörte, beschlossen, in North Platte zum Essen anzuhalten; ich wollte sie mir ein wenig betrachten. Sie kamen aus dem Führerhaus heraus und lächelten uns an. „Schiffpause!“ sagte einer. „Essenszeit!“ sagte der andere. Aber sie waren die einzigen in der ganzen Gesellschaft, die zum Essen Geld hatten. Wir schlurften hinter ihnen her zu einem Gasthaus, das von einem Haufen Weiber geführt wurde, und saßen herum und leisteten uns Hamburger und Kaffee, während sie sich riesige Mahlzeiten einverleibten, als säßen sie daheim in Mutters Küche. Sie waren Brüder; sie transportierten landwirtschaftliche Maschinen von Los Angeles nach Minnesota und verdienten dabei gut. So nahmen sie auf der Leerfahrt an die Küste jeden auf der Straße mit. Sie hatten das schon etwa fünfmal getan; es machte ihnen einen Hei-

denspaß. Alles freute sie, sie hörten nie auf zu lächeln. Ich nahm einen Anlauf, mit ihnen zu sprechen — ein dummer Versuch, zu den Kapitänen unseres Schiffes freundlich zu sein —, und die einzige Antwort, die ich bekam, waren zwei sonnige lachende Gesichter mit großen, weißen maisgefütterten Zähnen.

Jedermann hatte sich in dem Gasthaus zu ihnen gesellt, ausgenommen die beiden Landstreicher, Gene und sein Junge. Als wir zurückkamen, saßen sie immer noch auf dem Lastwagen, verloren und untröstlich. Nun brach die Dunkelheit herein. Die Fahrer rauchten; ich nahm die Gelegenheit wahr, eine Flasche Whisky aufzutreiben, um mich in der Nacht bei dem kalten Luftzug warm zu halten. Sie lachten, als ich's ihnen sagte. „Los, beeil dich."

„Ihr könnt ein paar Schluck abhaben!" versicherte ich ihnen.

„O nein, wir trinken nicht, geh nur."

Montana Slim und die beiden Mittelschüler liefen mit mir durch die Straßen von North Platte, bis ich ein Whiskygeschäft fand. Sie gaben was dazu, auch Slim, und ich kaufte eine ganze Flasche. Hochgewachsene, mürrische Männer beobachteten uns im Vorbeigehen aus Gebäuden mit Stuckfassaden; die Hauptstraße wurde von viereckigen, kistengleichen Häusern gesäumt. Jenseits dieser trüben Straßen sah man die endlosen Ebenen. Ich fühlte etwas Ungewohntes in der Luft von North Platte, ohne herauszubekommen, was es war. Fünf Minuten später wußte ich's. Wir gingen zum Lastwagen zurück und brausten ab. Es wurde schnell dunkel. Wir alle nahmen einen Schluck, und plötzlich sah ich auf, die grünenden Äcker des Platte verschwanden, und statt dessen erschien, so weit, daß man kein Ende absehen konnte, langgestrecktes, flaches Brachland mit Sand und niederem Gestrüpp. Ich staunte.

„Was zum Teufel ist das?" rief ich Slim zu.

„Das ist der Anfang des Steppenlandes, Junge. Gib mir noch einen Schluck."

„Hurra!" brüllten die Pennäler. „Auf Wiedersehen, Columbus! Was würden Sparkie und die anderen Kollegen sagen, wenn sie hier wären, Juhu!"

Vorn hatte der Fahrer gewechselt; der frische Bruder holte aus dem Laster heraus, was er hergab. Die Straße änderte sich auch: Bucklig in der Mitte, mit unbefestigten Banketten und metertiefen Gräben auf beiden Seiten, so daß der Laster von einer Straßenseite auf die andere sprang und wackelte — wunderbarerweise nur, wenn keine Wagen entgegenkamen —, und ich dachte, wir würden einen Purzelbaum schlagen. Aber es waren fabelhafte Fahrer. Wie dieser Laster mit der Hochebene von Nebraska fertig wurde — der Hochebene, die sich nach Colorado hineinzieht! Und bald wurde mir klar, ich war tatsächlich endlich in Colorado, wenn auch noch nicht offiziell, aber südwestwärts blickte ich nach Denver, das nur einige hundert Kilometer weit weg war. Ich schrie vor Freude. Die Flasche ging herum. Die großen funkelnden Sterne kamen heraus, die weit zurückbleibenden Sandhügel wurden undeutlich. Ich fühlte mich wie ein Pfeil, der die ganze Strecke durchfliegen konnte.

Und plötzlich drehte sich Mississippi Gene aus seiner geduldigen Träumerei im Türkensitz zu mir und öffnete seinen Mund und beugte sich näher und sagte: „Diese Ebenen versetzen mich in die Stimmung von Texas."

„Bist du von Texas?"

„Nein, ich bin von Grien-will Mus-s-ssippi." So sprach er es aus.

„Wo ist der Kleine her?"

„Er hat daheim in Mississippi irgendwelchen Ärger gehabt, da hab ich ihm angeboten, ihm auszuhelfen. Der Junge war noch nie allein weg. Ich sorg für ihn, so gut ich kann, er ist noch ein Kind." Obwohl Gene weiß war, war etwas von der Weisheit und Müdigkeit eines alten Negers in ihm, und etwas in ihm war ganz wie Elmer Hassel, der New-Yorker Morphinist, aber ein Eisenbahn-Hassel, ein epischer Reise-Hassel, der jedes Jahr das Land hinüber und herüber durchkreuzte, nach dem Süden im Winter, nach dem Norden im Sommer, nur weil er an keinem Ort bleiben konnte, ohne daß er ihm auf die Nerven ging, und weil man nirgendwohin gehen konnte außer überallhin, weiterrollen unter den Sternen, meistens unter den Sternen des Westens.

„Ich war ein paarmal in Og-den. Wenn du nach Og-den weiterwillst, ich hab da 'n paar Freunde, bei denen wir bleiben könnten."

„Ich mach von Cheyenne nach Denver."

„Quatsch, komm direkt mit, du kriegst nicht jeden Tag so eine Fahrgelegenheit."

Das war auch ein verführerisches Angebot. Was gab es in Ogden? „Was ist Ogden?“ sagte ich.
„Es ist der Ort, wo die meisten Jungen durchkommen und sich immer treffen; du siehst dort bestimmt jeden.“
In meinen früheren Tagen war ich mit einem großen, grobknochigen Burschen aus Louisiana, namens Big Slim Hazard, William Holmes Hazard, einem Landstreicher aus Überzeugung, an der See gewesen. Als kleiner Junge hatte er einen Landstreicher seine Mutter um ein Stück Kuchen anbetteln sehen, und sie hatte es ihm gegeben, und als der Landstreicher die Straße hinabgegangen und weg war, hatte der kleine Junge gesagt: „Mutti, was ist dieser Mann?“ — „Warum, das ist ein Land-strei-cher.“ — „Mutti, ich will auch einmal ein Land-strei-cher werden.“ — „Halt den Mund, so was ist nichts für einen Hazard.“ Aber er vergaß diesen Tag niemals, und als er erwachsen war und nachdem er eine kurze Zeit auf der Staatsuniversität in Louisiana Fußball gespielt hatte, wurde er wirklich ein Landstreicher. Big Slim und ich hatten viele Nächte damit zugebracht, einander Geschichten zu erzählen und Tabaksaft in Pappbehälter zu spucken. Irgend etwas in Mississippi Genes Gehaben erinnerte so unzweifelhaft an Big Slim Hazard, daß ich sagte: „Hast du zufällig irgendwo einmal einen Burschen mit Namen Big Slim Hazard getroffen?“
Und er sagte: „Meinst du den großen Jungen mit dem lauten Lachen?“
„Ja, das sieht ihm ähnlich. Er war aus Ruston, Louisiana.“
„Stimmt. Man nennt ihn manchmal Louisiana Slim. Natürlich, klar hab ich Big Slim getroffen.“
„Und er arbeitete immer auf den Ölfeldern im Osten von Texas?“
„Osten von Texas stimmt. Und jetzt ist er Cowboy.“
Es stimmte sogar genau: Und trotzdem konnte ich nicht glauben, daß Gene Slim wirklich gekannt habe, Slim, nach dem ich seit Jahren mehr oder weniger auf der Suche war.
„Und er arbeitete auch auf den Schleppbooten in New York?“
„Ja, darüber weiß ich nun nichts.“
„Sicher hast du ihn nur im Westen gekannt.“
„Ich glaub schon. Ich war noch nie in New York.“
„Ja, da soll mich der Teufel holen, ich bin ganz erstaunt, daß du ihn kennst. Das hier ist ein großes Land. Und doch wußte

ich, daß du ihn gekannt haben mußt."
„Sicher, ich kenne Big Slim recht gut. Immer großzügig mit seinem Geld, wenn er welches hatte. Ein gemeiner, grober Kerl kann er auch sein; ich hab's gesehen, wie er einen Polizisten in den Viehhöfen in Cheyenne niedergeschlagen hat, ein Schlag." Das klang nach Big Slim; er übte immer diesen einen Schlag in die Luft; er sah aus wie Jack Dempsey, aber wie ein junger Jack Dempsey, der trank.
„Ver-dammt noch mal!" schrie ich in den Wind und nahm noch einen Schluck, und so langsam fühlte ich mich richtig wohl. Jeder Schluck wurde vom Fahrtwind des offenen Wagens weggewischt, die schlechten Wirkungen wurden weggewischt, und die guten Wirkungen sanken in meinen Magen. „Cheyenne, da bin ich!" sang ich. „Denver, erwarte deinen Mann."
Montana Slim wandte sich mir zu, wies auf meine Schuhe und bemerkte: „Glaubst du, wenn du diese Dinger im Boden einpflanzt, daß da etwas herauswächst?" — mit todernster Miene natürlich, und die anderen Jungs hörten es und lachten. Und es waren die lächerlichsten Schuhe in Amerika; ich hatte sie eigens mitgenommen, denn ich wollte auf der heißen Straße nicht an den Füßen schwitzen, und außer bei dem Regen in Bear Mountain erwiesen sie sich denn auch als die idealen Schuhe für meine Reise. So lachte ich mit. Die Schuhe waren jetzt recht abgerissen, die Enden farbigen Leders standen heraus wie Stücke einer frischen Ananas, und meine Zehen guckten durch. Nun, wir nahmen noch einen Schluck und lachten. Wie im Traum sausten wir durch kleine Orte, die an Straßenkreuzungen aus dem Dunkel auftauchten, und fuhren an langen Reihen ruhender Erntearbeiter und Cowboys vorbei in die Nacht. Mit einer Kopfwendung sahen sie uns vorbeifahren, und aus dem Dunkel, das uns auf der anderen Seite der Stadt wieder aufnahm, sahen wir sie sich auf die Schenkel schlagen — wir waren schon eine komische Gesellschaft.
Es hielten sich während der Jahreszeit viele Männer in dieser Landschaft auf; es war Erntezeit. Die Dakota-Jungen wurden unruhig. „Ich denke, bei der nächsten Schiffpause steigen wir ab; es sieht aus, als gäb's eine Menge Arbeit in dieser Gegend."
„Alles, was ihr zu tun habt, ist, nach Norden zu ziehen, wenn es hier vorbei ist", riet Montana Slim, „und folgt nur der

DEUTSCHE REICHSBAHN

Nr. KM068361 0002

Erster Geltungstag	Gültig bis einschließlich Hinfahrt	Rückfahrt
22.04.88	25.04.88	XXXXXXXX

Tarif: NORMAL 2. Kl D -Zug

von KARL-MARX-STADT

nach BERLIN STADTB

über RIESA

Erw.	Kind	Entfernung	Preis
2	0	0211 km	***40.00 M

Ernte, bis ihr nach Kanada kommt." Die Jungen nickten vage; sie gaben nicht viel auf seinen Rat.
Der blonde junge Ausreißer hatte inzwischen seine Stellung nicht verändert; ab und zu lehnte Gene sich aus seinem buddhistischen Trancezustand über die vorbeisausende dunkle Ebene und sagte dem Jungen etwas Freundliches ins Ohr. Der Junge nickte. Gene umsorgte ihn, seine Stimmungen und Ängste. Ich wunderte mich, wohin zum Teufel sie gehen und was sie tun würden. Sie hatten keine Zigaretten. Ich verschwendete mein Päckchen an sie, sie gefielen mir so. Sie waren dankbar und freundlich. Sie verlangten niemals, ich bot immer an. Montana Slim hatte seine eigenen, aber er gab die Schachtel nie weiter. Wir sausten durch einen anderen Ort an einer Kreuzung, fuhren an einer anderen Reihe von großen schlanken Männern in Arbeitshosen vorbei, die sich um das schwache Licht wie Motten in der Wüste drängten, und kehrten zurück in die kolossale Dunkelheit, und die Sterne über uns waren glänzend und rein wegen der immer dünner werdenden Luft, während wir die Steigung der westlichen Hochebene erklommen, etwa einen Viertelmeter auf den Kilometer, wie man mir sagte, und kein Baum verstellte die niedrig am Horizont stehenden Sterne. Und einmal sah ich eine mißgestimmte blasse Kuh im Salbei an der Straße, als wir vorbeiflitzten. Es war, als führen wir in einem Eisenbahnzug, genauso stetig und genauso geradeaus.
Allmählich kamen wir zu einer Stadt, verlangsamten, und Montana Slim sagte: „Ah, Schiffpause", aber die Minnesota-Jungen hielten nicht an und fuhren gleich weiter. „Zum Teufel, ich muß aber", sagte Slim.
„Mach doch über Bord", sagte jemand.
„Ja, das *werd* ich", sagte er, und langsam, während wir ihm alle zusahen, schob er sich auf dem Gesäß zum Ende der Pritsche, bis seine Beine über den Rand hinunterhingen. Jemand klopfte an das Fenster des Führerhauses, um die Brüder aufmerksam zu machen. Als sie sich umsahen, begannen sie zu lachen. Und gerade als Slim bereit war, begannen sie, so mißlich das Ganze sowieso schon war, den Laster mit hundertzehn Sachen auch noch zickzack zu fahren. Er fiel einen Augenblick zurück; wir sahen eine Walfischfontäne in der Luft; er kämpfte sich in eine sitzende Stellung zurück. Sie rissen den Laster zur Seite. Bum, fiel er herum auf die Seite und pißte

sich von oben bis unten voll. Im Dröhnen konnten wir ihn leise fluchen hören, wie das Gejammer eines Mannes jenseits der Berge. „Verflucht ... verflucht ...“ Er begriff nicht, daß sie das absichtlich machten; er kämpfte nur, verbissen wie Hiob. Als er fertig war, war er zum Auswringen naß, und nun mußte er seinen Weg zurückkriechen und hüpfen und tat es mit dem erbarmungswürdigsten Gesicht, während alles lachte, außer dem traurigen blonden Knaben, und die Minnesota-Jungen brüllten im Führerhaus. Ich reichte ihm die Flasche, um ihn dafür zu entschädigen.

„Was, zum Satan“, sagte er, „haben die das absichtlich gemacht?“

„Natürlich haben sie.“

„Ich will verdammt sein, das hab ich nicht gewußt. Ich weiß, ich hab's seinerzeit in Nebraska probiert und hatte nicht halb so viel Ärger.“

Plötzlich waren wir in der Stadt Ogallala, und hier riefen die Jungen im Führerhaus: *„Schiffpause!“* Und das mit wahrer Wonne. Slim stand dumpf neben dem Lastwagen und beklagte die versäumte Gelegenheit. Die beiden aus Dakota sagten allen adieu und nahmen sich vor, hier mit der Erntearbeit anzufangen. Wir sahen sie in der Nacht in Richtung auf die Schuppen am Ende der Stadt verschwinden; dort brannten Lichter, und dort sollten nach Auskunft eines Nachtwächters in Leinenhosen die Arbeitsvermittler sein. Ich mußte neue Zigaretten kaufen. Gene und der blonde Junge folgten mir, um sich die Beine zu vertreten. Ich trat in das unwahrscheinlichste Lokal der Welt, eine Art einsamer Präriemilchbar für die Halbwüchsigen der Nachbarschaft, Jungen und Mädchen. Einige tanzten zu der Musik einer Musikbox. Als wir hereinkamen, stockte alles. Gene und der Blonde standen da, ohne jemanden anzusehen; sie wollten nur Zigaretten.

Ein paar hübsche Mädchen waren auch dabei. Und eine von ihnen machte dem Blonden schöne Augen, und er merkte es nicht einmal, und wenn er es gemerkt haben würde, hätte er sich nichts daraus gemacht, so traurig und abwesend war er.

Ich kaufte ein Paket für jeden. Sie bedankten sich. Der Lastwagen war fertig zur Abfahrt. Es ging jetzt auf Mitternacht, und es wurde kalt. Gene, der das Land häufiger durchquert hatte, als er an seinen Fingern und Zehen abzählen konnte, sagte, am besten sollten wir alle miteinander unter der großen

Plane zusammenkriechen, sonst würden wir frieren. Auf solche Art und mit dem Rest der Flasche hielten wir uns warm, während die Luft eiskalt wurde und uns in die Ohren biß. Die Sterne schienen glänzender zu werden, je weiter wir die Hochebene erklommen. Wir waren jetzt in Wyoming. Flach auf dem Rücken, starrte ich gerade hinauf zum herrlichen Firmament, stolz darauf, wie schnell ich vorankam, wie weit ich schließlich doch von dem traurigen Bear Mountain gekommen war, ganz zappelig bei dem Gedanken, was vor mir in Denver lag — was immer, was immer es auch sein würde. Und Mississippi Gene begann ein Lied zu singen. Er sang es mit einer melodischen, ruhigen Stimme, mit starkem Südstaatenakzent, und es war ganz einfach, eine einfache Bluesstrophe, nur „Ich hab ein hübsches Mädchen, süß und sechzehn Jahre, nie hat man eine Hübschere gesehn", immer dasselbe mit nur ein paar anderen Zeilen zwischendurch, und es bezog sich darauf, wie weit er herumgekommen ist und wie sehr er wünschte, er könne zu ihr zurück, habe sie aber verloren.
Ich sagte: „Gene, das ist ein sehr hübsches Lied."
„Es ist das schönste, das ich kenne", sagte er mit einem Lächeln.
„Ich hoffe, du kommst hin, wo du hinwillst, und wirst glücklich sein, wenn du hinkommst."
„Irgendwie klappt's immer, und ich komm weiter, so oder so."
Montana Slim schlief. Er wachte auf und sagte zu mir: „Hallo, Schwarzer, wenn du und ich Cheyenne einer Untersuchung unterziehen würden heute nacht, bevor du nach Denver weiter willst?"
„Aber sicher." Ich hatte genug getrunken, um alles mitzumachen.
Als der Lastwagen in die Außenbezirke von Cheyenne einfuhr, sahen wir hoch oben die roten Lichter des örtlichen Rundfunksenders, und plötzlich mußten wir uns durch eine dichte Menschenmenge zwängen, die auf beiden Gehsteigen entlangströmte. „Donnerwetter, da ist Wildwestwoche", sagte Slim. Massen von Geschäftsleuten, fetten Geschäftsleuten in Stiefeln und Zehngallonenhüten, mit ihren stämmigen Frauen in Cowgirlkostümen, drängten und johlten auf den hölzernen Gehsteigen des alten Cheyenne; weiter unten sah man die langen Lichterketten der geraden, breiten Straßen des neuen

Zentrums von Cheyenne, aber das Fest konzentrierte sich auf die Altstadt. Böllerschüsse wurden abgefeuert. Die Schenken waren bis auf die Gehsteige überfüllt. Ich war überrascht, und gleichzeitig kam es mir lächerlich vor: Bei meiner ersten Berührung mit dem Westen sah ich, auf welche absurden Hilfsmittel er sich einließ, um seine stolze Tradition am Leben zu halten. Wir mußten vom Lastwagen absteigen und Abschied nehmen; die Minnesota-Jungen waren nicht daran interessiert, mitzumachen. Traurig sah ich sie wegfahren, und es war mir klar, daß ich keinen von ihnen je wiedersehen würde, aber so ist es nun einmal. „Ihr werdet euch heute nacht eure Ärsche abfrieren“, warnte ich. „Und dann werdet ihr sie euch morgen nachmittag in der Wüste verbrennen.“

„Das ist mir egal, wenn wir nur aus dieser kalten Nacht herauskommen“, sagte Gene. Und der Lastwagen fuhr weiter, er fädelte seinen Weg durch die Menge, und niemand beachtete die fremdartigen Kumpane unter der Plane, die wie kleine Kinder auf die Stadt starrten. Ich sah ihm nach, wie er in der Nacht verschwand.

5

Ich war mit Montana Slim zusammen, und wir begannen die Bars abzugrasen. Ich besaß etwa sieben Dollar, von denen ich fünf in dieser Nacht blödsinnig vergeudete. Zuerst mischten wir uns unter all die auf Cowboy hergerichteten Touristen und Ölleute und Viehzüchter in Bars, Haustoren, auf dem Gehsteig; dann mußte ich für eine Weile Slim abhängen, der von all dem Whisky und Bier ein wenig streitsüchtig durch die Straßen lief: Er gehörte zu dieser Art von Trinkern; seine Augen wurden glasig, und er war gleich dabei, mit einem Fremden anzubandeln. Ich ging in eine Chili-Wirtschaft, und die Kellnerin war Mexikanerin und sehr hübsch. Ich aß, und dann schrieb ich ihr ein kleines Liebesbriefchen auf die Rückseite der Rechnung. Die Chili-Wirtschaft war verlassen; alle Leute waren anderswo und tranken. Ich sagte ihr, sie solle die Rechnung umdrehen. Sie las und lachte. Es war ein kleines Gedichtchen darüber, wie sehr ich mir wünschte, sie käme mit mir, sich die Nacht anzusehen.

„Ich möcht furchtbar gerne, Chiquito, aber ich habe eine

Verabredung mit meinem Freund."
„Kannst du ihn nicht versetzen?"
„Nein, das geht nicht", sagte sie traurig, und es gefiel mir, wie sie es sagte.
„Ich werde ein andermal vorbeikommen", sagte ich, und sie sagte: „Wann du willst, mein Junge." Ich saß noch herum, nur um sie anzuschauen, und trank noch eine Tasse Kaffee. Ihr Freund kam mürrisch herein und wollte wissen, wann sie frei hatte. Sie lief geschäftig herum, um den Laden zuzumachen. Ich mußte raus. Ich lächelte sie an, als ich hinausging. Draußen ging es wild zu wie nur je, außer daß die fetten Säufer besoffener waren und mehr Krach machten. Es war komisch. Da gab es Indianerhäuptlinge, die in großem Kopfschmuck mit wirklichem Ernst zwischen den geröteten, betrunkenen Gesichtern herumspazierten. Ich sah Slim daherwanken und gesellte mich zu ihm.
Er sagte: „Ich habe gerade eine Postkarte an meinen Paps in Montana geschrieben. Glaubst du, du kannst einen Briefkasten finden, um sie einzuwerfen?" Es war eine merkwürdige Bitte; er gab mir die Postkarte und stolperte durch die Schwingtür einer Wirtschaft. Ich nahm die Karte, ging zum Briefkasten und sah sie mir rasch an. „Lieber Paps! Ich werde am Mittwoch zu Hause sein. Mir geht es gut, und ich hoffe, Dir auch. Richard." Das gab mir eine andere Meinung von ihm; wie zart und höflich er mit seinem Vater war. Ich ging in die Bar und gesellte mich zu ihm. Wir lachten uns zwei Mädchen an, eine hübsche junge Blondine und eine fette Brünette. Sie waren einfältig und mürrisch, aber wir hatten Lust, sie umzulegen. Wir gingen mit ihnen in ein schäbiges Nachtlokal, das schon zumachte, und bis auf meine letzten zwei Dollar spendierte ich schottischen Whisky für sie und Bier für uns. Ich wurde langsam betrunken und machte mir nichts mehr draus; alles war gut so. Mein ganzes Sein und Sinnen war auf die kleine Blondine gerichtet. Mit aller Kraft wollte ich sie drankriegen. Ich drückte sie an mich und wollte es ihr sagen. Das Lokal schloß, und wir wanderten hinaus auf die schäbigen, staubigen Straßen. Ich sah zum Himmel empor; die reinen wundervollen Sterne waren immer noch da, sie brannten. Die Mädchen wollten zur Autobusstation, so gingen wir alle hin, aber anscheinend wollten sie irgendeinen Matrosen treffen, der sie dort erwarten sollte, einen Vetter des fetten Mädchens, und

der Matrose hatte einige Freunde mit. Ich sagte zu der Blondine: „Was passiert nun?“ Sie sagte, sie wolle heim nach Colorado, eben über die Staatsgrenze südlich von Cheyenne. „Ich werde dich im Bus hinbringen“, sagte ich.
„Nein, der Bus hält auf der Landstraße, und ich muß dann ganz allein über die verdammte Prärie laufen. Ich tu den ganzen Nachmittag nichts anderes, als die verdammte Gegend anzustarren, und ich hab keine Lust, heute nacht rüberzulaufen.“
„Nun, hör mal, wir werden einen schönen Spaziergang durch die Feldblumen machen.“
„Da gibt's keine Blumen“, sagte sie. „Ich will nach New York. Mir hängt das hier alles zum Hals heraus. Nirgends kann man hingehen außer nach Cheyenne, und in Cheyenne ist nichts los.“
„In New York ist auch nichts los.“
„Hast du 'ne Ahnung“, sagte sie und kräuselte die Lippen.
Die Autobusstation war überfüllt. Alle Arten Leute warteten auf Autobusse oder standen nur so herum; es gab eine Menge Indianer, die alles mit ihren steinernen Augen beobachteten. Das Mädchen entzog sich meinem Gespräch und schloß sich dem Matrosen und den anderen an. Slim war auf einer Bank eingenickt. Ich setzte mich hin. Die Fußböden der Autobusstationen sind im ganzen Land gleich, überall mit Zigarettenstummeln und Spucke bedeckt, und sie machen einen traurigen Eindruck, den nur Autobusstationen an sich haben. Für einen Augenblick war es gar nicht anders als in Newark, abgesehen von der großen Weite draußen, die ich so liebte. Ich bereute, daß ich den glatten Verlauf meiner ganzen Reise zerstückt hatte, weil ich nicht jeden Groschen sparte; daß ich die Zeit totschlug, statt wirklich vorwärts zu kommen, und mit diesem mürrischen Mädchen herumschäkerte und dabei mein ganzes Geld ausgab. Es machte mich krank. Ich hatte so lange nicht geschlafen, daß ich zum Fluchen und zum Schimpfen zu müde wurde und einschlief; ich rollte mich auf dem Sitz zusammen, benutzte meinen Segeltuchsack als Kopfkissen und schlief bis acht Uhr früh inmitten des verträumten Gemurmels und Lärms der Station und Hunderter Passanten.
Ich wachte mit schwerem Kopfweh auf. Slim war weg — ich nehme an, nach Montana. Ich ging hinaus. Und da in der

blauen Luft sah ich zum erstenmal, weit weg, die großen, beschneiten Gipfel der Rocky Mountains. Ich atmete tief ein. Ich mußte sofort nach Denver. Ich aß erst einmal ein bescheidenes Frühstück, Toast, Kaffee und ein Ei; und dann raus aus der Stadt und auf die Straße. Das Wildwestfest war noch im Gang; es gab einen Rodeo, und gleich würde das Geschrei und Gespringe wieder anfangen. Ich ließ es hinter mir. Ich wollte meine Freunde in Denver sehen. Ich kreuzte eine Eisenbahnüberführung und kam zu ein paar Schuppen, wo zwei Landstraßen sich gabelten, beide nach Denver. Ich nahm die, welche näher an den Bergen vorbeiführte, damit ich sie mir ansehen konnte, und stellte mich in die entsprechende Richtung. Es nahm mich auch gleich jemand mit, und zwar ein junger Mann aus Connecticut, der mit seinem alten Wagen im Lande herumfuhr und malte; er war der Sohn eines Verlegers im Osten. Er redete und redete; mir war schlecht vom Trinken und von der Höhenlage. Einmal mußte ich beinahe meinen Kopf zum Fenster hinaushalten. Aber bis er mich in Longmont, Colorado, aussteigen ließ, fühlte ich mich wieder normal und hatte sogar angefangen, ihm über die Entwicklung meiner eigenen Reise zu erzählen. Er wünschte mir Glück.
Es war schön in Longmont. Unter einem riesigen alten Baum war ein grünes Rasenbeet, das zu einer Tankstelle gehörte. Ich fragte den Tankwart, ob ich da schlafen könne, und er sagte: „Aber natürlich!" Also breitete ich ein Wollhemd aus, legte mein Gesicht flach darauf, streckte einen Ellbogen nach außen und richtete ein Auge für eine kurze Weile auf die beschneiten Rockys im heißen Sonnenglanz. Ich schlief zwei wonnige Stunden; die einzige Unbequemlichkeit war eine gelegentliche Colorado-Ameise. Und nun bin ich hier in Colorado! dachte ich immer wieder und war froh. Verdammt noch mal! Verdammt noch mal! Ich schaff's! Und nach einem erquickenden Schlaf voll versponnener Träume von meinem früheren Leben im Osten stand ich auf, wusch mich in der Tankstellentoilette und schritt davon, frisch und munter wie ein Fiedelbogen, und ließ mir in der Raststätte einen dicken, sahnigen Milchshake geben, um meinen heißen, gequälten Magen abzukühlen.
Übrigens war das Colorado-Mädchen, das mir den Milchshake mixte, wunderschön; sie lächelte mich auch sehr nett an, und ich war dankbar dafür; denn es machte die letzte Nacht wett. Ich sagte mir: Junge! Wie wird erst *Denver* sein! Ich kam auf

die heiße Straße, und ab ging's in einem nagelneuen Wagen, den ein Geschäftsmann aus Denver fuhr, er war etwa fünfunddreißig Jahre alt. Er fuhr hundertzehn. Mein ganzer Körper flatterte; ich zählte die Minuten und subtrahierte die Kilometer. Gerade vor mir, jenseits der wogenden Weizenfelder, golden unter den fernen Schneefeldern von Estes, würde ich endlich das alte Denver erblicken. Ich sah mich diese Nacht in einer Bar in Denver, mit der ganzen Bande, und in ihren Augen würde ich fremd und abgerissen sein und wie der Prophet, der da quer durch das Land geschritten war, um das dunkle WORT zu bringen, und das einzige WORT, das ich hatte, war: „Hurra!" Der Mann und ich führten eine lange, herzliche Unterhaltung über unsere gegenseitigen Lebenspläne, und bevor ich's wußte, fuhren wir über die Obstgroßmärkte außerhalb Denvers. Schornsteine, Rauch, Rangiergleise, Backsteingebäude und weiter in der Stadt graue Steinhäuser, ich war also nun hier in Denver. Ich stolperte voran, mit dem gemeinsten Freudegrinsen der Welt, unter die alten Taugenichtse und abgerissenen Cowboys von Larimer Street.

6

In jenen Tagen kannte ich Dean noch nicht so gut wie jetzt, und fürs erste wollte ich Chad King aufsuchen und tat es auch. Ich rief ihn zu Hause an, seine Mutter meldete sich — sie sagte: „Na so was, Sal, was machst du denn hier in Denver?" Chad ist ein schmaler, blonder Junge mit einem fremdartigen Medizinmanngesicht, das gut zu seinem Interesse für Anthropologie und prähistorische Indianer paßt. Seine Nase krümmt sich sanft und beinahe „sahnig" unter einem goldenen Leuchten der Haare; er hat die Schönheit und Anmut eines Draufgängers aus dem Westen, der in Straßenwirtschaften getanzt und etwas Fußball gespielt hat. Wenn er spricht, kommt ein tremolierendes Näseln heraus. „Mir hat bei den Flachlandindianern so gefallen, Sal, daß sie immer so verdammt verlegen wurden, wenn sie mit der Anzahl der Skalps prahlten, die sie erbeutet hatten. In Ruxtons *Leben im Wilden Westen* gibt es einen Indianer, der vor Verlegenheit ganz rot wird, weil er so viele Skalps gekriegt hat, und er läuft wie der Teufel in die Prärie hinaus, um den Ruhm seiner Taten in der

Einsamkeit zu genießen. Verdammt, das hat *mir* Spaß gemacht!"
Chads Mutter erklärte, an dem schläfrigen Denver-Nachmittag sei er im Städtischen Museum, wo er an seiner Arbeit über indianische Korbflechterei säße. Ich rief ihn dort an; er kam und holte mich in dem alten zweitürigen Ford ab, den er zu Ausflügen in die Berge brauchte; dort grub er nach indianischen Gegenständen. Er kam in die Busstation, angetan mit Jeans und einem herzlichen Lächeln. Ich saß auf meinem Sack am Boden und sprach zu demselben Matrosen, mit dem ich in der Busstation in Cheyenne zusammen gewesen war, und fragte ihn, was mit der Blondine passiert sei. Das kotzte ihn so an, daß er nicht einmal antwortete. Chad und ich stiegen in seinen kleinen Wagen, und das erste, was wir zu tun hatten, war, Landkarten im Staatsgebäude zu besorgen. Dann mußte er eine alte Lehrerin treffen, und so weiter; ich aber wollte nur Bier trinken. Und im Hintergrund meines Gehirns war der verrückte Gedanke: Wo ist Dean und was tut er in diesem Augenblick? Chad hatte aus irgendeinem blöden Grund beschlossen, nicht mehr mit Dean freund zu sein, und wußte nicht einmal, wo er wohnte.
„Ist Carlo Marx hier?"
„Ja." Aber mit ihm sprach er auch nicht mehr. Damit fing Chad an, sich aus unserer Gemeinschaft zurückzuziehen. Ich sollte diesen Nachmittag bei ihm zu Hause ein Schläfchen machen. Es hieß, Tim Gray habe eine Wohnung oben in der Colfax Avenue für mich vorbereitet, Roland Major wohne schon dort und warte darauf, daß ich zu ihm ziehe. Ich spürte etwas wie eine Verschwörung in der Luft, und diese Verschwörung trennte die Bande in zwei Gruppen: Da waren Chad King und Tim Gray und Roland Major, die, zusammen mit den Rawlins, allgemein vereinbart hatten, Dean Moriarty und Carlo Marx zu ignorieren. Ich geriet plötzlich mitten in diesen interessanten Krieg.
Es war ein Krieg mit gesellschaftlichen Obertönen. Dean war der Sohn eines Weinsäufers, eines der windigsten Taugenichtse von Larimer Street, und Dean war hauptsächlich in der Larimer Street und nahebei aufgewachsen. Er war schon mit sechs Jahren vor Gericht erschienen, um die Freilassung seines Vaters zu erbitten. Er pflegte vor den Passagen des Viertels zu betteln und das Geld seinem Vater zuzustecken, der mit

einem alten Kumpel zwischen den zerbrochenen Flaschen wartete. Dann, als Dean erwachsen wurde, begann er um die Glenarm-Billardwirtschaft herumzustreichen; er stellte in Denver einen örtlichen Rekord für Autodiebstahl auf und kam in die Besserungsanstalt. Von seinem elften bis zum siebzehnten Lebensjahr war er meist in der Besserungsanstalt. Seine Spezialität war, Autos zu stehlen und sich an Mädchen heranzumachen, die nachmittags aus der höheren Schule kamen, sie in die Berge zu fahren, sie umzulegen und zurückzukommen, um in der Stadt in irgendeiner gerade freien Badewanne eines Hotels zu schlafen. Sein Vater, einst ein geachteter und arbeitsamer Klempner, war ein Weinsäufer geworden, was schlimmer ist als ein Whiskysäufer, und so weit heruntergekommen, daß er im Winter auf Güterzügen nach Texas fuhr und im Sommer zurück nach Denver. Dean hatte Halbbrüder von seiner Mutter — sie war gestorben, als er noch klein war —, aber sie mochten ihn nicht. Deans einzige Kameraden waren die Jungen von den Billardkneipen. Dean, der die enorme Energie einer neuen Gattung amerikanischer Heiliger hatte, und Carlo waren die Untergrundmonster dieser Saison in Denver, zusammen mit der Billardkneipenbande, und Carlo hatte in Grant Street eine Souterrainwohnung, die das aufs schönste symbolisierte; wir alle kamen dort manche Nacht zusammen, die bis zum Morgen währte — Carlo, Dean, ich, Tom Snark, Ed Dunkel und Roy Johnson. Mehr über die anderen später.

An meinem ersten Nachmittag in Denver schlief ich in Chad Kings Zimmer, während seine Mutter unten mit ihrer Hausarbeit fortfuhr und Chad in der Bibliothek arbeitete. Es war ein heißer Hochebenennachmittag im Juli. Ich hätte nicht geschlafen, wäre da nicht eine Erfindung von Chad Kings Vater gewesen. Chad Kings Vater, ein feiner, gütiger Mann in den Siebzigern, war alt und schwach, dünn und ausgemergelt und erzählte Geschichten, ganz langsam und genüßlich; es waren noch dazu gute Geschichten, über seine Jugend in den Ebenen von North Dakota in den achtziger Jahren, als er zur Zerstreuung ohne Sattel auf Ponys ritt und mit einer Keule Coyoten jagte. Später wurde er Schullehrer in einer holländischen Gegend von Oklahoma und schließlich ein in vielen Sätteln gerechter Kaufmann zu Denver. Er hatte immer noch sein altes Büro über einer Garage in derselben Straße, der

Rolladenschreibtisch war noch da, zusammen mit ungezählten staubigen Papieren, die von vergangenen Aufregungen und Gewinnen erzählten. Er hatte eine besondere Klimaanlage erfunden. Er setzte einen gewöhnlichen Ventilator in einen Fensterrahmen und führte irgendwie kaltes Wasser durch Rohrschlangen vor die surrenden Flügel. Das Ergebnis war vollkommen — bis anderthalb Meter vom Ventilator — und dann verwandelte sich an heißen Tagen das Wasser offenbar in Dampf, und das untere Stockwerk des Hauses war genauso heiß wie sonst. Aber ich lag genau unter dem Ventilator auf Chads Bett, während mich eine große Goethe-Büste anstarrte; ich schlief bequem ein und wachte nach zwanzig Minuten zu Tod frierend wieder auf. Ich zog eine Decke über, doch es war mir immer noch kalt. Schließlich war es so kalt, daß ich nicht schlafen konnte, und ich ging hinunter. Der alte Herr fragte mich, wie seine Erfindung funktioniere. Ich sagte, sie funktioniere verdammt gut, und innerhalb gewisser Grenzen meinte ich es wirklich. Ich mochte den Mann. Er steckte voller Erinnerungen. „Ich habe einmal ein Fleckwasser gemacht, das ist seither von großen Firmen im Osten nachgemacht worden. Ich habe seit Jahren versucht, dafür etwas zu bekommen. Wenn ich nur genug Geld hätte, einen anständigen Anwalt engagieren zu können ..." Aber es war zu spät, einen anständigen Anwalt zu engagieren; und er saß niedergeschlagen in seinem Hause. Am Abend gab es ein wunderbares Dinner, das Chads Mutter gekocht hatte, Steaks vom Reh; Chads Onkel hatte es in den Bergen geschossen. Wo aber war Dean?

7

Die folgenden zehn Tage waren, wie der Komiker W. C. Fields zu sagen pflegte, „vollgepackt mit enormer Gefahr" — und verrückt. Ich zog zu Roland Major in die wirklich mondäne Wohnung, die Tim Grays Verwandten gehörte. Wir hatten jeder ein Schlafzimmer, und es gab eine Kochnische mit Lebensmitteln im Kühlschrank und ein riesiges Wohnzimmer, in dem Major in seinem seidenen Schlafrock saß und seine letzte Novelle im Stile Hemingways verfaßte — ein cholerischer, rotgesichtiger, feister Hasser von allem und jedem, der das wärmste und charmanteste Lächeln der Welt aufsetzen konnte, wenn das wirkliche Leben ihm süß in der Nacht begegnete. So saß er hinter seinem Schreibtisch, und ich sprang, nur in Pyjamahosen, auf dem dicken weichen Teppich herum. Er hatte gerade eine Geschichte geschrieben, über einen Kerl, der zum erstenmal nach Denver kommt. Sein Name ist Phil. Sein Kumpel ist ein geheimnisvoller und stiller Mann namens Sam. Phil geht aus, um Denver richtig kennenzulernen, und kommt näher mit Künstlertypen in Berührung. Er kommt in das Hotelzimmer zurück. Kummervoll sagt er: „Sam, hier sind sie auch." Und Sam sieht gerade traurig zum Fenster hinaus. „Ja", sagt Sam, „ich weiß." Und die Pointe war, daß Sam nicht hinzugehen und zu sehen brauchte, um das zu wissen. Die Künstlertypen gab es überall in Amerika, und sie saugten dem Land das Blut aus. Major und ich waren richtige Kumpels; er dachte, ich sei einem Künstlertyp so unähnlich wie möglich. Major liebte gute Weine, genau wie Hemingway. Er grub Erinnerungen von seiner letzten Frankreichreise aus. „Oh, Sal, wenn du mit mir hoch im Baskenlande sitzen könntest, mit einer kühlen Flasche Poignon dix-neuf, dann würdest du wissen, daß es noch andere Dinge gibt als Güterwagen."

„Ich weiß das. Aber ich liebe die Waggons und liebe es, Namen auf ihnen zu lesen wie Missouri Pacific, Great Northern, Rock Island Line. Bei Gott, Major, wenn ich dir alles erzählen könnte, was passiert ist, während ich per Anhalter herkam."

Die Rawlins lebten ein paar Ecken weiter. Das war eine großartige Familie — eine noch junge Mutter, Teilhaberin an einem altersschwachen, kaum bewohnten Hotel, mit fünf Söhnen und zwei Töchtern. Der wilde Sohn war Ray Rawlins, Tim Grays Jugendfreund. Ray stürzte lärmend herein, um mich zu holen, und wir waren uns gleich sympathisch. Wir zogen los und tranken in den Colfax-Bars. Eine von Rays Schwestern war eine schöne Blondine namens Babe — eine tennisspielende, wellenreitende Puppe aus dem Westen. Sie war Tim Grays Mädchen. Und Major, der sich in Denver nur auf der Durchreise aufhielt und dies großspurig in der Wohnung tat, pflegte mit Tim Grays Schwester Betty auszugehen. Ich war der einzige Junge ohne Mädchen. Ich fragte jeden: „Wo ist Dean?" Lächelnd gaben sie mir negative Antworten.

Dann passierte es endlich. Das Telefon klingelte, und es war Carlo Marx. Er gab mir die Adresse seiner Souterrainwohnung. Ich sagte: „Was machst du in Denver? Ich meine, was *tust* du? Was ist los?"

„Oh, wart, bis ich's dir erzählen kann."

Ich stürzte hinüber, um ihn zu treffen. Er arbeitete nachts in May's Kaufhaus; der verrückte Ray Rawlins hatte ihn dort aus einer Bar angerufen und mit einer Geschichte über einen Todesfall die Pförtner dazu gebracht, ihn im ganzen Hause zu suchen und zum Apparat zu bringen. Carlo dachte sofort, ich sei gestorben. Und Rawlins sagte am Telefon: „Sal ist in Denver", und gab ihm meine Adresse und Telefonnummer.

„Und wo ist Dean?"

„Dean ist in Denver. Laß mich erzählen." Und er erzählte mir, daß Dean mit zwei Mädchen gleichzeitig ein Verhältnis hatte, und zwar mit Marylou, seiner ersten Frau, die in einem Hotelzimmer auf ihn wartete, und Camille, einem neuen Mädchen, das in einem Hotelzimmer auf ihn wartete. „Zwischen den beiden hetzt er zu mir wegen unserer eigenen schwebenden Affären."

„Und was für Affären sind das?"

„Dean und ich sind mitten in einer riesenhaften Unternehmung. Wir versuchen uns gegenseitig mit absoluter Ehrlichkeit und absoluter Vollständigkeit alles mitzuteilen, was wir denken. Wir mußten Benzedrin einnehmen. Wir sitzen auf dem Bett, mit untergeschlagenen Beinen, und sehen einander an. Ich habe Dean endlich beigebracht, daß er alles werden kann, was er will, Bürgermeister von Denver, Mann einer Millionärin oder der größte Dichter seit Rimbaud. Aber er läuft davon, um sich Kleinstwagenrennen anzusehen. Ich gehe mit ihm. Er hüpft und brüllt ganz aufgeregt. Weißt du, Sal, Dean ist völlig weg bei so was." Marx schien bei sich „hmm" zu sagen und dachte darüber nach.

„Wie ist der Stundenplan?" sagte ich. In Deans Leben gab es immer einen Stundenplan.

„Das ist der Stundenplan: Vor einer halben Stunde bin ich von der Arbeit gekommen. Unterdessen vernascht Dean im Hotel Marylou und läßt mir Zeit, mich umzuziehen und frisch zu machen. Pünktlich um eins jagt er von Marylou zu Camille — natürlich weiß keine, was los ist — und verpaßt ihr einen, was mir Zeit gibt, um halb zwei hinzukommen. Dann geht er mit mir weg — zuerst muß er bei Camille betteln, die schon angefangen hat, mich zu hassen —, und wir kommen her und reden bis sechs Uhr früh. Gewöhnlich brauchen wir mehr Zeit als das, aber es beginnt, furchtbar kompliziert zu werden, und er ist in Zeitnot. Dann um sechs geht er zu Marylou zurück — und morgen wird er den ganzen Tag damit verbringen, die notwendigen Papiere für ihre Scheidung zu bekommen. Marylou ist absolut dafür, aber sie besteht darauf, daß sie es in der Zwischenzeit weiter zusammen kriegen. Sie sagt, sie liebt ihn — und dasselbe sagt Camille."

Dann erzählt er mir, wie Dean Camille kennengelernt hatte. Roy Johnson, der Billardjunge, hatte sie in einer Bar gefunden und in ein Hotel mitgenommen; der Erfolg stieg ihm zu Kopf, er lud die ganze Bande ein, heraufzukommen und sie anzusehen. Alle saßen herum und sprachen mit Camille. Dean tat nichts, sah bloß zum Fenster hinaus. Dann, als alle weg waren, schaute Dean bloß Camille an, deutete auf sein Handgelenk, machte das Zeichen „vier" (was hieß, er würde um vier zurück sein) und ging hinaus. Um drei war die Tür für Roy Johnson verschlossen. Um vier wurde sie für Dean geöffnet. Ich wollte sofort hingehen und den Verrückten sehen. Auch hatte er versprochen, für mich was zu arrangieren; er kannte alle Mädchen in Denver.

Carlo und ich gingen durch baufällige Straßen in das nächtliche Denver hinaus. Die Luft war weich, die Sterne so schön, die Verheißung jedes kopfsteingepflasterten Gäßchens so groß, daß ich zu träumen meinte. Wir kamen zu der Pension, wo Dean sich mit Camille herumzankte. Es war ein alter roter Ziegelbau, umgeben von hölzernen Garagen und alten Bäumen, die hinter Zäunen hervorragten. Wir gingen über läuferbelegte Stiegen hinauf. Carlo klopfte; dann sprang er zurück, um sich zu verstecken; er wollte von Camille nicht gesehen werden. Ich stand in der Tür. Dean öffnete, splitternackt. Ich sah eine Brünette auf dem Bett, einen wunderschönen sahnigen Oberschenkel mit schwarzer Spitze bedeckt; sie sah leicht verwundert auf.

„Menschenskind, S-a-al!" rief Dean. „Ja, also — ah — hm — ja, natürlich, du bist gekommen — du alter Hurensohn, du hast dich endlich aufgerafft und die gute alte Landstraße unsicher gemacht — wir müssen, wir müssen wirklich! Also, Camille —" Und er wirbelte zu ihr. „Sal ist hier, das ist mein alter Kumpel aus New Yor-r-k, das ist seine erste Nacht in Denver, und es ist unbedingt notwendig, daß ich ihn ausführe und ihm ein Mädchen besorge."

„Um welche Zeit wirst du denn zurück sein?"

„Es ist jetzt" (er sah auf seine Uhr) „genau ein Uhr vierzehn. Ich werde um *drei* Uhr vierzehn zurück sein, damit wir 'n Stündchen träumen können, süß träumen, Liebling, und dann, wie du weißt, wie ich dir sagte und wie wir übereingekommen sind, muß ich gehen und den einbeinigen Anwalt wegen dieser Papiere treffen — mitten in der Nacht, so seltsam das klingt und wie ich dir gr-r-ünd-lich auseinandergesetzt habe." (Das war eine Ausrede für seine Verabredung mit Carlo, der sich immer noch versteckt hielt.) „So, jetzt genau in dieser Minute muß ich mich anziehen, ins Leben zurücksteigen, das heißt ins Außenleben, Straßen und so, wie wir vereinbart haben, es ist nun ein Uhr *fünfzehn*, und die Zeit verrinnt, verrinnt —"

„Na, schön, Dean, aber bitte, komm ganz sicher um drei Uhr zurück."

„Genau, wie ich gesagt habe, Liebling, und denk daran, nicht drei, sondern drei Uhr vierzehn. Sind wir gerade in den wunderbarsten Tiefen unserer Seelen, teuerster Liebling?" Und er ging hinüber und küßte sie mehrmals. An der Wand war eine Aktzeichnung von Dean, komplett mit riesigem Zepter, gezeichnet von Camille. Ich war erstaunt. Alles war so verrückt.

Wir rauschten ab in die Nacht; in einem Gäßchen stieß Carlo zu uns. Und wir schritten durch das engste, fremdartigste und krummste Gäßchen, das ich je gesehen hatte, tief im Herzen des mexikanischen Stadtteils von Denver. Wir sprachen mit lauter Stimme in die schlafende Stille. „Sal", sagte Dean, „ich habe jetzt genau das richtige Mädchen für dich — jetzt — wenn sie nicht im Dienst ist" (er sah auf seine Uhr). „Eine Kellnerin, Rita Bettencourt, dufter Zahn, leicht den Kopf verdreht mit ein paar sexuellen Schwierigkeiten, von denen ich annehme, daß du sie in Ordnung bringen kannst, ein bedienter Typ wie du. Schön, gehen wir sofort hin — wir müssen Bier mitbringen, nein, sie haben selbst was, und, verdammt noch mal!" sagte er und schlug sich mit der Faust auf die Handfläche. „Ich muß heute nacht unbedingt bei ihrer Schwester Mary landen."

„Was?" sagte Carlo. „Ich dachte, wir wollten reden."

„Ja, ja, nachher."

„Oh, diese Denver-Depressionen!“ rief Carlo zum Himmel hinauf.

„Ist er nicht der feinste Kerl der Welt?“ sagte Dean und stieß mir in die Rippen. „Schau ihn dir an. *Schau* ihn dir an!“ Und Carlo begann seinen Affentanz in den Straßen des Lebens, wie ich es bei ihm überall in New York so oft gesehen hatte. Und alles, was ich sagen konnte, war: „Ja, was zum Teufel machen wir in Denver?“

„Morgen, Sal, werde ich wissen, wo ich Arbeit für dich finden kann“, sagte Dean, zu einem geschäftsmäßigen Ton zurückkehrend. „Ich werde dich aufsuchen, sobald ich eine Stunde von Marylou loskomme, kreuze direkt bei euch auf, sage Major guten Tag und schleife dich mit der Straßenbahn (zu dumm, daß ich keinen Wagen habe) zum Camargo-Markt, wo du sofort anfangen kannst; am kommenden Freitag gibt's Zaster. Wir alle sind wirklich restlos pleite. Seit Wochen hatte ich keine Zeit zu arbeiten. Freitagnacht müssen wir drei — das alte Trio Carlo, Dean und Sal — unbedingt zu den Kleinstwagenrennen gehen, und da kenne ich einen Kerl in der Stadt, der uns mitnehmen wird ...“ Und weiter und weiter, in die Nacht hinein.

Wir kamen zu dem Haus, wo die beiden Kellnerinnen wohnten. Die ich haben sollte, war noch bei der Arbeit; die Schwester, die Dean wollte, war da. Wir setzten uns auf ihre Couch. Um diese Zeit sollte ich Ray Rawlins anrufen. Ich tat es. Er kam sofort herüber. Noch in der Tür zog er Hemd und Unterhemd aus und fing an, die ihm vollkommen fremde Mary Bettencourt zu umarmen. Flaschen rollten auf den Boden. Es wurde drei Uhr. Dean rannte davon zu seiner Traumstunde mit Camille. Er kam pünktlich zurück. Die andere Schwester erschien. Jetzt brauchten wir alle einen Wagen; wir machten schrecklichen Lärm. Ray Rawlins rief einen Freund mit Wagen an. Er kam. Wir zwängten uns hinein; im Rücksitz versuchte Carlo sein geplantes Gespräch mit Dean zu führen, aber der Wirrwarr war zu groß. „Laßt uns alle in meine Wohnung gehen!“ rief ich. Das taten wir; kaum hielt der Wagen dort, sprang ich hinaus und machte einen Kopfstand im Gras. Alle meine Schlüssel fielen heraus; ich habe sie nie wiedergefunden. Wir liefen grölend in das Gebäude. Roland Major stand da in seinem seidenen Schlafrock und versperrte uns den Weg. „Ich dulde nicht, daß man sich in Tim Grays Wohnung so aufführt!“

„Was?“ schrien wir alle. Es gab ein Durcheinander. Rawlins rollte im Gras mit einer der Kellnerinnen. Major wollte uns nicht hineinlassen. Wir schworen alle, wir würden Tim Gray anrufen und uns die Party gestatten lassen und ihn auch einladen. Statt dessen eilten wir alle zurück in die Stadt und in die Stammlokale. Plötzlich fand ich mich allein auf der Straße, ohne Geld. Mein letzter Dollar war weg.
Ich ging acht Kilometer zu Fuß durch Colfax zu meinem bequemen Bett in der Wohnung. Major mußte mich hereinlassen. Ich war neugierig, ob Dean und Carlo dabei waren, einander ihr Herz auszuschütten. Ich würde es später herausfinden. Die Nächte in Denver sind kühl, und ich schlief wie ein Holzklotz.

8

Dann fingen wir an, einen riesigen Zug in die Berge zu planen. Das begann am Morgen, gleichzeitig mit einem Telefonanruf, der die Dinge komplizierte — mein alter Straßenkamerad Eddie, der auf eine vage Möglichkeit hin anrief; er hatte sich einige der von mir erwähnten Namen gemerkt. Nun hatte ich Gelegenheit, mein Hemd zurückzubekommen. Eddie war bei seinem Mädchen in einem Hause in der Nähe von Colfax. Er wollte wissen, ob ich wußte, wo man Arbeit finden könne, und ich sagte ihm, er möge herüberkommen, denn ich nahm an, Dean werde etwas wissen. Dean kam in großer Eile herein, als Major und ich gerade bei einem hastigen Frühstück waren. Er wollte sich nicht einmal hinsetzen. „Ich habe tausend Sachen zu tun, eigentlich habe ich kaum Zeit, dich nach Camargo zu bringen, aber nun los, Mensch.“
„Wart auf meinen Straßenkameraden Eddie.“
Major fand unsere nervöse Hast amüsant. Er war nach Denver gekommen, um gemächlich zu schreiben. Er behandelte Dean mit außergewöhnlicher Ehrerbietung. Dean schenkte dem keine Beachtung. Major sprach etwa so zu Dean: „Moriarty, was habe ich da gehört, Sie schlafen mit drei Mädchen gleichzeitig?“ Und Dean starrte auf den Teppich und sagte: „Ach ja, ach ja, so geht's nun eben“, und blickte auf seine Uhr, und Major rümpfte die Nase. Ich kam mir wie ein Schafskopf vor, so mit Dean davonzulaufen — Major behauptete, er sei ein

Trottel und Idiot. Natürlich war er's nicht, und das wollte ich jedem beweisen.
Wir trafen Eddie. Dean schenkte ihm ebenfalls keine Beachtung, und wir fuhren mit einem Bus durch das mittäglich heiße Denver, um die Arbeitsstellen zu finden. Mir war schon der Gedanke daran unangenehm. Eddie redete und redete, wie er es immer tat. Auf dem Markt fanden wir einen Mann, der sich bereit erklärte, uns beide zu engagieren; die Arbeit begann um vier Uhr früh und ging bis sechs Uhr abends. Der Mann sagte: „Ich habe Jungen gern, die die Arbeit gern haben."
„Da haben Sie den Richtigen gefunden", sagte Eddie, aber ich war mir über mich selbst nicht so sicher. „Ich werde eben nicht schlafen", beschloß ich. Es gab so viel andere interessante Dinge zu tun.
Eddie erschien am nächsten Morgen; ich nicht. Ich hatte ein Bett, und Major kaufte die Lebensmittel für den Kühlschrank ein, und als Gegenleistung dafür kochte ich und wusch das Geschirr. Unterdessen wurde ich in alle möglichen Dinge verwickelt. Eines Nachts gab es eine große Party bei den Rawlins. Mutter Rawlins war verreist. Ray Rawlins rief jeden an, den er nur kannte, und sagte, Whisky sei mitzubringen; dann blätterte er sein Notizbuch nach Mädchen durch. Die meisten Gespräche mußte ich führen. Eine ganze Menge Mädchen erschienen. Ich telefonierte Carlo, um herauszufinden, was Dean gerade machte. Dean sollte um drei Uhr früh zu Carlo kommen. Nach der Party ging ich hin.
Carlos Souterrainwohnung war in der Grant Street, in einem alten roten Ziegelhaus in der Nähe einer Kirche. Man ging durch ein schmales Gäßchen, dann einige Steinstufen hinunter, öffnete eine alte ungestrichene Tür und ging durch eine Art Keller, bis man an seine Brettertür kam. Sie war wie der Raum eines russischen Heiligen: ein Bett, eine brennende Kerze, Steinwände, aus denen Feuchtigkeit schwitzte, und irgendeine verrückte zusammengebastelte Ikone, die er selbst gemacht hatte. Er las mir seine Dichtung vor. Sie hieß „Denvers Bedrücktheit". Wenn Carlo morgens aufwachte, hörte er die „vulgären Tauben" auf der Straße vor seiner Zelle tratschen; er sah die „traurigen Nachtigallen" in den Zweigen nicken, und sie erinnerten ihn an seine Mutter. Eine graue Hülle fiel über die Stadt. Die Berge, die herrlichen Rockys, die man im Westen von jedem Stadtteil aus sehen kann, waren

„Papiermaché". Das ganze Universum war verrückt und schielte und war außerordentlich fremd. Er schrieb von Dean als einem „Kind des Regenbogens", das seine Pein in seinem quälenden Priapus trug. Er nannte ihn „Oedipus Eddie", der „Bubble Gum von Fensterscheiben kratzen" mußte. Er brütete in seinem Keller über einem riesigen Tagebuch, in dem er jede Einzelheit des täglichen Geschehens aufzeichnete — alles, was Dean tat und sagte.

Dean kam pünktlich. „Alles in Ordnung", verkündete er. „Ich lasse mich von Marylou scheiden und werde Camille heiraten und mit ihr nach San Francisco ziehen. Aber das erst, nachdem du und ich, lieber Carlo, nach Texas gegangen sind und uns Old Bull Lee zu Gemüte geführt haben, diesen völlig kaputten Typ, den ich nie gesehen habe und von dem ihr mir beide so viel erzählt habt, und dann werde ich nach San Fran gehen."

Sodann kamen sie zur Sache. Sie setzten sich mit untergeschlagenen Beinen auf das Bett und blickten einander in die Augen. Ich hockte mich daneben in einen Sessel und beobachtete alles. Sie begannen mit einem abstrakten Gedanken, diskutierten ihn; sie erinnerten einander an einen anderen abstrakten Punkt, der in der Eile der Begebenheiten vergessen worden war; Dean entschuldigte sich, versicherte aber, er könne darauf zurückkommen und damit schön fertig werden, und begann, den Punkt zu illustrieren.

Carlo sagte: „Und gerade, als wir dabei waren, den Wazee zu überqueren, wollte ich dir sagen, was ich von deiner Liliputanerraserei halte, und gerade damals, erinnerst du dich, zeigtest du auf diesen alten Landstreicher mit den verbeulten Hosen und meintest, er sehe genau wie dein Vater aus?"

„Ja, ach ja, natürlich erinnere ich mich; und nicht nur das, es löste in mir vielmehr eine neue Gedankenkette aus, etwas wirklich Verrücktes, das ich dir erzählen wollte; ich hatte es vergessen, aber jetzt hast du mich gerade daran erinnert ..."

Und zwei neue Punkte waren geboren. Die diskutierten sie durch. Carlo fragte Dean, ob er ehrlich sei, und insbesondere, ob er im Grunde seiner Seele ehrlich zu ihm sei.

„Warum fängst du wieder davon an?"

„Da ist noch ein Letztes, das ich wissen möchte —"

„Aber, lieber Sal, du hörst zu, du sitzt da, wir werden Sal fragen. Was wird er sagen?"

Und ich sagte: „Dieses Letzte ist es, was du nicht erfahren

kannst, Carlo. Niemand kann zu diesem Letzten gelangen. Wir alle leben in der Hoffnung, daß wir es einmal zu fassen bekommen werden."

„Nein, nein, nein, du verzapfst da absoluten Scheißblödsinn und romantischen Quatsch, à la Wolfe!" sagte Carlo.

Und Dean sagte: „Das war absolut nicht meine Auffassung, aber lassen wir Sal seine eigene Meinung haben, und in der Tat, glaubst du nicht, Carlo, es liegt eine Art Würde in der Art, wie er dasitzt und sich an uns schafft, dieser bediente Typ, der den ganzen langen Weg quer durchs Land gekommen ist — der gute Sal will's nicht sagen, der gute Sal will's nicht sagen."

„Nicht, daß ich es nicht sagen will", protestierte ich. „Nur weiß ich überhaupt nicht, was ihr beide beabsichtigt oder wo ihr hinauswollt. Ich weiß, das ist zu hoch für jedermann."

„Alles, was du sagst, ist negativ."

„Und was wollt ihr erreichen?"

„Sag's ihm."

„Nein, sag du's ihm."

„Da ist gar nichts zu sagen", bemerkte ich und lachte. Ich hatte Carlos Mütze auf. Ich zog sie über meine Augen herunter. „Ich möchte schlafen", sagte ich.

„Der arme Sal will immer schlafen." Ich blieb still. Sie fingen wieder an. „Als du dir die fünf Cents ausborgtest, um die geschmorten Steaks bezahlen zu können —"

„Nein, Mensch, den Chili! Erinnerst du dich, Texas Star?"

„Ich hab's mit Dienstag verwechselt. Als du diese fünf Cents borgtest, sagtest du, nun hör zu, sagtest du, ‚Carlo, das ist das letzte Mal, daß ich dich in Anspruch nehme', als hättest du wirklich behaupten wollen, wir hätten vereinbart, einander nicht in Anspruch zu nehmen."

„Nein, nein, nein, das wollte ich nicht sagen — nun versetze dich zurück, wenn du so freundlich sein willst, mein lieber Junge, in die Nacht, als Marylou im Zimmer weinte und als ich mich zu dir wandte und durch die besonders dick aufgetragene Aufrichtigkeit meiner Stimme kundtat, eine Aufrichtigkeit, von der wir beide wußten, daß sie nur angenommen war, aber doch tiefere Bedeutung hatte; mit einem Wort, bis ich durch meine Schauspielerei zeigte, daß — aber warte, das ist es nicht."

„Natürlich ist's das nicht! Du vergißt nämlich, daß ... aber ich will aufhören, dich zu beschuldigen. Ja ist, was ich sagte ..." Und weiter, in die Nacht hinein, sprachen sie so. Als der Morgen graute, sah ich auf. Sie brachten gerade das letzte der morgendlichen Themen zum Abschluß. „Als ich dir sagte, ich müßte *wegen* Marylou schlafen, das heißt, weil ich sie heute morgen um zehn Uhr treffe, habe ich meinen entschiedenen, keinen Widerspruch duldenden Ton nicht etwa angewandt, um auf das Bezug zu nehmen, was du eben über die Überflüssigkeit des Schlafes gesagt hast, sondern nur, *nur*, bitte verstehe mich, deshalb, weil ich unbedingt, einfach, rein und ohne Umschweife, jetzt schlafen muß, ich meine damit, Mensch, meine Augen fallen zu, sie glühen, schmerzen, sie sind müde und geschunden ..."

„Aber Kind", sagte Carlo.

„Wir müssen jetzt eben schlafen gehen. Halten wir die Maschine an."

„Du kannst die Maschine nicht anhalten!" schrie Carlo, und seine Stimme überschlug sich. Die ersten Vögel sangen.

„Nun, wenn ich meine Hand hebe", sagte Dean, „werden wir aufhören zu sprechen, wir werden beide eindeutig und ohne Meinungsverschiedenheit verstehen, daß wir einfach zu reden aufhören und daß wir bloß schlafen werden."

„Du kannst die Maschine nicht nur so anhalten."

„Haltet die Maschine an", sagte ich. Sie sahen mich an.

„Er war die ganze Zeit wach und hat zugehört. Was hast du dir dabei gedacht, Sal?" Ich sagte ihnen, daß ich gedacht hätte, sie seien recht erstaunliche Irre, und daß ich die ganze Nacht damit verbracht hatte, ihnen zuzuhören, wie ein Mann, der den Mechanismus einer Uhr betrachtet, die bis hinauf zum Gipfel des Berthoud-Passes reicht und doch mit dem kleinsten Uhrwerk der empfindlichsten Uhr der Welt gemacht war. Sie lächelten. Ich streckte meine Finger nach ihnen aus und sagte: „Wenn ihr beide so weitermacht, werdet ihr beide geisteskrank werden, aber laßt mich wissen, was passiert, während ihr weitermacht."

Ich ging weg und nahm den Bus zu meiner Wohnung, und Carlo Marx' Papiermachéberge färbten sich rot, während die große Sonnenscheibe aus den östlichen Prärien stieg.

9

Am Abend wurde ich dann in diesen Zug ins Gebirge verwickelt und sah fünf Tage lang weder Dean noch Carlo. Babe Rawlins' Chef hatte ihr seinen Wagen für das Wochenende überlassen. Wir brachten unsere Anzüge, hängten sie an die Wagenfenster und fuhren los nach Central City, Ray Rawlins fuhr, Tim Gray streckte sich im Rücksitz, und Babe saß vorn. Das war das erste Mal, daß ich das Innere der Rockys sah. Central City ist eine alte Bergwerksstadt und wurde einmal die reichste Quadratmeile der Welt genannt, wo von den alten Geiern, die das Gebirge unsicher machten, ein richtiges Silberflöz gefunden worden war. Sie wurden über Nacht reich und ließen sich ein reizendes kleines Opernhaus mitten unter ihre Baracken auf einen steilen Abhang bauen. Lillian Russell war hergekommen, ebenso Opernstars aus Europa. Dann aber wurde Central City eine verlassene Stadt, bis die energischen Leute von der Handelskammer im neuen Westen beschlossen, den Ort wieder zum Leben zu erwecken. Sie richteten das Opernhaus her, und jeden Sommer kamen Stars von der Metropolitan-Opera und traten auf. Es waren großartige Ferien für jedermann. Touristen kamen von überallher, sogar Stars aus Hollywood. Wir fuhren den Berg hinauf und fanden die engen Straßen voll von piekfeinen Touristen. Ich dachte an Majors Sam, und Major hatte recht. Major selbst war da und drehte jedem Gegenüber sein großes Gesellschaftslächeln an und ah-te und oh-te so recht treuherzig über alles. „Sal", rief er und drückte meinen Arm, „nun sehen Sie sich doch diese alte Stadt an. Denken Sie doch, wie es vor hundert — was zum Teufel, nur achtzig, sechzig Jahren war; sie spielten Opern!"

„Jaja", sagte ich und ahmte eine seiner Gestalten nach, „aber *sie sind* da."

„Die dämlichen Idioten", schimpfte er. Aber er ging weiter, um sich zu amüsieren, Betty Gray an seinem Arm.

Babe Rawlins war eine unternehmungslustige Blondine. Sie kannte ein altes Bergmannshaus am Stadtrand, wo wir Jungen während des Wochenendes übernachten konnten; wir brauchten es nur sauberzumachen. Wir konnten dort auch große Partys veranstalten. Es war ein alter heruntergekommener Kasten, innen drei Zentimeter hoch mit Staub bedeckt; es hatte eine Veranda und hinten einen Brunnen. Tim Gray und

Ray Rawlins krempelten die Hemdsärmel auf und begannen die Säuberung, eine beträchtliche Arbeit, die sie den ganzen Nachmittag und einen Teil der Nacht in Anspruch nahm. Aber sie hatten einen Eimer voll Bierflaschen, und alles klappte famos.

Ich hingegen war an diesem Nachmittag in die Oper eingeladen und hängte mich bei Babe, meiner Begleiterin, ein. Ich trug einen von Tims Anzügen. Erst vor einigen Tagen war ich wie ein Landstreicher nach Denver gekommen; nun war ich prima in Schale, hatte eine schöne, gut angezogene Blondinc am Arm und verbeugte mich vor den Honoratioren und plauderte im Foyer unter Kronleuchtern. Was würde Mississippi Gene wohl sagen, wenn er mich so sehen könnte.

Die Oper, die man gab, war *Fidelio*, „Welche Finsternis!" schrie der Bariton, als er aus der Tiefe des Verlieses hervorkam und sich unter einem dröhnenden Stein aufrichtete. Ich mußte weinen. So sehe auch ich das Leben. Ich war so der Oper hingegeben, daß ich zeitweise die Umstände meines verrückten Lebens vergaß und mich an die großen trauervollen Klänge Beethovens und die tiefen rembrandtschen Tönungen der Handlung verlor.

„Nun, Sal, wie hat Ihnen die diesjährige Veranstaltung gefallen?" fragte mich draußen auf der Straße Denver D. Doll voll Stolz. Er hing mit der Opernvereinigung zusammen.

„Welche Finsternis, welche Finsternis", sagte ich. „Es ist absolut das Größte."

„Als nächstes müssen Sie die Mitglieder des Ensembles kennenlernen", fuhr er in seinem offziellen Tonfall fort, aber zum Glück vergaß er es im Andrang anderer Dinge und verschwand.

Babe und ich gingen zur Bergmannsbude zurück. Ich nahm meine Paradesachen ab und schloß mich den Jungen beim Saubermachen an. Es war eine riesige Arbeit. Roland Major saß in der Mitte des vorderen Raumes, der schon gesäubert war, und lehnte es ab zu helfen. Vor sich auf einem Tischchen hatte er Bierflasche und Glas. Während wir mit Besen und Eimern voll Wasser herumfuhrwerkten, schwelgte er in Erinnerungen. „Ach, wenn ihr nur einmal mit mir kommen könntet und Cinzano trinken und die Musiker von Bandol hören, dann würdet ihr erst leben. Dann ist da die Normandie im Sommer, die Holzschuhe, der feine, alte Calvados. Komm her, Sam", sprach er zu seinem unsichtbaren Freunde. „Nimm den Wein aus dem Wasser und laß uns sehen, ob er kalt genug geworden ist, während wir gefischt haben." Es war direkt aus Hemingway.

Wir riefen die Mädchen an, die draußen auf der Straße vorbeigingen. „Kommt her, helft uns den Laden saubermachen. Heute nacht ist jeder zu unserer Party eingeladen." Sie schlossen sich uns an. Eine riesige Gruppe arbeitete für uns. Schließlich kamen die Sänger aus dem Opernchor herüber, meistens ganz junge Leute, und halfen mit. Die Sonne ging unter.

Des Tages Arbeit war getan, so beschlossen Tim, Rawlins und ich, uns für den großen Abend schön zu machen. Wir gingen quer durch die Stadt zu dem Appartementhaus, wo die Opernstars wohnten. Durch die Nacht hörten wir den Anfang der Abendaufführung. „Gerade richtig", sagte Rawlins. „Halt dich nur an ein paar von diesen Rasierapparaten und Handtüchern, und wir werden uns ein bißchen herrichten." Wir nahmen auch Haarbürsten, Kölnischwasser, Rasierwasser und gingen beladen ins Badezimmer. Wir badeten alle und sangen. „Ist das nicht großartig?" rief Tim Gray andauernd. „Badezimmer und Handtücher und Rasierwasser und elektrische Rasierapparate von den Opernstars zu benutzen."

Es war eine wunderbare Nacht. Central City liegt über dreitausend Meter hoch; zuerst macht einen die Höhenlage betrunken, dann wird man müde und hat es wie Fieber in der Seele. Durch die schmale, dunkle Straße gingen wir auf die Lichter um das Opernhaus zu; dann bogen wir scharf rechts ab und stießen auf ein paar alte Kneipen mit Schwingtüren. Die meisten Touristen waren in der Oper. Mit einigen großen Bieren fingen wir an. Ein automatisches Klavier war da. Von der Hintertür aus sah man auf die Berghänge im Mondschein. Ich ließ einen Juchzer los. Die Nacht hatte angefangen.

Wir eilten zu unserer Bergmannsbude zurück. Alles war dabei, die große Party vorzubereiten. Die Mädchen, Babe und Betty, kochten einen Imbiß aus Bohnen und Frankfurtern, und dann tanzten wir und machten uns über das Bier. Nach Schluß der Oper begannen sich große Gruppen junger Mädchen in unsere Bude zu drängen. Rawlins und Tim und ich begannen uns die Lippen zu lecken. Wir packten sie und tanzten. Es gab keine Musik, nur Tanz. Das Lokal wurde voll. Leute begannen Flaschen zu bringen. Wir liefen hinaus in die Bars und eilten zurück. Die Nacht wurde toller und toller. Ich wünschte, Dean und Carlo wären da — dann sah ich ein, sie würden nicht hereinpassen und sich unbehaglich fühlen. Sie waren wie der Mann mit dem Stein im Verlies und der Finsternis, aus der Tiefe heraufsteigend, dem Jazz verfallen, die düsteren und wilden Sorgenkinder Amerikas, eine neue angeschlagene Generation, der ich langsam anzugehören begann.

Die Burschen aus dem Chor erschienen. Sie begannen „Sweet Adeline" zu singen. Sie sangen auch Sätze wie „Reich mir das Bier" und „Liebling, ach mach doch nicht so 'n dummes Gesicht!" und in langen Baritonheultönen „Fi-de-lio!". „Ach, welche Finsternis!" sang ich. Die Mädchen waren phantastisch. Sie gingen in den Hinterhof und knutschten mit uns. In den anderen Räumen, den staubigen und ungesäuberten, waren Betten, und ich hatte gerade ein Mädchen darauf und sprach mit ihm, als plötzlich eine Menge junger Platzanweiser aus der Oper hereinstürzte, sie griffen sich einfach das Mädchen und küßten es ab, ohne eine Aufforderung abzuwarten. Betrunkene, unordentliche, aufgeregte Grünschnäbel — sie ruinierten unsere ganze Party. Innerhalb fünf Minuten waren die Mädchen allesamt gegangen, und was nun begann mit Klirren von Bierflaschen und viel Gebrüll, das ähnelte einem großen Vereinsabend.

Ray, Tim und ich beschlossen, in den Bars die Runde zu machen. Major war gegangen, Babe und Betty waren gegangen. Wir schlenderten in die Nacht hinaus. Die Opernleute füllten die Bar von der Theke bis zur Wand. Major schrie über die Köpfe hinweg. Der eifrige, bebrillte Denver D. Doll schüttelte jedem die Hand und sagte: „Guten Tag, wie geht es?" Und als Mitternacht herankam, sagte er „Guten Tag, wie geht es Ihnen?" Irgendwann sah ich ihn mit einem großen Tier hinausgehen. Dann kam er mit einer Frau mittleren Alters zurück; im nächsten Augenblick unterhielt er sich mit zwei jungen Platzanweisern auf der Straße. Eine Minute später wieder schüttelte er mir die Hand, ohne mich zu erkennen, und sagte: „Prosit Neujahr, mein Junge!" Nicht der Alkohol war ihm zu Kopf gestiegen, sondern das, was er so liebte — das Gedränge von Leuten. Jeder kannte ihn hier. Er rief „Prosit Neujahr" und manchmal „Fröhliche Weihnachten". Er wiederholte es die ganze Zeit. Und zu Weihnachten sagte er „Fröhliche Pfingsten".

In der Bar war auch ein von jedermann hochgeschätzter Tenor; Denver Doll hatte darauf bestanden, daß ich ihn kennenlernte, und ich versuchte, dem auszuweichen; sein Name war D'Annunzio oder irgend so was. Er hatte seine Frau bei sich. Sie saßen mit sauren Mienen an einem Tisch. An der Bar war auch irgendein argentinischer Tourist. Rawlins versuchte ihn wegzudrängen, um Platz zu schaffen; er drehte sich um und schnarrte. Rawlins händigte mir sein Glas aus und schlug ihn mit einem Hieb auf die Messingleiste, die um die Bar lief. Der Mann war sofort bewußtlos. Schreie wurden hörbar; Tim und ich brachten Rawlins schleunigst hinaus. Es herrschte solch eine Verwirrung, daß der Polizist sich nicht einmal seinen Weg durch das Gedränge bahnen konnte, um das Opfer zu suchen. Niemand konnte Rawlins beschreiben. Wir gingen in eine andere Bar. Major schwankte eine dunkle Straße herauf. „Was ist denn los, zum Teufel? Irgendeine Schlägerei? Ihr braucht mich nur zu rufen." Helles Lachen klang von allen Seiten. Ich fragte mich, was wohl der Geist der Berge dachte, und blickte auf und sah Krüppelfichten im Mond, und sah die Gespenster alter Bergleute, und dachte darüber nach. In der ganzen östlichen dunklen Wand der Wasserscheide herrschten in dieser Nacht Stille und das Flüstern des Windes, abgesehen von der Schlucht, in der wir lärmten; und auf der anderen Seite der Wasserscheide befand sich der große Westliche Hang, dazu die große Hochebene, die sich bis Steamboat Springs dehnte, dann abfiel und zur Wüste des östlichen Colorado und zur Utah-Wüste führte; all das war jetzt in Dunkelheit getaucht, während wir in unserem Gebirgswinkel tobten und schrien, toll betrunkene Amerikaner in dem riesigen Land. Wir saßen auf dem Dach Amerikas, und alles, was wir tun konnten, war Brüllen, scheint mir — durch die Nacht, ostwärts über das flache Land, wo wahrscheinlich irgendwo ein alter Mann mit weißem Haar auf uns zuschritt mit dem WORT, und jeden Augenblick könnte er eintreffen und uns zum Schweigen bringen.

Rawlins bestand darauf, zu der Bar zurückzugehen, in der er die Schlägerei gehabt hatte. Tim und ich standen nicht darauf, aber wir blieben an seiner Seite. Er trat auf D'Annunzio, den Tenor, zu und schleuderte ihm ein großes Glas irgendeines Bargetränkes ins Gesicht. Wir schleppten ihn hinaus. Ein Baritonsänger vom Chor stieß zu uns, und wir gingen in eine

Einheimischenbar in Central City. Da nannte Ray die Kellnerin eine Hure. Eine Gruppe verdrossener Männer umstand die Theke; sie konnten Touristen nicht leiden. Einer von ihnen sagte: „Jungs, schaut, daß ihr draußen seid, bevor ich bis zehn zähle." Wir waren draußen. Wir schwankten in die Bude zurück und legten uns schlafen.

Am Morgen wachte ich auf und drehte mich um; eine große Wolke Staub stieg aus der Matratze. Ich riß am Fenster; es war zugenagelt. Tim Gray war auch im Bett. Wir husteten und niesten. Unser Frühstück bestand aus schalem Bier. Babe kam aus ihrem Hotel zurück, und wir sammelten unsere Sachen zusammen und machten uns reisefertig.

Alles schien einzustürzen. Als wir zum Wagen hinausgingen, rutschte Babe aus und fiel auf die Nase. Das arme Mädchen war übermüdet. Ihr Bruder und Tim und ich halfen ihr auf. Wir stiegen in den Wagen; Major und Betty gesellten sich zu uns. Die trübe Rückfahrt nach Denver begann.

Plötzlich kamen wir aus den Bergen heraus und übersahen die große Meeresebene von Denver; Hitze stieg auf wie aus einem Backofen. Wir fingen an, Lieder zu singen. Es juckte mich, nach San Francisco weiterzukommen.

10

Diese Nacht traf ich Carlo, und zu meinem Erstaunen sagte er mir, er wäre mit Dean in Central City gewesen.

„Was habt ihr gemacht?"

„Ach, wir sind durch die Bars gelaufen, und dann hat Dean einen Wagen gestohlen, und wir sind mit hundertfünfzig Sachen durch die Gebirgskurven zurück heruntergefahren."

„Ich hab euch nicht gesehen."

„Wir wußten nicht, daß du dort warst."

„Tja, Mensch, ich geh nach San Francisco."

„Dean hat für heute nacht Rita für dich engagiert."

„Ja, dann, dann werd ich's verschieben." Ich hatte kein Geld. Ich schrieb meiner Tante einen Luftpostbrief und bat sie um fünfzig Dollar und sagte, das würde das letzte Geld sein, um das ich sie bäte; danach werde sie Geld von mir zurückbekommen, sobald es bei mir mit dem Schiff geklappt hätte.

Danach ging ich zum Rendezvous mit Rita Bettencourt und nahm sie mit in die Wohnung. Nach einem langen Gespräch in der Dunkelheit der vorderen Stube bekam ich sie in mein Schlafzimmer. Sie war ein liebes kleines Mädchen, einfach und wahr, und vor Erotik hatte sie eine fürchterliche Angst. Ich sagte ihr, es sei wunderschön. Ich wollte ihr das beweisen. Sie ließ es mich beweisen, aber ich war zu ungeduldig und bewies gar nichts. Sie seufzte im Dunkel. „Was möchtest du vom Leben?" fragte ich, und das pflegte ich Mädchen immer zu fragen.

„Ich weiß nicht", sagte sie. „An Tischen bedienen und versuchen, über die Runden zu kommen, weiter nichts." Sie gähnte. Ich legte meine Hand über ihren Mund und sagte ihr, sie solle nicht gähnen. Ich versuchte ihr zu erklären, wie aufregend ich das Leben finde und die Dinge, die wir zusammen machen könnten; so redete ich, und plante dabei, Denver in zwei Tagen zu verlassen. Sie drehte sich ermüdet weg. Wir lagen auf dem Rücken, blickten zur Decke und dachten, was Gott wohl so im Sinne hatte, als Er das Leben so traurig machte. Wir machten vage Pläne, uns in San Francisco zu treffen.

Meine Frist in Denver näherte sich dem Ende, ich konnte es fühlen, als ich sie zu Fuß nach Hause brachte; auf dem Weg zurück streckte ich mich auf dem Rasen bei einer alten Kirche aus, zusammen mit einer Gruppe Landstreicher, und deren Reden weckten den Wunsch in mir, wieder auf die Landstraße zu gehen. Ab und zu stand einer auf und ging einen Passanten um ein Zehncentstück an. Sie sprachen von der Ernte, die mit der Jahreszeit nordwärts rücke. Es war warm und mild. Ich wollte mich aufmachen und Rita wieder holen und ihr viel mehr sagen und sie diesmal wirklich liebhaben und ihre Befürchtungen über Männer beschwichtigen. Jungen und Mädchen in Amerika haben so traurige Erlebnisse zusammen; ihre angebliche Weltklugheit verlangt es, daß sie sich sofort dem Geschlechtlichen unterwerfen, ohne entsprechende vorbereitende Unterhaltung. Nicht Geflirte — wirkliche echte Unterhaltung über Seelen, denn das Leben ist heilig und jeder Augenblick kostbar. Ich hörte die Lokomotive der Denver- und Rio-Grande-Bahn in die Berge wegheulen. Ich wollte meinem Stern folgen.

Major und ich saßen in den Mitternachtsstunden in trübem Gespräch. „Hast du jemals *Die grünen Hügel Afrikas* gelesen?

Es ist Hemingways bestes." Ich sah Rawlins unter einem dunklen Baum auf der Straße. „Auf Wiedersehen, Ray. Wann treffen wir uns wieder?" Ich ging, um nach Carlo und Dean zu sehen — sie waren unauffindbar. Tim Gray streckte seine Hand hoch in die Luft und sagte: „Du verläßt uns also, Yo." Wir nannten einander Yo. „Tja", sagte ich. Die nächsten paar Tage wanderte ich in Denver umher. Mir schien, jeder zerlumpte Mann in Larimer Street sei vielleicht Dean Moriartys Vater; Old Dean Moriarty, den Klempner nannte man ihn. Ich ging in das Hotel Windsor, wo Vater und Sohn gelebt hatten und wo eines Nachts Dean auf fürchterliche Art und Weise von dem Mann ohne Beine auf dem Rollbrett geweckt wurde, der mit ihnen das Zimmer teilte; er kam auf seinen schrecklichen Rädern donnernd durch das Zimmer, um den Jungen anzugreifen. Ich sah die Zwergin mit den kurzen Beinen, die Zeitungen an der Ecke der Curtis- und der 15. Straße verkaufte. Ich wanderte durch die trüben Bumslokale von Curtis Street; Halbstarke in Jeans und roten Hemden; Erdnußschalen, Kinoreklamen, Schießbuden, Jenseits der glitzernden Straße war Dunkelheit, und jenseits der Dunkelheit der Westen. Ich mußte ziehen.

Im Morgengrauen fand ich Carlo. Ich las einiges in seinem enormen Tagebuch, schlief dort, und während des regnerischen und grauen Vormittags kam der schlanke, 1,80 m große Ed Dunkel, zusammen mit Roy Johnson, einem gutaussehenden Jungen, und Tom Snark, dem klumpfüßigen Billardschwindler. Sie saßen herum und hörten mit verlegenem Lächeln zu, wie Carlo Marx ihnen seine apokalyptischen, verrückten Dichtungen vorlas. Ich sank in meinem Stuhl zusammen, ich war fertig. „Oh, ihr Denver-Vögel!" rief Carlo. Wir gingen alle hinaus und spazierten durch ein typisches, kopfsteingepflastertes Denver-Gäßchen, zwischen langsam rauchenden Abfallöfen. „In diesem Gäßchen habe ich immer Reifen gespielt", hatte Chad King mir gesagt. Das hätte ich gerne gesehen; ich hätte Denver sehen mögen, wie es vor zehn Jahren war, als sie alle Kinder waren und am sonnigen Kirschblütenmorgen im Frühling der Rocky Mountains in den fröhlichen Gäßchen, voller Zukunftsverheißungen, Reifen spielten — die ganze Gesellschaft. Und Dean, wie er abgerissen und schmutzig umherstreifte, für sich allein in seiner brütenden Raserei.

Roy Johnson und ich gingen in dem feinen Regen zu Fuß; ich ging zur Wohnung von Eddies Mädchen, um mein kariertes Wollhemd zurückzuholen, das Hemd von Shelton, Nebraska. Es war da, ganz zusammengebunden, die riesige Wehmut eines Hemdes. Roy Johnson sagte, er werde mich in Frisco treffen. Alle wollten nach Frisco. Ich ging und fand, mein Geld war angekommen. Die Sonne kam heraus, und Tim Gray kam im Lokalbus mit mir zur Fernbusstation. Ich kaufte mir eine Karte nach San Fran, was mich die Hälfte von den fünfzig kostete, und stieg um zwei Uhr mittags ein. Der Bus rollte aus den geschichtenumwobenen, geschäftigen Straßen von Denver hinaus. „Bei Gott, ich muß zurückkommen und sehen, was da noch alles geschehen wird!" versprach ich. Im letzten Augenblick rief mich Dean an und sagte, er und Carlo würden vielleicht zu mir an die Küste kommen; ich dachte darüber nach und wurde mir bewußt, daß ich während der ganzen Zeit mit Dean keine fünf Minuten gesprochen hatte.

11

Ich kam jetzt um zwei Wochen verspätet zu einem Treffen mit Remi Boncœur. Die Busreise von Denver nach Frisco war ereignislos; doch meine ganze Seele hüpfte Frisco entgegen, je näher wir kamen. Wieder Cheyenne, diesmal am Nachmittag, und dann westlich über die Gebirgskette; wir überschritten die Wasserscheide bei Creston um Mitternacht und gelangten im dämmernden Morgen nach Salt Lake City — einer Stadt der Rasensprenger; kaum zu glauben, daß es Deans Geburtsort war; dann hinaus nach Nevada in der heißen Sonne, bei Einbruch der Nacht Reno mit seinen zwinkernden chinesischen Straßen; dann die Sierra Nevada hinauf, Föhren, Sterne, Wochenendhäuser, die von Friscos Liebesgeschichten berichteten — ein kleines Mädchen im Rücksitz, das ihre Mutter anweinte: „Mama, wann kommen wir heim nach Truckee?" Und dann Truckee selbst, das gemütliche Truckee, und dann bergab in die Ebenen von Sacramento. Es wurde mir plötzlich bewußt, daß ich mich in Kalifornien befand. Warme, blühende Luft — Luft, die man küssen kann — und Palmen. Längs des geschichtenumwehten Sacramento-Flusses auf einer

Autobahn, wieder hinein in die Berge; bergauf, bergab; und dann plötzlich die Weite der Bucht (es war gerade vor Tagesanbruch) mit den Girlanden der schläfrigen Lichter Friscos bekränzt. Bei der Fahrt über die Oakland-Bay-Brücke schlief ich fest, zum erstenmal seit Denver; so daß mir an der Bushaltestelle Ecke Market- und 4. Straße rüde die Tatsache ins Bewußtsein gestoßen wurde, daß ich gut fünftausend Kilometer vom Haus meiner Tante in Paterson, New Jersey, entfernt war. Ich wanderte hinaus wie ein hageres Gespenst, und da lag es, Frisco — lange, öde Straßen mit Oberleitungsdrähten, alles in Nebel und weißen Dunst gehüllt. Ich stolperte durch ein paar Straßen. Unheimliche, abgerissene Gestalten (in der Missions- und 3. Straße) bettelten mich am frühen Morgen an. Irgendwo hörte ich Musik. „Junge, werde ich mich später überall reinschaffen! Aber erst mal muß ich Remi Boncœur auftreiben."

Mill City, wo Remi wohnte, war eine Ansammlung von Baracken in einer tiefen Mulde, Wohnbaracken, die während des Krieges für Arbeiter der Marinewerft gebaut worden waren; es war eine Schlucht, eine tiefe Schlucht, alle Hänge reichlich mit Bäumen bestanden. Es gab eigene Läden und Friseur- und Schneidergeschäfte für die Bewohner der Siedlung. Es war, so wird behauptet, die einzige Gemeinde in Amerika, wo Weiße und Neger freiwillig zusammen wohnten; und das war auch der Fall, so einen wilden und fröhlichen Ort habe ich nie wieder gesehen. An der Tür von Remis Baracke war ein Zettel, den er vor drei Wochen hingehängt hatte.

> SAL PARADISE! (in riesigen Druckbuchstaben)
> WENN NIEMAND ZU HAUSE IST, KLETTERE
> DURCH DAS FENSTER. (gez.) Remi Boncœur.

Der Zettel war schon verwittert und grau.

Ich stieg ein, und da war er und schlief mit seinem Mädchen, Lee Ann; auf einem Bett, das er von einem Frachter gestohlen hatte, wie er mir später sagte; man stelle sich den Deckmaschinisten eines Handelsschiffes vor, wie er mitten in der Nacht mit einem Bett über Bord schleicht und schwitzend und keuchend ans Ufer rudert. Dies ist eine knappe Beschreibung von Remi Boncœur.

Ich gehe darum auf alles ein, was in San Francisco passierte, weil es mit allem übrigen von A bis Z in Zusammenhang steht.

Remi Boncœur und ich hatten uns vor Jahren in Vorbereitungskursen getroffen; aber was uns wirklich zusammenband, war meine frühere Frau. Remi hatte sie zuerst gefunden. Eines Tags kam er in meinen Schlafsaal und sagte: „Paradise, der alte Maestro ist dich besuchen gekommen.“ Ich stand auf, und ein paar Cents fielen auf den Boden, als ich mir die Hosen anzog. Es war vier Uhr nachmittags; auf dem College schlief ich immer die ganze Zeit. „Schon gut, schon gut, streu dein Gold nicht in der ganzen Gegend herum. Ich habe den schärfsten Zahn in der Welt aufgerissen, und heute abend geh ich gleich mit ihr in die Löwengrube.“ Und er schleppte mich mit, ich sollte sie kennenlernen. Eine Woche später ging sie mit mir. Remi war ein schlanker, dunkler, gutaussehender Franzose (er sah aus wie ein zwanzigjähriger Marseiller Schwarzhändler); da er Franzose war, mußte er amerikanischen Jazzdialekt sprechen; sein Englisch war perfekt, sein Französisch war perfekt. Er liebte es, sich elegant zu kleiden, so ungefähr auf studentische Art, und mit auffallenden Blondinen auszugehen und viel Geld auszugeben. Nicht, daß er mir jemals vorwarf, ich wäre mit seinem Mädchen auf und davon; es war nur ein Punkt, der uns für immer verband; der Junge war mir treu ergeben und hatte wirkliche Zuneigung für mich. Gott weiß, warum.

Als ich ihn an diesem Morgen in Mill City fand, machte er gerade die trostlosen und schlimmen Tage durch, die über junge Menschen in der Mitte ihrer Zwanzigerjahre kommen. Er lungerte umher und wartete auf ein Schiff, und um sein Brot zu verdienen, hatte er einen Posten als Hilfspolizist in den Baracken jenseits der Schlucht angenommen. Sein Mädchen Lee Ann hatte eine böse Zunge und machte ihn jeden Tag fertig. Sie verbrachten die ganze Woche damit, Pfennige zu sparen, und am Samstag gingen sie aus und gaben fünfzig Dollar in drei Stunden aus. Zu Hause in der Bude trug Remi kurze Hosen und auf dem Kopf eine verrückte Armeekappe. Lee Ann ging mit ihrem Haar in Lockenwicklern herum. So aufgemacht schrien sie sich die ganze Woche lang an. Seit meiner Geburt hatte ich nicht so viel Zänkerei gesehen. Aber am Samstagabend zogen sie, einander liebenswürdig anlächelnd, wie ein Paar Hollywood-Arrivierte los und gingen groß bummeln.

Remi wachte auf und sah mich zum Fenster hereinkommen.

Seine laute Lache, eine der lautesten Lachen der Welt, klang in meinem Ohr. „Aaaaah, Paradise, er kommt durch das Fenster, er befolgt die Anweisungen auf das I-Tüpfel. Wo bist du gewesen, du hast zwei Wochen Verspätung!" Er schlug mir auf den Rücken, er stieß Lee Ann in die Rippen, er lehnte sich gegen die Wand und lachte und weinte, er hieb auf den Tisch, daß man es überall in Mill City hören konnte, und das laute, lange „Aaaaah" schallte durch die Schlucht. „Paradise!" schrie er. „Der einmalige, der unentbehrliche Paradise."

Ich war gerade durch das kleine Fischerdorf Sausalito gekommen, und das erste, was ich sagte, war: „In Sausalito muß es eine Menge Italiener geben."

„In Sausalito muß es eine Menge Italiener geben!" schrie er mit seiner ganzen Lungenkraft. „Aaaaah!" Er schlug sich selbst, er fiel auf das Bett, er rollte fast auf den Boden. „Hast du gehört, was Paradise gesagt hat? In Sausalito muß es eine Menge Italiener geben? Aaaah-ha-ha! Ho! Auf! Uff!" Er wurde rot wie eine Rübe, lachte weiter. „Oh, du machst mich fix und fertig, Paradise, du bist der komischste Mensch auf der Welt, und da bist du, endlich bist du angekommen, er ist durch das Fenster gestiegen, du hast ihn gesehen, Lee Ann, er hat die Anweisung befolgt und ist durch das Fenster eingestiegen. Aaah! Hooo!"

Das merkwürdige war, daß unmittelbar neben Remi ein Neger namens Mr. Snow wohnte, dessen Lachen, ich schwöre es auf die Bibel, positiv und endgültig das konkurrenzlos lauteste Lachen auf der ganzen Welt war. Dieser Mr. Snow begann sein Lachen am Abendbrottisch, als seine alte Frau etwas Nebensächliches sagte; er stand auf, scheinbar nach Luft ringend, lehnte sich an die Wand, blickte zum Himmel hinauf und fing an; er schwankte durch die Tür, lehnte sich an die Nachbarwand; er war berauscht davon, er taumelte durch die Schatten von ganz Mill City und erhob seinen triumphierenden Ruf wie Kriegsgeschrei zu dem Dämongott, der ihn dazu getrieben haben muß. Ich weiß nicht, ob er jemals sein Abendbrot beendet hat. Es ist möglich, daß Remi, ohne es zu wissen, von diesem erstaunlichen Mann, Mr. Snow, gelernt hat. Und obwohl Remi in seinem Arbeitsleben Probleme hatte und dazu ein schlechtes Liebesleben mit einem spitzzüngigen Weib, hatte er fast besser zu lachen gelernt als sonst jemand auf der Welt, und ich konnte mir all den Spaß vorstellen, den wir in Frisco haben würden.

Die Situation war die: Remi schlief mit Lee Ann im Bett auf der anderen Seite des Zimmers, und ich schlief auf einem Feldbett beim Fenster. Ich durfte Lee Ann nicht anrühren. Remi hielt darüber gleich eine Rede. „Ich möchte euch beide nicht bei irgendwelchen Dummheiten ertappen, wenn ihr glaubt, ich schau nicht zu. Ihr könnt dem alten Maestro kein neues Lied beibringen. Das ist ein Originalausspruch von mir.“ Ich sah auf Lee Ann. Sie sah sehr bedient aus, ein honigfarbenes Wesen, aber in ihren Augen war Haß auf uns beide. Es war ihr Ehrgeiz gewesen, einen reichen Mann zu heiraten. Sie stammte aus einer Kleinstadt in Oregon. Sie bereute den Tag, an dem sie sich mit Remi eingelassen hatte. An einem seiner großen Angeberwochenenden hatte er hundert Dollar mit ihr ausgegeben, und sie dachte, sie habe einen reichen Erben gefunden. Statt dessen war sie in dieser Baracke hängengeblieben, und aus Mangel an etwas anderem mußte sie dableiben. Sie hatte eine Stelle in Frisco; sie mußte jeden Tag mit dem Überlandbus hineinfahren. Das vergab sie Remi niemals.

Ich sollte in der Baracke bleiben und eine glänzende Originalgeschichte für ein Studio in Hollywood schreiben. Remi werde in einem Stratosphärenflugzeug mit seiner Harfe unter dem Arm hinunterfliegen und uns alle reich machen. Lee Ann sollte mit ihm fahren; er würde sie dem Vater seines Freundes vorstellen, der ein berühmter Regisseur war und Intimus von W. C. Fields. So blieb ich die erste Woche in der Baracke in Mill City und schrieb wütend an irgendeiner düsteren Erzählung über New York, von der ich annahm, daß sie einen Hollywooder Regisseur zufriedenstellen würde, aber der Haken war, sie fiel zu traurig aus. Remi konnte sie kaum lesen, und so nahm er sie einige Wochen später nur mit nach Hollywood. Lee Ann war zu gelangweilt und haßte uns zu sehr, um sich mit dem Lesen abzugeben. Ich verbrachte unzählige verregnete Stunden mit Kaffeetrinken und Kritzeln. Schließlich sagte ich Remi, so ginge es nicht weiter; ich wollte eine Stellung; ich war schon mit Zigaretten auf sie angewiesen. Ein Schatten der Enttäuschung lief über Remis Brauen — er war immer über die komischsten Sachen enttäuscht. Er hatte ein goldenes Herz.

Er verschaffte mir die gleiche Arbeit, die er hatte; als Wachmann in den Baracken. Ich absolvierte die notwendigen Formalitäten, und zu meiner Überraschung stellten mich die Knilche an. Ich wurde vom Ortspolizeichef vereidigt, man gab mir eine Plakette, einen Knüppel, und nun war ich ein Hilfspolizist. Ich war neugierig, was Dean und Carlo und Old Bull Lee dazu sagen würden. Ich brauchte dunkelblaue Hosen zu meinem schwarzen Rock und zu meiner Polizistenmütze; während der ersten zwei Wochen mußte ich Remis Hosen tragen; da er so groß war und von den verfressenen Mahlzeiten, die er aus Langeweile zu essen pflegte, einen Schmerbauch hatte, ging ich die erste Nacht herumschlabbernd wie Charlie Chaplin zur Arbeit. Remi gab mir eine Taschenlampe und seine 6,35er Pistole.

„Wo hast du das Schießeisen her?“ fragte ich.

„Letzten Sommer bin ich unterwegs nach der Küste in North Platte, Nebraska, vom Zug gesprungen, um mir die Beine zu vertreten, und was sah ich im Schaufenster? Diese einzigartige kleine Waffe, die ich prompt kaufte, so daß ich fast zum Zug zu spät gekommen wäre.“

Und ich versuchte ihm zu erklären, was North Platte mir bedeutet. Da hatte ich mit den Jungen den Whisky gekauft. Er schlug mir auf den Rücken und sagte, ich sei der komischste Kauz der Welt.

Mit der Taschenlampe als Wegbeleuchtung kletterte ich die steile Wand der Südschlucht hinauf, kam auf die Landstraße mit ihrem Strom nächtlich nach Frisco fahrender Wagen, stolperte mehr fallend als gehend die andere Seite hinunter und gelangte auf den Grund eines Tals, wo ein kleines Bauernhaus neben einem Bach stand und wo mich jede gesegnete Nacht derselbe Hund anbellte. Dann ging es schnell eine silbrige, staubige Straße unter den tintenschwarzen Bäumen Kaliforniens entlang — eine Straße wie in *The Mark of Zorro* und eine Straße wie all die Straßen, die man in zweitklassigen Wildwestfilmen sieht. Ich pflegte meine Pistole zu ziehen und in der Finsternis Cowboy zu spielen. Dann kletterte ich auf noch einen Hügel, und da waren die Baracken. Zeitweise wurden in diesen Baracken Bauarbeiter untergebracht, die für Übersee bestimmt waren. Die Männer, die durchreisten, wohnten dort bis zum Abgang ihres Schiffes. Die meisten waren für Okinawa bestimmt. Die meisten waren vor irgend etwas auf der Flucht — gewöhnlich vor der Polizei. Da gab es Gruppen zäher Männer aus Alabama, verschmitzte Männer aus New York, alle Sorten von überallher. Und da sie genau wußten, wie schlimm es ist, ein volles Jahr lang in Okinawa zu arbeiten, so soffen sie. Die Arbeit der Hilfspolizisten bestand darin, aufzupassen, daß sie die Baracken nicht zusammenschlugen. Wir hatten unser Hauptquartier im Hauptgebäude, nur eine Holzkonstruktion mit dünnen Trennwänden in den Büros. Hier saßen wir an einem Rolladenschreibtisch herum, nahmen die Pistolen von der Hüfte und gähnten, und die alten Polizisten erzählten.

Es war ein fürchterlicher Haufen Männer, Männer mit Polizistenseelen, mit Ausnahme von Remi und mir selbst. Remi versuchte nur, sich sein Brot zu verdienen, und ebenso ich, aber diese Leute wollten Verhaftungen vornehmen und vom Polizeichef in der Stadt Belobigungen bekommen. Sie sagten sogar, wer nicht mindestens eine im Monat vornahm, würde entlassen. Die Aussicht, jemanden zu verhaften, verursachte mir Brechreiz. In der Nacht, als die Hölle dann wirklich losging, war ich genauso betrunken wie nur jemand in den Baracken.

In dieser Nacht sah der Dienstplan vor, daß ich sechs Stunden lang allein war — der einzige Polizist auf dem Gelände; und alle Leute in den Baracken schienen sich in dieser Nacht besoffen zu haben. Der Grund war, daß ihr Schiff am Morgen auslief. Sie soffen wie Seeleute in der Nacht vor dem Ankerlichten. Ich saß im Büro, hatte die Füße auf dem Schreibtisch und las die *Blue-Book*-Abenteuer über Oregon und den Norden —, als mir plötzlich die laute Betriebsamkeit in der gewöhnlich ruhigen Nacht auffiel. Ich ging hinaus. In jeder verdammten Bude auf dem Gelände brannte Licht. Männer schrien, Flaschen zerbrachen. Für mich hieß es: friß oder stirb. Ich nahm meine Taschenlampe, ging zu der Tür mit dem meisten Krach und klopfte. Jemand machte einen Spalt weit auf.

„Was willst du denn hier?"

Ich sagte: „Ich bin heute nacht auf Wache in diesen Baracken, und ihr Jungs solltet euch nach Vorschrift so ruhig wie möglich verhalten" — oder eine ähnliche dumme Bemerkung. Sie schlugen mir die Tür vor der Nase zu. Ich stand da und glotzte auf das Holz vor meiner Nase. Es war wie ein Wildwestfilm; die Stunde, mich zu behaupten, war gekommen. Ich klopfte

noch mal. Jetzt machten sie sperrangelweit auf. „Hört mal zu", sagte ich, „ich habe keine Lust, herzukommen und euch zu belästigen, Jungs, aber ich werde meinen Posten verlieren, wenn ihr zu viel Krach macht."
„Wer bist du?"
„Ich bin hier Polizist."
„Hab dich noch nie gesehen."
„Bitte, hier ist meine Plakette."
„Was willst du denn mit dieser dämlichen Feuerwerkspistole am Arsch?"
„Sie gehört nicht mir", entschuldigte ich mich, „ich hab sie mir geliehen."
„Komm und trink 'n Glas mit, verdammt noch mal." Ich hatte nichts dagegen. Ich trank zwei.
Ich sagte: „In Ordnung, Jungs? Ihr werdet Ruhe halten, Jungs? Ihr wißt, ich komm in Teufels Küche."
„Ist schon gut, Kleiner", sagten sie. „Geh, mach deine Runden. Komm mal wieder vorbei und trink noch ein Glas, wenn du willst."
Und auf diese Weise ging ich zu allen Türen, und ziemlich bald war ich genauso besoffen wie nur irgendeiner. Es war meine Pflicht, bei Sonnenaufgang die amerikanische Flagge auf einem zwanzig Meter hohen Mast zu hissen, und an diesem Morgen zog ich sie verkehrt herum auf und ging nach Haus zu Bett. Als ich abends zurückkam, saßen die regulären Polizisten mit grimmigen Mienen im Büro herum.
„Sag mal, was war denn das für ein Krach hier gestern nacht? Wir hatten Beschwerden von Leuten, die da in den Häusern auf der anderen Seite der Schlucht wohnen."
„Ich weiß nicht", sagte ich, „jetzt scheint es recht ruhig zu sein."
„Das ganze Kontingent ist weg. Du warst dazu da, in der letzten Nacht hier Ordnung zu halten — der Chef ist wütend auf dich. Und noch etwas — weißt du, daß du ins Gefängnis kommen kannst, wenn du die amerikanische Flagge auf einem behördlichen Mast verkehrt herum aufziehst?"
„Verkehrt herum?" Ich war zutiefst erschrocken; natürlich hatte ich es nicht bemerkt. Ich tat es jeden Morgen ganz mechanisch.
„Jawoll", sagte ein dicker Polizist, der zweiundzwanzig Jahre als Gefängniswärter in Alcatraz verbracht hatte. „Für so

etwas könntest du ins Gefängnis kommen." Die anderen nickten bissig. Sie hockten auf ihren Ärschen herum; sie waren stolz auf ihren Posten. Sie befaßten sich mit ihren Schußwaffen und sprachen über sie. Es juckte sie, auf jemanden zu schießen. Auf Remi und mich.

Der Polizist, der Wärter in Alcatraz gewesen war, hatte einen Wanst und war etwa sechzig Jahre alt, pensioniert, aber nicht imstande, auf die Atmosphäre zu verzichten, von der sich seine vertrocknete Seele das ganze Leben über genährt hatte. Jeden Abend fuhr er in seinem fünfunddreißiger Ford zur Arbeit, stach die Uhr auf die Minute genau und setzte sich an den Rolladenschreibtisch. Er arbeitete mühselig an dem einfachen Formular, das wir alle Nacht für Nacht auszufüllen hatten — Runden, Uhrzeit, Ereignisse und so weiter. Dann lehnte er sich zurück und erzählte Geschichten. „Ihr hättet vor etwa zwei Monaten hier sein sollen, als ich und Sledge (das war ein anderer Polizist, ein junger Mann, der zu den Texas-Landjägern wollte und mit seinem jetzigen Schicksal vorliebnehmen mußte) einen Betrunkenen in Bau G verhafteten. Junge, Junge, ihr hättet das Blut spritzen sehen sollen. Ich werde euch heute nacht mitnehmen und euch die Spuren an der Wand zeigen. Er flog nur so von einer Wand zur anderen. Zuerst hatte Sledge ihn geschlagen, dann ich, und dann hat er nachgegeben und ist uns ruhig gefolgt. Dieser Kerl hat geschworen, uns zu töten, wenn er aus dem Gefängnis kommt — dreißig Tage hat er gekriegt. Jetzt sind's schon *sechzig* Tage, und er ist immer noch nicht aufgekreuzt." Und das war die Moral von der Geschichte. Sie hatten ihm solche Angst eingejagt, daß er zu feige war, zurückzukommen und zu versuchen, sie zu töten.

Der alte Polizist fuhr fort, in holden Erinnerungen an die Schrecken von Alcatraz zu schwelgen. „Wir ließen sie immer zum Frühstück wie einen Landserzug marschieren. Da fiel nicht einer aus dem Tritt. Alles ging wie am Schnürchen. Ihr hättet es sehen sollen. Ich war dort zweiundzwanzig Jahre lang Wärter. Hatte niemals Ärger. Diese Burschen wußten, daß wir es ernst meinten. Eine Menge Jungs werden mit der Zeit weich, wenn sie Zuchthäusler bewachen, und die kriegen dann meistens Ärger. Nun, nimm mich zum Beispiel — nach allem, was ich an dir beobachtet habe, scheinst du mir ein kleines bißchen zu *nachgiebig* mit den Leuten." Er hob seine Pfeife

und sah mich scharf an. „Die nutzen das aus, mußt du wissen." Das wußte ich. Ich sagte ihm, ich sei nicht zum Polizisten geboren.
„Gut, aber das ist der Posten, um den du dich *beworben* hast. Nun mußt du dich entschließen, so oder so, sonst kommst du niemals weiter. Es ist deine Pflicht. Du bist vereidigt. Du kannst in solchen Sachen keine Kompromisse schließen. Recht und Ordnung müssen aufrechterhalten werden."
Ich wußte nicht, was ich sagen sollte; er hatte ja recht; aber ich wollte doch nur in die Nacht hinausschleichen und irgendwo verschwinden und hinausgehen und herausfinden, was die Menschen im ganzen Lande machten.
Der andere Polizist, Sledge, war groß und muskulös, mit kurzgeschnittenem, schwarzem Haar und einem nervösen Zucken im Genick — wie ein Boxer, der immer mit einer Faust in die andere schlägt. Er richtete sich her wie ein alter Texas-Landjäger. Er trug den Revolver sehr tief, mit Patronengürtel, und eine kleine, kurzstielige Peitsche, und überall hingen Stücke Leder; er sah aus wie eine wandernde Folterkammer: glänzende Schuhe, tiefhängender Rock, unternehmungslustige Mütze, nur keine Stiefel. Er zeigte mir immer Griffe — wobei er mich zwischen den Beinen packte und flink vom Boden aufhob. Was Körperkraft angeht, hätte ich ihn mit dem gleichen Griff bis zur Decke werfen können, und das wußte ich sehr gut; aber ich ließ es ihn niemals wissen, denn ich hatte Angst, er würde einen Ringkampf wollen. Ein Ringkampf mit so einem Kerl wäre in eine Schießerei ausgeartet. Ich bin sicher, er war ein besserer Schütze; ich hatte nie im Leben eine Schußwaffe besessen. Ich hatte sogar Angst, eine zu laden. Er war geradezu geil darauf, Verhaftungen vorzunehmen. Eines Nachts waren wir allein im Dienst, und er kam wütend mit rotem Kopf zurück.
„Ich habe ein paar Burschen da drin gesagt, sie sollen ruhig sein, und sie machen immer noch Krach. Ich hab's ihnen zweimal gesagt. Ich geb einem Mann immer zwei Chancen. Nicht drei. Du kommst jetzt mit mir, und ich geh wieder hin und werd sie verhaften."
„Na also, laß *mich* ihnen eine dritte Chance geben", sagte ich. „Ich werde mit ihnen sprechen."
„Nein, mein Freund. Ich habe einem Mann noch nie mehr als zwei Chancen gegeben." Ich seufzte. Das war's also. Wir

gingen zu dem unbotmäßigen Raum, und Sledge machte auf und befahl den Leuten, im Gänsemarsch herauszukommen. Es war demütigend. Jeder einzelne von uns wurde rot. Das ist die Geschichte von Amerika. Jeder einzelne tut das, wovon er glaubt, daß man es von ihm erwartet. Was ist denn schon dabei, wenn ein Haufen Männer mit lauter Stimme spricht und die Nacht durchtrinkt? Aber Sledge wollte etwas beweisen. Er war so vorsichtig, mich mitzunehmen für den Fall, daß sie ihn anfielen. Sie hätten es vielleicht getan. Sie waren alle Brüder, alle aus Alabama. Wir gingen langsam zur Wache, Sledge voran und ich zum Schluß.

Einer der Jungen sagte zu mir: „Sag diesem Arsch mit Eselsohren, er soll uns nicht so streng behandeln. Die schmeißen uns vielleicht hinaus, und wir kommen nie nach Okinawa."

„Ich werd mit ihm reden."

Auf der Wache bat ich Sledge, sie laufenzulassen. Er sagte, für jedermann hörbar, und lief rot an: „Ich gebe niemand mehr als zwei Chancen."

„Was zum Donnerlittchen", sagte der Mann aus Alabama, „was macht das schon aus? Wir können unsere Arbeit verlieren." Sledge sagte gar nichts und füllte die Arrestformulare aus. Er verhaftete nur einen von ihnen; er rief den Streifenwagen aus der Stadt. Sie kamen und nahmen ihn mit. Die anderen Brüder gingen finster weg. „Was wird Mutter dazu sagen?" sagten sie. Einer von ihnen kam zu mir zurück. „Sagen Sie diesem Texas-Hurensohn, wenn mein Bruder nicht morgen abend aus dem Gefängnis heraus ist, dann kriegt er seinen Allerwertesten zurechtgestutzt." Ich erzählte es Sledge, auf sachliche Weise, und er sagte nichts. Der Bruder kam billig davon und wurde freigelassen, und nichts passierte. Das Kontingent wurde verschifft; eine neue wilde Horde kam herein. Wäre es nicht wegen Remi Boncœur gewesen, ich wäre keine zwei Stunden auf diesem Posten geblieben.

Aber Remi Boncœur und ich waren manch eine Nacht allein im Dienst, und da verging die Zeit im Fluge. Wir machten gemütlich unsere erste Abendrunde, und Remi klinkte an allen Türen, um zu sehen, ob sie abgeschlossen waren, und in der Hoffnung, eine unverschlossen zu finden. Er sagte: „Seit Jahren habe ich die Idee, einen Hund zu einem Superdieb abzurichten, der in die Zimmer von diesen Kerlen geht und

ihnen die Dollar aus der Tasche zieht. Ich würde ihn so abrichten, daß er nur Geldscheine nimmt; ich würde sie ihm den ganzen Tag zu riechen geben. Wenn das nur irgend menschenmöglich ist, würd ich ihn so abrichten, daß er nur Zwanziger nimmt." Remi steckte voll verrückter Ideen; über diesen Hund sprach er wochenlang. Nur ein einziges Mal fand er eine unverschlossene Tür. Mir gefiel die Idee nicht, so schlenderte ich den Gang hinunter. Remi öffnete sie verstohlen. Er starrte dem Gebäudeaufseher mitten ins Gesicht. Remi haßte das Gesicht dieses Mannes. Er fragte mich: „Wie heißt dieser russische Schriftsteller, von dem du immer sprichst — der, der seine Schuhe mit Zeitungspapier ausstopfte und in einem Ofenrohr herumlief, das er im Mülleimer gefunden hatte?" Das war eine Übertreibung von dem, was ich Remi über Dostojewski erzählt hatte. „Ah, ich hab's — ich *habe* es — Dostioffski." Die einzige unverschlossene Tür, die er je fand, gehörte Dostioffski. D. hatte geschlafen, als er jemand an seinem Türknopf herumfingern hörte. Er stand im Pyjama auf. Er kam zur Tür und sah doppelt so häßlich aus wie sonst. Als Remi aufmachte, sah er in ein hageres Gesicht, aus dem Haß und stumpfe Wut wie Eiter quollen.
„Was soll das heißen?"
„Ich habe nur die Tür probiert. Ich dachte, das ist die — ah — die Besenkammer. Ich suchte einen Mop."
„Was *meinen* Sie damit: suchte einen Mop?"
„Ja — ah."
Und ich fiel ein und sagte: „Einer der Leute hat sich oben im Korridor übergeben. Wir müssen aufwischen."
„Das hier ist *nicht* die Besenkammer. Das ist *mein* Zimmer. Noch so ein Vorfall, und ich werde euch Burschen zur Anzeige bringen und hinausschmeißen lassen! Habt ihr mich richtig verstanden?"
„Ein Kerl hat oben erbrochen", sagte ich nochmals.
„Die Besenkammer ist weiter unten im Gang. Dort unten." Und er zeigte hin und wartete, bis wir hingingen, um einen Mop zu holen, und wir holten einen und schleppten ihn mit dummen Gesichtern in den nächsten Stock.
Ich sagte: „Verflucht noch mal, Remi, du bringst uns immer in Schwierigkeiten. Warum hörst du nicht damit auf? Warum mußt du immer stehlen?"
„Die Welt ist mir allerlei schuldig, das ist alles. Du kannst

einem alten Maestro kein neues Lied beibringen. Rede nur so weiter, und ich werde anfangen, dich Dostioffski zu nennen."

Remi war ganz wie ein kleiner Bub. Irgendwo in seiner Vergangenheit, in seinen einsamen Schülertagen in Frankreich, hatte man ihm alles genommen; seine Stiefeltern steckten ihn einfach in die Schule und ließen ihn dort; er wurde eingeschüchtert und aus einer Schule nach der anderen hinausgeworfen; er wanderte nachts über die französischen Straßen, und aus seinem unschuldigen Wortschatz konstruierte er Flüche. Er war darauf aus, alles zurückzubekommen, was er verloren hatte; und sein Verlust war unendlich groß; das würde sich in Ewigkeit so hinschleppen.

Die Baracken-Cafeteria war unser Ernährungszentrum. Wir sahen uns um und überzeugten uns, daß uns keiner beobachtete, und paßten vor allem auf, ob nicht irgendeiner von unseren Polizeikollegen herumstrolchte, uns zu kontrollieren; dann ging ich in Kniebeuge, und Remi setzte die Füße auf meine Schultern, und oben war er. Er stieß das Fenster auf, das nie verschlossen war, denn darauf hatte er am Abend geachtet, arbeitete sich durch und gelangte auf den Mehltisch hinunter. Ich war etwas beweglicher, sprang nur hinauf und kroch hinein. Dann gingen wir zur Sodafontäne. Hier machte ich einen Traum meiner Jugend war, nahm den Deckel vom Schokoladeneis, steckte meine Hand bis zum Gelenk hinein und holte mir ein Eis am Stiel heraus und leckte daran. Dann nahmen wir Eiskremschachteln und füllten sie und gossen Schokoladensirup darüber und manchmal auch Erdbeeren. Dann gingen wir in den Küchen herum, öffneten Kühlschränke, um zu sehen, was wir in unseren Taschen nach Hause nehmen könnten. Oft riß ich ein Stück Roastbeef ab und packte es in eine Serviette. „Du weißt, was Präsident Truman gesagt hat", sagte Remi dann immer. „Wir müssen die Lebenshaltungskosten verringern."

Eines Nachts wartete ich lange Zeit, während er eine riesige Kiste voll Lebensmittel packte. Dann konnten wir sie nicht durch das Fenster bekommen. Remi mußte alles wieder auspacken und zurückstellen. Später in der Nacht, als seine Schicht zu Ende und ich ganz allein im Sperrgebiet war, geschah etwas Merkwürdiges. Ich machte einen langen Spaziergang auf dem alten Schluchtpfad in der Hoffnung, auf einen Hirsch zu stoßen (Remi hatte Hirsche in der Gegend gesehen, das Land war sogar im Jahre 1947 noch wildreich), als ich in der Finsternis ein erschreckendes Geräusch hörte. Es war ein Schnaufen und Fauchen. Ich dachte, ein Rhinozeros käme in der Dunkelheit auf mich zu. Ich griff nach meiner Schußwaffe. Eine hohe Gestalt erschien in der Düsterheit der Schlucht; sie hatte einen enormen Kopf. Plötzlich erkannte ich, daß es Remi war; er trug eine riesige Kiste Lebensmittel auf der Schulter. Er hatte irgendwo den Schlüssel zur Kantine gefunden und seine Lebensmittel durch die Vordertür herausgebracht. Ich sagte: „Remi, ich glaubte, du wärst zu Hause; was, zum Teufel, machst du?“

Und er sagte: „Ich hab dir mehrfach berichtet, was Präsident Truman gesagt hat: *Wir müssen die Lebenshaltungskosten verringern.*“ Und ich hörte ihn durch die Finsternis hinwegschnaufen und -fauchen. Ich habe diesen fürchterlichen Pfad zu unserer Bude zurück bereits beschrieben, bergauf und bergab. Er versteckte die Lebensmittel im hohen Gras und kam zu mir zurück. „Sal, allein kann ich es wirklich nicht schaffen. Ich werde es auf zwei Kisten verteilen, und du wirst mir helfen.“

„Aber ich bin im Dienst.“

„Ich werde die Wache übernehmen, während du fort bist. Das Leben wird von Tag zu Tag grausamer. Wir müssen's eben durchstehen, so gut wir können, und das ist alles, was zu tun ist.“ Er wischte sich das Gesicht ab. „Uff! Ich hab dir immer und immer wieder gesagt, Sal, wir sind Kameraden, und wir stecken in dieser Sache zusammen drin. Da gibt's kein Entweder-Oder. Die Dostioffskis, die Polizisten, die Lee Anns, alle die üblen Schufte dieser Welt sind auf unseren Skalp aus. Es ist an uns, aufzupassen, daß uns niemand einen Streich spielt. Die haben noch so manches As im Ärmel. Vergiß das nicht. Man kann einem alten Maestro nicht ein neues Lied beibringen.“

Ich fragte schließlich: „Was wollen wir eigentlich wegen unserer Seereisepläne unternehmen?“ Wir hatten solche Dinger nun schon zehn Wochen lang gedreht. Ich verdiente fünfundfünfzig Dollar die Woche und schickte meiner Tante durchschnittlich vierzig. Während der ganzen Zeit hatte ich nur einen einzigen Abend in San Francisco verbracht. Mein Leben ging in der Bude auf, in Remis Streit mit Lee Ann, und

während der Nacht in der Baracke.
Remi war in der Dunkelheit weggegangen, um eine zweite Kiste zu holen. Ich mühte mich auf der alten Zorro-Straße mit ihm ab. Wir bauten die Lebensmittel turmhoch auf Lee Anns Küchentisch. Sie wachte auf und rieb sich die Augen.
„Du weißt, was Präsident Truman gesagt hat?" Sie war entzückt. Es wurde mir plötzlich klar, daß jeder Mensch in Amerika ein geborener Dieb ist. Ich wurde selbst davon angesteckt. Ich begann sogar zu probieren, ob die Türen verschlossen waren. Die anderen Polizisten fingen an, uns zu mißtrauen; sie lasen es in unseren Augen: Sie erkannten mit unfehlbarem Instinkt, was in unseren Hirnen vorging. Jahre der Erfahrung hatten sie gelehrt, solche Leute wie Remi und mich zu durchschauen.
Bei Tage gingen Remi und ich mit der Pistole los; wir versuchten, in den Bergen Wachteln zu schießen. Remi schlich sich bis auf einen Meter an die gluckenden Vögel an und schoß mit der 6,35er. Er traf nicht. Sein schallendes Gelächter dröhnte durch die Wälder von Kalifornien und über Amerika. „Die Zeit ist gekommen für dich und mich, hinzugehen und den Bananenkönig zu sehen."
Es war Samstag; wir machten uns fein und gingen zur Bushaltestelle an der Kreuzung hinunter. Wir fuhren nach San Francisco und schlenderten durch die Straßen. Remis lautes Lachen tönte, wohin wir auch gingen. „Du mußt eine Geschichte über den Bananenkönig schreiben." Er warnte mich: „Versuch's nicht, den alten Maestro zu hintergehen und über etwas anderes zu schreiben. Der Bananenkönig ist deine Sache. Da steht der Bananenkönig." Der Bananenkönig war ein alter Mann, der an der Ecke Bananen verkaufte. Mir war das völlig gleichgültig. Aber Remi stieß mir dauernd in die Rippen und zog mich sogar am Kragen. „Wenn du über den Bananenkönig schreibst, schreibst du über die menschlichen Aspekte des Lebens." Ich ließ ihn wissen, der Bananenkönig sei mir vollkommen Wurst. „Bevor du nicht die Wichtigkeit des Bananenkönigs einsiehst, wirst du absolut nichts von den menschlichen Aspekten der Welt verstehen", sagte Remi nachdrücklich.
Draußen in der Bucht lag ein alter rostiger Frachter, der als Boje benutzt wurde. Remi war sehr dafür, hinzurudern; so packte eines Mittags Lee Ann Essen ein, und wir mieteten ein

Boot und fuhren hinaus. Remi brachte etwas Werkzeug mit. Lee Ann zog sich ganz aus und legte sich auf der schwimmenden Brücke in die Sonne. Ich betrachtete sie vom Heck aus. Remi ging ganz tief in die Kesselräume hinunter, wo die Ratten herumliefen, und begann zu hämmern und zu klopfen, auf der Jagd nach kupfernem Kesselfutter, das nicht vorhanden war. Ich saß in der zerstörten Offiziersmesse. Es war ein altes, altes Schiff, und es war wunderschön ausgestattet gewesen, mit Schnitzwerk im Holz und eingebauten Seetruhen: Jack Londons Gespenst von San Francisco. Ich träumte an der sonnigen Meßtafel. Ratten liefen in der Anrichte herum. Einst hatte hier ein blauäugiger Kapitän gespeist.

Ich ging zu Remi in den Bauch des Schiffes hinunter. Er zerrte an allem, was lose war. „Überhaupt nichts. Ich dachte, es gäbe Kupfer. Ich dachte, wir würden wenigstens ein paar alte Bohrwinden finden. Dies Schiff ist von einem Haufen Diebe kahlgefegt worden." Es hatte seit Jahren in der Bucht gelegen. Das Kupfer war von Händen gestohlen worden, die keine Hände mehr waren.

Ich sagte zu Remi: „Ich möchte gerne einmal eine Nacht auf diesem alten Schiff schlafen, wenn Nebel aufkommt und das Ding knarrt und man das laute Be-Oo der Bojen hört."

Remi war ganz erstaunt; seine Bewunderung für mich verdoppelte sich, „Sal, ich geb dir fünf Dollar, wenn du die Traute hast, das zu tun. Ist dir nicht klar, daß auf diesem Ding hier vielleicht die Geister alter Kapitäne spuken? Ich werde dir nicht nur die fünf geben, ich werde dich hinausrudern und dir ein Essen einpacken und dir Decken und Kerzen leihen."

„Einverstanden!" sagte ich. Remi rannte, um es Lee Ann zu sagen. Ich wollte von einem Mast hinunterspringen und geradewegs auf ihr landen, aber ich hielt mein Versprechen. Ich vermied, meine Blicke auf sie zu richten.

Nun begann ich, öfter nach Frisco zu fahren; ich versuchte alles mögliche, um ein Mädchen aufs Kreuz zu legen. Mit einem Mädchen verbrachte ich sogar eine ganze Nacht auf einer Gartenbank, bis zum Morgengrauen, ohne Erfolg. Sie war eine Blondine aus Minnesota. Es gab eine Menge 175er. Mehrmals fuhr ich nach San Fran mit meiner Pistole, und als mich ein Homo in einer Bar auf dem Klo ansprach, zog ich die Pistole heraus und sagte: „He? Was haben Sie gesagt?" Er suchte das Weite. Ich habe nie verstanden, warum ich das tat; ich kannte

Homos im ganzen Land. Es war nur die Einsamkeit von San Francisco und die Tatsache, daß ich eine Pistole hatte. Ich mußte sie jemanden sehen lassen. Ich ging an einem Juwelierladen vorbei und hatte plötzlich den Impuls, das Schaufenster zusammenzuschießen, die feinsten Ringe und Armbänder herauszunehmen, zu laufen und sie Lee Ann zu geben. Dann könnten wir zusammen nach Nevada fliehen. Es wurde für mich Zeit, Frisco zu verlassen, oder ich würde wahnsinnig werden.

Ich schrieb lange Briefe an Dean und Carlo, die jetzt in Old Bulls Hütte an der Sumpfküste von Texas waren. Sie sagten, sie seien bereit, zu mir nach San Fran zu kommen, sobald dies und jenes erledigt wäre. Unterdessen begann zwischen Remi und Lee Ann und mir alles einzustürzen. Die Septemberregen kamen und mit ihnen die Redesaison. Remi war mit ihr nach Hollywood geflogen und hatte mein trauriges, dummes Filmoriginal mitgenommen, und nichts hatte sich ereignet. Der berühmte Regisseur war betrunken und beachtete sie nicht; sie lungerten in seiner Villa in Malibu Beach herum; sie fingen an, vor anderen Gästen zu streiten; und sie flogen zurück.

Die Rennbahn brachte alles zum Überlaufen. Remi sparte sein ganzes Geld, etwa hundert Dollar, machte mich mit einem von seinen Anzügen fein heraus, nahm Lee Ann an den Arm, und wir fuhren ab zum Golden Gate — jenem Rennplatz jenseits der Bucht, in der Nähe von Richmond. Er packte die Hälfte unserer gestohlenen Lebensmittel in einen ungeheuren braunen Papiersack und brachte sie einer armen Witwe, die er in Richmond kannte, in einer Siedlung ganz wie unsere, mit Wäsche, die in der kalifornischen Sonne flatterte. Wir gingen mit ihm. Traurige, abgerissene Kinder waren da. Die Witwe dankte Remi. Sie war die Schwester eines Matrosen, den er vage kannte. „Machen Sie keine Umstände, Mrs. Carter“, sagte Remi in seinen elegantesten und höflichsten Tönen. „Wo das herkommt, da gibt es noch eine Menge mehr.“ Ich habe diese Episode erzählt, um nur einmal zu zeigen, was für ein Herz der Kerl hatte.

Wir begaben uns zur Rennbahn. Er machte unglaubliche Zwanzigdollarwetten auf Sieg, und vor dem siebenten Rennen war er blank. Mit unseren letzten zwei Dollar, die wir zum Einkaufen hatten, wettete er noch einmal, und wir verloren. Wir mußten nach San Francisco per Anhalter zurück. Ich war wieder auf der Straße. Ein Herr nahm uns in seinem superschicken Wagen mit. Ich saß vorn bei ihm. Remi versuchte eine Geschichte zu erzählen, wonach er seine Brieftasche hinter der Tribüne auf dem Rennplatz verloren hatte. „Die Wahrheit ist", sagte ich, „daß wir unser Geld beim Rennen verloren haben, und um künftig zu vermeiden, daß wir per Anhalter vom Rennplatz zurück müssen, werden wir von nun an zu einem Buchmacher gehen, nicht wahr, Remi?" Remi wurde ganz rot. Der Mann gab schließlich zu, ein leitender Angestellter des Golden-Gate-Rennplatzes zu sein. Am eleganten Palace-Hotel setzte er uns ab; wir sahen ihm zu, wie er unter den Kronleuchtern verschwand, die Taschen voll Geld, den Kopf hoch.

„Uff! Bäh!" heulte Remi in den abendlichen Straßen von Frisco. „Paradise fährt mit dem Mann, der den Rennplatz managt, und *schwört*, daß er zu den Buchmachern hinüberwechseln wird. Lee Ann, Lee Ann!" Er kniff und griff sie. „Positiv der komischste Mensch auf der Welt! In Sausalito muß es eine Menge Italiener geben. Aaah-ha!" Er wand sich um einen Leitungsmast und lachte.

In dieser Nacht begann es zu regnen, und Lee Ann warf uns beiden giftige Blicke zu. Nicht ein Pfennig war im Hause geblieben. Der Regen trommelte auf das Dach. „Das wird eine Woche so dauern", sagte Remi. Er hatte seinen schönen Anzug ausgezogen; er war wieder in seinen armseligen kurzen Hosen und Armeekappe und kurzärmligem Unterhemd. Seine großen, braunen, traurigen Augen starrten auf die Bretter des Fußbodens. Die Pistole lag auf dem Tisch. Durch die regnerische Nacht konnten wir Mr. Snow irgendwo lachen hören, daß die Wände wackelten.

„Dieser Vollidiot macht mich ganz krank", schnappte Lee Ann. Sie war darauf aus, Zank anzufangen. Sie fing an, Remi zu sticheln. Er blätterte gerade in seinem kleinen Notizbuch, in dem er Namen von Leuten hatte, meistens Seeleuten, die ihm Geld schuldeten. Neben ihre Namen schrieb er Verwünschungen mit roter Tinte. Mir wurde angst und bange vor dem Tag, an dem ich jemals meinen Weg in dieses Notizbuch finden würde. In der letzten Zeit hatte ich an meine Tante so viel Geld geschickt, daß mir nur vier oder fünf Dollar wöchentlich für Lebensmittel blieben. Mich an das haltend, was Präsident Truman gesagt hatte, steuerte ich noch ein paar

Dollar bei. Aber Remi hatte das Gefühl, das sei nicht der auf mich entfallende Anteil; so hatte er angefangen, die Lebensmittelrechnungen, die langen bandartigen Kassenzettel, auf denen jeder einzelne Posten vermerkt war, an der Badezimmerwand aufzuhängen, damit ich sähe und verstände. Lee Ann war überzeugt, daß Remi Geld vor ihr verstecke, und ich war es auch, was das angeht. Sie drohte, ihn zu verlassen.

Remi kräuselte seine Lippen. „Wo gedenkst du hinzugehen?"

„Jimmy."

„*Jimmy?* Ein Kassierer auf dem Rennplatz? Hörst du das, Sal, Lee Ann wird weggehen und sich den Kassierer vom Rennplatz einfangen. Vergiß nicht, deinen Besen mitzunehmen, Liebling, die Pferde werden eine Menge Hafer fressen diese Woche, mit meinem Hundertdollarschein."

Die Dinge steigerten sich zu schlimmeren Ausmaßen; der Regen rauschte. Lee Ann hatte als erste in der Bude gelebt, so forderte sie Remi auf, zu packen und auszuziehen. Er begann zu packen. Ich sah mich ganz allein in der verregneten Hütte mit dieser ungezähmten Teufelin. Ich versuchte zu vermitteln. Remi gab Lee Ann einen Stoß. Sie grapschte nach der Pistole. Remi gab mir die Pistole und forderte von mir, sie zu verstecken; es war ein Magazin mit acht Kugeln drin. Lee Ann fing an zu schreien, und schließlich zog sie sich ihren Regenmantel an und ging in den Schlamm hinaus, um einen Polizisten zu holen. Und welchen Polizisten wohl? Ausgerechnet unseren alten Freund Alcatraz. Glücklicherweise war er nicht zu Hause. Sie kam völlig durchnäßt zurück. Ich versteckte mich in meiner Ecke, den Kopf zwischen den Knien. Herrgott, was tat ich hier, fünftausend Kilometer von zu Hause? Warum war ich hergekommen? Wo war mein Schiff nach China?

„Und noch was, du dreckiger Kerl", schrie Lee Ann, „heute abend war das letzte Mal, daß ich dir je dein dreckiges Hirn mit Ei mache und dein dreckiges Currylamm, damit du dir deinen dreckigen Bauch füllen kannst und vor meinen Augen fett und frech wirst."

„Ist in Ordnung" war alles, was Remi ruhig sagte. „Es ist vollkommen in Ordnung. Als ich mit dir anfing, erwartete ich keine Rosen im Mondschein, und der heutige Tag überrascht mich nicht. Ich habe versucht, ein wenig für dich zu tun —

für euch beide habe ich mich bemüht, so gut ich konnte; ihr habt mich beide im Stich gelassen. Ihr habt mich beide schrecklich, schrecklich enttäuscht", fuhr er mit absoluter Aufrichtigkeit fort. „Ich dachte, etwas würde aus unserer Gemeinschaft werden, etwas Gutes und Dauerhaftes, ich habe es versucht, ich bin geflogen, nach Hollywood, ich habe Sal einen Posten verschafft und dir schöne Kleider gekauft, ich habe mich bemüht, dich den feinsten Leuten in San Francisco vorzustellen. Du hast abgelehnt, ihr habt beide abgelehnt, mir auch nur den kleinsten Wunsch zu erfüllen. Ich habe nichts dafür verlangt. Jetzt bitte ich um eine letzte Gefälligkeit, und dann werde ich nie mehr eine Gefälligkeit verlangen. Mein Stiefvater kommt am nächsten Samstagabend nach San Francisco. Alles, was ich verlange, ist, daß ihr mit mir kommt und versucht, so auszusehen, als sei alles, wie ich ihm geschrieben habe. Mit anderen Worten, du, Lee Ann, du bist mein Mädchen, und du, Sal, du bist mein Freund. Ich habe es so eingerichtet, daß ich mir für Samstagabend hundert Dollar leihen kann. Ich will zusehen, daß mein Vater es gut hat und wegfahren kann, ohne irgendeinen Anlaß in der Welt sich meinetwegen Sorgen zu machen."

Das überraschte mich. Remis Stiefvater war ein angesehener Arzt, der in Wien, Paris und London praktiziert hatte. Ich sagte: „Willst du mir damit sagen, daß du für deinen Stiefvater hundert Dollar ausgeben willst? Er hat mehr Geld, als du je haben wirst! Du wirst Schulden machen!"

„Das ist in Ordnung", sagte Remi ruhig und mit Niedergeschlagenheit in der Stimme. „Ich erbitte von euch nur eine letzte Sache — daß ihr zumindest *versucht*, daß alles in Ordnung aussieht, und *versucht*, einen guten Eindruck zu machen. Ich liebe meinen Stiefvater und achte ihn. Er kommt mit seiner jungen Frau. Wir müssen ihm jede Rücksicht erweisen." Es gab Zeiten, da war Remi wirklich der feinste Gentleman von der Welt. Lee Ann war beeindruckt und sah dem Treffen mit seinem Stiefvater entgegen; sie dachte, er könne ein guter Fang sein, wenn schon sein Sohn es nicht war.

Der Samstagabend rollte heran. Ich hatte bereits meinen Posten bei der Polizei aufgegeben, gerade bevor ich entlassen wurde, weil ich zu wenig Verhaftungen ausführte, und dies sollte mein letzter Samstagabend sein. Remi und Lee Ann gingen zuerst ins Hotelzimmer hinauf, um seinen Stiefvater zu treffen; ich hatte Reisegeld und trank unten in der Bar etwas über den Durst. Dann ging ich, höllisch verspätet, hinauf, um zur Gesellschaft zu stoßen. Sein Vater öffnete die Tür, ein vornehmer großer Mann mit einem Zwicker. „Ah", sagte ich, als ich ihn erblickte. „Monsieur Boncœur, wie geht es Ihnen? *Je suis bleu!*" rief ich, was auf französisch heißen sollte: „Ich bin blau, ich habe getrunken", aber im Französischen absolut nichts bedeutet. Der Arzt war perplex. Ich hatte Remi bereits blamiert. Sein Gesicht war rot, als er mich ansah.

Wir gingen alle in ein schickes Restaurant zum Essen — Alfred's in North Beach, wo Remi gut fünfzig Dollar für uns ausgab, mit Getränken und allem. Und nun kam das Schlimmste. Wer mußte an der Bar bei Alfred's sitzen? Ausgerechnet mein alter Freund Roland Major! Er war gerade aus Denver eingetroffen und hatte einen Posten bei einer Zeitung in San Francisco bekommen. Er hatte einen Schwips. Nicht einmal rasiert war er. Er stürzte zu uns herüber und schlug mir auf den Rücken, als ich gerade einen Drink zum Munde führte. Er warf sich auf die Sitzbank neben Dr. Boncœur und lehnte über dessen Suppe, um zu mir zu sprechen. Remi war rot wie eine Rübe.

„Willst du deinen Freund nicht vorstellen, Sal?" sagte er mit einem schwachen Lächeln.

„Roland Major vom San Franciscoer *Argus*", versuchte ich mit ernster Miene zu sagen. Lee Ann war wütend auf mich.

Major begann in Monsieurs Ohr Konversation zu machen.

„Unterrichten Sie gerne Mittelschul-Französisch?" schrie er.

„Entschuldigen Sie bitte, aber ich unterrichte kein Mittelschul-Französisch."

„Oh, ich dachte, Sie unterrichten Mittelschul-Französisch." Er war mit Absicht grob. Ich gedachte der Nacht, als er uns in Denver unsere Party vermasselte; aber ich vergab ihm.

Ich vergab jedem, ich gab auf, ich betrank mich. Ich fing an, des Arztes junger Frau süße Dinge ins Ohr zu flüstern. Ich trank so viel, daß ich alle zwei Minuten austreten mußte, und dazu mußte ich über Dr. Boncœurs Schoß springen. Alles war dabei, auseinanderzufallen. Mein Aufenthalt in San Francisco ging dem Ende zu. Remi würde nie mehr mit mir reden. Das war scheußlich, denn ich hatte Remi wirklich gern, und ich war einer der wenigen Menschen auf der Welt, die wußten, was für ein echter und feiner Kerl er war. Es würde Jahre dauern, bis er darüber hinwegkommen würde. Wie verheerend war das alles, gemessen an dem, was ich ihm aus Paterson geschrieben hatte, als ich meine rote Linie, Straße 6, quer durch Amerika plante. Da war ich am Ende Amerikas — kein Land mehr vor mir — und nun konnte man nirgends hin als zurück. Ich beschloß, meine Reise wenigstens wie eine Schleife zu führen: Ich entschloß mich an Ort und Stelle, nach Hollywood zu gehen und zurück nach Texas, um meine Sumpfküstenbande zu besuchen; den Rest konnte dann der Teufel holen.

Major wurde aus Alfred's hinausgeworfen. Die Mahlzeit war sowieso vorbei, so schloß ich mich ihm an; das heißt eigentlich, Remi schlug es vor, und ich ging mit Major weg, um weiterzutrinken. Wir saßen an einem Tisch im Iron Pot, und Major sagte: „Sam, dieser Dreigroschenjunge an der Bar gefällt mir nicht", und das mit lauter Stimme.

„Jaa, Jake?" sagte ich.

„Sam", sagte er, „ich glaube, ich steh auf und kleb ihm eine."

„Nein, Jake", sagte ich, weiterhin Hemingway nachahmend. „Ziel nur von hier aus und paß auf, was geschieht." Am Ende fanden wir uns schwankend an einer Straßenecke.

Am Morgen, während Remi und Lee Ann schliefen und ich einigermaßen traurig auf den großen Haufen Wäsche blickte, den Remi und ich in der Waschmaschine im Schuppen hinten im Hof waschen sollten (was immer so eine fröhliche, sonnige Tätigkeit gewesen war, unter den farbigen Frauen und mit dem schallend lachenden Mr. Snow), beschloß ich, Abschied zu nehmen. Ich ging auf die Verande hinaus. Nein, zum Teufel noch einmal, sagte ich mir, ich habe versprochen, nicht wegzufahren, bevor ich nicht auf diesen Berg geklettert bin. Das war die hohe Seitenwand der Schlucht, die geheimnisvoll zum Stillen Ozean führte.

Ich blieb noch einen Tag. Es war Sonntag. Eine große Hitzewelle senkte sich herab; es war ein schöner Tag, um drei Uhr färbte sich die Sonne rot. Ich stieg den Hügel hinauf und war um vier Uhr oben. All diese lieblichen kalifornischen Cottonwoods, eine Pappelart, und Eukalyptus brüteten auf allen Seiten. In der Nähe des Gipfels gab es keine Bäume mehr, nur Steine und Gras. Vieh graste auf der hohen Küste. Da war der Stille Ozean, ein paar Vorgebirgshügel entfernt, blau und weit, eine große weiße Wand näherte sich von dem legendären

„Kartoffelacker" her, wo alle Nebel von Frisco geboren werden. Noch eine Stunde, und es würde durch das Goldene Tor strömen, die romantische Stadt in Weiß zu hüllen, und ein junger Mann würde sein Mädchen bei der Hand halten und langsam einen langen, weißen Fußpfad hinaufsteigen, mit einer Flasche Tokayer in der Tasche. Das war Frisco; schöne Frauen stehen in weißen Torbogen und warten auf ihre Männer; und Coit Tower, und das Embarcadero, und Market Street, und die elf wimmelnden Hügel.

Ich drehte mich auf dem Absatz, bis ich schwindlig war; ich meinte hinabzufallen, wie in einem Traum, geradewegs in den Abgrund. Oh, wo ist das Mädchen, das ich liebe? Ich dachte nach und suchte überall, so wie ich überall gesucht hatte in der kleinen Welt da unten. Und vor mir war die große, rohe, verbeulte Masse meines amerikanischen Kontinents; irgendwo weit dort drüben erbrach das düstere, irre New York seine Wolke von Staub und braunem Dampf. Etwas Braunes und Heiliges hat der Osten an sich; und Kalifornien ist weiß wie Leinen voll Wäsche und leer im Kopf — zumindest sah ich es damals so.

12

Am Morgen schliefen Remi und Lee Ann noch, als ich leise packte und durch das Fenster hinausglitt, auf demselben Wege, auf dem ich hereingekommen war, und ich verließ mit meinem Reisesack Mill City. Ich hatte keine Nacht auf dem alten Gespensterschiff verbracht — dem *Admiral Freebee*, wie es hieß —, und Remi und ich waren füreinander verloren.

In Oakland trank ich ein Bier unter den Landstreichern einer Kneipe mit einem Wagenrad im Schild und war wieder auf der Straße. Ich wanderte durch ganz Oakland, um auf die Straße nach Fresno zu kommen. Zwei Anhalter brachten mich nach Bakersfield, sechshundert Kilometer südwärts. Der erste, der mich mitnahm, war ein Verrückter, ein stämmiger blonder Junge in einem auf Rennwagen frisierten Vehikel. „Sehen Sie diese Zehe?" sagte er, als er die Kiste auf hundertvierzig aufdrehte und jeden auf der Straße überholte. „Sehen Sie sich's an." Sie war in einen Verband eingehüllt. „Ich habe sie gerade amputieren lassen heute morgen. Die Idioten wollten, daß ich im Spital bleibe. Ich habe meinen Koffer gepackt und bin weg. Was ist schon eine Zehe?“ O weh, sagte ich mir, jetzt paß auf, und ich hielt mich fest. So einen verrückten Fahrer gibt's nicht wieder. Ehe man sich's versah, war er in Tracy. Tracy ist eine Eisenbahnstadt; Bremser essen lieblos gekochte Mahlzeiten in Schnellküchen neben den Gleisen. Züge heulen quer durchs Tal. Langsam und rot geht die Sonne unter. All die zauberhaften Namen des Tales entrollten sich — Manteca, Madera, all die anderen. Bald kam die Dämmerung, eine traubenfarbige Dämmerung, eine violette Dämmerung über Mandarinenpflanzungen und langen Melonenfeldern; die Sonne in der Farbe von Malagatrauben, von burgunderroten Streifen durchbrochen, die Felder in der Farbe der Liebe und spanischer Mysterien. Ich steckte meinen Kopf zum Fenster hinaus und sog tief die duftgeschwängerte Luft ein. Es war der schönste Augenblick. Der Verrückte war Bremser bei der Southern-Pacific-Bahn und lebte in Fresno; sein Vater war auch Bremser. Er hatte seine Zehe auf dem Rangierbahnhof von Oakland beim Rangieren verloren, ich habe nicht ganz verstanden wie. Er fuhr mich in das summende Fresno und setzte mich auf der Südseite der Stadt ab. Ich ging auf ein schnelles Coca-Cola in einen Kaufmannsladen neben den Gleisen, und da kam die traurige Gestalt eines armenischen Jünglings die roten Güterwagen entlang, und gerade in diesem Augenblick heulte eine Lokomotive, und ich sagte mir, ja, ja, Saroyans Stadt.

Ich mußte nach dem Süden; ich ging auf die Straße. Ein Mann in einem nagelneuen Lieferwagen nahm mich mit. Er war aus Lubbock, Texas, und er handelte mit Automobilanhängern. „Sie wollen einen Anhänger kaufen?“ fragte er mich. „Jederzeit zu Diensten. Kommen Sie zu mir.“ Er erzählte Geschichten über seinen Vater in Lubbock. „Eines Abends hat mein alter Herr die Tageseinnahmen auf dem Kassenschrank liegengelassen, glatt vergessen. Was geschah — ein Einbrecher kam in der Nacht, Schweißbrenner und was dazugehört, hat den Kassenschrank aufgebrochen, die Papiere durchwühlt, hat ein paar Stühle umgeworfen und ist weg. Und die tausend Dollar lagen da, oben auf dem Kassenschrank, was sagen Sie zu so etwas?“

Er ließ mich südlich von Bakersfield aussteigen, und dann begann mein Abenteuer. Ich zog den dünnen Armeeregenmantel an, den ich in Oakland für drei Dollar gekauft hatte, und zitterte auf der Straße vor Kälte. Ich stand vor einem zierlichen Motel in spanischem Stil, das erleuchtet war wie ein Schmuckstück. Die Wagen rasten vorbei, in Richtung LA. Ich gestikulierte wütend. Es war zu kalt. Ich stand da bis Mitternacht, volle zwei Stunden, und fluchte und fluchte. Es war genau wieder wie Stuart, Iowa. Da war nichts zu machen, als etwas über zwei Dollar auszugeben und für die noch verbleibenden Kilometer nach Los Angeles einen Bus zu nehmen. Ich ging die Landstraße nach Bakersfield zurück und in die Station und setzte mich auf eine Bank.

Ich hatte meine Fahrkarte gekauft und wartete auf den LA-Bus, als ganz plötzlich das reizendste kleine mexikanische Mädchen in langen Hosen meinen Blick kreuzte. Sie war mit einem der Autobusse gekommen, der gerade mit einem großen Seufzer der Druckluftbremse eingefahren war; er lud Passagiere für eine Fahrtunterbrechung ab. Ihre Brüste standen heraus, gerade und echt; ihre Flanken sahen entzückend aus; ihr Haar war lang und glänzend schwarz; und ihre Augen waren große, weite, blaue Dinger mit Schüchternheit im Innern. Ich wünschte, ich wäre in ihrem Bus. Ein Schmerz stach mir ins Herz, wie immer, wenn ich ein Mädchen sah, das mir gefiel und das in die entgegengesetzte Richtung davonging in dieser zu großen Welt. Der Ansager rief den LA-Bus aus. Ich nahm meinen Sack und stieg ein, und wer saß da allein — das mexikanische Mädchen. Ich ließ mich direkt ihr gegenüber in den Sitz fallen und begann augenblicklich Pläne zu schmieden. Ich war so einsam, so traurig, so müde, so zitterig, so zerbrochen, so fertig, daß ich meinen Mut zusammennahm, den Mut, den man braucht, um sich einem fremden Mädchen zu nähern, und zur Tat schritt. Sogar so verbrachte ich fünf Minuten damit, im Finsteren meine Waden zu bearbeiten, während der Bus die Straße hinabrollte.

Du mußt, du mußt, sonst stirbst du! Verdammter Idiot, sprich sie an! Was ist denn los mit dir? Hast du denn noch nicht genug von dir selbst? Und bevor ich wußte, was ich tat, lehnte ich mich über den Gang zu ihr hinüber (sie versuchte, auf dem Sitz zu schlafen) und sagte: „Fräulein, möchten Sie gerne meinen Regenmantel als Kissen nehmen?"

Sie sah mit einem Lächeln auf und sagte: „Nein, danke vielmals."

Ich setzte mich zurück und zitterte; ich zündete mir eine Kippe

an. Ich wartete, bis sie mich ansah, mit einem kleinen liebevollen Seitenblick, und ich stand auf und beugte mich zu ihr.
„Darf ich mich neben Sie setzen, Fräulein?"
„Wenn Sie wollen."
Und das tat ich. „Wohin die Fahrt?"
„LA." Ich liebte die Art, wie sie „LA" sagte; ich liebe die Art, wie jeder an der Küste „LA" sagt; es ist und bleibt ihre eine und einzige goldene Stadt.
„Da fahre ich auch hin!" rief ich. „Ich bin sehr froh, daß Sie mir erlaubt haben, neben Ihnen zu sitzen. Ich war sehr einsam, und ich bin unheimlich viel gereist." Und wir begannen, unsere Lebensgeschichten zu erzählen. Ihre Geschichte war die: Sie hatte einen Mann und ein Kind. Der Mann schlug sie, deshalb hatte sie ihn verlassen; das war in Sanibal südlich von Fresno, und sie fuhr nach LA, um eine Weile bei ihrer Schwester zu wohnen. Sie ließ ihren kleinen Sohn bei ihrer Familie zurück; es waren Traubenpflücker, sie lebten in einer Hütte in den Weinbergen. Sie hatte nichts zu tun, als vor sich hinzubrüten und verrückt zu werden. Ich hatte Lust, sie an Ort und Stelle in die Arme zu nehmen. Wir erzählten und erzählten. Sie meinte, sie unterhielte sich gerne mit mir. Ziemlich bald sagte sie, sie wünschte, sie könne auch nach New York gehen. „Vielleicht können wir!" lachte ich. Der Bus stöhnte den Grapevine-Paß hinauf, und dann kamen wir hinunter zu dem großen, unregelmäßigen Lichtermeer. In stillschweigendem Einverständnis begannen wir uns bei der Hand zu halten, und ebenso wurde schweigend und schön und einfach beschlossen, daß sie an meiner Seite sein würde, wenn ich mir ein Hotelzimmer in LA nahm. Ich sehnte mich so nach ihr, daß es weh tat; ich legte meinen Kopf in ihr schönes Haar. Ihre kleinen Schultern machten mich wahnsinnig; ich drückte sie und drückte sie. Und sie mochte das.
„Ich liebe Liebe", sagte sie, ihre Augen schließend. Ich versprach ihr wunderschöne Liebe. Ich weidete mich an ihr. Unsere Geschichten waren erzählt; wir fielen in Schweigen und in süße Gedanken der Erwartung. So einfach war das. Meinetwegen brauchten alle Peaches und Bettys und Marylous und Ritas und Camilles und Inezes auf dieser Welt nicht zu existieren; das war mein Mädchen und meine Art Mädchenseele, und ich sagte ihr das. Sie gestand, daß sie gesehen hatte, wie ich sie in der Busstation beobachtete. „Ich dachte, du wärst

ein netter kleiner Student."

„Oh, ich bin ein Student!" versicherte ich ihr. Der Bus kam in Hollywood an. In der grauen schmutzigen Morgendämmerung, wie jene Dämmerung, da Joel McCrea im Film *Sullivan's Travels* Veronica Lake in einem Schnellimbiß traf, schlief sie in meinem Schoß. Ich schaute begierig zum Fenster hinaus: verputzte Häuser und Palmen und „Drive-ins", die ganze verrückte Sache, das abgerissene gelobte Land, das phantastische Ende von Amerika. Wir stiegen an der Main Street vom Bus, und es war nicht anders, als wenn man in Kansas City oder Chicago oder Boston vom Bus steigt — roter Backstein, schmutzig, vorbeihuschende, zweifelhafte Gestalten, Busse klirren in der hoffnungslosen Morgendämmerung, der ganze hurige Geruch einer großen Stadt.

Und hier ging mein Verstand in die Binsen, ich weiß nicht, warum. Ich begann die verrückte, paranoische Vorstellung zu bekommen, Teresa, oder Terry — ihr Name —, sei eine gewöhnliche kleine Dirne, die auf den Bussen hinter dem Geld der Männer her ist, mit denen sie Rendezvous abspricht wie unseres in LA, und den Freier zuerst in ein Frühstückslokal bringt, wo ihr Zuhälter wartet, und dann in ein bestimmtes Hotel, zu dem er mit seinem Revolver oder seinem sonstwas Zutritt hat. Ich habe ihr das nie gestanden. Wir frühstückten, und ein Zuhälter ließ uns nicht aus dem Auge; ich bildete mir ein, daß Terry ihm verstohlen zuwinkte. Ich war müde und fühlte mich fremd und verloren an einem fernen, widerwärtigen Ort. Dumpfheit des Schreckens überwältigte meine Gedanken und ließ mich kleinlich und häßlich handeln. „Kennst du diesen Kerl?" sagte ich.

„Welchen Kerl meinst du, Liebling?" Ich ließ das Thema fallen. Alles, was sie tat, tat sie langsam und bedächtig; sie nahm sich viel Zeit zum Essen; sie kaute langsam, starrte ins Weite und rauchte eine Zigarette und redete dauernd, und ich war wie ein hageres Gespenst, mißtraute jeder Bewegung, die sie machte, im Glauben, sie wolle Zeit gewinnen. Es war krankhaft. Ich schwitzte, als wir Hand in Hand die Straße hinuntergingen. Das erste Hotel, in das wir traten, hatte ein Zimmer frei, und bevor ich's wußte, sperrte ich die Türe hinter mir zu, und sie saß auf dem Bett und zog sich die Schuhe aus. Ich küßte sie sanft. Besser, sie würde es nie wissen. Ich wußte, wir brauchten Whisky, um unsere Nerven zu entspannen, besonders ich. Ich lief weg und graste in aller Hast zwölf Straßen ab, bis ich an einem Zeitungsstand einen halben Liter Whisky erstand. Ich rannte angespannt zurück. Terry war im Badezimmer und richtete ihr Gesicht her. Ich goß eine große Portion in ein Wasserglas, und wir nahmen große Schlucke. Oh, es war süß und wonnig und meine ganze klägliche Reise wert. Ich stand hinter ihr vor dem Spiegel, und so tanzten wir im Badezimmer. Ich fing an, von meinen Freunden weit im Osten zu erzählen.

Ich sagte: „Du müßtest ein prima Mädchen kennenlernen, eine Bekannte von mir namens Dorie. Sie hat rote Haare und ist 1,80 m. Wenn du nach New York kämst, würde sie dir zeigen, wo man Arbeit kriegt."

„Wer ist diese Rothaarige mit eins achtzig?" fragte sie mißtrauisch. „Warum erzählst du mir von ihr?" In ihrer einfachen Seele konnte sie mein vergnügtes, nervöses Gerede nicht begreifen. Ich ließ es fallen. Sie fing an, im Badezimmer beschwipst zu werden.

„Komm jetzt ins Bett!" sagte ich mehrmals.

„Rothaarig und eins achtzig, ha? Und ich glaubte, du wärst ein netter Student, ich hab dich in deinem süßen Pullover gesehen und hab mir gesagt, hm-hm, is er nicht nett? Nein! Und nein! Und nochmals nein! Du mußt so ein gottverdammter Zuhälter sein wie alle anderen!"

„Was zum Teufel redest du da zusammen?"

„Steh nicht da und erzähl mir, daß dieser Eins-achtzig-Rotkopf keine Kupplerin ist, denn ich erkenn eine Kupplerin, wenn ich von einer höre, und du, du bist genauso ein Zuhälter wie alle die anderen, die ich getroffen habe, alle sind sie Zuhälter."

„Hör mal, Terry, ich bin kein Zuhälter! Ich schwör dir auf die Bibel, daß ich kein Zuhälter bin. Warum sollte ich ein Zuhälter sein? Das einzige, was mich interessiert, bist du."

„Die ganze Zeit hab ich geglaubt, ich hab einen sauberen Jungen kennengelernt. Ich war froh, ich hab mich selbst umarmt und gesagt, hm-m, ein wirklich feiner Junge und nicht ein Zuhälter."

„Terry", ich plädierte mit meiner ganzen Seele. „Bitte hör mich an und begreif doch, ich bin kein Zuhälter." Vor einer Stunde hatte ich gedacht, *sie* sei eine Dirne. Wie traurig war das. Unsere Gedanken, mit ihrem aufgestapelten Vorrat an

Verrücktheit, waren auseinandergeraten. O grausiges Leben, wie jammerte ich und sprach auf sie ein, und dann wurde ich wütend und merkte, daß ich mit einem dummen kleinen mexikanischen Frauenzimmer räsonierte, und das sagte ich ihr; und ohne es zu wissen, packte ich ihre roten Schuhchen und schmiß sie an die Badezimmertür und sagte ihr, sie solle gehen. „Los, verschwinde!" Ich würde schlafen und es vergessen; ich hatte mein eigenes Leben, für immer mein eigenes, trübes und zerrissenes Leben. Im Badezimmer herrschte Totenstille. Ich zog mich aus und ging ins Bett.

Terry kam heraus mit Tränen der Zerknirschung in ihren Augen. In ihrem einfachen und komischen kleinen Verstand war die Tatsache beschlossen worden, daß ein Zuhälter die Schuhe einer Frau nicht gegen die Tür wirft und ihr nicht sagt, sie solle verschwinden. In ergebenem und süßem kleinem Schweigen zog sie sich ganz aus, und ihr zarter Körper schlüpfte unter die Decke zu mir. Er war braun wie Rosinen. Ich sah ihr kleines Bäuchlein mit der Narbe vom Kaiserschnitt; ihre Hüften waren so schmal, daß sie kein Kind bekommen konnte, ohne aufgeschlitzt zu werden. Ihre Beine waren wie kleine Stecken. Sie war nur 1,45 m groß. Ich liebte sie in der Süße des müden Morgens. Dann schliefen wir ein, zwei müde, verlorene Engel, verstaut in einem Winkel von LA, die gemeinsam das Engste und Wonnigste des Lebens gefunden hatten, und schliefen durch bis zum späten Nachmittag.

13

Die nächsten vierzehn Tage lang waren wir zusammen auf Gedeih und Verderb. Als wir aufwachten, beschlossen wir, zusammen per Anhalter nach New York zu fahren; sie sollte in der Stadt mein Mädchen sein. Ich sah vor meinem geistigen Auge wilde Verwicklungen mit Dean und Marylou und allen anderen — eine Saison, einen neuen Zeitabschnitt. Erst mußten wir arbeiten, um genug Geld für die Reise zu verdienen. Terry war unbedingt dafür, sofort mit den zwanzig Dollar, die ich übrig hatte, aufzubrechen. Mir gefiel das nicht. Und wie ein blöder Trottel überlegte ich die Sache zwei Tage lang, während wir in Bars und Cafeterias die Stellenangebote in den Revolverblättern von LA lasen, die ich nie vorher im

Leben gesehen hatte — bis meine zwanzig auf wenig mehr als zehn zusammenschrumpften. Wir waren sehr glücklich in unserem Hotelzimmerchen. Mitten in der Nacht stand ich auf, weil ich nicht schlafen konnte, zog die Decke über Babys nackte braune Schulter und schaute auf das nächtliche LA. Was sind das dort für brutale, heiße, sirenenkreischende Nächte! Gerade gegenüber auf der anderen Seite der Straße war etwas passiert. Ein altes, wackliges, heruntergekommenes Wohnhaus war der Schauplatz irgendeiner Tragödie. Der Streifenwagen war unten vorgefahren, und die Polizisten vernahmen einen alten Mann mit grauem Haar. Von drinnen kam Schluchzen. Ich konnte alles hören, zusammen mit dem Summen der Lichtreklame meines Hotels. Ich fühlte mich nie in meinem Leben so trostlos. LA ist die einsamste und brutalste der amerikanischen Städte; New York wird furchtbar kalt im Winter, aber man hat irgendwie ein Gefühl guter Kameradschaft in manchen Straßen. LA ist ein Dschungel.

South Main Street, wo Terry und ich mit Würstchen in der Hand zu spazieren pflegten, war ein phantastischer Jahrmarkt von Lichtern und Verrücktheit. Praktisch an jeder Straßenecke tasteten gestiefelte Polizisten Leute ab. Die verwahrlosesten Typen des Landes schwärmten auf den Gehsteigen — all das unter jenen milden Sternen Südkaliforniens, die sich im braunen Heiligenschein des riesigen Wüstenlagers verlieren, das LA in Wirklichkeit ist. Man konnte den Geruch von Tee und Kraut, ich meine Marihuana, in der Luft schweben spüren, zusammen mit dem Chilibohnen und Bier. Der große, wilde Lärm von Be-bop strömte aus den Bierschenken; er vermengte sich in der amerikanischen Nacht mit aller Art von Cowboymelodien und Boogie-Woogie zu Potpourris. Alle Leute sahen aus wie Hassel. Verrückte Neger mit Be-bop-Mützen und Spitzbärten gingen lachend vorbei; dann langhaarige Jazzfans, ohne einen Pfennig in der Tasche und geradewegs von Straße 66 aus New York; dann alte Wüstenratten mit Gepäck, die nach einer Gartenbank auf der Plaza unterwegs waren; dann Methodistenprediger mit Ärmelkrausen und ab und zu ein Naturheiliger mit Bart und Sandalen. Ich wollte sie alle kennenlernen, mit allen sprechen, aber Terry und ich waren zu sehr mit Versuchen beschäftigt, ein paar Dollar zusammenzubekommen.

Wir fuhren nach Hollywood, um zu versuchen, im Drugstore

Ecke Sunset und Vine zu arbeiten. Das war vielleicht eine Ecke! Große Familien, die in klapprigen Autos aus dem Hinterland gekommen waren, standen mit offenem Mund auf dem Gehsteig herum und warteten darauf, irgendeinen Filmstar zu sehen, und der Filmstar kam niemals. Wenn eine Limousine mit Chauffeur vorbeifuhr, stürzten sie zum Bordstein und bückten sich, um zu schauen: Drinnen saß irgendeine Figur mit Sonnenbrille neben einer schmuckbehangenen Blondine. „Don Ameche! Don Ameche!" — „Nein, George Murphy! George Murphy!" Sie schlenderten herum, betrachteten einander. Gutaussehende 175er, die nach Hollywood gekommen waren, um Cowboys zu spielen, spazierten umher und befeuchteten ihre Augenbrauen mit gepflegten Fingerspitzen. Die allerschärfsten Mädchen flitzten in langen Hosen vorbei; sie kamen, um Starlets zu werden; sie landeten in Drive-in-Kinos. Terry und ich versuchten, in Drive-ins Arbeit zu finden. Es war nirgends was zu machen. Hollywood Boulevard war ein großes, kreischendes Narrenhaus von Wagen; kleinere Zusammenstöße gab es mindestens einen pro Minute; jeder raste zur entferntesten Palme — und hinter allem war die Wüste und das Nichts. Die Sams von Hollywood standen vor schicken Restaurants und diskutierten genauso wie die Sams vom Broadway in Jacob's Beach, New York; nur trugen sie hier Anzüge aus leichtem Stoff, und ihr Jargon war zickiger. Lange, leichenblasse Prediger schauderten vorbei. Fette, kreischende Weiber liefen über den Boulevard, um sich zu den Quizprogrammen im Rundfunk anzustellen. Ich sah Jerry Colonna, wie er einen Wagen bei Buick kaufte; er stand im weiten Spiegelglasschaufenster und fingerte an seinem Schnurrbart. Terry und ich saßen in einem Selbstbedienungslokal in der Stadt, das als Imitation einer Grotte eingerichtet war, mit metallenen Nippeln, die überall Wasser spien, und großen, unpersönlichen Popos, die zu Gottheiten und zu einem salbungsvollen Neptun gehörten. Leute aßen klägliche Mahlzeiten rund um die Wasserfälle, ihre Gesichter waren grün vom Leid der See. Alle Polizisten von LA sahen aus wie hübsche Gigolos; offensichtlich waren sie nach LA gegangen, um zum Film zu kommen. Jeder war hier, um zum Film zu kommen, sogar ich. Terry und mir blieb schließlich nichts anderes übrig, als zu versuchen, in der South Main Street unter den gestrandeten Thekenmännern und Geschirrmädchen Arbeit zu

finden, die kein Geheimnis daraus machten, daß sie gestrandet waren, und selbst hier lief die Sache nicht. Wir hatten immer noch nicht mehr als zehn Dollar.
„Mann, ich geh, mir meine Kleider von meiner Schwester holen, und wir fahren per Anhalter nach New York", sagte Terry. „Komm, laß uns das machen." — „Wenn du nicht Boogie-Woogie tanzt, zeig ich dir, wie man's tanzt." Letzteres war ein Schlager von ihr, den sie dauernd sang. Wir eilten in die Wohnung ihrer Schwester in den verfallenen mexikanischen Quartieren irgendwo auf der anderen Seite von Alameda Avenue. Ich wartete in einem dunklen Eingang hinter mexikanischen Küchen, denn ihre Schwester sollte mich nicht sehen. Hunde liefen vorbei. Kleine Lampen beleuchteten die engen Rattengänge. Ich konnte Terry und ihre Schwester in der weichen, warmen Nacht streiten hören. Ich war auf alles vorbereitet.
Terry kam heraus und führte mich an der Hand in die Central Avenue, das ist die Hauptstraße der Farbigen von LA. Und das ist vielleicht eine verrückte Gegend; Hühnerställe, kaum groß genug, einen Plattenspielautomaten drin unterzubringen, und die Apparate geben nichts von sich als Blues, Be-bop und Swing. Wir gingen eine schmutzige Mietskasernentreppe hinauf und kamen ins Zimmer von Terrys Freundin Margarina, die Terry einen Rock und ein Paar Schuhe schuldete. Margarina war eine reizende Mulattin; ihr Mann war schwarz wie ein Pik-As und freundlich. Er ging gleich weg und kaufte einen halben Liter Whisky, um mich anständig aufzunehmen. Ich versuchte, einen Teil davon zu bezahlen, aber er lehnte ab. Sie hatten zwei kleine Kinder. Die Bälger hüpften auf dem Bett herum; es war ihr Spielplatz. Sie schlangen ihre Arme um mich und schauten mich neugierig an. Die wilde, summende Nacht von Central Avenue — die Nacht aus Hamp's „Central Avenue Breakdown" — heulte und stürmte draußen weiter. Man sang in den Gängen, sang zu den Fenstern hinaus, alles unter dem Motto „Zum Teufel mit der Hölle, und sieh dich vor". Terry bekam ihre Kleidungsstücke, und wir verabschiedeten uns. Wir gingen in so einen Hühnerstall und spielten Platten auf einem Automaten. Zwei Negergestalten flüsterten mir etwas über Tee ins Ohr. Einen Dollar. Ich sagte, gut, bringt das Zeug. Der Verbindungsmann kam herein und winkte mich zur Kellertoilette, wo ich dumm dastand, als er

sagte: „Heb auf, Mensch, heb auf."
„Heb auf was?" sagte ich.
Meinen Dollar hatte er schon. Er fürchtete sich, auf den Fußboden zu weisen. Es war gar kein Fußboden, nur der Grund. Da lag etwas, das aussah wie ein kleiner, brauner Scheißhaufen. Er war lächerlich vorsichtig. „Ich muß aufpassen, hier ist seit einer Woche dicke Luft." Ich hob den kleinen Klumpen auf, der eine braune Zigarette war, und ging zu Terry zurück, und wir kehrten ins Hotelzimmer zurück, um uns einen anzuträumen. Nichts geschah. Es war Pfeifentabak. Ich wünschte, ich wäre vorsichtiger mit meinem Geld gewesen.
Terry und ich mußten uns unbedingt und ein für allemal darüber klarwerden, was wir machen sollten. Wir beschlossen, mit unserem übriggebliebenen Geld per Anhalter nach New York zu fahren. Sie holte sich diesen Abend fünf Dollar von ihrer Schwester. Wir hatten etwa dreizehn oder weniger. So packten wir, bevor die Tagesmiete wieder fällig war, und zogen in einem Bus nach Arcadia, Kalifornien, los, wo die Santa-Anita-Rennbahn am Fuße schneebedeckter Berge liegt. Es war Nacht. Unsere Blicke waren auf das Innere des amerikanischen Festlandes gerichtet. Hand in Hand wanderten wir mehrere Kilometer die Straße hinunter, um aus dem besiedelten Bezirk hinauszukommen. Es war Samstag nacht. Wir standen unter einer Straßenlampe und winkten mit den Daumen, als plötzlich Wagen voll jungen Volks mit flatternden Wimpeln vorbeirauschten. „Jaa! Jaa! Wir haben gewonnen! Wir haben gewonnen!" schrien sie alle. Dann jubelten sie uns zu und hatten einen Heidenspaß daran, einen Mann und ein Mädchen an der Straße zu sehen. Dutzende solcher Wagen fuhren vorbei, voll junger Gesichter und „kehliger junger Stimmen", wie man so sagt. Ich haßte jeden einzelnen. Was bildeten sie sich ein, jemanden auf der Straße anzujodeln, nur weil sie kleine Pennäler waren und ihre Eltern jeden Sonntag zum Dinner einen Braten anschneiden konnten? Was bildeten sie sich ein, ein Mädchen zu verspotten, das in bescheidene Verhältnisse geraten war, mit einem Mann, der es lieben und schützen wollte? Wir kümmerten uns um uns selbst. Und nicht ein verfluchter Wagen nahm uns mit. Wir mußten zu Fuß in die Stadt zurück und, das war das schlimmste, wir hatten furchtbaren Kaffeedurst und hatten das Pech, in das einzige noch

offene Lokal hineinzugehen, und das war ein hauptsächlich von Pennälern frequentierter Eissalon, und die ganzen Kinder waren da und erkannten uns. Jetzt sahen sie, daß Terry Mexikanerin war, eine Pachuco-Wildkatze; und daß ihr Freund noch schlimmer war.

Ihre hübsche Nase hoch erhoben, verließ sie das Lokal, und wir liefen zusammen in der Dunkelheit weiter, an den Straßengräben entlang. Ich trug das Gepäck. Unser Atem blies Nebel in die kalte Nacht. Ich beschloß zuletzt, mich mit ihr noch eine Nacht vor der Welt zu verbergen und auf morgen zu pfeifen. Wir gingen in ein Motel und mieteten ein bequemes kleines Appartement für ungefähr vier Dollar — Dusche, Badetücher, eingebautes Radio und so weiter. Wie hielten einander fest. Wir führten lange, ernste Gespräche und nahmen ein Bad und besprachen Dinge, bei brennendem Licht und im Dunkeln. Etwas wurde bewiesen, ich überzeugte sie von etwas, und sie nahm es an, und wir schlossen den Pakt im Finstern, atemlos, dann erfreut, wie kleine Lämmer.

Am Morgen entwarfen wir kühn unseren neuen Plan. Wir wollten einen Bus nach Bakersfield nehmen und bei der Weinlese arbeiten. Nach ein paar Wochen Arbeit wollten wir dann ordentlich nach New York, per Bus. Es war ein wunderbarer Nachmittag, um mit Terry nach Bakersfield zu fahren: Wir lehnten uns zurück, entspannt, erzählten uns, sahen die Landschaft vorbeirollen und machten uns keine Sorgen. Am späten Nachmittag kamen wir in Bakersfield an. Unser Plan war, jeden Obstgroßhändler in der Stadt anzugehen. Terry sagte, wir könnten bei der Arbeit in Zelten wohnen. Der Gedanke, in einem Zelt zu leben und an den kühlen Morgen Kaliforniens Weintrauben zu pflücken, gefiel mir sehr. Aber es war keine Arbeit zu bekommen, und viele Mißverständnisse, weil jeder uns unzählige gute Ratschläge gab, doch ein Arbeitsplatz kam dabei nicht heraus. Trotzdem leisteten wir uns ein chinesisches Essen und machten uns mit frischen Kräften wieder auf den Weg. Wir gingen über die Schienen der South-Pacific-Bahn in das Mexikanerviertel. Terry plapperte mit ihren Stammesbrüdern und fragte nach Arbeit. Es war schon Abend, und die kleine Straße des Mexikanerviertels war eine einzige flammende Glühbirne: Kinoreklamen, Obststände, Andenkenbasare, Einheitspreisläden und Hunderte von wackligen LKWs und schlammbespritzten, klapprigen PKWs, die da parkten. Ganze Familien mexikanischer Obstpflücker zogen umher und knabberten Popcorn. Terry sprach jeden an. Ich begann zu verzweifeln. Was ich brauchte — was auch Terry brauchte —, war etwas zu trinken, so kauften wir einen Liter kalifornischen Portwein für fünfunddreißig Cents und gingen auf den Rangierbahnhof, um zu trinken. Wir fanden eine Stelle, wo Landstreicher Kisten zusammengeholt hatten, um an Feuern zu sitzen. Dort setzten auch wir uns hin und tranken den Wein. Links waren die Güterwagen, trüb und rußig unter dem Mond; geradeaus vor uns die Lichter und Flughafenstrahler des eigentlichen Bakersfield; rechts ein riesenhaftes Lager aus Aluminium-Armeebaracken. Oh, es war eine herrliche Nacht, eine warme Nacht, eine Nacht zum Weintrinken, eine Mondnacht, und eine Nacht, sein Mädchen an sich zu drücken und zu erzählen und auszuspucken und sich im Himmel zu fühlen. Und das taten wir. Sie trank wie eine kleine Närrin und hielt mit mir Schritt und überholte mich und erzählte weiter und weiter bis Mitternacht. Wir rührten uns nicht weg von den Kisten. Gelegentlich kamen abgerissene Gestalten vorbei, mexikanische Mütter mit Kindern kamen vorbei, und der Streifenwagen kam vorbei, und der Polizist stieg aus, um auszutreten; aber die meiste Zeit waren wir allein und woben unsere Seelen immer mehr ineinander und immer mehr, bis es furchtbar schwer sein würde, Lebewohl zu sagen. Um Mitternacht standen wir auf und strauchelten der Landstraße zu.

Terry hatte eine neue Idee. Wir würden per Anhalter nach Sabinal fahren, ihrer Heimatstadt, und in der Garage ihres Bruders wohnen. Mir war alles recht. An der Straße ließ ich Terry sich auf meinen Sack setzen, sie sollte aussehen wie eine Frau in Bedrängnis, und gleich hielt ein Lastwagen an, und wir liefen hin, vor Freude kichernd. Der Mann war ein guter Mensch; sein Lastwagen war armselig. Er knatterte und kroch weiter das Tal hinauf. Wir kamen in Sabinal in den ersten Morgenstunden vor der Dämmerung an. Ich hatte den Wein ausgetrunken, während Terry schlief, und ich war richtiggehend blau. Wie stiegen aus und bummelten über den ruhigen belaubten Platz des kleinen kalifornischen Städtchens, einer Haltestelle der South Pacific. Wir suchten den Freund ihres Bruders auf; der sollte uns sagen, wo dieser war. Niemand zu Hause. Als der Morgen zu grauen begann, lag ich rücklings auf dem Rasen des Hauptplatzes und wiederholte immer und immer wieder: „Du willst mir wirklich nicht sagen, was er oben in Weed gemacht hat? Was hat er oben in Weed gemacht? Du willst es mir wirklich nicht sagen? Was hat er oben in Weed gemacht?“ Das war aus dem Film *Von Mäusen und Menschen* mit Burgess Meredith, wie er zu dem Vorarbeiter des Landgutes redet. Terry kicherte. Alles, was ich tat, war ihr recht. Ich konnte dort liegen und liegenbleiben, bis die Damen zur Kirche gingen, und ihr würde das nichts ausmachen. Aber schließlich kam ich zu dem Schluß, durch ihren Bruder würden wir schon wieder auf die Beine kommen, und ich nahm sie in ein altes Hotel an den Gleisen, und wir gingen bequem zu Bett.

Am klaren, sonnigen Morgen stand Terry früh auf und ging, ihren Bruder aufzusuchen. Ich schlief bis Mittag; als ich zum Fenster hinausschaute, sah ich plötzlich einen SP-Güterzug vorbeifahren mit Hunderten von Landstreichern, die auf den Pritschenwagen lehnten und lustig dahinrollten; sie hatten Pakete als Kopfkissen und Comicsblätter vor der Nase, und manche kauten an guten kalifornischen Weintrauben, die sie neben den Abstellgleisen gepflückt hatten. „Zum Teufel!“ brüllte ich. „Hei! Es ist das Land der Verheißung.“ Sie kamen von Frisco; in einer Woche würden sie alle genauso großartig zurückfahren.

Terry kam mit ihrem Bruder, dessen Freund und ihrem Kind. Ihr Bruder war eine heißblütige mexikanische Wildkatze mit einem Hunger nach Saufbarem, ein großes, gutes Kind. Sein Freund war ein großer, schlaffer Mexikaner, der Englisch ohne viel fremdländischen Einschlag sprach, und er war laut und sehr darauf aus, zu gefallen. Ich konnte sehen, daß Terry Eindruck auf ihn gemacht hatte. Ihr kleiner Junge hieß Johnny, war sieben Jahre alt, hatte dunkle Augen und war sehr lieb. So, da waren wir nun, und ein neuer verrückter Tag begann.

Ihr Bruder hieß Rickey. Er hatte einen 1938er Chevrolet. Wir quetschten uns hinein und zogen unbekannten Zielen entgegen. „Wohin fahren wir?“ fragte ich. Der Freund übernahm die Erklärung — sein Name war Ponzo, wenigstens nannte ihn jeder so. Er stank. Ich fand heraus, warum. Sein Geschäft war, den Bauern Dung zu verkaufen; er besaß einen Lastwagen. Rickey hatte immer drei oder vier Dollar in der Tasche und nahm alles auf die leichte Schulter. Er sagte immer: „In Ordnung, Mensch, läuft sich alles zurecht, läuft sich alles zurecht!" Und es lief sich zurecht. Er fuhr über hundert Kilometer pro Stunde in dem alten Schrottkasten, und wir fuhren nach Madera, jenseits von Fresno, um einige Bauern wegen Dung aufzusuchen.

Rickey hatte eine Flasche. „Heute wird getrunken, morgen wird gearbeitet, läuft sich alles zurecht, Mensch — nimm einen Schluck!" Terry saß hinten mit ihrem Kind; ich blickte mich nach ihr um und sah das Leuchten der Freude über die Heimkehr auf ihrem Gesicht. Die schöne grüne Landschaft des kalifornischen Oktobers rollte rasend vorbei. Ich war wieder voll Saft und zu allem bereit.

„Wohin geht's jetzt, Mensch?"

„Wir wollen einen Bauern finden, der Dung herumliegen hat. Morgen fahren wir mit dem Lastwagen wieder hin und holen ihn. Mensch, das bringt uns eine Menge Geld. Mach dir keine Sorgen, über gar nichts."

„Wir sind alle zusammen dabei!" brüllte Ponzo. Ich sah, daß dem so war — wohin ich ging, alle waren zusammen dabei. Wir rasten durch die verrückten Straßen von Fresno und das Tal hinauf zu ein paar Bauern an Nebenstraßen. Ponzo stieg aus dem Wagen und führte verworrene Gespräche mit alten mexikanischen Bauern; natürlich kam nichts dabei heraus.

„Was wir brauchen, ist was zum Trinken!" brüllte Rickey, und wir zogen in eine Kneipe an einer Straßenkreuzung. Am Sonntagnachmittag trinken Amerikaner immer in den Kneipen an der Straßenkreuzung; sie bringen ihre Kinder mit; sie diskutieren oder streiten überm Saufen; alles ist in bester Ordnung. Wenn es Abend wird, fangen die Kinder an zu weinen, und die Eltern sind betrunken. Sie schwanken heim, nach Hause. Überall in Amerika bin ich in solchen Kneipen gewesen und habe mit ganzen Familie getrunken. Die Kinder essen Popcorn und Chips und spielen im Hintergrund. So machten wir es auch. Rickey und ich und Ponzo und Terry saßen da und tranken und schrien im Takt der Musik; der kleine Johnny trieb mit anderen Kindern neben dem Spielautomaten Unsinn. Die Sonne rötete sich. Wir hatten nichts erreicht. Was war auch zu erreichen? „Mañana", sagte Rickey, „mañana, Mensch, werden wir es schaffen; trink noch ein Bier, los, Mensch, alles läuft sich zurecht!"

Wir stolperten hinaus und in den Wagen hinein; ab ging es in eine Bar an der Landstraße. Ponzo war ein großer, lauter, lärmender Typ, der jedermann im San-Joaquin-Tal kannte. Aus der Straßenbar fuhr ich mit ihm allein im Wagen, um einen Bauern zu suchen; statt dessen landeten wir im Mexikanerviertel von Madera und besahen uns die Mädchen und versuchten, ein paar für ihn und Rickey aufzugabeln. Und dann, als die violette Abenddämmerung über das Weinland fiel, fand ich mich stumm im Wagen sitzend, während er mit irgendeinem alten Mexikaner an der Küchentür über den Preis einer Wassermelone stritt, die der alte Mann im Hinterhof zog. Wir bekamen die Melone, wir aßen sie auf der Stelle und warfen die Schale auf des alten Mannes gestampften Fußweg. Alle Sorten hübscher kleiner Mädchen huschten, als es dunkel wurde, über die Straße. Ich sagte: „Wo zum Teufel sind wir?"

„Mach dir keine Sorgen, Mensch", sagte der große Ponzo. „Morgen verdienen wir eine Stange Geld; heute machen wir uns keine Sorgen." Wir fuhren zurück und holten Terry und ihren Bruder und das Kind und fuhren beim Straßenlicht der Nacht nach Fresno. Wir waren alle wahnsinnig hungrig. Wir sprangen über die Eisenbahngleise in Fresno und stießen auf die verrückten Straßen von Fresnos Mexikanerviertel. Fremdartige Chinesen hingen aus den Fenstern und nahmen das Straßenbild des Sonntagabends in sich auf; Gruppen koketter Mexikanerinnen flanierten in langen Hosen herum; Mambo tönte aus den Spielautomaten; Lichtergirlanden hingen wie zu Allerseelen. Wir gingen in ein mexikanisches Restaurant und aßen Tacos mit Bohnenpüree in Tortillas gerollt; es war ausgezeichnet. Ich zog meinen letzten glänzenden Fünfdollarschein heraus, der mich mit der Küste von New Jersey verband, und zahlte für Terry und mich. Nun hatte ich vier Dollar. Terry und ich sahen einander an.

„Wo werden wir heute nacht schlafen, Baby?"

„Ich weiß nicht."

Rickey war betrunken; alles, was er noch sagte, war: „Läuft sich alles zurecht, Mensch — läuft sich alles zurecht!" mit einer zarten und müden Stimme. Es war ein langer Tag gewesen. Niemand von uns wußte, was geschah oder was der liebe Gott bestimmt hatte. Der arme kleine Johnny schlief auf meinem Arm ein. Wir fuhren nach Sabinal zurück. Unterwegs fuhren wir plötzlich bei einer Raststätte an der Landstraße 99 vor. Rickey wollte noch ein letztes Bier. Im Hof der Raststätte waren Wohnwagen und Zelte und ein paar motelartige Räume. Ich fragte nach dem Preis: zwei Dollar. Ich fragte Terry, was sie dazu meinte, und sie sagte, fein, denn wir hatten jetzt das Kind bei uns und mußten es ihm einigermaßen bequem machen. Nach einigen Bieren in der Wirtschaft, wo mürrische Hinterwäldler sich zu der Musik einer Cowboykapelle drehten, gingen also Terry und ich und Johnny in ein Motelzimmer und machten uns zum Schlafengehen fertig. Ponzo hing weiter herum; er wußte nicht, wo schlafen. Rickey schlief bei seinem Vater in der Hütte im Weingarten.

„Wo wohnst du, Ponzo?" fragte ich.

„Nirgends, Mensch. Ich sollte eigentlich bei Big Rosey wohnen, aber sie hat mich letzte Nacht hinausgeworfen. Ich werde meinen Lastwagen nehmen und heute darin schlafen."

Gitarren klangen. Terry und ich starrten gemeinsam die Sterne an und küßten uns. „Mañana", sagte sie. „Morgen wird alles in Ordnung kommen, glaubst du nicht, Sal-Liebling, Mann?"

„Sicher, Baby, mañana." Es war immer mañana. Die ganze nächste Woche war das alles, was ich hörte — mañana, ein reizendes Wort und eines, das wahrscheinlich den Himmel bedeutet.

Der kleine Johnny sprang ins Bett, mit Kleidern und allem, und schlief ein. Sand rann aus seinen Schuhen, Sand von Madera. Terry und ich standen mitten in der Nacht auf und bürsteten den Sand von den Laken. Am Morgen erhob ich mich, wusch mich und machte einen Rundgang. Wir waren acht Kilometer von Sabinal in den Baumwollfeldern und Weingärten. Ich fragte die große fette Frau, der das Camp gehörte, ob ein Zelt frei wäre. Das billigste, ein Dollar pro Tag, war frei. Ich fischte einen Dollar heraus und zog ein. Es war ein Bett da, ein Herd und ein gesprungener Spiegel, der an einer Stange hin; es war herrlich. Ich mußte mich bücken, um hineinzukommen, und wenn ich es tat, war meine Kleine da und mein kleiner Junge. Wir warteten auf Rickey und Ponzo mit dem Lastwagen. Sie kamen mit Bierflaschen an und begannen, sich im Zelt zu betrinken.

„Was ist mit dem Dung?"

„Zu spät heute. Morgen, Mensch, werden wir eine Menge Geld

verdienen; heute trinken wir ein paar Bier. Was sagst du zu Bier?" Das brauchte man mir nicht zweimal zu sagen. „Seht ihr! Nun läuft sich alles zurecht!" brüllte Rickey. Ich sah ein, daß unsere Pläne, mit dem Dunglastwagen Geld zu machen, nie Wirklichkeit werden würden. Der Lastwagen war neben dem Zelt geparkt. Er roch wie Ponzo.

Diese Nacht gingen Terry und ich in der süßen Nachtluft unter unserem taubedeckten Zelt zu Bett. Ich war eben dabei, mich zum Schlafen einzurichten, als sie sagte: „Willst du mich jetzt nicht liebhaben?"

Ich sagte: „Wie ist das mit Johnny?"

„Ihn stört das nicht. Er schläft." Aber Johnny schlief nicht, und er sagte nichts.

Die Jungen kamen am nächsten Tag mit dem Dunglaster zurück und fuhren weg, Whisky zu besorgen; sie kamen zurück und feierten groß im Zelt. Diese Nacht, sagte Ponzo, sei es zu kalt, und schlief auf dem Boden in unserem Zelt, eingewickelt in eine große Plane, die nach Kuhfladen roch. Terry haßte ihn; sie sagte, er hinge immer an ihrem Bruder, um in ihre Nähe zu komme .

Nichts war in Aussicht, außer Hunger für Terry und mich, so ging ich am Morgen in die Umgebung und fragte nach Arbeit als Baumwollpflücker. Alle Leute rieten mir, auf den Hof gegenüber vom Camp, jenseits der Landstraße, zu gehen. So tat ich's, der Bauer war mit seinem Weibervolk in der Küche. Er kam heraus, hörte sich meine Geschichte an und machte mich darauf aufmerksam, er zahle nur drei Dollar per hundert Pfund gepflückter Baumwolle. Ich sah mich wenigstens dreihundert Pfund täglich pflücken und nahm die Arbeit an. Er fischte einige lange Segeltuchsäcke aus der Scheune und sagte mir, das Pflücken beginne bei Tagesanbruch. Ich lief zu Terry zurück, außer mir vor Freude. Unterwegs fuhr ein Lastwagen mit Trauben über ein Schlagloch in der Straße, und große Bündel Trauben fielen auf die heiße Teerdecke. Ich hob sie auf und nahm sie mit nach Hause. Terry freute sich. „Johnny und ich werden mit dir kommen und helfen."

„I wo!" sagte ich. „Ausgeschlossen!"

„Wirst sehen, wirst sehen, es ist sehr schwer, Baumwolle zu pflücken. Ich werd dir zeigen, wie."

Wir aßen die Trauben, und am Abend erschien Rickey mit einem Laib Brot und einem Pfund Hackfleisch, und wir machten uns einen Schmaus. In einem größeren Zelt, direkt neben unserem, wohnte eine ganze Familie von herumziehenden Baumwollpflückern; der Großvater saß den ganzen Tag lang in einem Sessel, er war zu alt zum Arbeiten; der Sohn und die Tochter und ihre Kinder marschierten jeden Morgen bei Tagesanbruch über die Landstraße ins Feld meines Bauern und machten sich an die Arbeit. Sie sagten, die Baumwolle sei am frühen Morgen schwerer wegen des Taus, und man könne mehr verdienen als nach dem Mittag. Nichtsdestoweniger arbeiteten sie jeden Tag von Sonnenaufgang bis Sonnenuntergang. Der Großvater war während der großen Heimsuchung der dreißiger Jahre — genau derselben Staubwolke, von der mir der Cowboy aus Montana erzählt hatte — mit der ganzen Familie in einem ausgedienten LKW aus Nebraska gekommen. Seither waren sie immer in Kalifornien gewesen. Sie liebten die Arbeit. In den zehn Jahren hatte des alten Mannes Sohn die Zahl der Kinder auf vier erhöht, und einige waren jetzt alt genug, Baumwolle zu pflücken. Und in dieser Zeit waren sie von der Armut in Lumpen in den Feldern von Simon Legree zu einer Art lächelnder Respektabilität in besseren Zelten vorgeschritten, und das war alles. Sie waren außerordentlich stolz auf ihr Zelt.

„Werden Sie je nach Nebraska zurückgehen?"

„Pah, nichts dort, was uns reizen könnte. Wir haben vor, einen Wohnwagen zu kaufen."

Wir bückten uns und begannen Baumwolle zu pflücken. Es war schön. Jenseits des Feldes waren die Zelte und jenseits der Zelte die dürren braunen Baumwollfelder, die sich bis über den Horizont zu den durchfurchten braunen Vorhügeln dehnten, und dann die schneebemützten Sierras in den blauen Morgenluft. Das war so viel besser, als in der South Main Street Geschirr zu waschen. Aber ich verstand nichts vom Baumwollpflücken. Ich brauchte zu viel Zeit, den weißen Ball von seinem brüchigen Bett zu lösen; die anderen machten es mit einer Handbewegung. Noch dazu fingen meine Fingerspitzen zu bluten an; ich brauchte Handschuhe oder mehr Erfahrung. Ein altes Negerehepaar war mit uns auf dem Feld. Es pflückte Baumwolle mit derselben gottgesegneten Geduld, die ihre Großväter vor dem Bürgerkrieg in Alabama geübt hatten; sie bewegten sich ihre Reihen entlang, gebeugt und schwermütig, und ihre Säcke schwollen. Mein Rücken begann zu schmerzen.

Aber es war schön, zu knien und sich in dieser Erde zu bergen. Wenn ich mich ausruhen wollte, legte ich mich hin und schmiegte mein Gesicht auf das Kissen von brauner feuchter Erde. Vögel sangen die Begleitung. Ich dachte, ich hätte mein Lebenswerk gefunden. Johnny und Terry kamen am heißen schwülen Mittag mir zuwinkend über das Feld und legten sich mit mir ins Zeug. Verdammt, wenn Klein Johnny nicht schneller war als ich! — Und natürlich war Terry doppelt so schnell. Sie arbeiteten vor mir und ließen mir Haufen reiner Baumwolle zurück, damit ich sie in meinen Sack stecke — Terry Haufen wie ein Arbeiter, Johnny kleine, kindliche Haufen. Ich stopfte das Zeug betrübt hinein. Was für ein Familienhaupt war ich, daß ich nicht einmal meinen eigenen Hintern ernähren konnte, geschweige denn die ihrigen? Sie blieben den ganzen Nachmittag bei mir. Als die Sonne rot wurde, schleppten wir uns zurück. Am Ende des Feldes lud ich meine Last auf eine Waage ab; sie wog fünfzig Pfund und ich bekam einen Dollar fünfzig. Dann borgte ich mir ein Fahrrad von einem der Pflückerjungen und fuhr die 99 hinunter zu einem Kaufmannsladen an der Kreuzung und kaufte Büchsen gekochte Spaghetti mit Fleischklößchen, Brot, Butter, Kaffee und Kuchen und kam zurück mit dem Sack auf der Lenkstange. Verkehr in Richtung LA sauste vorbei; Verkehr in Richtung Frisco drängte hinter mir drein. Ich fluchte und fluchte. Ich schaute zum dunklen Himmel hinauf und betete zu Gott um eine bessere Chance im Leben und eine bessere Gelegenheit, etwas für die kleinen Leutchen zu tun, die ich liebte. Niemand dort oben schenkte mir Beachtung. Ich hätte es besser wissen sollen. Erst Terry brachte meine Seele zurück; auf dem Zeltkocher wärmte sie das Essen, und es war eine der herrlichsten Mahlzeiten meines Lebens, so hungrig war ich und müde. Seufzend wie ein alter schwarzer Baumwollpflücker legte ich mich aufs Bett zurück und rauchte eine Zigarette. Hunde bellten in der kühlen Nacht. Rickey und Ponzo hatten es aufgegeben, uns abends zu besuchen. Ich war es zufrieden. Terry kuschelte sich neben mich, Johnny saß auf meiner Brust, und sie zeichneten Tierbilder in mein Notizbuch. Das Licht unseres Zeltes leuchtete auf die grausame Ebene. Im Gasthaus näselte die Cowboymusik und wurde über die Felder getragen, ganz Trübsinn. Mir war es recht. Ich küßte mein Baby, und wir machten die Lichter aus.

Am Morgen hing das Zelt vor lauter Tau durch; ich stand auf mit Handtuch und Zahnbürste und ging in die allgemeine Moteltoilette, um mich zu waschen; dann kam ich zurück, zog meine Hose an, die vom Knien auf der Erde ganz zerfetzt und von Terry am Abend genäht worden war, setzte meinen abgerissenen Strohhut auf, der ursprünglich Johnny als Spielzeug gedient hatte, und ging mit meinem Baumwollsack aus Segeltuch über die Landstraße.
Jeden Tag verdiente ich durchschnittlich anderthalb Dollar. Es war gerade genug, abends auf dem Fahrrad Lebensmittel einzukaufen. Die Tage rollten vorbei. Ich vergaß alles über den Osten und alles über Dean und Carlo und die verdammte Straße. Johnny und ich spielten die ganze Zeit; er hatte es gern, wenn ich ihn in die Luft warf, so daß er auf das Bett herunterfiel. Terry saß da und flickte Kleider. Ich war ein Mann der Erde, genau wie ich es in Paterson erträumt hatte. Ein Gerede kam auf, Terrys Mann sei zurück in Sabinal und habe es auf mich abgesehen; ich war bereit. Eines Nachts wurden die Wanderarbeiter in der Unterkunft wahnsinnig und banden einen Mann an einen Baum und schlugen ihn mit Stöcken zu Brei. Ich schlief gerade und hörte nur davon. Von da an hatte ich im Zelt einen großen Stock für den Fall, daß sie auf die Idee kommen könnten, wir Mexikaner würden ihr Wohnwagencamp beschmutzen. Sie nahmen natürlich an, ich sei Mexikaner; und in gewisser Beziehung bin ich ja einer.
Aber nun war es Oktober, und es wurde in den Nächten viel kälter. Die Wanderarbeiterfamilie hatte einen Holzofen und beabsichtigte, über den Winter zu bleiben. Wir hatten nichts, und außerdem war die Miete für das Zelt fällig. Terry und ich beschlossen bitteren Herzens, wegzugehen. „Geh zu deiner Familie zurück", sagte ich. „Um Gottes willen, du kannst mit einem Kind wie Johnny dich nicht in Zelten herumschlagen; der arme kleine Kerl friert." Terry weinte, weil ich ihre mütterlichen Instinkte kritisierte; das war gar nicht meine Absicht. Als Ponzo eines grauen Nachmittags im Lastwagen kam, beschlossen wir, ihre Familie über die Lage zu konsultieren. Aber ich durfte nicht gesehen werden und sollte mich im Weinberg verstecken. Wir machten uns nach Sabinal auf; der Lastwagen hatte eine Panne, und gleichzeitig fing es wild zu regnen an. Wir saßen im alten Lastwagen und fluchten. Ponzo stieg aus und arbeitete schwer im Regen. Trotz allem

war er ein guter Kerl. Wir versprachen einander noch ein großes Gelage. Wir gingen in eine wacklige Bar im Mexikanerviertel von Sabinal und verbrachten eine Stunde damit, uns vollaufen zu lassen. Ich war mit meiner Plackerei im Baumwollfeld fertig. Ich fühlte, wie mich der Zug meines eigenen Lebens zurückrief. Ich feuerte eine einfache Postkarte für meine Tante am anderen Ende des Landes ab und bat um weitere fünfzig.

Wir fuhren zur Hütte von Terrys Familie. Sie lag in einer alten Straße, die zwischen den Weingärten lief. Es war dunkel, als wir dort ankamen. Sie ließen mich einige hundert Meter früher aussteigen und fuhren bis vors Haus. Licht drang aus der Tür; Terrys sechs andere Brüder zupften ihre Gitarren und sangen. Der alte Mann trank Wein. Ich hörte Ausrufe und Diskussionen den Gesang übertönen. Sie nannten sie eine Hure, weil sie ihren nichtsnutzigen Mann verlassen hatte und nach LA gegangen war und Johnny bei ihnen gelassen hatte. Der alte Mann brüllte. Aber die schwerfällige, fette, braune Mutter setzte sich durch, wie das bei den großen Fellachenvölkern der Welt immer ist, und man erlaubte Terry nach Hause zurückzukommen. Die Brüder begannen in schnellem Rhythmus lustige Lieder zu singen. Ich kuschelte mich im kalten, regnerischen Wind zusammen und beobachtete alles quer durch die Oktober-traurigen Weingärten im Tal. Mein Sinn war voll von dem herrlichen Lied „Lover Man", wie es Billie Holiday singt; ich hatte mein eigenes Konzert im Gebüsch. „Einmal werden wir uns begegnen, meine Tränen wirst du trocknen, und süße kleine Dinge flüstern in mein Ohr, wirst mich drücken und küssen, oh, was haben wir vermißt, Geliebter, wo kannst du sein ..." Es sind nicht so sehr die Worte wie die wunderbar stimmungsvolle Melodie und wie Billie sie singt, wie eine Frau, die ihres Mannes Haar im weichen Lampenlicht streichelt. Der Wind heulte. Mich fror.

Terry und Ponzo kamen zurück, und wir ratterten im alten Lastwagen weiter, um Rickey zu treffen. Rickey wohnte jetzt bei Ponzos Freundin, Big Rosey; auf der Suche nach ihm hupten wir in baufälligen Gäßchen. Big Rosey warf ihn hinaus. Alles fiel in sich zusammen. Diese Nacht schliefen wir im Lastwagen. Natürlich hielt mich Terry eng an sich gedrückt und bat mich, nicht wegzugehen. Sie sagte, sie würde als Traubenpflückerin arbeiten und genug für uns beide verdienen;

unterdessen könnte ich in der Scheune des Bauern Heffelfinger wohnen, von ihrer Familie aus ein Stück die Straße hinunter. Ich würde nichts zu tun haben, als den ganzen Tag im Gras zu sitzen und Trauben zu essen. „Hätt'st du das gern?"

Am Morgen kamen ihre Vettern, um uns in einem anderen Lastwagen zu holen. Es wurde mir plötzlich bewußt, daß Tausende Mexikaner in der ganzen Gegend von Terry und mir wußten und daß es für sie ein saftiger, romantischer Gesprächsgegenstand sein mußte. Die Vettern waren sehr höflich und in der Tat reizend. Ich stand auf dem Lastwagen, scherzte lächelnd, erzählte, wo wir im Krieg gewesen waren und was los war. Es waren im ganzen fünf Vettern, und jeder einzelne war nett. Sie schienen der Seite von Terrys Familie anzugehören, die nicht soviel angab wie ihr Bruder. Aber ich liebte diesen verrückten Rickey. Er schwor, er würde zu mir nach New York kommen. Ich stellte ihn mir in New York vor, alles auf *mañana* verschiebend. An diesem Tag war er irgendwo in einem Feld, betrunken.

An der Kreuzung stieg ich aus dem Lastwagen, und die Vettern fuhren Terry nach Hause. Vom Haus aus winkte sie mir ermunternd zu; Vater und Mutter waren nicht daheim, sie waren weg, beim Traubenpflücken. So konnte ich mich den Nachmittag über frei im Hause bewegen. Der Bau hatte vier Räume; ich konnte mir nicht vorstellen wie die ganze Familie es fertigbrachte, darin zu leben. Fliegen schwirrten über dem Spülbecken. Es gab keine Fliegennetze an den Fenstern, genau wie in dem Lied „Das Fenster, 's ist zerbrochen, und der Regen, der kommt rein". Terry war nun daheim und bewegte sich geschäftig zwischen den Töpfen. Ihre beiden Schwestern kicherten mir zu. Die kleinen Kinder schrien auf der Straße.

Als die Sonne rot durch die Wolken meines letzten Nachmittags im Tal hindurchschien, führte mich Terry zur Scheune des Bauern Heffelfinger. Bauer Heffelfinger hatte eine einträgliche Landwirtschaft etwas weiter die Straße hinauf. Wir legten Planken zusammen, sie brachte Decken aus dem Hause, und ich war gut eingerichtet, bis auf eine große haarige Tarantel, die in der Giebelspitze des Scheunendaches lauerte. Terry sagte, sie würde mir nichts tun, wenn ich sie in Ruhe ließe. Ich lag auf meinem Rücken und starrte sie an. Ich ging zum Friedhof hinaus und kletterte auf einen Baum. Auf dem Baum sang ich „Blue Skies". Terry und Johnny saßen im Gras; wir aßen Weintrauben. In Kalifornien kaut man den Saft aus den Trauben und spuckt die Schalen aus, ein wirklicher Luxus. Die Nacht brach ein. Terry ging zum Abendbrot nach Hause und kam um neun Uhr mit köstlichen Tortillas und Bohnenpüree in die Scheune. Ich zündete auf dem Zementfußboden ein Holzfeuer an, um Licht zu machen. Wir liebten uns auf den Planken. Terry sprang auf und flitzte geradewegs zu der Hütte zurück. Ihr Vater schrie nach ihr; ich konnte ihn von der Scheune aus hören. Sie hatte mir eine Pelerine zurückgelassen, damit ich mich warm halten könne; ich warf sie über die Schultern und schlich im Mondlicht durch den Weinberg, um zu sehen, was los war. Ich kroch zum Ende einer Reihe und kniete mich auf die warme Erde. Ihre Brüder sangen melodiöse Lieder auf spanisch. Die Sterne beugten sich über das kleine Dach; Rauch stieg aus dem eisernen Kamin. Ich roch Bohnenpüree und Chili. Der alte Mann brummte. Die Brüder jodelten ungestört weiter. Die Mutter schwieg. Johnny und die Kinder kicherten im Schlafzimmer. Ein kalifornisches Heim; ich hielt mich in den Weinstöcken versteckt und nahm alles in mich auf. Ich fühlte mich wie ein Millionär; ich erlebte die verrückte amerikanische Nacht.

Terry kam heraus und schlug die Tür hinter sich zu. Ich trat auf der dunklen Straße zu ihr. „Was ist los?"

„Ach, wir streiten die ganze Zeit. Er will, daß ich morgen arbeiten gehe. Er sagt, er will nicht, daß ich bloß so herumstrolche. Sally, ich möchte mit dir nach New York gehen."

„Aber wie?"

„Ich weiß nicht, Liebling. Du wirst mir fehlen. Ich hab dich lieb."

„Aber ich muß fort."

„Ja, ja. Wir legen uns noch einmal hin, dann gehst du weg."

Wir gingen zur Scheune zurück; ich liebte sie unter der Tarantel. Was machte die Tarantel? Wir schliefen auf den Planken, das Feuer ging dabei aus. Um Mitternacht lief sie heim; ihr Vater war betrunken; ich konnte ihn brüllen hören; dann, als er einschlief, herrschte Stille. Die Sterne verblichen über der schlafenden Landschaft.

Am Morgen steckte der Bauer Heffelfinger seinen Kopf durch die Pferdeluke und sagte: „Wie geht's, junger Mann?"

„Famos. Ich hoffe, es ist recht, wenn ich mich hier aufhalte."

„Na gewiß. Gehen Sie mit diesem kleinen mexikanischen Dirnchen?"
„Sie ist ein sehr feines Mädchen."
„Und sehr hübsch. Ich glaube, da hat sich der Hahn in den Nachbargarten verirrt. Sie hat blaue Augen."
Wir sprachen über seinen Hof.
Terry brachte mein Frühstück. Ich hatte meinen Reisesack fertig gepackt und war bereit, nach New York aufzubrechen, sobald ich mein Geld in Sabinal abgeholt hatte. Ich wußte, es mußte schon auf mich warten. Ich sagte Terry, daß ich wegginge. Sie hatte darüber die ganze Nacht nachgedacht und sich damit abgefunden. Unbewegt küßte sie mich im Weinberg und schritt davon, die Furche hinab. Nach zehn Schritten drehten wir uns um, denn Liebe ist ein Zweikampf, und zum letztenmal sahen wir einander an.
„Ich seh dich in New York, Terry", sagte ich. Sie wollte einen Monat später im Wagen mit ihrem Bruder nach New York fahren. Aber wir wußten beide, sie würde es nicht schaffen. Nach dreißig Metern drehte ich mich um, ihr nachzublicken. Sie schritt zu der Bude zurück, in einer Hand mein Frühstückstablett. Ich beugte meinen Kopf und sah ihr nach. Ja nun, so ist das nun mal, ich war wieder auf der Straße.
Ich wanderte die Landstraße nach Sabinal hinunter und aß unterwegs Nüsse von einem Walnußbaum. Ich ging auf die Southern-Pacific-Gleise und balancierte die Schienen entlang. Ich kam an einem Wasserturm und an einer Fabrik vorbei. Etwas war zu Ende gegangen. Ich ging wegen meiner Geldüberweisung aus New York zum Telegrafenamt der Eisenbahn. Es war geschlossen. Ich fluchte und setzte mich auf die Stufen, um zu warten. Der Beamte vom Fahrkartenschalter kam zurück und bat mich herein. Das Geld war da; meine Tante hatte meinen faulen Hintern wieder einmal gerettet. „Wer wird nächstes Jahr die Baseballmeisterschaft gewinnen?" sagte der ausgemergelte alte Beamte. Es wurde mir plötzlich bewußt, daß es Herbst war und ich mich auf der Rückreise nach New York befand.
Ich wanderte im langen trüben Oktoberlicht des Tales die Gleise entlang und hoffte, ein SP-Güterzug werde vorbeikommen und ich könnte mich zu den traubenessenden Landstreichern gesellen und mit ihnen die Comics-Illustrierten lesen. Es kam keiner. Ich ging auf die Landstraße hinaus, und gleich

nahm mich einer mit. Es war die schnellste, zügigste Fahrt meines Lebens. Der Fahrer war Geiger in einer kalifornischen Cowboykapelle. Er hatte einen nagelneuen Wagen und fuhr hundertdreißig Kilometer pro Stunde. „Ich trinke nicht, wenn ich fahre", sagte er und reichte mir eine Halbliterflasche. Ich nahm einen Schluck und bot ihm einen an. „Hol's der Teufel", sagte er und trank. Wir schafften es von Sabinal nach LA in der erstaunlichen Zeit von genau vier Stunden für vierhundert Kilometer. Er setzte mich genau vor der Columbia-Filmgesellschaft in Hollywood ab; ich hatte gerade noch Zeit, hineinzulaufen und mein zurückgewiesenes Manuskript zu holen. Dann kaufte ich meine Autobuskarte nach Pittsburgh. Ich hatte nicht genug Geld für eine ganze Fahrt nach New York. Ich wollte mir darüber erst Sorgen machen, wenn ich nach Pittsburgh kam.

Da der Bus um zehn wegfuhr, hatte ich vier Stunden, Hollywood allein anzusehen. Zuerst kaufte ich mir einen Laib Brot und Salami und machte mir zehn Sandwiches, um damit das Land zu durchqueren. Ein Dollar war mir übriggeblieben. Während ich mich mit dieser absurden Aufgabe abmühte, stachen große Scheinwerfer einer Hollywood-Premiere in den Himmel, diesen summenden Himmel der Westküste. Überall um mich waren die Geräusche der verrückten Stadt der Goldenen Küste. Und dies war meine Hollywood-Karriere — dies war meine letzte Nacht in Hollywood, und auf meinem Schoß bestrich ich die Brote mit Mostrich, an der Rückwand eines Parkplatzklos.

14

Bei Morgengrauen sauste der Bus durch die Arizona-Wüste — Indio, Blythe, Salome (wo sie tanzte); im Süden die weiten trockenen Striche, die zu den mexikanischen Bergen führen. Dann schwenkten wir nordwärts in die Berge von Arizona, Flagstaff: Felsendörfer. Ich hatte ein Buch bei mir; ich hatte es von einem Stand in Hollywood gestohlen. *Le Grand Meaulnes* von Alain-Fournier; aber ich zog es dann doch vor, während der Fahrt lieber die amerikanische Landschaft zu lesen. Jede Bodenwelle und Ebene reizte meine Sehnsucht. In tintiger Nacht durchquerten wir New Mexico; im Morgengrauen ging es durch Dalhart, Texas; am trüben Sonntagnachmittag passierten wir etliche flache Städtchen in Oklahoma; als es Nacht wurde, Kansas. Der Bus brauste weiter. Ich kehrte im Oktober nach Hause zurück. Alle kehren im Oktober nach Hause zurück.

Zu Mittag langten wir in St. Louis an. Ich machte einen Spaziergang zum Mississippi-Fluß hinunter und betrachtete die Holzstämme, die aus Montana im Norden geschwommen kamen — große Stämme unseres kontinentalen Raumes auf ihrer Odyssee. Alte Dampfboote mit ihren Arabesken, noch arabeskenhafter und geschrumpft von den Wettern, lagen im Schlamm, von Ratten bewohnt. Große Nachmittagswolken wölbten sich über dem Mississippi-Tal. In dieser Nacht rauschte der Bus durch Indianas Maisfelder; es war beinahe Halloween, die Geisternacht vor Allerheiligen. Ich lernte ein Mädchen kennen, und wir knutschten den ganzen Weg nach Indianapolis. Sie war kurzsichtig. Als wir zum Essen ausstiegen, mußte ich sie an der Hand zum Verkaufstisch führen. Sie zahlte für mein Essen; meine Sandwiches waren längst aufgegessen. Als Entgelt erzählte ich ihr lange Geschichten. Sie kam aus dem Staat Washington, wo sie den Sommer als Apfelpflückerin verbracht hatte. Zu Hause war sie auf einem Bauernhof im oberen Staate New York. Sie lud mich ein, hinzukommen. Auf jeden Fall verabredeten wir ein Rendezvous in einem New-Yorker Hotel. Sie stieg in Columbus, Ohio, aus, und ich schlief den ganzen Weg bis Pittsburgh. Ich war müder, als ich es seit Jahren und Jahren gewesen war. Ich mußte bis New York noch fünfhundertundachtzig Kilometer per Anhalter abreißen und hatte zehn Cents in der Tasche. Ich ging von Pittsburgh acht Kilometer weit zu Fuß, und in zwei Touren kam ich mit einem Apfellaster und einem großen Fernlaster mit Anhänger in der milden, regnerischen Altweibersommernacht nach Harrisburg. Ich machte gleich weiter. Ich wollte nach Hause kommen.

Es war die Nacht des Susquehanna-Geistes. Der Geist war ein verschrumpelter alter Mann mit einem Papiersack, der behauptete, er sei nach „Kanadien" unterwegs. Er schritt sehr schnell voran und befahl mir zu folgen: Gerade vor uns sei eine Brücke, auf der wir hinüber könnten. Er war etwa sechzig Jahre alt; er sprach ununterbrochen von einstigen Mahlzeiten, wieviel Butter man ihm zu den Pfannkuchen gegeben hatte,

wieviel Extraschnitten Brot, wie die alten Männer ihn vom Balkon eines Versorgungsheims in Maryland angerufen und eingeladen hatten, übers Wochenende zu bleiben, und wie er vor dem Weggehen ein schönes warmes Bad genommen hatte; wie er neben der Straße in Virginia einen neuen Hut gefunden hatte — eben den auf seinem Kopf; wie er jede Rotkreuzstation in der Stadt aufsuchte und seine Ausweise aus dem ersten Weltkrieg zeigte; wie das Rote Kreuz in Harrisburg dieses Namens nicht würdig war; wie er in dieser harten Welt weiterkam. Aber soviel ich sehen konnte, war er ein halbwegs anständiger wandernder Landstreicher, der die ganze östliche Wildnis zu Fuß abklapperte, die Stellen des Roten Kreuzes heimsuchte und manchmal an den Ecken von Hauptstraßen um ein Zehncentstück bettelte. Wir waren beide Bettler. Wir marschierten zwölf Kilometer den traurigen Susquehanna entlang. Es ist ein entsetzlicher Fluß, mit buschigen Felsen zu beiden Seiten, die wie haarige Gespenster über die unbekannten Wasser lehnen. Tintige Nacht bedeckte alles. Manchmal lodert von den Verschiebegleisen jenseits des Flusses der rote Schein einer Lokomotive, der die abscheulichen Felsen erleuchtet. Der kleine Mann sagte, er habe in seinem Sack einen feinen Gürtel, und wir blieben stehen, damit er ihn herausfischen könne. „Ich habe mir einen feinen Gürtel besorgt, hier irgendwo — hab ihn in Frederick, Maryland, bekommen. Verdammt, hab ich jetzt das Ding auf dem Ladentisch in Fredericksburg liegenlassen?"
„Sie meinen Frederick."
„Nein, nein, Fredericksburg, *Virginia*!" Er redete immer über Frederick, Maryland und Fredericksburg, Virginia. Er marschierte schnurstracks auf der Straße, mitten in den entgegenkommenden Verkehr, wurde ein paarmal fast angefahren. Ich hielt mich nah am Straßengraben. Jeden Augenblick erwartete ich den armen kleinen Irren in die Nacht wirbeln zu sehen, tot. Die Brücke haben wir niemals gefunden. Ich ließ ihn an einer Eisenbahnunterführung zurück, und da ich vom Wandern so verschwitzt war, wechselte ich das Hemd und zog zwei Pullover an; ein Rasthaus beleuchtete meine traurigen Bemühungen. Eine ganze Familie kam zu Fuß die dunkle Straße herunter und wunderte sich über das, was ich tat. Und die ganze Zeit blies einer auf einem Tenorsaxophon in dieser Landkneipe in Pennsylvania sehr dufte Blues, das war das seltsamste; ich

hörte zu und stöhnte. Es begann stark zu regnen. Ein Mann nahm mich im Auto nach Harrisburg mit und erklärte mir, ich sei auf der falschen Straße. Plötzlich sah ich den kleinen Landstreicher unter einer trüben Straßenlaterne stehen und den Daumen ausstrecken — armer heruntergekommener Mann, armer verlaufener Junge von einst, gebrochener Geist jetzt der armseligen Einöde. Ich erzählte meinem Fahrer die Geschichte, und er hielt an, um dem alten Mann Bescheid zu sagen.

„Schauen Sie her, Mann, Sie sind auf dem Wege nach Westen, nicht nach Osten."

„Heh?" sagte der kleine Geist. „Können mir nicht erzählen, daß ich hier nicht Bescheid weiß. Bin in dieser Gegend seit Jahren gewandert. Ich bin unterwegs nach Kanadien."

„Aber das ist nicht der Weg nach Kanada, das ist die Straße nach Pittsburgh und Chicago." Der kleine Mann hatte genug von uns und zog davon. Das letzte, was ich von ihm sah, war sein baumelnder kleiner weißer Sack, der sich in der Dunkelheit der traurigen Alleghenies auflöste.

Ich dachte, die ganze Wildnis Amerikas befände sich im Westen, bis mich der Geist des Susquehanna eines anderen belehrte. Nein, es gibt auch eine Wildnis im Osten; es ist dieselbe Wildnis, die Ben Franklin in den Tagen der Ochsenkarren durchzog, als er Postmeister war, dieselbe, in der George Washington ledergekleidet Indianer bekämpfte, in der Daniel Boone unter den Lampen von Pennsylvania Geschichten erzählte und verhieß, die Bresche zu finden, als Bradford seine Straße baute und Männer in Blockhäusern kneipten. Hier gab es nicht die weiten Räume Arizonas für den kleinen Mann, nur die buschige Wildnis des östlichen Pennsylvania, Maryland und Virginia, die Seitenstraßen, die Makadam-Straßen, die sich zwischen tristen Flüssen wie dem Susquehanna, Monongahela, dem alten Potomac und dem Monocacy hinwinden.

Diese Nacht in Harrisburg mußte ich auf einer Bank im Bahnhof schlafen; am Morgen warfen mich die Eisenbahner hinaus. Ist es nicht wahr, daß man sein Leben als ein entzückendes Kind beginnt, das an alles unter seines Vaters Dach glaubt? Dann kommt der Tag der Laodicäer, da man weiß, man ist elend und armselig und arm und blind und nackt, und man geht mit dem Gesicht eines trostlos vergrämten Gespenstes schaudernd durch den Alptraum des Lebens. Verstört stolperte ich aus dem Bahnhof; ich wußte nicht mehr, was ich tat. Alles, was ich vom Morgen sehen konnte, war ein bleiches Weiß wie das einer Gruft. Ich hatte entsetzlichen Hunger. Alles, was ich an Kalorienhaltigem übrig hatte, waren die Reste der Hustenbonbons, die ich in Shelton, Nebraska, vor Monaten gekauft hatte; ich lutschte sie ihres Zuckers wegen. Ich wußte nicht, wie man bettelt. Ich wankte aus der Stadt und hatte kaum genügend Kraft, die Stadtgrenze zu erreichen. Ich wußte, man würde mich verhaften, wenn ich noch eine Nacht in Harrisburg bliebe. Verdammte Stadt! Schließlich gabelte ich mir einen mageren, hageren Mann auf, der aus Gesundheitsgründen an planmäßiges Hungern glaubte. Als ich ihm, während wir gen Osten rollten, versicherte, ich sei zum Sterben hungrig, antwortete er: „Gut, gut, es gibt nichts Besseres für Sie. Ich habe selbst drei Tage nichts gegessen. Ich werde hundertfünfzig Jahre alt werden.“ Er bestand aus Haut und Knochen, eine schlotternde Puppe, ein zerbrochener Stock, ein Irrer. Hätte ich nicht mit einem wohlhabenden, fetten Mann fahren können, der gesagt hätte: „Wir wollen bei diesem Restaurant anhalten und ein paar Schweinskoteletten mit Bohnen essen“? Nein, diesen Morgen mußte mich ausgerechnet ein Mann mitnehmen, der an planmäßiges Hungern aus Gesundheitsgründen glaubte. Nach etwa hundertfünfzig Kilometern wurde er nachgiebig und nahm Butterbrote hinten aus dem Wagen. Sie waren unter seinen Vertretermustern versteckt. Er vertrieb Installationsmaterial in Pennsylvania. Ich verschlang die Butterbrote. Plötzlich mußte ich lachen. Ich war allein im Wagen und wartete auf ihn, während er seine Geschäftsbesuche in Allentown abstattete; und ich lachte und lachte. Sakra, hing mir das Leben zum Halse heraus. Aber der Irre fuhr mich nach Hause, nach New York.

Plötzlich befand ich mich auf dem Times Square. Ich war dreizehntausend Kilometer auf dem amerikanischen Kontinent herumgereist und war wieder zurück auf dem Times Square; noch obendrein in der Hauptverkehrszeit, so daß ich vor meinen unschuldigen Landstraßenaugen all den kompletten Wahnsinn und das phantastische Gewühl von New York hatte, wo Millionen und aber Millionen einander auf der Jagd nach Dollars drängen und stoßen: raffend, grapschend, gebend, seufzend, sterbend, in einem verrückten Traum, nur damit sie in jenen furchtbaren Friedhofstädten hinter

Long Island City begraben werden. Die hohen Türme des Landes — das andere Ende des Landes, die Stelle, wo Zeitungs-Amerika zur Welt kam. Ich stand in einem U-Bahn-Eingang und versuchte, genug Mut zusammenzunehmen, um eine schöne, lange Kippe aufzuheben, und jedesmal, wenn ich mich bückte, schob sich eine Menschenmenge vorbei und entzog sie meinen Blicken, und schließlich wurde sie zertreten. Ich hatte kein Geld, um mit dem Bus nach Hause zu fahren. Paterson ist eine ganz hübsche Strecke weit vom Times Square. Können Sie sich vorstellen, wie ich diese letzten Kilometer zu Fuß gehe, durch den Lincoln-Tunnel oder über die Washington-Brücke und nach New Jersey hinein? Der Abend dämmerte. Wo war Hassel? Ich suchte den Platz nach Hassel ab; er war nicht da, er saß in Riker's Island, hinter schwedischen Gardinen. Und wo Dean? Wo alle anderen? Wo das Leben? Ich hatte mein Zuhause, wohin ich gehen konnte, meinen Platz, wo ich den Kopf hinlegen und mir den Verlust ausrechnen konnte und zugleich den Gewinn, den es, wie ich wohl wußte, auch dabei gab. Ich mußte mir fünfundzwanzig Cents für den Bus zusammenbetteln. Ich machte mich schließlich an einen griechischen Geistlichen, der an der Ecke stand. Mit nervösem Seitenblick gab er mir den Vierteldollar. Ich raste sofort zum Bus.

Als ich nach Hause kam, aß ich den ganzen Eisschrank leer. Meine Tante stand auf und sah mich an. „Armer kleiner Salvatore", sagte sie auf italienisch. „Du bist dünn geworden, du bist dünn geworden. Wo warst du denn die ganze Zeit?" Ich hatte zwei Hemden an und zwei Pullover; in meinem Reisesack steckten die zerrissene Arbeitshose und die zerfetzten Überreste meiner Huarache-Schuhe. Meine Tante und ich beschlossen, von dem Gelde, das ich ihr aus Kalifornien geschickt hatte, einen nagelneuen elektrischen Kühlschrank zu kaufen; es würde der erste in der Familie sein. Sie legte sich wieder hin, aber ich konnte spät in der Nacht nicht schlafen und rauchte im Bett. Mein halbfertiges Manuskript lag auf dem Schreibtisch. Es war Oktober, daheim, und wieder Arbeit. Die ersten kalten Winde rüttelten an den Fensterscheiben, und ich hatte es gerade noch zur rechten Zeit geschafft. Dean war zu mir nach Hause gekommen, hatte mehrere Nächte da geschlafen und auf mich gewartet; er hatte die Nachmittage damit verbracht, mit meiner Tante zu sprechen, während sie an einem großen Lumpenteppich arbeitete; sie nähte ihn aus allen Kleidern meiner Familie über die Jahre, und jetzt war er fertig und lag ausgebreitet in meinem Schlafzimmer auf dem Boden, so mannigfach und so dicht wie der Fluß der Zeit selbst; und dann war Dean weggefahren, zwei Tage vor meiner Ankunft, und hatte meinen Pfad wahrscheinlich irgendwo in Pennsylvania oder Ohio gekreuzt, als er nach San Francisco ging. Dort führte er sein eigenes Leben; Camille hatte gerade eine Wohnung bekommen. Es war mir niemals eingefallen, sie aufzusuchen, während ich in Mill City war. Nun war es zu spät, und Dean hatte ich auch verpaßt.

Zweiter Chorus

1

Über ein Jahr ging hin, bis ich Dean wiedersah. Während dieser ganzen Zeit blieb ich zu Hause, beendete mein Buch und begann mit Hilfe der Kriegsteilnehmerversorgung zu studieren. Zu Weihnachten 1948 fuhren meine Tante und ich, mit Geschenken beladen, zu meinem Bruder in Virginia auf Besuch. Ich hatte mit Dean korrespondiert, und er schrieb, er würde wieder nach dem Osten kommen; ich teilte ihm mit, in diesem Falle würde er mich zwischen Weihnachten und Neujahr in Testament, Virginia, antreffen. Eines Tages, als alle unsere südlichen Verwandten im Wohnzimmer zu Testament saßen, hagere Männer und Frauen, die alte Erde des Südens im Blick, und sich mit leisen, jammernden Stimmen über das Wetter, die Ernte und die sich ermüdend wiederholenden Tagesereignisse unterhielten: wer ein Baby gekriegt hatte, wer ein neues Haus, und so weiter, fuhr ein schlammbespritzter neunundvierziger Hudson auf der unbefestigten Straße vor dem Hause vor. Wer das sein konnte, ahnte ich nicht. Ein müder junger Kerl, muskulös und abgerissen, in einem Unterhemd mit kurzen Ärmeln, unrasiert, mit geröteten Augen, kam auf die Veranda und klingelte. Ich machte die Tür auf, und plötzlich erkannte ich Dean. Er war die ganze Strecke von San Francisco bis zu meines Bruders Tür in Virginia gefahren, und das in einer erstaunlich kurzen Zeit, denn ich hatte gerade erst meinen letzten Brief geschrieben, in dem ich mitteilte, wo ich war. Im Wagen konnte ich zwei verschlafene Gestalten sehen. „Ich will verdammt sein! Dean! Wer ist im Wagen?"

„Hal-lo, hal-lo, Mensch, das ist Marylou. Und Ed Dunkel. Wir müssen sofort was haben, um uns zu waschen, wir sind hundemüde."

„Aber wie seid ihr bloß so schnell hergekommen?"

„Mensch, dieser Hudson fährt vielleicht!"

„Wo hast du ihn her?"

„Ich hab ihn mit meinen Ersparnissen gekauft. Ich hab auf

der Bahn gearbeitet und über vierhundert Dollar im Monat verdient."

In der folgenden Stunde herrschte äußerstes Durcheinander. Meine südlichen Verwandten begriffen nicht, was los war und wer oder was Dean, Marylou und Ed Dunkel waren; sie glotzten stumm. Meine Tante und mein Bruder gingen in die Küche und berieten sich. Es waren, alles in allem, elf Leute in dem kleinen südländischen Haus. Nicht nur das, mein Bruder hatte auch gerade beschlossen, aus diesem Haus auszuziehen, und die Hälfte seiner Möbel war schon fort; er und seine Frau und das Baby zogen näher zur Stadt Testament. Sie hatten neue Wohnzimmermöbel gekauft, und ihre alten sollten ins Haus meiner Tante in Paterson, obwohl wir uns noch nicht einig waren, wie sie hinkommen würden. Als Dean das hörte, bot er sofort seine Dienste mit dem Hudson an. Er und ich würden die Möbel in zwei schnellen Fuhren nach Paterson transportieren und meine Tante auf dem zweiten Trip heimbringen. Das würde uns eine Menge Geld und Ärger ersparen. Meine Schwägerin richtete ein herzhaftes Essen an, und die drei angeschlagenen Reisenden setzten sich zu Tisch. Marylou hatte seit Denver nicht geschlafen. Ich fand sie jetzt älter und schöner.

Ich erfuhr, das Dean die ganze Zeit seit Herbst 1947 glücklich mit Camille in San Francisco zusammen gelebt hatte; er hatte einen Posten auf der Bahn bekommen und verdiente eine Menge Geld. Er wurde Vater eines niedlichen kleinen Mädchens, Amy Moriarty. Dann, plötzlich, als er irgendwann die Straße hinunterging, rastete in seinen Kopf irgendwas aus. Er sah einen neunundvierziger Hudson zum Verkauf ausgestellt, stürzte zur Bank und hob sein ganzes Geld ab. Er kaufte den Wagen auf der Stelle. Nun hatten sie keinen Cent. Dean beruhigte Camilles Ängste und sagte ihr, er werde in einem Monat zurück sein. „Ich fahr nach New York und bringe Sal zurück." Sie war über diese Aussicht nicht allzusehr erfreut.

„Aber was für einen Zweck hat das alles? Warum tust du mir das an?"

„Es ist nichts, es ist nichts, Liebling — ah — hm — Sal hat mich gebeten und angebettelt, zu kommen und ihn zu holen, es ist unbedingt notwendig für mich — aber wir wollen uns nicht in all diese Erklärungen einlassen — und ich will dir sagen, warum ... Nein, hör mal, ich will dir sagen, warum."

Und er sagte ihr, warum, und natürlich ergab es keinen Sinn. Der große, schlanke Ed Dunkel arbeitete ebenfalls bei der Bahn. Er und Dean waren gerade entlassen worden, weil ihnen bei einem drastischen Personalabbau die nötigen Dienstjahre fehlten. Ed hatte ein Mädchen namens Galatea kennengelernt, die in San Francisco von ihren Ersparnissen lebte. Diese beiden rücksichtslosen gemeinen Kerle beschlossen, das Mädchen nach dem Osten mitzunehmen und sich von ihr alles bezahlen zu lassen. Ed schmeichelte und bat; sie wollte nicht gehen, außer, er würde sie heiraten. Innerhalb weniger stürmischer Tage heiratete Ed Dunkel Galatea, und wenige Tage vor Weihnachten rollten sie mit hundertzehn Stundenkilometern aus San Francisco über die schneefreie südliche Straße nach LA. In LA stießen sie in einem Reisebüro auf einen Matrosen und nahmen ihn für fünfzehn Dollar Benzinbeteiligung mit. Sein Ziel war Indiana. Sie nahmen auch eine Frau mit ihrer schwachsinnigen Tochter mit, für vier Dollar Benzinzuschuß nach Arizona. Dean setzte das schwachsinnige Mädchen vorne zu sich und nahm sich seiner an, wie er sagte. „Den ganzen *Weg* über, Mensch! So eine liebe, kaputte kleine Seele. Oh, wir haben uns unterhalten, über Feuer und wie sich die Wüste in ein Paradies verwandelte und über ihren Papagei, der auf spanisch fluchte."
Nachdem sie diese Passagiere abgesetzt hatten, fuhren sie nach Tucson weiter. Die ganze Zeit klagte Galatea Dunkel, Eds neue Frau, sie sei müde und wolle in einem Motel schlafen. Wenn das so weiterginge, würden sie ihr ganzes Geld lange vor Virginia ausgeben. Zwei Nächte erzwang sie eine Pause und warf Zehndollarscheine fürs Motel hinaus. Als sie in Tucson ankamen, war sie pleite. Dean und Ed versetzten sie in einer Hotelhalle und nahmen die Reise allein wieder auf, mit dem Matrosen und ohne Gewissensbisse.
Ed Dunkel war ein großer, ruhiger Kerl, der nicht viel nachdachte und vollkommen bereit war, alles zu tun, was Dean von ihm wollte; und zu dieser Zeit war Dean viel zu beschäftigt, um Skrupel zu haben. Er brauste durch Las Cruces, New Mexico, als er plötzlich den explosiven Drang spürte, seine süße erste Frau Marylou wiederzusehen. Sie war oben in Denver. Er wandte den Wagen trotz der schwachen Proteste des Matrosen nach Norden und brauste am Abend nach Denver hinein. Er rannte herum und fand Marylou in einem Hotel. Sie verbrachten zehn Stunden mit wilder Liebhaberei.

Alles wurde wieder beschlossen: Sie würden zusammenbleiben. Marylou war das einzige Mädchen, das Dean wirklich geliebt hatte. Er war krank vor Reue, als er ihr Gesicht wiedersah, und wie einst bat und bettelte er ihr zu Füßen um die Freude ihrer Gegenwart. Sie verstand Dean; sie wußte, daß er verrückt war. Um den Matrosen zu besänftigen, besorgte Dean ein Mädchen in einem Hotelzimmer über der Bar, dort, wo die alte Billardkneipenbande immer soff. Aber der Matrose wollte von dem Mädchen nichts wissen, vielmehr marschierte er in der Nacht ab, und sie sahen ihn niemals wieder; anscheinend hatte er einen Autobus nach Indiana genommen.

Dean, Marylou und Ed Dunkel brausten ostwärts Colfax entlang und hinaus in die Ebenen von Kansas. Sie kamen in schwere Schneestürme. In Missouri, während der Nacht, mußte Dean, um fahren zu können, seinen mit einem Schal umwickelten Kopf zum Fenster hinausstecken; mit seiner Schneebrille sah er aus wie ein in die Niederschriften des Schnees vertiefter Mönch; die Windschutzscheibe war mit einer mehrere Zentimeter dicken Eisschicht bedeckt. Er fuhr durch die Provinz, aus der seine Vorfahren stammten, und er merkte es nicht einmal. Am Morgen schlitterte der Wagen auf einer vereisten Steigung und kippte in einen Straßengraben. Ein Bauer erbot sich, sie herauszuholen. Sie waren begeistert, als sie einen Anhalter aufluden, der ihnen einen Dollar versprach, wenn sie ihn nach Memphis mitnehmen würden. In Memphis ging er in sein Haus, suchte überall nach dem Dollar herum, betrank sich und sagte, er könne ihn nicht finden. Sie nahmen ihre Fahrt durch Tennessee wieder auf; von dem Unfall hatten die Lager etwas abbekommen. Dean war hundertvierzig gefahren; nun mußte er bei zügigen hundertzehn bleiben, sonst wäre der ganze Karren schwirrend den Berghang heruntergesaust. Sie überquerten die Great Smoky Mountains mitten im Winter. Als sie bei meinem Bruder ankamen, hatten sie dreißig Stunden lang nichts gegessen — außer Süßigkeiten und Käsecrackers.

Sie futterten gierig, während Dean mit dem Sandwich in der Hand gebückt vor dem großen Plattenspieler auf und nieder hüpfte und eine wilde Be-bop-Platte abhörte, die ich gerade gekauft hatte. Es war „The Hunt“ mit Dexter Gordon und Wardell Gray; sie bliesen das Allerletzte vor einer begeistert schreienden Zuhörerschaft, was der Platte eine phantastisch tosende Tonfülle gab. „Was für Freunde hat Sal eigentlich?" sagten sie zu meinem Bruder. Er wußte nicht, was er antworten sollte. Südstaatler haben für Verrücktheiten gar nichts übrig, jedenfalls nicht für Deans Art von Verrücktheit. Er schenkte ihnen überhaupt keine Beachtung. Deans Verrücktheit war zu einer unheimlichen magischen Blume erblüht. Ich wurde mir dessen nicht bewußt, bis er und ich und Marylou und Dunkel aus dem Hause gingen, um den Hudson ein bißchen zu bewegen, und wir zum erstenmal allein waren und sprechen konnten, worüber wir wollten. Dean packte das Lenkrad, schaltete in den zweiten Gang, sann einen Moment nach, während der Wagen anrollte, schien sich plötzlich zu etwas entschlossen zu haben und schoß in einem Anfall von Entschlußwut mit Vollgas die Landstraße hinunter.

„Gut jetzt, Kinder", sagte er, während er seine Nase rieb, sich niederbeugte, um nach der Handbremse zu fühlen, und Zigaretten aus dem Handschuhkasten nahm und sich hin und her wiegte, während er all dies tat und dabei lenkte. „Die Zeit ist für uns gekommen, zu entscheiden, was wir in der nächsten Woche machen werden. Ernste Frage, sehr ernst. Mhm!" Er wich knapp einem Maultierkarren aus; darin saß ein alter Neger und zockelte langsam voran. „Ja!" brüllte Dean. „Ja! Nehmt euch den mal aufs Korn! Nun denkt nach über seine Seele — besinnt euch einen Moment und denkt nach." Und er verlangsamte die Fahrt, damit wir uns alle umdrehen und den traurigen alten Knaben ansehen sollten. „O ja, guckt genau hin, da sind Gedanken in diesem Kopf; um die zu kennen, würde ich mir meinen letzten Arm abhacken lassen; um dort hineinzuklettern und genau herauszufinden, was er da so armselig denkt und wie er über Futterrüben und Schinken in diesem Jahr nachsinnt. Sal, du weißt das nicht, aber als ich elf Jahre alt war, habe ich einmal ein ganzes Jahr bei einem Bauern in Arkansas gelebt. Man gab mir gräßliche Arbeiten; einmal mußte ich einem toten Pferd die Haut abziehen. Seit Weihnachten 1943 bin ich nicht in Arkansas gewesen, vor fünf Jahren, als Ben Gabin und ich von einem Mann mit einem Revolver gejagt wurden, dem der Wagen gehörte, den wir zu stehlen versucht hatten; ich sag das alles, um dir zu zeigen, daß ich vom Süden was weiß. Ich kenne — ich will sagen, Mensch, ich stehe auf dem Süden, ich kenne ihn in- und auswendig — ich stehe auch auf deinen Briefen, die du mir darüber geschrieben hast. Jawohl", sagte er, ließ den Wagen ausrollen und hielt ganz an, und plötzlich jagte er ihn wieder auf hundertzehn und beugte sich tief über das Lenkrad. Er starrte verbissen vorwärts. Marylou lächelte gelassen. Dies war der neue und komplette Dean, völlig herangereift. Ich sagte mir: Mein Gott, der hat sich verändert. Seine Augen spieen Wut, wenn er von Dingen erzählte, die er haßte; sie wich einem großen freudigen Leuchten, wenn ihn plötzlich Glückseligkeit überkam. Jeder Muskel zuckte vor Leben und Tatendrang. „Menschenskind, die Sachen, die ich dir erzählen könnte", sagte er und puffte mich, „Menschenskind, wir müssen unbedingt Zeit dazu finden. — Was ist mit Carlo passiert? Wir werden alle Carlo aufsuchen, meine Lieben, morgen, gleich als erstes. Jetzt, Marylou, besorgen wir uns etwas Brot und Fleisch, um ein Lunch für New York vorzubereiten. Wieviel Geld hast du, Sal? Wir werden alles in den Rücksitz legen, die Möbel von Mrs. P., und werden uns alle vorne eng zusammendrücken und Geschichten erzählen, während wir nach New York sausen. Marylou, Honigbeinchen, du sitzt neben mir, dann kommt Sal, dann Ed am Fenster; der große Ed wird schon den Luftzug abhalten, dabei wird sein Schlafrock gute Dienste tun. Und dann geht's mit uns allen los ins süße Leben, jetzt ist nämlich die Zeit dafür, und *wir alle wissen, was Zeit ist!*" Er rieb sich wütend die Backe, er jagte den Wagen und überholte drei Laster, rauschte in die Innenstadt von Testament hinein und schaute dabei nach allen Seiten und sah alles innerhalb eines Bogens von hundertachtzig Grad rings um seine Augäpfel, ohne den Kopf zu bewegen. Bums, sofort hatte er auch einen Parkplatz gefunden, und schon hatten wir geparkt. Er sprang aus dem Wagen. Ungestüm stieß er in den Bahnhof vor, und wir folgten wie die Schafe. Er kaufte Zigaretten. Er bewegte sich total verrückt, alles schien er gleichzeitig zu tun. Eine Bewegung des Kopfes, rauf, runter, nach links und nach rechts, zuckende, energische Hände; rasche Schritte, Hinsetzen, Beine übereinanderschlagen, auseinanderschlagen, Aufstehen, Händereiben, sich vorn zwischen den Beinen kratzen, Hose heraufziehen, aufsehen und „hm"; und während der ganzen Zeit stieß er mir in die Rippen und redete, redete, redete.

Es war sehr kalt in Testament; sie hatten ein gar nicht saisongemäßes Schneewetter gehabt. Er stand in der langen unfreundlichen Hauptstraße, die neben der Eisenbahn läuft, nur mit einem kurzärmeligen Unterhemd und herabhängenden Hosen bekleidet, deren Gürtelschnalle offen war, als ob er sie gerade ausziehen wollte. Er kam mit eingezogenem Kopf heran, um zu Marylou zu sprechen; er trat zurück und gestikulierte mit den Händen vor ihr. „O ja, ich weiß schon. Ich kenne *dich*, ich kenne *dich*, Liebling!" Sein Lachen war irr; es begann tief und endete hoch, genau wie das Lachen eines Irren im Radio, nur schneller und mehr wie ein Gekicher. Dann kam er wieder zu einem sachlichen Tonfall zurück. Wir hatten keinen Grund, in die Stadt zu gehen, aber er fand Gründe. Er hetzte uns alle herum: Marylou nach den Lebensmitteln fürs Mittagessen, mich nach einer Zeitung mit dem Wetterbericht, Ed nach Zigarren. Dean rauchte Zigarren sehr gern. Er rauchte eine beim Zeitunglesen und redete. „Aha, unsere heiligen amerikanischen Sabbermäuler in Washington planen weitere Unannehmlichkeiten — mhm! — Au — hopp! Hopp!" Und er sprang auf und rannte davon, um ein farbiges Mädchen zu betrachten, das gerade vor dem Bahnhof seines Weges ging. „Schau sie dir gut an", sagte er und zeigte mit beweglichem Finger auf sie und befingerte sich selbst mit blödem Lächeln, „dieser mordsbediente kleine schwarze Zahn. Ah! Hm!" Wir stiegen in den Wagen und flogen zurück zum Hause meines Bruders.

Ich war auf dem besten Wege gewesen, ein ruhiges Weihnachten auf dem Lande zu verbringen; das wurde mir so recht bewußt, als wir ins Haus zurückgekehrt waren und ich den Weihnachtsbaum sah und den Truthahn im Backofen roch und den Gesprächen meiner Verwandten zuhörte. Aber jetzt hatte mich der Bazillus wieder, und des Bazillus Name war Dean Moriarty, und weg war ich auf einer neuen Spritztour über die Landstraße.

2

Wir packten die Möbel meines Bruders hinten in den Wagen und fuhren, als es dunkel wurde, mit dem Versprechen los, in dreißig Stunden zurück zu sein — dreißig Stunden für sechzehnhundert Kilometer nordwärts und zurück. Aber Dean wollte es so. Es war eine schwere Fahrt, doch niemand von uns merkte es; die Heizung funktionierte nicht, daher beschlug und vereiste die Windschutzscheibe; bei hundertzehn streckte Dean dauernd den Arm hinaus, um sie mit einem Lappen abzuwischen und ein Loch zu machen, um die Straße sehen zu können. „Oh, heiliges Loch!" Im geräumigen Hudson hatten wir alle vier vorne reichlich Platz. Ein Plaid bedeckte unsere Hüften. Das Radio ging nicht. Der Wagen war nagelneu, vor fünf Tagen gekauft, und schon war er kaputt. Dabei war erst eine Rate bezahlt. Wir fuhren in nordwestlicher Richtung nach Washington, über die Straße 301, einer geraden Highway ohne viel Verkehr. Und Dean redete, niemand sonst redete. Er gestikulierte wütend, er lehnte sich manchmal bis zu mir herüber, um eine Pointe hervorzuheben, manchmal hatte er keine Hand am Lenkrad, und doch lief der Wagen gerade wie ein Pfeil, und nicht ein einziges Mal wich er von der weißen Linie ab, die sich in der Mitte der Straße abspulte und unseren linken Vorderreifen küßte.

Eine ganz bedeutungslose Reihe von Umständen hatte Dean veranlaßt zu kommen, und ähnlich ging ich ohne Grund mit ihm fort. In New York hatte ich die Universität besucht und mit einem Mädchen namens Lucille eine Affäre gehabt, einem schönen italienischen, honigblonden Schätzchen, das ich tatsächlich heiraten wollte. Ich konnte kein Mädchen kennenlernen, ohne mir selbst zu sagen: Was für eine Frau würde sie abgeben? Ich erzählte Dean und Marylou von Lucille. Marylou wollte alles über Lucille wissen, sie wollte sie kennenlernen. Wir brausten durch Richmond, Washington, Baltimore und hinauf nach Philadelphia über eine gewundene Landstraße zweiter Ordnung und erzählten. „Ich möchte ein Mädchen heiraten", sagte ich ihnen, „bei dem ich meine Seele ausruhen kann, bis wir beide alt werden. Das kann nicht in alle Ewigkeit so weitergehen — all dies Rasendsein und Herumjagen. Wir müssen zu irgendeinem Punkt gelangen, etwas erreichen."

„Mensch", sagte Dean, „ich finde es schon seit Jahren sehr dufte, was du so über das *Heim* und die Ehe und alle diese herrlichen, wundervollen Dinge deiner Seele erzählst." Es war eine traurige Nacht; es war zugleich eine lustige Nacht. In Philadelphia gingen wir in einen fahrbaren Essenstand und aßen Hamburger für unseren letzten Dollar, den wir für Nahrung ausgeben konnten. Der Mann hinter der Theke — es war drei Uhr früh — hörte uns über Geld sprechen und bot

uns die Hamburger umsonst an und noch mehr Kaffee dazu, wenn wir alle uns daranmachen würden, das Geschirr zu waschen, denn sein ständiger Mann war nicht erschienen. Wir schlugen sofort ein. Ed Dunkel sagte, er sei schon seit ewigen Jahren ein alter Perlentaucher, und steckte seine langen Arme ins Geschirr. Dean stand da und spielte mit einem Geschirrtuch herum, und Marylou tat das gleiche. Schließlich begannen sie zwischen den Kochtöpfen zu knutschen; sie zogen sich in eine dunkle Ecke in der Anrichte zurück. Der Mann war's zufrieden, solange Ed und ich das Geschirr abwuschen. In fünfzehn Minuten waren wir fertig. Als der Morgen graute, brausten wir durch New Jersey, und die große Wolke des Stadtbildes von New York erhob sich vor uns in der verschneiten Ferne. Dean hatte einen Pullover um seine Ohren gewunden, um sich warm zu halten. Er nannte uns eine Bande Araber, die nach New York kämen, um es in die Luft zu sprengen. Wir zischten durch den Lincoln-Tunnel und bogen hinüber zum Times Square; Marylou wollte ihn sehen.
„Oh, verdammt, ich wünschte, ich könnte Hassel finden. Haltet alle scharf Ausschau und seht, ob ihr ihn finden könnt." Wir kämmten die Gehsteige durch. „Guter, alter verdammter Hassel! Den solltet ihr in Texas *gesehen* haben."
So war Dean fast siebentausend Kilometer von Frisco gekommen, via Arizona und hinauf nach Denver, innerhalb vier Tagen, mit unzähligen Abenteuern als Einlage, und das war erst der Anfang.

3

Wir gingen zu mir nach Hause in Paterson und schliefen. Ich wachte als erster auf, spät am Nachmittag. Dean und Marylou schliefen in meinem Bett, Ed und ich im Bett meiner Tante. Deans abgenutzter und aus den Scharnieren gesprungener Koffer lag hingespreizt auf dem Boden, und Socken guckten heraus. Im Drugstore unten war ein Anruf für mich. Ich lief hinunter; er kam aus New Orleans. Es war Old Bull Lee, der nach New Orleans verzogen war. Old Bull Lee brachte mit seiner hohen jammernden Stimme eine Beschwerde vor. Anscheinend war da eben ein Mädchen namens Galatea Dunkel in sein Haus gekommen wegen eines Kerls namens Ed Dunkel;

Bull hatte keine Ahnung, wer diese Leute waren. Galatea Dunkel war eine zähe Verliererin. Ich bat Bull, sie zu besänftigen und ihr zu versichern, daß Dunkel mit Dean und mir zusammen sei und daß wir sie höchstwahrscheinlich auf dem Wege zur Küste in New Orleans abholen würden. Dann kam das Mädchen selbst an den Apparat. Sie wollte wissen, wie es Ed ging. Sie war sehr um sein Glück besorgt.

„Wie sind Sie denn von Tucson nach New Orleans gekommen?" fragte ich sie. Sie sagte, sie hätte um Geld nach Hause telegrafiert und einen Bus genommen. Sie war entschlossen, Ed aufzustöbern, denn sie liebte ihn. Ich ging hinauf und sagte es Big Ed. Er saß mit bekümmertem Blick im Sessel, tatsächlich, ein Engel von Mann.

„Also gut jetzt", sagte Dean, der plötzlich aufwachte und aus dem Bett sprang, „was wir tun müssen, ist essen, und zwar sofort. Marylou, guck dich mal in der Küche um und sieh, was da ist. Sal, du und ich, wir gehen hinunter und rufen Carlo an. Ed, du siehst zu, was du machen kannst, um das Haus in Ordnung zu bringen." Ich folgte Dean, der geräuschvoll hinuntereilte.

Der Inhaber des Drugstore sagte: „Sie haben eben wieder einen Anruf gehabt — diesmal aus San Francisco — für einen Mann namens Dean Moriarty. Ich sagte, hier sei niemand dieses Namens." Es war Camille, die Süße, die Dean anrief. Der Mann vom Drugstore, Sam, ein großer ruhiger Freund von mir, sah mich an und kratzte sich am Kopf. „Heh, was für einen Laden haben Sie eigentlich aufgezogen, ein internationales Bordell?"

Dean kicherte irr. „Mann, Sie sind richtig!" Er sprang in die Telefonzelle und meldete ein R-Gespräch nach San Francisco an. Danach riefen wir Carlo in seiner Wohnung in Long Island an und sagten ihm, er solle herüberkommen. Zwei Stunden später traf Carlo ein. Inzwischen machten Dean und ich uns für die Rückfahrt nach Virginia fertig, um allein den Rest der Möbel abzuholen und meine Tante zurückzubringen. Carlo Marx kam an, Gedichte unterm Arm, setzte sich in einen Großvaterstuhl und beobachtete uns mit Stielaugen. Während der ersten halben Stunde weigerte er sich überhaupt, etwas zu sagen; zumindest weigerte er sich, sich irgendwie festzulegen. Seit den Tagen der Denver-Depression war er ruhiger geworden; die Dakar-Depression hatte das bewirkt. In Dakar, wo er einen Bart trug, war er mit kleinen Kindern durch die Hintergäßchen gewandert. Sie führten ihn zu einem Zauberdoktor, der ihm die Zukunft weissagte. Er besaß Fotos von verrückten Gassen mit Grashütten, dem wüsten hinteren Ende von Dakar. Er sagte, bei der Rückfahrt wäre er fast vom Schiff gesprungen, wie Hart Crane. Dean saß mit einer Spieldose auf dem Boden und lauschte mit enormem Staunen dem kleinen Lied, das sie spielte: „A Fine Romance“ — „Kleine klingende, surrende Glöckchen. Ah, hör! Wir beugen uns alle darüber und schauen ins Innere der Spieldose, bis wir die Geheimnisse erforscht haben — klingelingeli, hii.“ Ed Dunkel saß ebenfalls auf dem Boden, er hielt meine Trommelstöcke in der Hand; plötzlich begann er leicht den Takt zur Spieldose zu schlagen, die wir kaum hören konnten. Alle hielten den Atem an, um zu lauschen. „Tick ... tack ... tick-tack ... tick-tack.“ Dean legte eine Hand wie eine Muschel ans Ohr; sein Mund hing offen; er sagte: „Ah! Hii!“

Carlo verfolgte diesen kindischen Wahnsinn mit schmalen Augen. Schließlich schlug er sich aufs Knie und sagte: „Ich hab etwas zu verkünden.“

„Ja? Ja?“

„Was bedeutet diese Reise nach New York? Was für niedrigen Geschäften geht ihr nach? Ich meine, Mensch, wohinnen gehest du? Wohin gehest du, Amerika, in deinem glänzenden Wagen in der Nacht?“

„Wohinnen gehest du?“ echote Dean mit offenem Munde. Wir saßen da und wußten nicht, was wir sagen sollten; es war kein Gesprächsstoff mehr da. Das einzige, was wir tun konnten, war weggehen. Dean sprang auf und sagte, wir seien fertig für die Rückfahrt nach Virginia. Er nahm eine Dusche, ich kochte eine große Schüssel Reis mit allem, was sich noch im Hause vorfand, Marylou nähte seine Socken, und wir waren reisefertig. Dean, Carlo und ich brausten nach New York hinein. Wir versprachen Carlo, ihn in dreißig Stunden wiederzusehen, rechtzeitig zu Silvester. Es war Nacht. Wir setzten ihn am Times Square ab und fuhren durch den langen Tunnel zurück auf die Landstraße nach New Jersey. Dean und ich wechselten uns am Steuer ab und schafften Virginia in zehn Stunden.

„Nun, das ist das erste Mal seit Jahren, daß wir allein sind und miteinander reden können“, sagte Dean. Und er redete die ganze Nacht. Wie im Traum sausten wir zurück durch das schlafende Washington und zurück in die Wildnis von Virginia. Bei Tagesanbruch setzten wir über den Appomattox-Fluß und hielten um acht Uhr früh vor meines Bruders Haustür. Und die ganze Zeit war Dean über alles, was er sah, furchtbar erregt, über alles, worüber er sprach, über jede Einzelheit jedes flüchtigen Augenblickes. Er war von Sinnen vor echtem Glauben. „Und selbstverständlich kann niemand behaupten, es gebe keinen Gott. Wir sind durch alle Gestalten hindurchgegangen. Du kannst dich erinnern, Sal, als ich zuerst nach New York kam und von Chad King wollte, er solle mich über Nietzsche unterrichten. Siehst du, wie lange das her ist? Alles ist schönstens in Ordnung, Gott existiert, wir verstehen die Zeit. Seit den Tagen der Griechen hat man nur Falsches gelehrt. Man kann das nicht mit Geometrie und geometrischen Systemen schaffen. DARAUF kommt es an!“ Er umschloß einen Finger mit der Faust; der Wagen blieb am Mittelstrich, gerade und genau. „Und nicht nur das, aber wir beide verstehen, daß ich nicht die Zeit haben kann, zu erklären, warum ich weiß und warum du weißt, daß Gott existiert.“ An einem Punkt der Unterhaltung seufzte ich über die Schwierigkeiten des Lebens — wie arm meine Familie sei, wie sehr ich Lucille helfen wollte, die auch arm war und eine Tochter hatte. „Schwierigkeiten, siehst du, das ist das allgemeine Wort für das, worin Gott enthalten ist. Es kommt darauf an, sich in nichts zu verrennen. Mein Schädel brummt!“ rief er und griff sich an den Kopf. Er stürzte wie Groucho Marx im Fernsehen aus dem Wagen, um Zigaretten zu besorgen — diese wütenden, am Boden klebenden Schritte mit fliegenden Rockschößen, nur daß er keine Rockschöße hatte. „Seit Denver, Sal, eine Menge Dinge — Oh, all die Dinge — ich habe nachgedacht und nachgedacht. Ich war die meiste Zeit in der Besserungsanstalt, ich war ein Halbstarker mit Geltungsbedürfnis — ich stahl Autos als psychologisches Zeichen meiner Haltung, um Eindruck zu schinden. Alle meine Gefängnisprobleme sind jetzt ziemlich geklärt. Soweit ich es erkennen kann, werde ich nie wieder ins Gefängnis kommen. Das übrige ist nicht meine Schuld.“ Wir fuhren an einem kleinen Jungen vorbei, der mit Steinen nach den Wagen auf der Straße warf. „Überleg dir mal“, sagte Dean. „Eines Tages wird er mit einem Stein nach einem Mann die Windschutzscheibe einschlagen, und der Mann wird verunglücken und tot sein — alles wegen dieses Knirpses.

Siehst du, was ich meine? Gott existiert ohne alle Skrupel. So wie wir diesen Weg entlangrollen, bin ich ohne jeden Zweifel davon überzeugt, daß alles für uns geregelt wird — daß sogar du, während du am Steuer sitzt, mit deiner Angst vor dem Lenkrad (ich haßte das Fahren und fuhr vorsichtig) — das Ding wird von selbst weiterlaufen, und du wirst nicht im Graben landen, und ich kann schlafen. Überdies kennen wir unser Amerika, wir sind zu Hause; ich kann in Amerika hingehen, wohin ich will, und bekommen, was ich will, denn in jeder Ecke ist es dasselbe; ich kenne die Leute, und ich weiß, was sie tun. Wir nehmen und geben und bewegen uns in der unglaublich komplizierten Süße des Lebens hin und her nach jeder Richtung." Nichts von dem, was er sagte, war klar, aber was er sagen *wollte,* wurde irgendwie rein und klar. Er selbst gebrauchte häufig das Wort „rein". Ich hatte mir nie träumen lassen, Dean würde ein Mystiker werden. Dies war das erste Aufklingen eines Mystizismus, der zu der seltsamen, zerlumpten, an den Komiker C. W. Fields gemahnenden heiligen Unschuld seiner späteren Tage führen sollte.

Sogar meine Tante hörte mit halbem Ohr neugierig zu, während wir in derselben Nacht mit den Möbeln hinten im Wagen nordwärts nach New York zurücktobten. Nun, da meine Tante im Wagen war, erzählte Dean von seinem Arbeitsleben in San Francisco. Wir besprachen jedes Detail, das zur Arbeit eines Bremsers gehört, und er demonstrierte es jedesmal, wenn wir an einem Rangierbahnhof vorbeifuhren; und an einer Stelle sprang er sogar aus dem Wagen, um mir zu zeigen, wie ein Bremser bei einem Treffen auf einem Abstellgleis einen Drink serviert. Meine Tante zog sich auf den Rücksitz zurück und schlief ein. In Washington, um vier Uhr morgens, führte Dean wieder ein R-Gespräch mit Camille in Frisco. Kurz danach, als wir aus Washington fuhren, überholte uns ein Streifenwagen mit heulender Sirene und gab uns eine gebührenpflichtige Verwarnung, obgleich wir kaum fünfzig fuhren. Das kalifornische Nummernschild war schuld daran. „Ihr Jungens glaubt, ihr könnt hier so schnell durchrasen, wie ihr wollt, nur weil ihr aus Kalifornien kommt?" sagte der Uniformierte.

Ich ging mit Dean ins Büro des Inspektors, und wir versuchten der Polizei klarzumachen, daß wir kein Geld hatten. Sie sagten, Dean würde die Nacht im Arrest verbringen müssen,

falls wir das Geld nicht auftrieben. Natürlich besaß meine Tante etwa fünfzehn Dollar; sie hatte alles in allem zwanzig, das würde hübsch ausgehen. Während wir mit den Schutzleuten diskutierten, ging einer von ihnen hinaus, um einen Blick auf meine Tante zu werfen, die eingewickelt hinten im Wagen saß. Sie sah ihn.
„Machen Sie sich keine Sorge, ich bin keine Gangsterbraut. Wenn Sie kommen und den Wagen durchsuchen wollen, dann tun Sie es nur. Ich fahre mit meinem Neffen nach Hause, und diese Möbel sind nicht gestohlen; sie gehören meiner Nichte, sie hat gerade ein Kind bekommen und zieht in ihr neues Haus.“ Dies brachte den Sherlock aus der Fassung, und er ging ins Revier zurück. Meine Tante mußte die Buße für Dean bezahlen, sonst wären wir in Washington steckengeblieben; ich hatte keinen Führerschein. Er versprach, das Geld zurückzuzahlen, und er tat es auch, genau anderthalb Jahre später, zur freudigen Überraschung meiner Tante. Eine achtbare Frau, wie bestellt und nicht abgeholt in dieser traurigen Welt, und wie gut kannte sie diese Welt. Sie klärte uns über den Polizisten auf. „Er versteckte sich hinter dem Baum, er versuchte zu erkennen, wie ich aussah. Ich sagte ihm — ich sagte ihm, er solle den Wagen durchsuchen, wenn er Lust habe. Ich brauche mich wegen gar nichts zu schämen.“ Sie wußte, daß Dean sich wegen etwas zu schämen hatte, und ich auch, durch mein Zusammensein mit Dean; und Dean wie ich nahmen dies traurig zur Kenntnis.
Meine Tante sagte einmal, die Welt würde keinen Frieden finden, bevor nicht die Männer ihren Frauen zu Füßen fielen und um Vergebung bäten. Aber Dean wußte das; er hatte es häufig erwähnt. „Ich hab Marylou immer wieder angefleht und gebettelt, wir sollten doch friedfertig und lieb zueinander sein und Verständnis füreinander haben, in reiner Liebe, die für immer jeden Zank ausschließt; sie versteht es, ihr Sinn aber ist auf etwas anderes gerichtet — sie hat es auf mich abgesehen; sie will nicht verstehen, wie sehr ich sie liebe, sie strickt nur an meinem Verderben.“
„Die Wahrheit an der ganzen Sache ist, daß wir unsere Frauen nicht verstehen; wir schieben die Schuld auf sie, und alles ist unsere eigene Schuld“, sagte ich.
„Aber so einfach ist es doch nicht“, wandte Dean ein. „Friede wird plötzlich kommen, und wir werden nicht verstehen, wenn

er kommt — siehst du das ein, Mensch?“ Verbissen, gedrückt trieb er den Wagen durch New Jersey; im Morgengrauen erreichte ich Paterson, während er hinten schlief. Wir kamen um acht Uhr morgens zu Hause an und fanden Marylou und Ed Dunkel herumsitzen und Kippen aus den Aschenbechern rauchen; seit Dean und ich weggefahren waren, hatten sie nichts gegessen. Meine Tante kaufte ein und kochte ein unwahrscheinliches Frühstück.

4

Nun war es Zeit für das Dreigespann aus dem Westen, in Manhattan Wohnung zu finden. Carlo hatte eine Bude in York Avenue, sie waren an diesem Abend dabei, einzuziehen. Dean und ich hatten den ganzen Tag geschlafen und wachten auf, als ein schwerer Schneesturm den Silvesterabend 1948 auf 1949 einleitete. Ed Dunkel saß in meinem Großvaterstuhl und erzählte vom letzten Neujahr. „Ich war in Chicago. Völlig pleite. Ich saß am Fenster meines Hotelzimmers in North Clark Street, und die himmlischsten Gerüche von der Bäckerei unten stiegen mir in die Nasenlöcher. Ich hatte keine zehn Cents, aber ich ging hinunter und sprach mit der Verkäuferin. Sie gab mir Brot und Kuchen umsonst. Ich ging in mein Zimmer zurück und aß. Die ganze Nacht blieb ich in meinem Zimmer. Einmal, in Farmington, Utah, wo ich mit Ed Wall arbeitete — du kennst Ed Wall, den Bauernsohn aus Denver —, lag ich in meinem Bett, und ganz plötzlich sah ich meine tote Mutter in der Ecke stehen, mitten in einem Lichtschein. Ich sagte ‚Mutter‘! Sie verschwand wieder. Ich hab dauernd Gesichte“, sagte Ed Dunkel und nickte mit dem Kopf.
„Was wirst du mit Galatea machen?“
„Ach, da wird sich schon was finden, wenn wir nach New Orleans kommen. Bist du nicht auch der Ansicht?“ Er interessierte sich nun auch für meine Meinung; Dean allein genügte ihm nicht. Aber er hatte sich schon in Galatea verliebt, wenn man sich's recht überlegte.
„Was wirst du mit dir selbst machen, Ed?“ fragte ich.
„Ich weiß nicht“, sagte er, „ich mach halt so mit. Ich stehe darauf, zu leben.“ Er wiederholte es in Deans Manier. Er hatte keine Richtung. Er saß da und versank in Erinnerungen an

die Nacht in Chicago und an den warmen Kuchen im einsamen Zimmer.
Draußen wirbelte der Schnee. In New York war eine große Party aufgerufen; wir wollten alle hin. Dean packte seinen zerbrochenen Koffer, stellte ihn in den Wagen, und wir brachen alle auf zur Großen Nacht. Meine Tante dachte daran, daß mein Bruder sie nächste Woche besuchen würde, und war glücklich; sie saß da mit ihrer Zeitung und wartete auf die Neujahrssendung von Times Square um Mitternacht. Wir rauschten nach New York hinein und rutschten auf dem Eis hin und her. Ich hatte nie Angst, wenn Dean fuhr; er beherrschte seinen Wagen in jeder Lage. Das Radio war repariert worden, und wilde Jazzmusik trieb uns weiter in die Nacht. Ich wußte nicht, wo das alles hinführen sollte; es war mir egal.
Doch da überkam mich auf einmal ein merkwürdiger Gedanke. Es war so: Ich hatte etwas vergessen. Da war eine Entscheidung, die ich treffen wollte, gerade bevor Dean aufgetaucht war, und jetzt war mir die Sache ganz aus dem Sinn geschwunden, lag mir aber im Gedächtnis, sozusagen immer noch auf der Zunge. Ich schnippte dauernd mit den Fingern und versuchte, mich daran zu erinnern. Ich sprach es sogar laut aus. Und ich konnte nicht einmal sagen, ob es sich um eine wirkliche Entscheidung gehandelt hatte oder nur um einen entschwundenen Gedanken. Es verfolgte und schockierte mich, es machte mich traurig. Es hatte etwas zu tun mit dem verhüllten Reisenden. Carlo Marx und ich hatten uns einmal einander gegenüber gesetzt, Knie gegen Knie, auf zwei Stühle, und ich erzählte ihm einen Traum, in dem mich eine fremdartige arabische Gestalt quer durch die Wüste verfolgte; vergeblich versuchte ich, ihr auszuweichen, und schließlich holte sie mich ein, gerade als ich dabei war, die schützende Stadt zu erreichen. „Wer soll das sein?“ meinte Carlo. Wir dachten darüber nach. Ich äußerte, vielleicht sei ich es selbst gewesen, im Leichenhemd. Das war es nicht. Irgend etwas, irgend jemand, ein Gespenst verfolgte uns alle durch die Wüste des Lebens und holte uns unnachsichtig ein, bevor wir den Himmel erreichten. Natürlich, wenn ich jetzt darauf zurückblicke, ist es einfach der Tod: Der Tod wird uns vor dem Himmel einholen. Das eine, wonach wir streben zeit unseres Lebens, das uns seufzen und stöhnen macht und uns süße Beklemmungen

bringt, ist die Erinnerung an irgendwelche verlorenen Wonnen, die wir wahrscheinlich im Mutterleib erfahren haben und die sich (wenn wir es auch nicht wahrhaben wollen) nur im Tode wiederholen können. Aber wer will schon sterben? Im Wirbel der Ereignisse hörten diese Gedanken nie auf, sich im Hintergrund meines Bewußtseins zu regen. Ich sprach mit Dean darüber, und er erkannte es sofort als die einfache Sehnsucht nach dem reinen Tode; und da wir alle dann nicht wieder lebendig würden, hatte er recht, wenn er damit nichts zu tun haben wollte, und ich stimmte ihm damals zu.
Wir suchten die Horde meiner New-Yorker Freunde auf. Auch dort gibt es verrückte Blüten. Zuerst gingen wir zu Tom Saybrook. Tom ist ein ernster, hübscher Junge, freundlich, großzügig und gefällig; nur ab und zu hat er plötzlich Anfälle von Weltschmerz und läuft davon, ohne jemand ein Wort zu sagen. Diese Nacht freute er sich riesig. „Sal, wo hast du diese durch und durch prächtigen Leute aufgetrieben? So was gibt's nur einmal."
„Im Westen hab ich sie aufgetrieben."
Dean war in Stimmung; er legte eine Jazzplatte auf, packte Marylou, hielt sie eng umschlungen und bumste im Rhythmus der Musik gegen sie. Sie bumste zurück, swingend und immer im Takt. Es war ein richtiger Liebestanz. Dann kam Ian MacArthur mit einer riesigen Meute herein. Das Neujahrswochenende begann und dauerte drei Tage und drei Nächte. Ganze Horden quetschten sich in den Hudson und schlitterten auf den verschneiten New-Yorker Straßen von Party zu Party. Zur größten nahm ich Lucille und ihre Schwester mit. Als Lucille mich mit Dean und Marylou sah, verdunkelte sich ihr Blick — sie spürte, wie mich die beiden verrückt machten.
„Ich mag dich nicht, wenn du mit ihnen zusammen bist."
„Ach, da ist nichts dabei, wir machen das nur aus Spaß. Man lebt nur einmal. Wir amüsieren uns."
„Nein, es ist traurig, und ich mag's nicht."
Dann begann Marylou, sich an mich heranzumachen; sie sagte, Dean würde mit Camille zusammenbleiben, und sie wollte, daß ich bei ihr sei. „Komm mit uns nach Frisco zurück. Wir werden zusammen wohnen. An mir wirst du eine gute Freundin haben." Aber ich wußte, daß Dean Marylou liebte, und ich wußte auch, daß Marylou sich so gebärdete, um Lucille eifersüchtig zu machen, und all das mochte ich nicht. Aber ich

leckte mir doch die Lippen nach dieser sinnlichen Blonden. Als Lucille sah, wie Marylou mich in die Ecken drückte und mich küßte und mir Avancen machte, folgte sie Dean hinaus in den Wagen; aber sie unterhielten sich nur und tranken etwas von dem schwarzgebrannten Fusel, den ich im Handschuhkasten gelassen hatte. Jetzt geriet allmählich alles durcheinander, und mit allem ging's bergab. Ich wußte, mein Verhältnis mit Lucille würde nicht mehr viel länger dauern. Sie wollte, daß ich mich *ihr* anpasse. Sie war mit einem Schauermann verheiratet, der sie schlecht behandelte. Ich war bereit, sie zu heiraten und auch ihre kleine Tochter anzunehmen und was sonst noch, wenn sie sich scheiden ließe; aber es war nicht einmal genug Geld da, um die Scheidung einzuleiten, und die ganze Sache war aussichtslos; und außerdem würde mich Lucille niemals verstehen, denn ich habe zu viele Dinge gern und gerate ganz aus dem Häuschen, wenn ich begeistert Sternschnuppen nachjage, bis ich umfalle. Was so eine Nacht einem alles antun kann! Ich konnte niemandem etwas bieten außer meiner eigenen Verwirrung.
Die Gesellschaften waren riesig, es waren wenigstens hundert Leute in einer Parterrewohnung der Neunziger Straßen auf der Westseite. Die Leute quollen über in den Kellerräumen nahe der Heizung. In jeder Ecke, auf jedem Bett und auf jedem Sofa war etwas los — nicht etwa eine Orgie, nur gerade eine Neujahrsfestivität mit viel Gekreisch und wilder Radiomusik. Sogar eine junge Chinesin war da. Dean lief wie Groucho Marx im Fernsehen von Gruppe zu Gruppe, umschnüffelte jeden. In regelmäßigen Abständen rannten wir hinaus, um noch mehr Leute mit dem Wagen zu holen. Damion erschien. Damion ist der Held meiner New-Yorker Bande, so wie Dean mein Hauptheld aus dem Westen ist. Die beiden waren einander sofort unsympathisch. Plötzlich boxte Damions Freundin Damion mit einer fürchterlichen Rechten in den Kiefer. Er begann zu schwanken. Sie schleppte ihn nach Hause. Einige unserer verrückten Zeitungsfreunde kamen direkt vom Büro und brachten Schnaps mit. Draußen ging ein dichter, wunderschöner Schneesturm um. Ed Dunkel traf Lucilles Schwester und verschwand mit ihr; ich vergaß zu sagen, daß Ed Dunkel sich ausgezeichnet auf Frauen versteht. Er ist 1,90 m groß, ruhig, höflich, angenehm, glatt und zuvorkommend. Er hilft den Frauen in ihre Mäntel. So muß man's

machen. Um fünf Uhr morgens liefen wir alle quer über den Hof eines Wohnhauses und stiegen durch das Fenster in eine Wohnung, wo eine riesige Party im Gange war. Als der Morgen graute, waren wir wieder bei Tom Saybrook. Die Leute zeichneten an Skizzen herum und tranken schales Bier dazu. Ich schlief mit einem Mädchen namens Mona im Arm auf einem Sofa. Von der Bar der alten Columbia-Universität kamen große Gruppen herüber. Alle Erscheinungsformen, alle Gesichter des Lebens drängten sich in demselben muffigen Raum.

Bei Ian MacArthur ging die Party weiter. Ian MacArthur ist ein fabelhaft netter Junge, der eine Brille trägt und mit entzücktem Ausdruck hindurchguckt. Er lernte, zu allem „ja" zu sagen, genau wie damals Dean, er hat es bis heute nicht aufgegeben. Zu den wilden Tönen von „The Hunt", geblasen von Dexter Gordon und Wardell Gray, spielten Dean und ich über den Diwan hinweg „Fangen" mit Marylou; sie war auch nicht gerade die schmächtigste. Dean lief ohne Unterhemd herum, nur in Hosen, barfuß, bis es wieder Zeit war, in den Wagen zu springen und mehr Leute zu holen. Es passierte alles mögliche. Wir trafen den wilden, ekstatischen Rollo Greb und verbrachten eine Nacht in seinem Haus auf Long Island. Rollo wohnt mit seiner Tante in einem hübschen Haus; wenn sie stirbt, gehört das Haus ganz ihm. Bis dahin lehnt sie alle seine Wünsche ab und haßt seine Freunde. Nun brachte er diesen wüsten Haufen mit, Dean, Marylou, Ed und mich, und startete eine rauschende Party. Die Frau verzog sich in den nächsten Stock; sie drohte, die Polizei zu rufen. „Halt den Mund, alte Schachtel!" brüllte Greb. Ich wunderte mich, wie er so mit ihr leben konnte. Er besaß mehr Bücher, als ich jemals in meinem Leben gesehen hatte — zwei Bibliotheken, zwei Räume an allen vier Wänden vom Boden bis zur Decke voll, und solche Bücher wie „Das Apokryphe Dies-oder-Das" in zehn Bänden. Er spielte Verdi-Opern und führte sie gleichzeitig als Pantomime auf, und alles in seinem Pyjama, der im Rücken einen großen Riß hatte. Er scherte sich den Teufel um irgend etwas. Er ist ein großer Gelehrter, der imstande ist, im New-Yorker Hafengebiet mit ein paar echten Musikmanuskripten aus dem siebzehnten Jahrhundert im Arm spazierenzulaufen und vor sich hinzusingen. Er kriecht wie eine große Spinne durch die Straßen. Die Erregung flackerte

in unheimlichen Lichtstößen aus seinen Augen. Er verdrehte in krampfhafter Ekstase sein Genick. Er lispelte, er wand sich, er stotterte, er stöhnte, er heulte, er fiel wieder in Verzweiflung. Er konnte kaum ein Wort herausbringen, so aufgeregt war er, daß er lebte. Dean stand vor ihm mit gebeugtem Haupt und wiederholte immer und immer wieder: „Ja ... Ja ... Ja ..."
Er zog mich in eine Ecke. „Dieser Rollo Greb ist der Größte, der Wunderbarste von allen. Das ist's, was ich dir sagen wollte — das ist's, was ich sein will. Ich möchte sein wie er. Er läßt nie nach, er zieht in jeder Richtung los, immer mit Volldampf, er kennt sich aus, er braucht nur immer hin und her zu pendeln. Mann, er ist das Letzte! Siehst du, wenn du immer rangehst wie er, wirst du es endlich in der Hand haben."
„Was in der Hand haben?"
„Es! Es! Ich werd's dir sagen — jetzt keine Zeit, wir haben jetzt keine Zeit." Dean rannte zurück, um Rollo Greb weiter zu beobachten.
Dean sagte, George Shearing, der große Jazzpianist, sei genau wie Rollo Greb. Mitten an diesem langen, verrückten Wochenende gingen Dean und ich, uns Shearing im Birdland anzusehen. Wir waren um zehn Uhr die ersten Besucher, das Lokal war ganz leer. Der blinde Shearing kam heraus und wurde an der Hand zu seinem Instrument geführt. Er war ein vornehm aussehender Engländer mit einem steifen, weißen Kragen, blond, mit leicht rötlicher Gesichtsfarbe, mit einem unbestimmten Etwas um sich, das an eine milde englische Sommernacht erinnerte und das so recht herauskam, als er die erste dezent plätschernde Nummer spielte, während der Bassist sich aufmerksam zu ihm neigte und den Takt zupfte. Der Mann am Schlagzeug, Denzil Best, war reglos bis auf seine Handgelenke, die in scharfem Rhythmus die Besen bewegten. Und Shearing begann, im Beat hin und her zu schaukeln; ein Lächeln floß über sein ekstatisches Gesicht; er wiegte sich auf dem Klaviersessel hin und her, zuerst langsam, dann schaffte er sich rein, und bald swingte er am ganzen Körper. Sein linker Fuß markierte jeden Takt, sein Nacken begann zusammenzuschrumpfen und im Rhythmus zu zucken, sein Gesicht senkte sich tief auf die Tasten hinab, er strich das Haar zurück, seine Frisur wurde wirr, er fing an zu schwitzen. Die Musik wurde noch schneller. Der Bassist beugte sich vornüber, legte

einen gewaltigen Beat hin, schneller und schneller — es kam einem immer schneller vor, das ist alles. Shearing fing an, seine berühmten Blockakkorde zu spielen; sie rollten in großen reichen Wellen aus dem Klavier, man konnte denken, der Mann habe nicht die Zeit, sie aneinanderzureihen. Sie rollten und rollten wie die See. Die Leute schrien: „Los, schaff dich!" Dean schwitzte; der Schweiß rann ihm in den Kragen hinunter. „Er ist da! Das ist er! Alter Gott! Alter Gott Shearing! Ja! Ja! Ja!" Und Shearing war sich der Anwesenheit des Verrückten hinter sich bewußt, er konnte jeden einzelnen von Deans Ausrufen und Lauten hören, er konnte es fühlen, wenn er es auch nicht sehen konnte. „So ist's richtig!" sagte Dean. „Ja!" Shearing lächelte; er wiegte sich hin und her. Shearing stand vom Klavier auf, schweißtriefend; es waren seine großen Tage im Jahre 1949, ehe er Cool Jazz spielte und kommerziell wurde. Als er gegangen war, wies Dean auf den leeren Klaviersessel. „Gottes leerer Stuhl", sagte er. Auf dem Klavier lag ein Horn; sein goldener Schatten warf einen seltsamen Reflex auf die Wüstenkarawane, die auf die Wand hinter dem Schlagzeug gemalt war. Gott war gegangen; es blieb dic Stille seines Abgangs. Es blieb eine Regennacht. Der Mythos der Regennacht. Dean hatte Glotzaugen vor Verzückung. Dieser Wahnsinn würde nirgends hinführen. Ich wußte nicht, was mir geschah, und plötzlich kam mir zum Bewußtsein, es war nur das Marihuana, das wir rauchten. Dean hatte es in New York gekauft. Es ließ mich denken: „Nur noch kurze Zeit, und es ist soweit." Das ist der Augenblick, da man weiß, daß bereits alles und jedes für immer entschieden ist.

5

Ich verließ sie alle und ging nach Hause, um mich auszuruhen. Meine Tante sagte, ich verschwendete nur meine Zeit, wenn ich mich mit Dean und seiner Bande herumtriebe. Ich wußte, auch das war nicht richtig. Leben ist Leben, und jeder lebt es auf seine Art. Ich hatte vor, noch einen wunderbaren Trip an die Westküste zu unternehmen und rechtzeitig zum Sommersemester an der Hochschule zurück zu sein. Und was für ein Trip ist es geworden! Ich machte nur der Autofahrt wegen mit, und um zu sehen, was Dean sonst noch treiben würde, und schließlich auch, weil ich wußte, daß Dean zu Camille in Frisco zurückkehren werde, und weil ich ein Verhältnis mit Marylou anfangen wollte. Wir bereiteten uns vor, den ächzenden Erdteil wieder zu durchqueren. Ich holte meine Kriegsversorgungsrente und gab Dean achtzehn Dollar, damit er sie seiner Frau schicke; sie wartete auf seine Heimkehr und hatte kein Geld. Was in Marylous Gedanken vorging, weiß ich nicht. Ed Dunkel folgte uns nur so, wie immer.

Lange, lustige Tage wurden in Carlos Wohnung verbracht, ehe wir wegfuhren. Er ging in seinem Schlafrock herum und hielt halbironische Reden: „Nun, ich versuche nicht, euren süßen Wonnetraum zu stören, aber es scheint mir an der Zeit, zu entscheiden, was ihr seid und was ihr tun werdet." Carlo arbeitete als Machinenschreiber in einem Büro. „Ich möchte wissen, was all dies, den ganzen Tag zu Hause herumsitzen, bedeuten soll. Was all dies Gerede für einen Sinn hat und was ihr zu tun beabsichtigt. Dean, warum hast du Camille verlassen und Marylou geholt?" Keine Antwort — Kichern. „Marylou, warum ziehst du so im Land herum, und was sind deine weiblichen Absichten im Hinblick auf das Leichenhemd?" Dieselbe Antwort. „Ed Dunkel, warum hast du deine junge Frau in Tucson verlassen, und was hockst du hier auf deinem großen fetten Arsch? Wo ist dein Heim? Wo ist deine Arbeitsstelle?" Ed Dunkel beugte in echter Verlegenheit das Haupt. „Sal — wie kommt es, daß du so auf den Hund gekommen bist, und was hast du mit Lucille gemacht?" Er rückte seinen Schlafrock zurecht und setzte sich uns gegenüber. „Die grimmen Tage liegen noch vor euch. Der Ballon wird euch nicht mehr lange tragen. Und nicht nur das, es ist ein abstrakter Ballon. Ihr werdet alle fliegend nach der Westküste eilen und zurückgestolpert kommen, euren Grabstein zu suchen."

In diesen Tagen hatte Carlo eine Stimme entwickelt, von der er hoffte, sie klänge wie das, was er „Die Felsenstimme" nannte; er meinte, die Leute damit zwingen zu können, den Felsen zu erkennen. „Ihr steckt euch einen Drachen auf den Hut", warnte er uns; „ihr seid oben auf dem Dachboden mit den Fledermäusen." Seine irren Augen funkelten uns an. Seit der Dakar-Depression hatte er eine furchtbare Periode durchgemacht, die er die Heilige Depression oder Harlem-Depression nannte; denn im Hochsommer hatte er in Harlem gewohnt

und war nachts in seinem einsamen Raum aufgewacht und hatte „die große Maschine" vom Himmel niedersteigen hören; und er war in der 125. Straße „unter Wasser" mit all den anderen Fischen zu Fuß gegangen. Es war ein Aufruhr von strahlenden Ideen, die sein Hirn erleuchteten. Er zwang Marylou, sich auf seinen Schoß zu setzen, und befahl ihr, sich zu beruhigen. Er sagte zu Dean: „Warum setzt du dich nicht einfach hin und entspannst dich? Warum springst du soviel herum?" Dean rannte herum, tat Zucker in seinen Kaffee und sagte: „Ja! Ja! Ja!" Nachts schlief Ed Dunkel auf dem Fußboden auf Kissen, Dean und Marylou warfen Carlo aus dem Bett, und Carlo saß aufrecht in der Küche über seinem Nierengulasch und murmelte die Weissagungen des Felsens vor sich hin. Ich kam tagsüber und beobachtete alles.
Ed Dunkel sagte mir: „Letzte Nacht bin ich bis zum Times Square gelaufen, und gerade als ich hinkam, erkannte ich plötzlich, daß ich ein Geist war — es war mein Geist, der auf dem Gehsteig ging." Er sagte mir diese Dinge, ohne etwas dazu zu bemerken, und nickte nachdrücklich mit dem Kopf. Zehn Stunden später sagte Ed mitten in die Unterhaltung anderer Leute: „Jawohl, es war mein Geist, der auf dem Gehsteig ging."
Plötzlich lehnte sich Dean ernst zu mir herüber und sagte: „Sal, ich möchte dich um etwas bitten — äußerst wichtig für mich — ich bin neugierig, wie du das aufnehmen wirst — wir sind Freunde, nicht wahr?"
„Sind wir, Dean." Er wurde beinahe rot. Schließlich kam er damit heraus: Er wollte, ich sollte mit Marylou schlafen. Ich fragte ihn nicht, warum, denn ich wußte, er wollte sehen, wie Marylou mit einem anderen Manne war. Wir saßen in Ritzy's Bar, als er den Vorschlag machte; wir hatten eine Stunde damit verbracht, Times Square abzugehen und nach Hassel auszuschauen. Ritzy's Bar ist die Gangsterbar der Straßen um Times Square; sie ändert jedes Jahr ihren Namen. Wenn man hineinkommt, sieht man nicht ein einziges Mädchen, nicht einmal in den Logen, nur ein Gedränge junger Männer, in allen Spielarten der Gangsterkleidung, von roten Hemden bis zu talmi-modischen Anzügen. Es ist auch die Bar der Strichjungen — der Jünglinge, die sich unter den traurigen alten Schwulen der nächtlichen Eighth Avenue ihr Leben verdienen. Dean trat ein und kniff die Augen zusammen, um jedes

einzelne Gesicht zu betrachten. Da gab es wilde Negerhomos, finstere Kerle mit Revolvern, Matrosen mit locker sitzenden Messern, magere, ausgemergelte Morphinisten, die unbeteiligt vor sich hinstarrten, und gelegentlich einen gutangezogenen, nicht ganz jungen Kriminalbeamten, der sich für einen illegalen Buchmacher ausgab und halb aus Interesse und halb dienstlich da herumging. Das Lokal war typisch für Dean, dort mochte er seinen Wunsch vorbringen. Alle üblen Pläne werden in Ritzy's Bar ausgeknobelt — man spürt es in der Luft —, und alle möglichen verrückten geschlechtlichen Touren, die dazu passen, werden hier kreiert. Der Geldschrankknacker schlägt dem Raufbold nicht nur eine gewisse Mansarde in der 14. Straße vor, sondern auch, daß sie miteinander schlafen. Kinsey verbrachte in Ritzy's Bar eine Menge Zeit mit dem Ausfragen einiger Jungen; ich war dort in der Nacht, als sein Mitarbeiter kam, im Jahre 1945. Hassel und Carlo wurden interviewt.

Dean und ich fuhren zur Wohnung zurück und fanden Marylou im Bett. Dunkel führte seinen Geist in New York herum. Dean sagte ihr, was wir beschlossen hatten. Sie erwiderte, sie sei erfreut. Ich selbst war nicht so sicher. Ich mußte beweisen, daß ich es auch schaffen würde. Das Bett war das Totenbett eines schweren Mannes gewesen und in der Mitte durchgedrückt. Marylou lag da, Dean und ich schwebten zu beiden Seiten auf den hochstehenden Matratzenrändern, und wir wußten nicht, was wir sagen sollten. Ich sagte: „Zum Teufel, ich kann das nicht machen."

„Los, Mensch, du hast versprochen!" sagte Dean.

„Und Marylou?" sagte ich. „Sag, Marylou, was glaubst du?"

„Fang an", sagte sie.

Sie umarmte mich, und ich versuchte zu vergessen, daß der gute Dean da war. Jedesmal wenn mir bewußt wurde, daß er da im Finstern war und auf jeden Ton lauschte, konnte ich nur noch lachen. Es war schrecklich.

„Wir müssen alle entspannen", sagte Dean.

„Ich fürchte, ich kann's nicht schaffen. Warum gehst du nicht auf eine Minute in die Küche?"

Dean tat das auch. Marylou war entzückend, aber ich flüsterte: „Wart, bis wir uns in San Francisco lieben; jetzt ist mein Herz nicht dabei." Ich sagte die Wahrheit, sie konnte es merken. So versuchten in dieser Nacht drei Kinder dieser Erde, etwas zu erkennen und festzustellen, während all das Gewicht von Jahrhunderten in der Finsternis auf ihnen lastete. Eine fremdartige Stille herrschte in der Wohnung. Ich ging und berührte Dean mit der Hand und forderte ihn auf, zu Marylou zu kommen; und ich zog mich auf das Sofa zurück. Ich konnte Dean hören, wie er selig war und plapperte und sich rasend hin und her bewegte. Nur ein Kerl, der fünf Jahre im Gefängnis verbracht hat, kann zu solch manisch hilflosen Extremen kommen; flehend an den Toren der sanften Quelle, verrückt, mit einer ganz körperlichen Erkenntnis des Ursprungs der Lebensseligkeit; blind versuchend, den Weg zurückzugehen, den er gekommen war. Dies war das Ergebnis jahrelanger Betrachtung erotischer Bilder hinter Gittern; des Anstarrens von Frauenbeinen und Frauenbrüsten in beliebten Magazinen. Das ist die Folge, wenn man jahrelang gegeneinander abgewogen hat, wie hart die Käfigstäbe vor einem sind und wie sanft die Frau, die einem fehlt. Im Gefängnis verheißt man sich selbst das Recht zum Leben. Dean hatte seine Mutter nie gesehen. Jedes neue Mädchen, jede neue Frau, jedes neue Kind vergrößerten sein trübes Elend. Wo war sein Vater? — Jener alte, zerlumpte Dean Moriarty, der Klempner, der auf Güterzügen fuhr, als Küchenjunge in Eisenbahnerkantinen arbeitete, der in versoffenen Hintergäßchen stolperte und hinfiel, auf den Kohlenhaufen verkam, seine gelb gewordenen Zähne einen nach dem anderen in die Gullies des Westens spuckte. Dean hatte alles Recht, die süßen Tode der vollkommenen Liebe in den Armen seiner Marylou zu sterben. Ich wollte mich nicht dazwischenstellen, ich wollte nur folgen.

Carlo kam beim Morgengrauen zurück und zog sich den Schlafrock an. In jenen Tagen schlief er nicht mehr. „Ach!" kreischte er. Er war dabei, seinen Verstand zu verlieren in all dem Durcheinander von verkleckerter Marmelade, Hosen, hingeworfenen Kleidern, Zigarettenstummeln, schmutzigem Geschirr, offenen Büchern — es war eine großartige Szenerie. Jeden Tag drehte sich ächzend die Erde, und wir studierten voller Schrecken und Entsetzen die Nacht. Marylou war blau und grün von einer Schlägerei mit Dean wegen irgend etwas; sein Gesicht war zerkratzt. Es war Zeit zu gehen.

Wir fuhren mit dem Wagen zu mir nach Hause, eine Bande von zehn Leuten, um meinen Reisesack zu holen. Vom Telefon in der Bar aus, wo Dean und ich vor Jahren unser erstes Gespräch gehabt hatten, als er zu mir gekommen war, um schreiben zu lernen, riefen wir Old Bull Lee in New Orleans an. Wir hörten Bulls jammernde Stimme aus dreitausend Kilometer Entfernung. „Sagt, ihr Jungs, was soll ich mit dieser Galatea Dunkel machen? Sie ist jetzt zwei Wochen hier, versteckt sich in ihrem Zimmer und weigert sich, mit Jane oder mit mir zu sprechen. Habt ihr diesen Typ Ed Dunkel bei euch? Um Himmels willen bringt ihn hierher, damit er sie mir vom Halse schafft. Sie schläft in unserem besten Schlafzimmer und ist geldlich völlig auf dem trockenen. Das ist hier kein Hotel." Er beruhigte Bull telefonisch mit Ausrufen und Schreien — hier waren Dean, Marylou, Carlo, Dunkel, ich, Ian MacArthur, seine Frau, Tom Saybrook und weiß Gott wer noch, alle brüllten und prosteten dem verwirrten Bull per Telefon zu. Ausgerechnet Bull, der Konfusion über alles haßte. „Na schön", sagte er, „vielleicht wirst du vernünftiger reden, wenn du hierherkommst, falls du hierherkommst." Ich sagte meiner Tante auf Wiedersehen und versprach, in zwei Wochen zurück zu sein, und machte mich wieder auf nach Kalifornien.

6

Am Anfang unserer Reise war es neblig-feucht und unheimlich. Ich konnte sehen, daß alles eine große Dichtung des Nebels werden würde. „Huui!" gellte Dean. „Nun geht's los!" Und er beugte sich über das Lenkrad und drückte auf die Tube; er war wieder in seinem Element, jeder konnte es sehen. Wir waren alle entzückt, wir alle erkannten, daß wir Verwirrung und Unsinn hinter uns ließen und die einzige und einzig edle Funktion unserer Zeit erfüllten, *in Bewegung zu sein.* Und wie waren wir in Bewegung! Wir flitzten vorbei an den geheimnisvollen weißen Wegweisern irgendwo in der Nacht von New Jersey, die da sagen SÜD (mit einem Pfeil) und WEST (mit einem Pfeil). Wir nahmen die Südrichtung. New Orleans! Es brannte in unseren Hirnen. Den ganzen Weg vom schmutzigen Schnee der „frostigen Schinderstadt New York", wie Dean sie nannte, zum Grün und zu den Flußgerüchen des alten New Orleans am ausgewaschenen Grunde Amerikas; dann westlich. Ed saß hinten; Marylou und Dean und ich saßen vorn und führten ein herzliches Gespräch über das Gute und Freudige des Lebens. Dean wurde plötzlich zart. „Nun, verdammt, seht her, ihr alle, wir müssen samt und sonders zugeben, daß das Ganze fein ist und daß es keinen Anlaß auf der Welt gibt, sich Sorgen zu machen. Wir sollten wirklich erkennen, was es für uns bedeuten würde zu VERSTEHEN, daß wir uns RICHTIGE Sorgen über GAR NICHTS machen. Habe ich recht?" Wir stimmten alle bei. „Da sind wir nun, wir alle miteinander, und es geht voran ... Was haben wir in New York getan? Wir wollen es vergessen." Wir alle hatten unsere kleinen Streitigkeiten gehabt. „Das liegt hinter uns, einfach wegen der Kilometer und der Straßenbiegungen. Wir wollen jetzt hinunter nach New Orleans, um Old Bull Lee wiederzusehen, und da werden wir uns schon mords amüsieren, und hört euch doch einmal diesen bedienten Tenoristen an" — er drehte das Radio auf, daß der Wagen zu zittern begann — „und hört, wie er sich reinkniet, seine Geschichte erzählt und uns wahre Entspannung und wahres Wissen bringt."

Wir alle schafften uns an der Musik und gaben ihm recht. Die Reinheit der Straße. Der weiße Strich in der Mitte der Straße entrollte sich und schmiegte sich an unseren linken Vorderreifen, als klebe er an der Fahrbahn. Dean zog seinen muskulösen Nacken ein, saß in kurzärmeligem Unterhemd da und hetzte den Wagen durch die Winternacht. Er bestand darauf, ich solle in Baltimore fahren, um mich im Verkehr zu üben; das war schon in Ordnung, außer daß er und Marylou dauernd mitsteuern wollten, während sie sich küßten und Dummheiten trieben. Dean trommelte auf das Armaturenbrett, bis eine große Delle entstand; ich benahm mich nicht besser. Der arme Hudson bekam seine Schläge.

„Oh, Mensch, was für ein Spaß!" rief Dean. „Nun Marylou, hör wirklich zu, Liebling, du weißt, ich bin ein heißes Eisen, zu allem gleichzeitig imstande, und ich habe unendliche Energie — also in San Francisco müssen wir weiter zusammen leben. Ich weiß genau, wo du hingehörst — ans Ende der täglichen Sklavenarbeit — ich werde knapp alle zwei Tage zu Hause sein, und dann immer für zwölf Stunden auf einmal, *und Mensch,* du weißt ja, was wir in zwölf Stunden fertigkriegen, Schatz. Unterdessen werde ich mit Camille glatt weiterleben, sie wird's überhaupt nicht merken. Wir können das schaffen, wir haben es schon gemacht." Marylou war ganz einverstanden, sie hatte es wirklich auf Camille abgesehen. Es war geplant gewesen, daß Marylou in Frisco zu mir wechseln sollte, aber ich begann einzusehen, daß sie nicht auseinandergehen würden, und ich würde am anderen Ende des Kontinents allein auf meinen vier Buchstaben sitzenbleiben. Aber warum daran denken, wenn all das goldene Land sich vor dir ausbreitet und alle möglichen unvorhergesehenen Ereignisse auf der Lauer liegen, um dich zu überraschen und dich glücklich zu machen, weil du leben und sie sehen darfst?

Bei Tagesanbruch kamen wir nach Washington. Es war der Tag von Harry Trumans Amtseinführung für seine zweite Wahlperiode. Eine enorme Kriegsmacht wurde längs der Pennsylvania Avenue zur Schau gestellt, als wir in unserer zerschlagenen Karre vorbeirollten. Da waren fliegende Festungen, Landungsboote, Geschütze, alles mögliche Kriegsmaterial, das in dem verschneiten Gras mörderisch aussah; das letzte war ein kleines gewöhnliches Rettungsboot; es wirkte armselig und lächerlich. Dean fuhr langsam, um es zu betrachten. Er hörte nicht auf, erstaunt den Kopf zu schütteln. „Was haben diese Leute vor? Harry schläft irgendwo in dieser Stadt ... der gute alte Harry ... Mann von Missouri wie ich ... das muß sein eigenes Boot sein."

Dean setzte sich nach hinten, um zu schlafen, und Dunkel fuhr. Wir hatten ihm ausdrücklich eingeschärft, gemütlich zu fahren. Kaum begannen wir zu schnarchen, als er den Wagen, trotz schlechter Lager und überhaupt, auf hundertdreißig jagte, und nicht nur das, er überholte an einer Stelle auch noch falsch, als gerade ein Polizist mit einem Kraftfahrer stritt — dabei kam er auf die entgegengesetzte äußere Fahrbahn der vierbahnigen Straße. Natürlich hetzte uns der Polizist mit heulender Sirene nach. Wir wurden angehalten. Er verlangte, wir sollten ihm auf die Wache folgen. Da saß ein bösartiger Polizist, dem Dean auf den ersten Blick unsympathisch war; er konnte das Gefängnis geradezu an ihm riechen. Er schickte seine Leute hinaus, um Marylou und mich einzeln zu verhören. Sie wollten wissen, wie alt Marylou sei, sie wollten etwas in Zusammenhang mit dem „Mann Act" (der das Verbringen Minderjähriger über Staatsgrenzen zu unmoralischen Zwecken verbietet) konstruieren. Aber die beiden hatten ihren Trauschein. Dann nahmen sie mich allein beiseite und wollten wissen, wer mit Marylou schlief. „Ihr Mann“, sagte ich ganz einfach. Sie waren neugierig. Etwas war faul an der Sache. Sie versuchten dilettantisch Sherlock Holmes zu spielen, indem sie zweimal dieselben Fragen stellten, in der Erwartung, wir würden uns verheddern. Ich sagte: „Diese zwei Jungen fahren zur Arbeit bei der Bahn in Kalifornien zurück, das hier ist die Frau vom Kleineren, und ich bin ein Freund auf zweiwöchigen Universitätsferien.“

Der Polizist lächelte und sagte: „Wirklich? Ist das tatsächlich Ihre eigene Brieftasche?“

Schließlich verhängte der Bösartige drinnen fünfundzwanzig Dollar Buße über Dean. Wir sagten ihnen, wir hätten nur vierzig für die ganze Reise bis zur Küste; sie sagten, das ginge sie nichts an. Als Dean protestierte, drohte der bösartige Typ, ihn nach Pennsylvania zurückzubringen und ihn wegen etwas Besonderem anzuzeigen.

„Was is'n das Besondere?“

„Das kann Ihnen egal sein. Machen Sie sich *darum* kein Kopfzerbrechen, Sie Obergescheiter.“

Wir mußten ihnen die fünfundzwanzig Dollar geben. Aber zuerst bot sich Ed Dunkel, der Schuldige, an, ins Gefängnis zu gehen. Dean fand das der Überlegung wert. Der Polizist geriet in Wut; er sagte: „Wenn Sie Ihren Kollegen ins Gefängnis gehen lassen, schicke ich Sie auf der Stelle nach Pennsylvania zurück. Verstehen Sie das?“ Wir wollten nur wegkommen. „Noch eine Geschwindigkeitsübertretung in Virginia, und Sie sind Ihren Wagen los“, äußerte der bösartige Polyp als Abschiedsgruß. Dean war rot im Gesicht. Wir fuhren schweigend ab. Uns unser Reisegeld wegzunehmen, das war genau wie eine Aufforderung zum Stehlen. Sie wußten, daß wir blank waren und unterwegs keine Verwandten hatten, geschweige denn solche, an die wir um Geld hätten telegrafieren können. Die amerikanische Polizei führt einen psychologischen Krieg gegen diejenigen Amerikaner, die sie nicht mit imponierenden Papieren und Drohungen schrecken kann. Es ist eine victorianische Polizeimacht; sie stiert durch dicke Fenster und möchte alles untersuchen, sie kann Verbrechen fabrizieren, wenn die anfallenden Verbrechen ihr nicht genügen. „Neun Zeilen Verbrechen, eine Zeile Langeweile“, sagte Louis-Ferdinand Céline. Dean war so wütend, daß er nach Virginia zurückkommen und den Polizisten erschießen

wollte, sobald er einen Revolver hätte.
„Pennsylvania!" schnaubte er höhnisch. „Ich möchte gerne wissen, was das für eine Anzeige war! Landstreicherei, wahrscheinlich; mir mein ganzes Geld wegzunehmen und mich wegen Landstreicherei anzeigen! Diese Kerle haben es so verdammt leicht. Sie würden auch nicht davor haltmachen, auf einen zu schießen, wenn man sich beschwert." Da ließ sich nichts machen, als wieder unserer selbst froh zu werden und das Ganze zu vergessen. Als wir durch Richmond fuhren, begannen wir schon zu vergessen, und bald war wieder alles prima.
Nun hatten wir fünfzehn Dollar für die ganze Reise. Wir würden Anhalter mitnehmen müssen und sie um Vierteldollars für Benzin anpumpen. In der Wildnis von Virginia sahen wir plötzlich einen Mann auf der Straße gehen. Dean hielt scharf an. Ich blickte zurück und sagte, es sei nur ein Landstreicher, der wahrscheinlich keinen Pfennig habe.
„Wir werden ihn nur so zum Spaß mitnehmen!" Dean lachte. Der Mann war eine abgerissene, bebrillte, verrückte Type, und während er dahinwanderte, las er in einem schmutzigen broschierten Buch, das er in einem Abzugskanal an der Straße gefunden hatte. Er stieg in den Wagen und las ohne Unterbrechung weiter; er war unglaublich schmutzig und mit Grind bedeckt. Er sagte, sein Name sei Hyman Solomon und er wandere überall in den USA herum und klopfe an jüdische Türen und verlange Geld: „Geben Sie mir Geld für Essen, ich bin Jude."
Er sagte, es funktioniere sehr gut und er habe schließlich ja auch Anspruch darauf. Wir fragten, was er lese. Er wußte es nicht. Er nahm sich nicht die Mühe, das Titelblatt anzusehen. Er blickte nur auf die Worte, als habe er die wirkliche Thora dort gefunden, wo sie hingehörte, in der Wildnis.
„Siehst du? Siehst du? Siehst du?" gackerte Dean und stieß mir in die Rippen. „Ich hab dir gesagt, es wird ein Spaß sein. Jedermann ist ein Spaß, Mensch!" Wir nahmen Solomon den ganzen Weg bis Testament mit. Mein Bruder wohnte jetzt schon in seinem neuen Haus auf der anderen Seite der Stadt. Da waren wir nun wieder auf der langen freudlosen Straße mit dem Eisenbahngleis in der Mitte und den düsteren, mürrischen Südstaatlern, die vor Eisenwarenläden und Einheitspreisgeschäften herumlungerten.

Solomon sagte: „Ich sehe, ihr Leute braucht ein bißchen Geld, damit ihr eure Reise fortsetzen könnt. Ihr wartet auf mich, und ich werde in einem jüdischen Haus ein paar Dollar zusammenkratzen, und ich werde mit euch die ganze Strecke bis Alabama mitfahren." Dean war ganz außer sich vor Freude; er und ich rannten los, um Brot und Streichkäse für ein Mittagessen im Wagen zu kaufen. Marylou und Ed warteten im Wagen. Wir verbrachten zwei Stunden in Testament und warteten darauf, daß Hyman Solomon zum Vorschein komme; er bettelte irgendwo in der Stadt um sein Brot, aber wir bekamen ihn nicht zu sehen. Die Sonne begann rot und abendlich zu werden. Solomon kam nie zum Vorschein, und so brausten wir hinaus aus Testament. „Nun, siehst du, Sal, Gott existiert, denn wir bekommen immer wieder mit dieser Stadt zu tun, ohne Rücksicht darauf, was wir vorhaben, und dir wird ihr fremdartiger biblischer Name aufgefallen sein, und dazu dann dieser fremdartige biblische Charakter, der uns wieder veranlaßt hat, hier anzuhalten; und all diese Dinge sind überall zusammen verbunden wie Regen, der alle Leute auf der ganzen Welt wie eine Kette verbindet ..." Dean redete in dieser Art weiter. Er sprach und sprach; er war selig und ausgelassen. Er und ich sahen plötzlich das ganze Land wie eine Auster, für uns zum Öffnen reif; und darin war die Perle, darin war die Perle. Wir rauschten südwärts ab. Wir nahmen einen anderen Anhalter mit. Es war ein trauriger Jüngling, der sagte, er habe eine Tante, die einen Kaufmannsladen in Dunn, North Carolina, besitze, gerade hinter der Stadtgrenze von Fayetteville. „Wenn wir hinkommen, können wir sie um einen Dollar anpumpen? Recht! Fein! Also los!" In einer Stunde waren wir in Dunn, bei Abenddämmerung. Wir fuhren dahin, wo nach den Reden des Jungen seine Tante den Kaufmannsladen haben sollte. Es war eine trübe, kleine Sackgasse, die an einer Fabrikmauer endete. Ein Kaufmannsladen war da, aber keine Tante. Wir fragten uns, was der Junge zusammengeredet hatte. Wir fragten ihn, wie weit er fahren wolle; er wußte es nicht. Es war alles Schwindel. Irgendeinmal, in irgendeinem verlorenen Hintergassenabenteuer, hatte er den Kaufmannsladen in Dunn gesehen, und es war die erste beste Geschichte, die ihm in seinen ungeordneten, fiebrigen Sinn gekommen war. Wir kauften ihm ein heißes Würstchen, aber Dean sagte, wir könnten ihn nicht weiter mitnehmen, denn wir brauchten Platz

zum Schlafen und Platz für Anhalter, die ein wenig Benzin kaufen konnten. Das war traurig, aber wahr. Bei Anbruch der Nacht ließen wir ihn in Dunn.
Ich fuhr durch South Carolina und über Macon, Georgia, während Dean, Marylou und Ed schliefen. Ganz allein in der Nacht, hatte ich meine eigenen Gedanken und hielt den Wagen an der weißen Linie auf der heiligen Straße. Was tat ich? Wohin ging ich? Bald würde ich es herausfinden. Hinter Macon wurde ich hundemüde und weckte Dean, damit er fahre. Wir stiegen aus, um Luft zu schöpfen, und plötzlich waren wir beide starr vor Freude, als wir erkannten, daß in der Dunkelheit überall um uns herum duftendes grünes Gras war und der Geruch von frischem Dung und warmen Wassern. „Wir sind im Süden! Wir haben den Winter verlassen!" Schwache Dämmerung beleuchtete grüne Sprößlinge am Straßenrand. Ich atmete tief; eine Lokomotive heulte auf ihrem Weg nach Mobile durch die Dunkelheit. Das war auch unser Weg. Ich zog mein Hemd aus und jubelte. Fünfzehn Kilometer weiter fuhr Dean mit abgestelltem Motor in eine Tankstelle, bemerkte, daß der Tankwart fest auf seinem Schreibtisch schlief, füllte leise den Tank, achtete darauf, daß die Glocke nicht läutete, und rollte davon wie ein Araber mit einem Tank voll Benzin für unsere Wallfahrt.
Ich schlief und wachte auf zu verrückter jubelnder Musik und zur Unterhaltung zwischen Dean und Marylou, und rings die grüne Landschaft, die an uns vorbeirollte. „Wo sind wir?"
„Wir sind gerade an der Spitze von Florida vorbei — heißt Flomaton." Florida! Wir rollten hinab zur Küstenebene und nach Mobile; gerade vor uns waren die großen schwirrenden Wolken des Golfs von Mexiko. Es waren erst zweiunddreißig Stunden vergangen, seit wir in dem schmutzigen Schnee des Nordens allem auf Wiedersehen gesagt hatten. Wir hielten an einer Tankstelle, und da spielten Dean und Marylou Hukkepack um die Tanksäulen, und Dean ging hinein und stahl mühelos drei Pakete Zigaretten. Sie waren uns gerade ausgegangen. Als wir am Strand hin über die lange Landstraße nach Mobile rollten, zogen wir unsere Winterkleider aus und freuten uns der Wärme des Südens. Da begann nun Dean die Geschichte seines Lebens zu erzählen, und als er jenseits Mobile an einer Kreuzung zu einem Durcheinander von Wagen kam, die die Straße verstellten, raste er, statt sich um sie

herumzuschlängeln, durch eine Tankstelleneinfahrt und fuhr weiter, ohne sein durch den ganzen Kontinent gehaltenes Tempo von hundertzehn zu mäßigen. Wir ließen aufgesperrte Münder hinter uns. Er setzte seine Geschichte ohne zu unterbrechen fort. „Ich sag euch, es ist wahr, ich habe mit neun angefangen, mit einem Mädel names Milly Mayfair hinter Rod's Garage in Grant Street — derselben Straße, wo Carlo in Denver gewohnt hat. Das war, als mein Vater noch ein bißchen in der Klempnerei arbeitete. Ich erinnere mich, wie meine Tante aus dem Fenster gerufen hat: ‚Was machst du dort hinter der Garage?' Oh, Schätzchen Marylou, wenn ich dich nur damals gekannt hätte! Ach! Wie süß mußt du mit neun gewesen sein." Er kicherte manisch; er steckte seinen Finger in ihren Mund und leckte ihn; er nahm ihre Hand und streichelte sich damit. Sie saß unbewegt da und lächelte heiter.

Der lange Ed Dunkel blickte zum Fenster hinaus und sprach zu sich selbst. „Jawohl, ich dachte in jener Nacht, ich sei ein Geist." Er war auch begierig zu wissen, was Galatea Dunkel in New Orleans zu ihm sagen würde.

Dean fuhr fort. „Einmal war ich mit einem Güterzug direkt von New Mexico nach LA unterwegs — ich war elf Jahre alt, verlor meinen Vater auf einem Nebengleis, wir waren alle in einem Landstreicherdschungel, ich war mit einem Mann namens Big Red, mein Vater lag besinnungslos besoffen in einem Kastenwagen — der fing an loszurollen — Big Red und ich verpaßten ihn — ich habe meinen Vater dann monatelang nicht mehr gesehen. Ich fuhr auf einem langen Güterzug den ganzen Weg nach Kalifornien, ich flog geradezu, Eilfracht, ein sogenannter Wüstenzipper. Ich fuhr die ganze Zeit auf den Kupplungen — du kannst dir vorstellen, wie gefährlich das war, ich war nur ein Kind, ich wußte es nicht — ich hielt einen Laib Brot unter dem Arm fest, und mit dem anderen hatte ich die Bremsstange umfaßt. Das ist keine bloße Geschichte, das ist wahr. Als ich nach LA kam, hatte ich solchen Hunger nach Milch und Sahne, daß ich mir Arbeit in einer Molkerei suchte, und als allererstes trank ich zwei Liter Sahne und kotzte."

„Armer Dean", sagte Marylou und küßte ihn. Er starrte stolz in die Gegend. Er liebte sie.

Plötzlich fuhren wir an den blauen Wassern des Golfs entlang, und gleichzeitig begann im Radio etwas völlig Verrücktes; es war das Chicken-Jazz'n-Gumbo-Schallplattenprogramm aus New Orleans, alles verrückte Jazzplatten, Negerplatten, mit der Ansage des Conferenciers: „Mach dir aus *gar nichts* was draus!" Voll Freude sahen wir New Orleans in der Nacht vor uns. Dean rieb seine Hände am Lenkrad. „Jetzt werden wir unseren Spaß haben!" Bei Beginn der Dämmerung fuhren wir in die summenden Straßen von New Orleans ein. „Oh, riech nur die Leute!" brüllte Dean und hielt das Gesicht schnüffelnd zum Fenster hinaus. „Ah! Gott! Leben!" Er machte einen Bogen um die Straßenbahn. „Ja!" Er schoß vorwärts und schaute rings nach Mädchen aus. „Sieh *die* an!" Die Luft war so süß in New Orleans, als trüge sie ein weiches Kopftuch; und man konnte den Fluß riechen, und die Menschen, und Schlamm, und Melasse, und jede nur mögliche tropische Ausdünstung, plötzlich mit der Nase weit weg vom trockenen Eis eines nordischen Winters. Wir hüpften in unseren Sitzen. „Und schau dir *die* mal an!" brüllte Dean und zeigte auf eine andere Frau. „Ah, ich liebe, liebe, liebe Frauen! Ich glaube, Frauen sind wunderbar! Ich liebe Frauen!" Er spuckte zum Fenster hinaus; er stöhnte; er griff sich an den Kopf. Große Schweißperlen fielen ihm von der Stirn vor lauter Aufregung und Erschöpfung.

Wir holperten mit dem Wagen auf die Algiers-Fähre und setzten so per Schiff über den Mississippi-Fluß. „Nun müssen wir alle aussteigen und den Fluß und die Menschen in uns aufnehmen und die Welt beriechen", sagte Dean, fuhrwerkte mit seiner Sonnenbrille und seinen Zigaretten herum und sprang aus dem Wagen wie ein Springteufelchen. Wir hinterher. Wir lehnten uns an das Geländer und blickten auf den großen braunen Vater der Gewässer, der da aus der Mitte Amerikas floß wie ein Strom gebrochener Seelen — Baumstämme von Montana und Schlamm von Dakota und Täler von Iowa mit sich tragend und Dinge, die in Three Forks versunken waren, wo das Geheimnis im Eis begann. Das rauchige New Orleans wich auf der einen Seite zurück; Algiers mit seinen morschen Holzflanken prallte auf der anderen gegen uns. Neger arbeiteten am heißen Nachmittag und schürten die Feuer der Fähre, die rot glühten und unsere Reifen erhitzten, daß sie stanken. Dean beobachtete sie, während er in der Hitze auf und ab hopste. Er rannte in seinen verbeulten Hosen, die ihm halb auf den Bauch hinunterhingen, auf dem Deck herum und die Brücke hinauf. Plötzlich sah ich ihn zum Laufsteg stürzen. Ich sah ihn schon auf Flügeln davonrauschen. Ich hörte sein irres Lachen über das ganze Schiff — „Hi-hi-hi-hi-hi!" Marylou war bei ihm. Er erfaßte alles im Nu, kam mit allen Details zurück, sprang in den Wagen, gerade als alle hupten, damit wir losfuhren, und wir schossen davon, überholten zwei oder drei Wagen an einer engen Stelle und fanden uns bei der Fahrt durch Algiers wieder.

„Wo? Wo?" Dean brüllte.

Wir beschlossen, uns erst in einer Tankstelle zu waschen und herauszufinden, wo Bull war. Kleine Kinder spielten in der einschläfernden Dämmerung; Mädchen gingen in Kopftüchern und Baumwollblusen und mit nackten Beinen vorbei. Dean lief die Straße hinauf, um alles in sich aufzunehmen. Er sah sich um; er nickte; er rieb sich den Bauch. Big Ed saß zurückgelehnt im Wagen, den Hut über die Augen gezogen, und lächelte Dean an. Ich saß auf dem Kotflügel. Marylou war auf dem Damenklo. Mit buschigen Ufern, wo winzige Männer mit Angeln fischten, und mit Delta-Armen, die weit ins sich rötende Land hineinlangten, ringelte sich der große, bucklige Fluß mit seinem schnellen Hauptstrom wie eine Schlange um Algiers und machte unbeschreibliches Getöse. Das schläfrige, eine Halbinsel bildende Algiers mit all seinen Bienen und Lauben sah aus, als würde es eines Tages weggewaschen werden. Die Sonne stand schräg, Insekten führten ihre Kapriolen auf, die schrecklichen Wasser stöhnten.

Wir gingen zu Old Bull Lees Haus in der Nähe des Flußdammes außerhalb der Stadt. Es lag an einer Straße, die durch ein morastiges Feld lief. Das Haus war ein schäbiger alter Trümmerhaufen mit einer abgesackten, umlaufenden Veranda und Trauerweiden im Hof; das Gras stand einen Meter hoch; alte schiefe Zäune, alte eingestürzte Scheunen. Niemand zu sehen. Wir fuhren geradewegs auf den Hof und erblickten Waschtröge auf der hinteren Veranda. Ich stieg aus und ging zu der Gazetür, die vor Insekten schützt. Jane Lee stand da, sie schirmte die Augen mit der Hand gegen die Sonne, „Jane", sagte ich. „Ich bin's. Wir sind's."

Sie wußte das. „Ja, ich weiß. Bill ist jetzt nicht da. Ist das nicht ein Feuer oder so was da drüben?"

Wir sahen beide gegen die Sonne.

„Meinst du die Sonne?“
„Natürlich meine ich nicht die Sonne — ich habe Sirenen dort gehört. Siehst du nicht einen eigentümlichen Schein?“ Es war in Richtung New Orleans; die Wolken sahen merkwürdig aus.
„Ich kann nichts sehen“, sagte ich.
Jane rümpfte die Nase. „Derselbe alte Paradise.“
Das war unsere Begrüßung nach vier Jahren; Jane hatte mit meiner Frau und mir in New York gewohnt. „Und ist Galatea Dunkel hier?“ fragte ich. Jane sah immer noch nach ihrem Feuer aus; in jenen Tagen nahm sie drei Tuben Benzedrin täglich. Ihr Gesicht, einst voll und germanisch und hübsch, war starr, rot und hager geworden. Sie hatte sich in New Orleans Polio zugezogen und hinkte ein wenig. Verlegen kamen Dean und die Bande aus dem Wagen und richteten sich mehr oder weniger häuslich ein. Galatea Dunkel kam aus ihrer würdevollen Zurückgezogenheit im Hinterhaus, um ihrem Peiniger zu begegnen. Galatea war ein ernstes Mädchen. Sie war blaß und sah ganz verweint aus. Big Ed strich mit den Fingern durch sein Haar und sagte hallo. Sie sah ihn mit festem Blick an.
„Wo warst du? Warum hast du mir das angetan?“ Und sie gab Dean einen dreckigen Blick; sie wußte Bescheid. Dean achtete überhaupt nicht darauf; er wollte jetzt essen; er fragte Jane, ob etwas da sei. Schon fing die Verwirrung an.
Der arme Bull kam in seinem Texas-Chevrolet heim und fand sein Haus von Irren besetzt; aber er begrüßte mich mit einer angenehmen Wärme, die ich bei ihm lange nicht gespürt hatte. Er hatte dies Haus in New Orleans von dem wenigen Geld gekauft, das er mit dem Anbau kleiner schwarzfleckiger Erbsen in Texas gemeinsam mit einem alten Kollegen von der Universität verdient hatte, dessen anomaler und halb gelähmter Vater gestorben war und ein Vermögen hinterlassen hatte. Bull selbst bekam nur fünfzig Dollar wöchentlich von seiner Familie, was nicht so schlecht war, nur daß er etwa ebensoviel jede Woche für seine Rauschgiftsucht ausgab — und seine Frau war auch kostspielig, sie verleibte sich jede Woche für zehn Dollar Benzedrin ein. Ihre Lebensmittelrechnung war die niedrigste im Lande; sie aßen kaum je; auch die Kinder nicht — es schien ihnen nichts auszumachen. Sie hatten zwei wunderbare Kinder: Dodie, acht Jahre alt, und den kleinen,

einjährigen Ray. Ray lief splitternackt auf dem Hof herum, ein kleines blondes Kind des Regenbogens. Bull nannte ihn „das kleine Biest", nach W. C. Fields. Bull fuhr auf den Hof und wickelte sich aus dem Wagen, Bein für Bein, und kam verdrossen herüber, mit Brille, Filzhut, abgetragenem Anzug, lang, mager, fremd und einsilbig; er sagte: „Na also, Sal, endlich bist du gekommen; gehen wir auf einen Drink ins Haus."

Man würde die ganze Nacht brauchen, um von Old Bull Lee zu erzählen; lassen wir es vorerst dabei bewenden, daß er Lehrer war, und es möge gesagt sein, daß er alles Recht hatte zu lehren, denn er verbrachte seine ganze Zeit damit zu lernen; und die Dinge, die er lernte, sah er als „die Tatsachen des Lebens" an und nannte sie so, und er lernte sie nicht nur, weil er sie lernen mußte, sondern weil er sie lernen wollte. Er hatte seinen langen, dünnen Körper einst um die ganzen Vereinigten Staaten und den größten Teil von Europa und Nordafrika geschleppt, nur um zu sehen, was gespielt wurde; er heiratete eine weißrussische Gräfin in Jugoslawien, um sie in den dreißiger Jahren vor den Nazis zu retten; es gibt Bilder, die ihn inmitten der internationalen Koksergemeinde der dreißiger Jahre zeigen — Leute mit wirrem Haar, einer an den anderen gelehnt; es gibt andere Bilder von ihm: in einem Panamahut, wie er die Straßen von Algier besichtigt; nie hatte er die weißrussische Gräfin wiedergesehen. Er war Kammerjäger in Chicago, Barmann in New York, Gerichtsdiener in Newark. In Paris hat er an Cafétischen gesessen und die vorübergehenden mürrischen französischen Gesichter betrachtet. In Athen blickte er über seinen *ouzo* auf die, die er das häßlichste Volk der Welt nannte. In Istanbul bahnte er sich einen Weg durch ein Gedränge von Opiumsüchtigen und Teppichverkäufern, auf Ausschau nach dem, was sich tat. In englischen Hotels las er Spengler und den Marquis de Sade. In Chicago plante er einen Überfall auf ein Saunabad, zögerte über einem Drink genau zwei Minuten zu lange, erbeutete zwei Dollar und mußte schleunigst das Weite suchen. Er tat all diese Dinge lediglich, um Erfahrungen zu sammeln. Nun war sein letztes Studienobjekt die Rauschgiftsucht. Er war jetzt in New Orleans und schlich mit zwielichtigen Charakteren über die Straßen und machte die Ringkneipen unsicher.

Es gibt da eine merkwürdige Geschichte aus seinen Studententagen, die einen anderen Zug von ihm beleuchtet: Eines Nachmittags hatte er in seinen gut eingerichteten Räumen Freunde zum Cocktail, als plötzlich das Frettchen, das er sich als Haustier hielt, herauskam und einen eleganten Partyjüngling in den Knöchel biß, und alle Leute stürzten hastig zur Tür hinaus und kreischten. Old Bull sprang auf und packte seine Flinte und meinte: „Er riecht diese alte Ratte wieder", und schoß ein Loch in die Wand, groß genug für fünfzig Ratten. An der Wand hing das Bild eines häßlichen alten Cape-Cod-Hauses. Seine Freunde fragten: „Warum hast du dies häßliche Ding da hängen?" Und Bull sagte: „Ich habe es gern, weil es häßlich ist." Nach diesem Muster spielte sich sein ganzes Leben ab. Einmal klopfte ich an seine Tür in den Slums der 60. Straße von New York, und er öffnete mit einer Melone auf dem Kopf, einer Weste ohne Hemd darunter und langer, gestreifter Gigolohose; in der Hand hielt er einen Kochtopf, im Topf aber war Vogelfutter, und er versuchte, die Futterkörner zu zerquetschen, um sie zu Zigaretten zu rollen. Er experimentierte auch damit, Kodein-Hustensirup zu einem schwarzen Extrakt einzukochen — das funktionierte nicht sehr gut. Er verbrachte lange Stunden mit Shakespeare auf dem Schoß — den „Unsterblichen Barden" nannte er ihn. In New Orleans hatte er viele Stunden mit den Gesetzesbüchern der Mayas auf dem Schoß zugebracht, und wenn er auch weitersprach, das Buch hielt er die ganze Zeit aufgeschlagen. Ich sagte einmal: „Was wird mit uns geschehen, wenn wir sterben?" Und er sagte: „Wenn du stirbst, bist du eben gestorben, das ist alles." Er hatte in seinem Zimmer einen Satz Ketten, den er, wie er sagte, mit seinem Psychoanalytiker gebrauchte; sie experimentierten mit Narcoanalyse und hatten herausgefunden, daß Old Bull sieben Persönlichkeiten habe, die der Reihe nach schlimmer und schlimmer wurden, bis er schließlich ein rasender Irrer war und mit Ketten gehalten werden mußte. Die Spitzenpersönlichkeit war ein englischer Lord, die unterste der Irre. Auf halbem Wege war ein alter Neger, der Schlange stand und mit allen anderen wartete und sagte: „Manche sind Schweinehunde, manche sind keine, so verteilt sich das."

Bull hatte eine sentimentale Ader, was das alte Amerika anging, besonders das von 1910, als man Morphium ohne Rezept im Drugstore bekommen konnte und Chinesen abends im Fenster Opium rauchten und das Land wild und prahlerisch und frei war, mit Überfluß und jeder Art von Freiheit für jedermann. Sein Haupthaß richtete sich gegen die Bürokratie von Washington; danach kamen die Liberalen; dann die Polizei. Er verbrachte seine ganze Zeit damit, zu reden und andere zu belehren. Jane saß ihm zu Füßen; ebenso ich, Dean und früher auch Carlo Marx. Wir haben alle von ihm gelernt. Er war ein grauer Mann ohne besondere Kennzeichen, der einem auf der Straße nicht auffallen würde, außer, man betrachtete ihn näher und sah seinen verrückten, knochigen Schädel mit der eigenartigen Jugendlichkeit — einen Prediger aus Kansas voll von exotischem, phänomenalem Feuer und Geheimnis. Er hatte in Wien Medizin studiert, hatte Anthropologie studiert und alles gelesen; nun vertiefte er sich in sein Lebenswerk, und das war die Erforschung der Dinge selbst in den Straßen des Lebens und der Nacht. Er saß in seinem Stuhl, Jane brachte Drinks, Martinis. Die Vorhänge um seinen Stuhl waren immer zugezogen, bei Tag und bei Nacht; es war seine Ecke im Hause. Auf seinem Schoß lagen die Gesetzbücher der Mayas und ein Luftgewehr, das er gelegentlich hob, um Benzedrintuben durchs Zimmer zu schießen. Ich sprang dauernd herum, um neue aufzustecken. Wir alle schossen, und zwischendurch redeten wir. Bull war neugierig, den Grund dieses Ausflugs zu erfahren. Er blickte uns an und stieß Luft durch die Nase aus — hump, ein Ton wie aus einem leeren Tank.

„Nun, Dean, bleib mal eine Minute ruhig sitzen und sag mir, was dir einfällt, so mir nichts, dir nichts quer durchs Land zu fahren."

Dean konnte nur rot werden und sagen: „Na ja, du weißt ja, wie das ist."

„Sal, wozu gehst du an die Küste?"

„Nur für ein paar Tage. Ich will dann wieder zurück in meine Schule."

„Wie sieht es mit diesem Ed Dunkel aus? Was für eine Art Mensch ist er?" In diesem Augenblick war Ed im Schlafzimmer dabei, sich mit Galatea zu versöhnen; er brauchte nicht lange dazu. Wir wußten nicht, was wir Bill über Ed Dunkel sagen sollten. Als er sah, daß wir über uns selbst nichts zu sagen wußten, holte er drei Marihuanazigaretten heraus und sagte, wir sollten uns dranhalten, das Abendessen würde bald fertig sein.

„Es gibt nichts Besseres auf der Welt, um sich Appetit zu machen. Ich habe einmal an einem Straßenstand eine fürchterliche Boulette nach Marihuana gegessen, und sie schien mir die köstlichste Sache auf der Welt. Ich bin eben letzte Woche aus Houston zurückgekommen, ich war hingefahren, um Dale wegen unserer Erbsen zu treffen. Eines Morgens schlief ich in einem Motel, als ich plötzlich aus dem Bett geworfen wurde. So ein verdammter Idiot hatte gerade im Nebenzimmer seine Frau erschossen. In der Verwirrung standen alle herum, und der Kerl stieg einfach in seinen Wagen und fuhr davon, ließ die Flinte auf dem Boden für den Sheriff zurück. Sie erwischten ihn schließlich in Houma, besoffen wie ein Fürst. Man ist in diesem Lande nicht mehr sicher, wenn man ohne Schießgewehr herumläuft." Er schob seine Jacke zurück und zeigte uns seinen Revolver. Dann öffnete er die Schublade und zeigte uns den Rest seines Arsenals. In New York hatte er einmal eine Maschinenpistole unter dem Bett. „Jetzt hab ich was Besseres — eine deutsche Scheintodgaspistole; seht euch dies Prachtstück an, ich habe nur eine Patrone dazu. Ich könnte hundert Mann mit dieser Pistole hinstrecken und hätte reichlich Zeit, mich davonzumachen. Das einzige, was daran faul ist, ich habe nur eine Patrone."

„Ich hoffe, ich bin nicht dabei, wenn du sie ausprobierst", sagte Jane aus der Küche. „Woher willst *du* wissen, daß es eine Gaspatrone ist?" Bull schnupfte; er beachtete ihre Bosheiten nie, aber er hörte sie. Sein Verhältnis zu seiner Frau war sehr merkwürdig: Sie redeten miteinander bis tief in die Nacht; Bull liebte es, das große Wort zu führen, er redete und redete mit seiner öden, eintönigen Stimme; sie versuchte, etwas einzuwerfen, aber es gelang ihr nie; beim Morgengrauen wurde er müde, und dann redete Jane, und er hörte zu und schnupfte: *schwumpf* ging es in seiner Nase. Sie liebte ihren Mann irrsinnig, aber auf irgendeine phantastische Art und Weise; es gab niemals Knutschen und Ziererei, nur Gespräch und eine sehr tiefe Kameradschaft, die keiner von uns je würde ergründen können. Das eigenartig Distanzierte und Kalte zwischen ihnen war in Wirklichkeit eine Art Humor, mit der sie einander ihre feinsten Schwingungen mitteilten. Liebe ist alles; Jane entfernte sich niemals weiter als drei Meter von Bull und ließ nie ein Wort aus von dem, was er sagte, und dabei sprach er mit sehr leiser Stimme.

Dean und ich waren auf eine große Nacht in New Orleans scharf und wollten, daß Bull uns herumführe. Er dämpfte unsere Begeisterung. „New Orleans ist eine sehr langweilige Stadt. Es ist verboten, in das farbige Stadtviertel zu gehen. Die Bars sind unausstehlich öde."

Ich sagte: „Es muß in der Stadt einige ideale Bars geben."

„Die ideale Bar gibt es nicht in Amerika. Eine ideale Bar ist etwas, das aus unserem Gesichtskreis verschwunden ist. 1910 war eine Bar ein Ort, wo Männer während oder nach der Arbeit zusammenkamen, und da war nichts als eine lange Theke, ein Messinggeländer, Spucknäpfe, ein mechanisches Klavier als Musik, ein paar Spiegel und Fässer Whisky zu zehn Cent das Glas und Fässer Bier zu fünf Cents den Krug. Alles, was man jetzt kriegt, ist Chrom, betrunkene Weiber, Dreigroschenjungen, unhöfliche Barmänner, ängstliche Besitzer, die um die Tür herumstelzen und sich um ihre Ledersessel und die Polizei sorgen; nichts als eine Menge Geschrei zur unrechten Zeit und Totenstille, wenn ein Fremder hereinkommt."

Wir diskutierten über Bars. „Na schön", sagte er, „ich werde euch heute nacht nach New Orleans bringen und euch zeigen, was ich meine." Und mit Absicht führte er uns in die langweiligsten Bars. Wir ließen Jane mit den Kindern zurück; das Nachtmahl war abgeräumt; sie las die Stellenangebote in der New Orleans *Times-Picayune.* Ich fragte sie, ob sie einen Posten suche; sie sagte nur, es sei der interessanteste Teil der Zeitung. Bull fuhr mit uns in die Stadt und redete weiter. „Immer mit der Ruhe, Dean, wir werden schon hinkommen, hoffe ich; hopp, hier ist die Fähre, du brauchst uns nicht direkt in den Fluß zu fahren." Er hielt sich fest. Mit Dean sei es schlimmer geworden, vertraute er mir an. „Er scheint mir genau in sein Idealschicksal hineinzutreiben, und dessen Name lautet: Zwangspsychose, gewürzt durch eine Prise psychopathischer Unverantwortlichkeit und Gewalttätigkeit." Er sah Dean aus den Augenwinkeln an. „Wenn du mit diesem Irren nach Kalifornien fährst, wirst du nie hinkommen. Warum bleibst du nicht bei mir in New Orleans? Wir werden drüben in Graetna auf die Pferde wetten und uns in meinem Garten erholen. Ich besitze einen hübschen Satz Messer und baue eine Zielscheibe auf. Paar hübsche saftige Püppchen gibt's in der Stadt auch, wenn dir zur Zeit danach ist." Er schnupfte. Wir waren auf der Fähre, und Dean war hinausgesprungen, um sich über die Reling zu beugen. Ich folgte, aber Bull blieb im Wagen sitzen, schnupfte, *schwumpf*. Eine geheimnisvolle Nebelsphäre lag in dieser Nacht über den braunen Wassern mit dem dunklen Treibholz; und jenseits glühte die Stadt New Orleans in orangefarbenem Glanz; ein paar dunkle Schiffe sah man an ihrem Saum, geisterhaft nebelumhüllte Cereno-Schiffe mit spanischen Balkons und ornamentiertem Heck, bis man in die Nähe kam und erkannte, daß es nur einfach alte Frachter aus Schweden und Panama waren. Die Feuer der Fähre glühten in der Nacht; die üblichen Neger handhabten die Schaufeln und sangen. Der gute alte Big Slim Hazard hatte einmal auf der Algiers-Fähre an Deck gearbeitet; das brachte mir auch Mississippi Gene in den Sinn; und ich stellte mir vor, wie der Fluß im Sternenlicht aus der Mitte Amerikas herfloß, da wußte ich auf einmal ganz genau, zum Wahnsinnigwerden genau, daß alles, was ich gekannt hatte und je kennen würde, eins war. Seltsam, in dieser Nacht, als wir mit Bull Lee auf der Fähre hinüberfuhren, sprang ein Mädchen vom Deck herunter, entweder gerade vor oder gerade nach uns; am nächsten Tag lasen wir in der Zeitung von dem Selbstmord.

Wir besuchten mit Old Bull alle langweiligen Bars im „Französischen Viertel" und kehrten um Mitternacht heim. Diese Nacht nahm Marylou alles ein, was es überhaupt gibt; sie nahm Marihuana, Schlaftabletten, Benzedrin, Alkohol und wollte von Old Bull sogar eine Morphiuminjektion, die er ihr natürlich nicht gab; einen Martini gab er ihr. Sie war mit Mitteln aller Art so gesättigt, daß sie ganz teilnahmslos wurde und benebelt mit mir auf der Veranda stand. Die Veranda, die Bull gehörte, war wunderbar. Sie lief ums ganze Haus herum; im Mondenschein mit den Weiden sah es aus wie ein alter südländischer Herrensitz, der bessere Tage gesehen hatte. Jane saß im Wohnzimmer und las die Stellenangebote; Bull war im Badezimmer, um sein Lebenselexier zu nehmen, zog seine alte schwarze Krawatte mit den Zähnen als Aderpresse zusammen und stieß mit der Nadel in den bedauernswerten Arm mit den tausend Löchern; Ed Dunkel streckte sich mit Galatea breit im schweren großen Bett im Schlafzimmer, das Old Bull und Jane niemals benutzten; Dean rollte Marihuanazigaretten; und Marylou und ich imitierten südliche Aristokraten.

„Oh, Miss Lou. Sie sehen heute nacht entzückend und ganz besonders anziehend aus."
„Oh, danke schön, Crawford, ich freue mich wirklich sehr über die reizenden Dinge, die Sie mir sagen."
Auf der schiefen Veranda öffneten sich zuweilen Türen, und die Akteure unseres traurigen Dramas in der amerikanischen Nacht kamen heraus, um nachzusehen, wo alle waren. Schließlich machte ich allein einen Spaziergang auf dem Flußdamm. Ich wollte am schlammigen Ufer sitzen und den Mississippi in mich aufnehmen; statt dessen mußte ich die Nase gegen einen Drahtverhau drücken, um ihn zu sehen. Wenn man anfängt, das Volk von seinen Flüssen zu trennen, was bleibt übrig? „Bürokratie!" sagte Old Bull; er sitzt mit Kafka auf dem Schoß, die Lampe brennt über ihm, er schnupft, *schwumpf*. Sein altes Haus knarrt. Und der Baumstamm aus Montana rollt im großen schwarzen Fluß der Nacht vorbei. „Überall bloß Bürokratie. Und Gewerkschaften! Besonders Gewerkschaften!" Aber das dunkle Lachen wird wiederkommen.

7

Am Morgen stand ich frisch und früh auf und fand Old Bull und Dean im Hinterhof. Dean trug seinen Tankstellenoverall und half Bull. Der hatte ein großes Stück dicken, morschen Holzes gefunden und zog verzweifelt mit der Nagelzieherseite eines Hammers an kleinen Nägeln, die darin eingebettet waren. Wir starrten auf die Nägel; es waren Millionen — wie Würmer.
„Wenn ich alle diese Nägel herausbekomme, dann werde ich mir ein Regal bauen, das wird *tausend Jahre* halten!" sagte Bull, und jeder Knochen in ihm zitterte vor jungenhafter Aufregung. „Mensch, Sal, ist dir nicht klar, daß die Regale, die sie heutzutage bauen, in sechs Monaten unter dem Gewicht von ein paar Nippesfiguren nachgeben oder einfach zusammenfallen? Dasselbe mit Häusern, dasselbe mit Kleidung. Diese Lausekerle haben Kunststoffe entwickelt, aus denen man Häuser bauen könnte, die *ewig* dauern. Und Reifen. Millionen Amerikaner bringen sich jährlich mit Gummireifen um, die auf der Straße heiß werden und platzen. Man könnte Reifen machen, die nie platzen. Dasselbe mit Zahnpulver. Es

gibt ein gewisses Harz, das erfunden worden ist und das sie niemand zeigen wollen, wenn du das als Kind kaust, dann werden die Zähne dein Leben lang nicht kariös. Dasselbe mit Kleidung. Man kann Kleider machen, die ewig halten. Die machen lieber Schund, damit die Leute weiterarbeiten müssen und Zeituhren stechen und sich in öden Gewerkschaften zusammenschließen und sich abrackern, während das große Grapschen weitergeht in Washington und in Moskau." Er hob sein großes Stück faulen Holzes. „Glaubst du nicht, das wird ein herrliches Regal geben?"

Es war früh am Morgen; seine Energie war auf dem Höhepunkt. Der arme Kerl pumpte so viel Rauschgift in seinen Organismus, daß er die längste Zeit des Tages nur in jenem Sessel überstehen konnte, neben dem sogar mittags die Lampe brannte; aber am Morgen war er wundervoll. Wir warfen mit Messern nach der Scheibe. Er sagte, er habe in Tunis einen Araber gesehen, der eines Mannes Auge auf zwölf Meter treffen konnte. Das brachte ihn auf seine Tante, die in den dreißiger Jahren in die Kasbah gegangen war. „Sie kam mit einer Reisegesellschaft dorthin, die von einem Fremdenführer geführt wurde. Sie hatte einen Brillantring an ihrem kleinen Finger. Sie lehnte an einer Wand, um eine Minute zu verschnaufen, da sprang plötzlich ein Araber auf sie zu und eignete sich den Finger mit dem Ring an, bevor sie auch nur den Mund aufmachen konnte, mein Lieber. Plötzlich sah sie, daß sie keinen kleinen Finger mehr hatte. Hi-hi-hi-hi-hi!" Wenn er lachte, preßte er die Lippen zusammen, so daß es aus seinem Bauch herauskam wie aus weiter Ferne, und er beugte sich vor, um sich auf die Knie zu stützen. Er lachte lange. „He, Jane!" schrie er vergnügt. „Ich habe Dean und Sal gerade von meiner Tante in der Kasbah erzählt!"

„Ich habe dich gehört", rief sie von der Küchentür in den lieblichen warmen Golfmorgen. Große schöne Wolken schwebten über uns, Talwolken, die einen die Weite des alten, heiligen, baufälligen Amerika von Mündung zu Mündung und von Landzunge zu Landzunge fühlen ließen. Bull war prächtig aufgelegt. „Sag, hab ich dir je von Dales Vater erzählt? Er war der seltsamste alte Herr, den du je in deinem Leben gesehen hast. Er hatte Paresis, das ist eine Lähmungskrankheit, die den Vorderteil des Gehirns auffrißt, und man wird so, daß man nicht mehr verantwortlich ist für das, was einem in den Sinn kommt. Er hatte ein Haus in Texas, und Zimmerleute mußten Tag und Nacht daran arbeiten, um neue Flügel zu errichten. Er konnte mitten in der Nacht aufspringen und sagen: ‚Ich will diesen verdammten Flügel nicht; baut ihn dort auf.' Die Zimmerleute mußten alles abreißen und wieder von neuem anfangen. Wenn der Morgen graute, konnte man sie an dem neuen Flügel hämmern sehen. Dann wurde dem alten Mann das wieder langweilig, und er sagte: ‚Verdammt, ich möchte nach Maine fahren!' Und er setzte sich in seinen Wagen und fuhr mit hundertsechzig Sachen davon. Große Schauer von Hühnerfedern folgten seinen Spuren auf Hunderte von Kilometern. Er konnte seinen Wagen mitten in einer Stadt in Texas anhalten und eine Verkehrsstockung verursachen, nur um auszusteigen und etwas Whisky zu kaufen. Die Leute hupten überall um ihn herum, und er stürzte aus dem Laden und schrie: ‚Hört mit eurem 'dammten Krach auf, ihr Tsweinebande!' Er lispelte; wenn man Paresis hat, lipselt man, ich meine: lispelt man. Eines Nachts kam er zu mir nach Hause in Cincinnati und hupte und sagte: ‚Komm heraus, wir fahren nach Texas und besuchen Dale.' Er war auf der Rückfahrt von Maine. Er behauptete, ein Haus gekauft zu haben — oh, im College haben wir eine Geschichte über ihn geschrieben; da sieht man einen schrecklichen Schiffsuntergang und Leute im Wasser, die sich an die Bordwände eines Rettungsbootes klammern, und da ist der alte Mann mit einer Machete drin und hackt auf ihre Finger. ‚Tsert euch weg, ihr Tsweinebande, dat is mein verdammtes Boot!' Oh, er war furchtbar. Ich könnte euch den ganzen Tag Geschichten über ihn erzählen. Sag, is das nich ein schöner Tag?"

Und das war es ganz gewiß. Die mildeste Brise blies vom Flußdamm; das allein lohnte die ganze Reise. Wir gingen hinter Bull ins Haus, um die Wand für ein Regal auszumessen. Er zeigte uns den Eßzimmertisch, den er gebaut hatte. Er war aus fünfzehn Zentimeter starkem Holz gemacht. „Das ist ein Tisch, der tausend Jahre halten wird!" sagte Bull und beugte sein langes, dünnes Gesicht wie ein Geisteskranker zu uns herüber. Er baute drauf.

Am Abend saß er an diesem Tisch, stocherte in seinem Essen herum und warf die Knochen den Katzen vor. Er hatte sieben Katzen. „Ich liebe Katzen. Ich hab besonders die gern, die quietschen, wenn ich sie über die Badewanne halte." Er bestand darauf, es uns vorzuführen; im Badezimmer war jemand. „Na schön“, sagte er, „wir können's jetzt nicht machen. Hört mal, ich hab mit den Nachbarn nebenan Krach gehabt.“ Er erzählte uns von den Nachbarn; sie waren eine große Bande mit frechen Kindern, die über den wackligen Zaun Steine nach Dodie und Ray und manchmal auch nach Old Bull warfen. Er forderte sie auf, das zu unterlassen; der alte Mann stürzte hinaus und schrie etwas auf portugiesisch. Bull ging ins Haus und kam mit einer Flinte zurück und stützte sich ernsthaft darauf; unter der breiten Hutkrempe unglaubliche Affektiertheit im Gesicht, sein ganzer Körper wand sich geziert und schlangengleich, während er da wartete, ein grotesker, schmächtiger, einsamer Clown unter den Wolken. Sein Anblick muß auf den Portugiesen einen Eindruck gemacht haben wie ein alter böser Traum.

Wir durchforschten den Hof nach irgendeiner Beschäftigung. Da war ein riesiger Zaun, an dem Bull gearbeitet hatte und der ihn von den verhaßten Nachbarn trennen sollte; er würde nie fertig werden, die Aufgabe war zu groß. Er rüttelte daran, um zu zeigen, wie fest er war. Plötzlich wurde er müde und still und ging ins Haus und verschwand im Badezimmer, um sich die Vormittagsinjektion zu machen. Er kam ruhig mit glasigen Augen heraus und setzte sich unter seine brennende Lampe. Das Sonnenlicht stieß schwach durch die zugezogene Gardine. „Sagt, warum versucht ihr Kerls nicht meinen Orgonensammler? Gießt ein bißchen Saft in eure Knochen. Ich werf mich immer hinein und fahre mit hundertfünfzig Kilometer pro Stunde zum nächsten Bordell, ho-ho-ho!“ Das war sein „Gelächter“-Lachen — wenn er nicht wirklich lachte. Der Orgonensammler ist eine gewöhnliche Kiste, groß genug, daß ein Mann darin auf einem Stuhl sitzen kann; eine Lage Holz, eine Lage Metall und eine weitere Lage Holz sammeln Orgonen aus der Atmosphäre ein und halten sie so lange fest, daß der menschliche Körper mehr als die normale Dosis absorbieren kann. Nach Reich sind Orgonen schwingungsfähige atmosphärische Atome des Lebensprinzips. Man bekommt Krebs vom Orgonenmangel. Old Bull dachte, sein Orgonensammler würde besser, wenn das verwendete Holz so organisch wie möglich sei, so band er Blätter und Zweige von Sumpfbüschen an seine mystische Laube. Da stand sie in dem heißen, ebenen Hof, ein abblätternder Apparat, umgeben und bedeckt mit wahnsinnigen Vorrichtungen. Old Bull schlüpfte aus seinen Kleidern und stieg hinein, um darin zu hocken und über seinem Nabel zu brüten. „Sag, Sal, nach dem Mittagessen wollen wir, du und ich, zur Buchmacherbude in Graetna und auf die Pferde wetten." Er war wunderbar. Nach dem Mittagessen hielt er ein Schläfchen in seinem Sessel, das Luftgewehr auf dem Schoß und den kleinen Ray schlafend an seinen Hals geschmiegt. Es war ein hübscher Anblick, Vater und Sohn, ein Vater, der seinen Sohn bestimmt niemals langweilen würde, wenn es galt, etwas zu tun und darüber zu sprechen. Er wachte mit einem Ruck auf und starrte mich an. Es dauerte eine Minute, bis er erkannte, wer ich war. „Wozu gehst du an die Küste, Sal?" fragte er und schlief im nächsten Augenblick wieder ein.

Nachmittags fuhren wir nach Graetna, nur Bull und ich. Wir fuhren in seinem alten Chevrolet. Deans Hudson war niedrig und elegant; Bulls Chevrolet war hoch und klapprig. Er sah aus wie von 1910. Die Buchmacherbude stand in der Nähe der Docks in einer großen Chrom-und-Leder-Bar, die sich nach hinten in eine riesige Halle öffnete, wo Nummern und Nennungen an der Wand ausgehängt waren. Typen aus Louisiana lungerten mit *Rennformularen* herum. Bull und ich tranken ein Bier, und Bull ging lässig zum Spielautomaten hinüber und warf eine Halbdollarmünze hinein. Die Räder klickten „Haupttreffer" — „Haupttreffer" — „Haupttreffer" — „Haupttreffer" — und der letzte „Haupttreffer" schwebte gerade einen Augenblick und glitt auf „Kirsche" zurück. Um ein Haar hätte er hundert Dollar oder mehr gewonnen. „Verdammt", schrie Bull. „Die haben diese Dinger einreguliert. Das hat man jetzt genau sehen können. Ich hatte den Haupttreffer, und der Mechanismus hat ihn zurückgeklickt. Tja, was kann man da machen." Wir studierten das *Rennformular.* Ich hatte seit Jahren nicht auf Pferde gewettet, und all die neuen Namen machten mich ganz verwirrt. Da hieß ein Pferd „Big Pop", das mich vorübergehend in einen Trancezustand versetzte und Gedanken an meinen Vater wachrief, der mit mir zusammen auch immer auf Pferde wettete. Ich war gerade dabei, es Old Bull zu erzählen, als er sagte: „Ja, ich glaube, ich werde diesen ‚Ebony Corsair' hier versuchen."

Endlich sprach ich es aus. „‚Big Pop' erinnert mich an meinen Vater."

Er dachte knapp eine Sekunde nach, seine klaren blauen Augen fixierten die meinen hypnotisch, so daß ich nicht sagen konnte, was er dachte oder wo er war. Dann ging er hinüber und wettete auf „Ebony Corsair". „Big Pop" gewann und zahlte fünfzig zu eins.
„Verdammt!" sagte Bull. „Ich hätte es besser wissen sollen, ich habe damit früher schon Erfahrung gehabt. Oh, wann werden wir es je lernen?"
„Was meinst du damit?"
„‚Big Pop' ist, was ich meine. Du hast ein Gesicht gehabt, Junge, ein *Gesicht.* Nur verdammte Idioten schenken Gesichten keine Beachtung. Woher weißt du, daß dein Vater, der ein alter Pferdewetter war, sich nicht einen Augenblick lang mit dir in Verbindung gesetzt hat, um dir mitzuteilen, daß ‚Big Pop' das Rennen gewinnt? Der Name hat in dir das Gefühl erweckt, er hat den Namen zum Anlaß genommen, sich mit dir in Verbindung zu setzen. Daran hatte ich gedacht, als du es erwähntest. Mein Vetter in Missouri hat einmal auf ein Pferd gewettet, dessen Name ihn an seine Mutter erinnerte, und es hat gesiegt und eine große Quote gezahlt. Dasselbe ist heute nachmittag passiert." Er schüttelte den Kopf. „Ach, gehn wir. Das ist das letzte Mal, daß ich auf Pferde wette, wenn du in der Nähe bist; all diese Gesichte machen mich zerstreut." Als wir zu seinem alten Haus zurückfuhren, sagte er im Wagen: „Die Menschheit wird eines Tages erkennen, daß wir tatsächlich mit den Toten und dem Jenseits, was immer es auch sein mag, in Verbindung stehen; in diesem Augenblick könnten wir, wenn wir genügend geistige Willenskraft aufwenden würden, vorhersagen, was während der nächsten hundert Jahre geschehen wird, und wären in der Lage, Schritte zu unternehmen, um alle möglichen Katastrophen zu vermeiden. Wenn ein Mensch stirbt, findet in seinem Hirn eine Veränderung statt, über die wir jetzt noch nichts wissen, die aber eines Tages ganz klar werden wird, wenn die Wissenschaftler sich dahinterklemmen. Diese Dreckskerle sind im Augenblick nur daran interessiert, zuzusehen, ob sie die Welt endlich in die Luft sprengen können."
Wir erzählten es Jane. Sie rümpfte die Nase. „Ich halte es für Blödsinn." Sie machte sich eifrig mit dem Besen in der Küche zu schaffen. Bull ging ins Badezimmer, um sich seine Nachmittagsinjektion zu verpassen.

Draußen auf der Straße spielten Dean und Ed Dunkel mit Dodies Ball und einem an einen Laternenpfahl genagelten Eimer Korbball. Ich schloß mich ihnen an. Dann wandten wir uns sportlichen Heldentaten zu. Ich war höchst erstaunt über Dean. Er ließ Ed und mich eine Eisenstange in Gürtelhöhe halten, und ohne Anlauf sprang er ganz leicht darüber und hielt dabei seine Fersen in den Händen. „Los, hebt sie." Wir hoben sie bis in Brusthöhe. Er sprang immer noch mit Leichtigkeit darüber. Dann versuchte er sich im Weitsprung mit Anlauf und sprang mindestens sechs Meter und mehr. Dann lief ich auf der Straße mit ihm um die Wette. Ich schaffe die hundert Meter in 10,5. Er überholte mich wie der Wind. Während wir liefen, hatte ich eine verrückte Vision von Dean, wie er so durch sein ganzes Leben lief — sein knochiges Gesicht dem Leben entgegengeworfen, mit pumpenden Armen, die Stirn schweißgebadet, die Beine zappelig wie Groucho Marx, und brüllend: „Ja! Ja, Mensch, du kannst wirklich rennen!" Aber niemand konnte so schnell rennen wie er, das ist wahr. Dann kam Bull mit einem Paar Messer heraus und begann uns vorzuführen, wie man einen Messerstecher in einer finsteren Gasse entwaffnet. Ich für meinen Teil zeigte ihm einen sehr guten Trick, der darin besteht, daß man sich vor dem Gegner zu Boden fallen läßt, ihn mit den Knöcheln umfaßt und so umreißt, daß er auf die Hände fällt, um dann seine Handgelenke in einem vollen Nelson zu packen. Er sagte, das sei nicht übel. Er führte ein wenig Jiu-Jitsu vor. Klein Dodie rief ihre Mutter auf die Veranda und sagte: „Schau dir diese dummen Männer an." Sie war ein so aufgewecktes, freches kleines Ding, daß Dean seine Augen nicht von ihr lassen konnte.

„Donnerwetter! Wart, bis *die* erwachsen ist! Kannst du dir *die* vorstellen, wie sie mit ihren raffinierten Augen Canal Street hinabflaniert. Ah! Oh!" Er pfiff durch die Zähne.

Wir verbrachten einen verrückten Tag im Stadtinnern von New Orleans, wo wir mit den Dunkels herumschlenderten. Dean war an diesem Tag völlig von Sinnen. Als Dean die Güterzüge der T & NO-Bahn auf dem Rangierbahnhof sah, wollte er mir alles auf einmal zeigen. „Eh du dich versiehst, hab ich einen gelernten Bremser aus dir gemacht!" Er und ich und Ed Dunkel liefen über die Gleise und sprangen an drei verschiedenen Stellen auf einen Güterzug; Marylou und Galatea warteten solange im Wagen. Auf dem Zug fuhren wir fast einen Kilometer zu den Piers und winkten den Weichenstellern und Signalleuten zu. Sie zeigten mir, wie man richtig von einem fahrenden Waggon abspringt; mit dem rückwärtigen Fuß zuerst, und dann läßt man den Zug unter sich weggleiten, dreht sich und setzt den anderen Fuß herunter. Sie zeigten mir die Kühlwagen, die Eisbehälter, die für eine winterliche Nachtfahrt in einem Leerzug geeignet sind. „Erinnerst du dich, was ich dir über die Strecke New Mexico nach LA gesagt habe?“ rief Dean. „Auf die Art hatte ich mich angehängt...“

Mit einer Stunde Verspätung kamen wir zu den Mädchen zurück; natürlich waren sie böse. Ed und Galatea hatten beschlossen, in New Orleans ein Zimmer zu mieten und dort zu bleiben und zu arbeiten. Das paßte Bull, dem die ganze Bande langsam zum Hals hinauswuchs, ausgezeichnet. Die Einladung war ursprünglich für mich allein gedacht. Im vorderen Zimmer, wo Dean und Marylou schliefen, war der ganze Boden voll von Marmelade- und Kaffeeflecken und leeren Benzedrintuben; und schlimmer: Es war Bulls Arbeitsraum, und er konnte nicht an seinen Regalen weitermachen. Die arme Jane wurde von dem dauernden Herumhüpfen und Herumrennen Deans zum Wahnsinn getrieben. Wir warteten auf das Eintreffen meines nächsten Kriegsversorgungsschecks, den meine Tante nachschicken sollte. Dann würden wir abfahren, wir drei — Dean, Marylou, ich. Als der Scheck ankam, wurde mir bewußt, daß ich Bulls wunderbares Haus nur sehr ungern so plötzlich verließ, aber Dean war ganz Energie und fertig zum Start.

In der traurigen roten Abenddämmerung saßen wir schließlich im Wagen, und Jane, Dodie, der kleine Junge Ray, Bull, Ed und Galatea standen im hohen Gras herum und lächelten. Das war das Lebewohl. Im letzten Augenblick hatten Dean und Bull ein finanzielles Mißverständnis; Dean hatte Bull anpumpen wollen; Bull sagte, das käme nicht in Frage. Deans schlechter Ruf reichte zurück bis in die Tage von Texas. Hochstapler Dean verscherzte sich die Leute nach und nach. Er kicherte manisch und kümmerte sich nicht darum; er rieb sich am Hosenschlitz, steckte einen Finger in Marylous Kleid, sabberte ihr Knie hinauf und sagte mit schäumendem Mund: „Liebling, du weißt und ich weiß, daß zwischen uns endlich alles aufrichtig und in Ordnung ist bis in die feinste abstrakte Definition nach metaphysischen oder sonstigen Grundsätzen, die du liebenswürdigerweise vorschreiben oder auf die du zurückkommen willst ...“ und so weiter, und rums machte der Wagen, und ab ging es wieder nach Kalifornien.

8

Was für ein Gefühl, wenn man Menschen hinter sich läßt und sie in der Ebene zurückweichen sieht, bis sie nur noch verstreute Pünktchen sind? — das ist die allzu gewaltige Welt, die uns überwölbt; es ist das Lebewohl. Aber wir drängen schon vorwärts zum nächsten verrückten Abenteuer unter dem Himmel.

Wir rollten durch das schwüle, alte Licht von Algiers zurück auf die Fähre, zurück zu den schlammbespritzten, muschelüberzogenen alten Schiffen auf der anderen Seite des Flusses, zurück zur Canal Street und hinaus auf die schmale Landstraße nach Baton Rouge in violetter Dunkelheit; dort schwenkten wir westwärts, kreuzten den Mississippi bei einem Ort namens Port Allen — wo der Fluß in einer tiefen diesigen Dunkelheit ganz Regen und Rosen ist und wo wir auf einer Straßenschleife im gelben Nebellicht herumschwenkten und plötzlich unter einer Brücke den großen schwarzen Leib sahen und wieder die Ewigkeit kreuzten. Was ist der Mississippi? — ein gewaschener Klumpen in der regnerischen Nacht, ein sanftes Plumpsen von den niederhängenden Ufern Missouris, ein Sichauflösen, ein Abwärtsströmen der Flut im ewigen Flußbett, ein Münden in braunes Schäumen, ein Reisen endlos an Tälern und Bäumen und Dämmen entlang, weiter flußab, weiter flußab, über Memphis, Greenville, Eudora, Vicksburg, Natchez, Port Allen und Port Orleans und Port of the Deltas, über Potash, Venice, über der Nacht Großen Golf und weiter hinaus.

Aus dem Radio kam ein Kriminalhörspiel, und ich schaute aus dem Fenster und sah eine Reklame, die sagte VERWENDE COOPERS LACKE, und ich sagte: „Na schön, mach ich“, und dabei rollten wir durch die betörende Nacht der Ebenen von Louisiana — Lawtell, Eunice, Kinder und De Quincy, wacklige westliche Städtchen, die sich immer mehr dem

Charakter der Sumpflandschaft anpaßten, als wir den Sabine erreichten. In Old Opelousas ging ich in einen Kaufmannsladen, um Brot und Käse zu kaufen, während Dean nach Benzin und Öl sah. Es war nur ein Schuppen; ich konnte die Familie im Hintergrund zu Abend essen hören. Ich wartete eine Minute; sie unterhielten sich weiter. Ich nahm Brot und Käse und schlüpfte zur Tür hinaus. Wir hatten kaum Geld genug, um bis Frisco zu kommen. Unterdessen nahm Dean einen Karton Zigaretten aus der Tankstelle, und wir waren für die Reise versorgt — Benzin, Öl, Zigaretten und Lebensmittel. Richtige Gauner kriegen so was nicht fertig. Er lenkte den Wagen gerade die Straße hinab.

Irgendwo in der Nähe von Starks sahen wir einen mächtigen roten Lichtschein vor uns am Himmel; wir wußten nicht, was es war; bald fuhren wir daran vorbei. Es war ein Feuer jenseits der Bäume; auf der Straße parkten viele Wagen. Es muß eine Art Fischbratfest im Freien gewesen sein oder irgendwas anderes. In der Nähe von Deweyville wurde die Landschaft fremdartig und finster. Plötzlich waren wir im Moor.

„Mensch, kannst du dir vorstellen, wie das wäre, wenn wir eine Jazzkneipe in diesem Moor finden würden, mit großen, starken, schwarzen Jungs, die klagende Blues auf der Gitarre spielen und Schlangensaft trinken und uns zuwinken?" — „Ja!"

Die Gegend war voller Geheimnisse. Der Wagen fuhr auf einer ungepflasterten Straße über dem Moor, das zu beiden Seiten abfiel und mit Schlingpflanzen bedeckt war. Wir fuhren an einer Erscheinung vorbei; es war ein Neger in weißem Hemd, die Arme zum tintigen Firmament erhoben. Er muß gebetet oder einen Fluch herunterbeschworen haben. Wir brausten vorüber; ich blickte aus dem Rückfenster, um seine weißen Augen zu sehen. „Hu!" sagte Dean. „Paß auf. Wir halten besser nicht in dieser Gegend." Dann blieben wir vor einer Kreuzung stecken und mußten doch anhalten. Dean drehte die Scheinwerfer ab. Es umgab uns ein großer Wald verschlungener Bäume, in dem wir fast das Gleiten von Millionen Giftschlangen hören konnten. Sehen konnten wir nur den roten Lichtknopf am Armaturenbrett des Hudson. Marylou kreischte vor Angst. Wir begannen blödsinnig zu lachen, um sie zu erschrecken. Aber auch wir fürchteten uns. Wir wollten hinaus aus dieser Residenz der Schlange, aus dieser schlammig niederhängenden Finsternis, und zurücksausen zu vertrautem amerikanischem Boden und zu den Kuhdörfern. Es war ein Geruch von Öl und totem Wasser in der Luft. Dies war ein Schriftwerk der Nacht, das wir nicht lesen konnten. Eine Eule schrie. Auf gut Glück nahmen wir eine der ungepflasterten Straßen, und ziemlich bald kreuzten wir den bösen alten Sabine-Fluß, der für das ganze Sumpfgebiet verantwortlich ist. Mit Staunen sahen wir große Lichtgebilde vor uns. „Texas! Es ist Texas! Die Ölstadt Beaumont!“ Riesige Öltanks und Raffinierien taten sich in der ölgeschwängerten Luft auf wie Städte in der Ferne.

„Ich bin froh, daß wir dort herausgekommen sind“, sagte Marylou. „Laßt uns jetzt noch ein Kriminalhörspiel hören.“ Wir brausten durch Beaumont, bei Liberty über den Dreifaltigkeitsfluß und geradeaus gen Houston. Dean begann von seiner Houstoner Zeit 1947 zu erzählen. „Hassel! Dieser verrückte Hassel! Ich schaue nach ihm aus, wo immer ich auch hinkomme, und nie finde ich ihn. Hier in Texas hat er uns damals fast wahnsinnig gemacht. Wir fuhren mit Bull einkaufen, und Hassel verschwand. Wir mußten ihn dann in jeder Schießbude der Stadt suchen.“ Wir kamen nach Houston. „Wir mußten ihn fast immer in diesem elenden Stadtteil suchen. Mensch, er zog mit jeder bedienten Type los, die er finden konnte. Eines Nachts verloren wir ihn und nahmen ein Hotelzimmer. Wir sollten Jane Eis bringen, denn ihre Lebensmittel wurden schlecht. Es dauerte zwei Tage, bis wir Hassel fanden. Dabei bin ich fast selbst wahnsinnig geworden — ich belästigte einkaufende Frauen am Nachmittag, hier, in der Stadt, in den großen Selbstbedienungsläden“ — wir schossen vorbei in der leeren Nacht — „und fand ein unwahrscheinlich scharf aussehendes stummes Mädchen, das nicht ganz klar im Kopf war und nur so herumwanderte und eine Orange zu stehlen versuchte. Sie kam von Wyoming. Ihr Körper war so schön wie ihr Geist schwach. Sie stammelte, als ich sie fand und ins Hotelzimmer mitnahm. Bull war betrunken und versuchte, seine junge Mexikanerin betrunken zu machen. Carlo schrieb unter Heroin Gedichte. Hassel tauchte erst um Mitternacht am Jeep auf. Wir fanden ihn im Rücksitz. Er schlief. Das Eis war total geschmolzen. Hassel sagte, er habe etwa fünf Schlaftabletten genommen. Mensch, wenn nur mein Gedächtnis so funktionieren würde, wie mein Geist arbeitet, könnte ich dir jede Einzelheit von dem erzählen, was wir getan haben. Ah, aber wir müssen uns ranhalten. Wir wissen, was das Wort ‚Zeit' bedeutet. Alles regelt sich von selbst. Ich könnte meine Augen schließen, und dieser alte Wagen würde sich um sich selbst kümmern."

Durch die leeren Straßen von Houston brauste plötzlich um vier Uhr morgens ein Motorradjüngling, glitzernd und beladen mit blinkenden Knöpfen, Mützenschirm, schimmernder schwarzer Jacke, ein Texas-Dichter der Nacht; ein Mädchen klammerte sich an seinen Rücken wie ein Indianerkind, mit fliegendem Haar, vorwärts drückend, singend: „Houston, Austin, Fort Worth, Dallas — und manchmal Kansas City — und manchmal das alte Antone, ah-ha-a!" Sie verschwanden am Horizont. „Donnerwetter! Schau dir die Puppe an seinem Gürtel an! Volle Fahrt voraus!" Dean versuchte, sie einzuholen. „Nun, wäre das nicht schön, wenn wir alle zusammenkommen und gemeinsam eine richtige Rauschgiftparty abziehen könnten, mit jeder Menge Leben in der Bude, wo wir ihn alle ganz auf lieb und vornehm und verträglich bringen, keine Schlägerei, keine Proteste verletzlicher Kinderseelen und kein Geseire von hinterlistiger Körperverletzung. Nichts in der Art! Ah, aber wir müssen uns beeilen, die Zeit entflieht." Er beugte sich vor und ließ den Wagen rasen.

Jenseits Houston erschöpfte sich seine Energie, so groß sie auch war, und ich fuhr. Als ich das Lenkrad übernahm, fing es an zu regnen. Nun waren wir in dem großen Flachland von Texas und, wie Dean sagte: „Man fährt und fährt, und morgen nacht ist man immer noch in Texas." Der Regen peitschte herab. Ich fuhr durch ein wackliges kleines Kuhdorf mit verschlammter Hauptstraße und befand mich plötzlich in einer Sackgasse. „Hei, was mach ich jetzt?" Beide schliefen. Ich wendete und kroch durch das Dorf zurück. Nicht eine Seele war zu sehen und nicht ein einziges Licht. Plötzlich erschien ein Reiter im Regenmantel vor meinen Scheinwerfern. Es war der Sheriff. Er hatte einen Zehngallonenhut auf, der im Wolkenbruch zusammengefallen war. „Wo geht es hier nach Austin?" Er sagte es mir höflich, und ich fuhr los. Außerhalb des Dorfes sah ich mich plötzlich zwei Scheinwerfern gegenüber, die mir im peitschenden Regen gerade ins Gesicht blitzten. Hoppla, ich dachte, ich sei auf der verkehrten Straßenseite; ich zog nach rechts rüber und fühlte, daß ich im

Schlamm glitschte; ich rollte auf die Straße zurück. Die Scheinwerfer kamen mir immer noch genau entgegen. Im letzten Augenblick wurde mir klar, daß der andere Fahrer auf der verkehrten Straßenseite war und es nicht merkte. Ich riß den Wagen mit fünfzig Sachen in den Schlamm; es war flach, kein Straßengraben, Gott sei Dank. Der schuldige Wagen setzte im strömenden Regen zurück. Vier mürrische Landarbeiter, die ihrer Arbeit entwischt waren, um sich einen anzusaufen, alle mit weißen Hemden und schmutzigen braunen Armen, saßen da und sahen mich in der Nacht blöde an. Der Fahrer war genauso betrunken wie die ganze Bande.

Er rief: „Wo geht's nach Houston?" Ich zeigte mit dem Daumen nach hinten. Ich war wie vom Donner gerührt bei dem Gedanken, daß sie es absichtlich getan hatten, nur um nach dem Weg zu fragen, wie ein Pennbruder, der auf dem Gehsteig direkt auf einen zukommt, um einem den Weg zu versperren. Sie starrten verlegen auf den Boden ihres Wagens, auf dem leere Flaschen rollten, und klapperten von dannen. Ich ließ den Wagen an; er steckte dreißig Zentimeter tief im Schlamm. Ich seufzte auf in der regnerischen Texas-Wildnis.

„Dean", sagte ich, „wach auf."

„Was?"

„Wir sind im Schlamm steckengeblieben."

„Was ist passiert?" Ich sagte es ihm. Er fluchte in allen Tönen. Wir zogen alte Schuhe und Sweater an und sprangen aus dem Wagen in den klatschenden Regen. Ich stemmte mich mit dem Rücken gegen den hinteren Kotflügel und hob und drückte; Dean stieß Ketten unter die leer drehenden Räder. Im Handumdrehen waren wir mit Schlamm bedeckt. Wir weckten Marylou zu diesem Kummer und ließen sie den Wagen auf Touren jagen, während wir stießen. Der gequälte Hudson hob und hob sich. Plötzlich sprang er heraus und rutschte quer über die Straße. Marylou stoppte ihn noch rechtzeitig am Straßenrand, und wir stiegen ein. Das war's — die Arbeit hatte dreißig Minuten in Anspruch genommen, und wir waren durchnäßt und elend.

Schlammüberkrustet schlief ich ein; und am Morgen, als ich aufwachte, war der Schlamm fest geworden, und draußen lag Schnee. Wir waren in der Nähe von Fredericksburg, in der Hochebene. Es war einer der schlimmsten Winter in der Geschichte von Texas und dem Westen; das Vieh kam in den großen Schneestürmen um wie Fliegen, und in San Francisco und LA fiel Schnee. Uns war elend zumute. Wir wünschten, wieder bei Ed Dunkel in New Orleans zu sein. Marylou fuhr; Dean schlief. Sie hielt eine Hand am Lenkrad, und die andere streckte sie nach mir im Rücksitz aus. Sie flötete Versprechen für San Francisco. Mir troff der Speichel. Um zehn nahm ich das Lenkrad — Dean war für die nächsten Stunden nicht zu gebrauchen — und fuhr mehrere hundert Kilometer durch buschiges Schneegelände und zerrissenes, mit Gesträuch bedecktes Hügelland. Cowboys in Baseballmützen und Ohrenschützern kamen vorbei und hielten Ausschau nach Kühen. Gemütliche kleine Häuser mit rauchenden Schornsteinen tauchten in Abständen längs der Straße auf. Ich wünschte, wir hätten zu Buttermilch und Bohnen vor dem offenen Kamin hineingehen können.

In Sonora verschaffte ich mir wieder umsonst Brot und Käse, während der Besitzer auf der anderen Seite des Ladens mit einem großen Bauern schwatzte. Dean war begeistert, als er es hörte; er war hungrig. Wir durften nicht einen Cent für Essen ausgeben. „Jaa, jaa", sagte Dean, während er die Bauern beobachtete, die Sonoras Hauptstraße auf und ab schlenderten, „jeder einzelne ist ein verdammter Millionär, tausend Stück Vieh, Knechte, Häuser, Geld auf der Bank. Wenn ich hier herum lebte, würde ich ein Trottel im Busch sein; ich würde ein Feldhase sein, die Äste ablecken und nach hübschen Cowgirls ausschauen — hi-hi-hi-hi! Zum Teufel! Bum!" Er schlug sich selbst. „Ja! Recht so! Oh, ich!" Wir wußten nicht mehr, wovon er sprach. Er nahm das Lenkrad wieder und fegte den Rest des Weges durch den Staat Texas, etwa achthundert Kilometer, direkt bis nach El Paso, kam dort in der Abenddämmerung an und hatte nicht gehalten, außer einmal in der Nähe von Ozona, um alle seine Kleider auszuziehen und heulend und hüpfend nackt ins Gesträuch zu laufen. Wagen sausten vorbei und sahen ihn nicht. Er rannte wieder zum Wagen und fuhr weiter. „Nun, Sal, nun, Marylou, ich wünschte, ihr tätet beide, was ich tue, macht euch von all den Klamotten frei — was haben denn Kleider für einen Sinn? Ich sage euch das — und sonnt eure hübschen Bäuche mit mir. Los!" Wir fuhren westwärts in die Sonne; sie schien durch die Windschutzscheibe. „Öffnet eure Bäuche, während wir in sie hineinfahren." Marylou folgte; und ungeniert auch ich. Wir saßen alle drei auf dem Vordersitz. Marylou nahm Cold Cream heraus und rieb uns zum Spaß damit ein. Ab und zu brauste ein großer Laster vorbei; der Fahrer im hohen Führerhaus erwischte einen Blick auf die goldene Schönheit, die nackt zwischen zwei nackten Männern saß: Man konnte sie einen Augenblick aus der Fahrtrichtung geraten sehen, während sie in unserem Rückspiegel verschwanden. Große und schneefreie Buschebenen zogen vorüber. Bald waren wir in der Pecos-Canyon-Landschaft mit ihren orangefarbenen Felsen. Blaue Weiten öffneten sich in den Himmel. Wir stiegen aus, um eine alte indianische Ruine zu besichtigen. Dean tat es ganz nackt. Marylou und ich zogen Mäntel an. Wir wanderten unter den alten Steinen, grölten und heulten. Einige Touristen sahen Dean nackt in der Ebene, aber sie trauten ihren Augen nicht und watschelten weiter.

Dean und Marylou parkten den Wagen in der Nähe von Van Horn und liebten sich, während ich schlafen ging. Ich wachte auf, als wir das riesige Rio-Grande-Tal durch Clint und Ysleta nach El Paso hinabrollten. Marylou sprang in den Rücksitz, ich in den Vordersitz, und weiter ging's. Zu unserer Linken, jenseits der weiten Räume des Rio Grande, sah man die maurisch-roten Höhen der mexikanischen Grenze, das Land der Tarahumare; sanftes Abendrot spielte auf den Gipfeln. Geradeaus lagen die fernen Lichter von El Paso und Juárez, hingesät in ein riesenhaftes Tal, so groß, daß man mehrere Eisenbahnen gleichzeitig in alle Richtungen dampfen sehen konnte, als wär es das Tal der Welt. Wir fuhren hinunter.

„Clint, Texas!" sagte Dean. Er hatte das Radio auf den Sender von Clint eingestellt. Alle fünfzehn Minuten spielten sie eine Platte; die übrige Zeit gab es Reklame für brieflichen Mittelschulunterricht. „Dies Programm wird über den ganzen Westen gesendet", schrie Dean aufgeregt. „Mensch, ich habe es in der Besserungsanstalt und im Gefängnis Tag und Nacht zu hören bekommen. Wir alle schrieben hin. Man erhält ein Reifezeugnis per Post, ein Faksimile davon, wenn man die Prüfung besteht. All die jungen Halbstarken im Westen, ganz gleich, wer, schreiben irgendwann darum; das ist alles, was sie hören; du kannst das Radio einstellen auf Sterling, Colorado, Lusk, Wyoming, ganz gleich, worauf, du bekommst Clint, Texas, Clint, Texas. Und die Musik ist immer Cowboy Hillbilly und mexikanisch, absolut das schlechteste Programm in der Geschichte des Landes, und niemand kann etwas dagegen machen. Sie haben einen riesigen Sender; sie haben das ganze Land geknebelt." Wir sahen eine hohe Antenne hinter den schäbigen Bauten von Clint. „Oh, Mensch, was ich dir alles erzählen könnte!" rief Dean und weinte fast. Die Augen auf Frisco und die Küste gerichtet, kamen wir ohne einen Cent nach El Paso, als es dunkelte. Wir mußten unbedingt etwas Geld für Benzin auftreiben, oder wir würden niemals hinkommen.

Wir versuchten alles. Wir lagen beim Reisebüro auf der Lauer, aber niemand fuhr in dieser Nacht nach Westen. Das Reisebüro vermittelt Fahrten mit Benzinkostenteilung; im Westen ist das erlaubt. Zweifelhafte Gestalten warten mit abgewetzten Handkoffern. Wir gingen zum Greyhound-Autobusbahnhof, um jemanden zu überreden, uns das Geld zu geben, statt den Bus zur Küste zu nehmen. Wir waren zu schüchtern, jemand anzusprechen. Wir wanderten bekümmert herum. Draußen war es kalt. Ein Student schwitzte beim Anblick der leckeren Marylou und versuchte unbefangen auszusehen. Dean und ich berieten, aber wir beschlossen, keine Zuhälter zu werden. Plötzlich gesellte sich ein dummer, verrückter junger Bursche zu uns, der gerade aus der Besserungsanstalt entlassen worden war, und er und Dean rannten los, um ein Bier zu trinken. „Komm, Mensch, laß uns jemand auf den Schädel hauen und ihm sein Geld wegnehmen."

„Ich steh auf dich, Mensch!" brüllte Dean. Sie stoben davon. Einen Augenblick lang war ich besorgt, aber Dean wollte mit dem Jungen nur die Straßen von El Paso auskundschaften und seinen Spaß haben. Marylou und ich warteten im Wagen. Sie schlang ihre Arme um mich.

Ich sagte: „Zum Teufel, Lou, wart, bis wir nach Frisco kommen."

„Das ist mir gleich. Dean wird mich sowieso verlassen."

„Wann gehst du nach Denver zurück?"

„Ich weiß nicht. Mir ist egal, was ich tue. Kann ich mit dir nach dem Osten zurück?"

„Wir werden etwas Geld in Frisco auftreiben müssen."

„Ich weiß, wo du eine Stelle bekommen kannst: in einem Imbißwagen hinter der Theke, und ich werde Kellnerin sein. Ich weiß ein Hotel, wo wir auf Kredit wohnen können. Wir werden zusammenhalten. Oh, ich bin traurig."

„Worüber bist du traurig, Kind?“
„Ich bin über alles traurig. Oh, verdammt, ich wünschte, Dean wäre nicht so verrückt.“ Dean kam zwinkernd und kichernd zurück und sprang in den Wagen.
„Was das für ein geschaffter Typ war, huh! Einfach mords! Ich kenne tausend Kerle wie den, sie sind alle gleich, ihre Hirne arbeiten wie ein genormtes Uhrwerk, oh, die unendlichen Verzweigungen, keine Zeit, keine Zeit ...“ Und er gab Gas, beugte sich über das Lenkrad und brauste hinaus aus El Paso. „Wir werden eben Anhalter mitnehmen müssen. Ich bin überzeugt, wir finden welche. Hopp! hopp! Da wären wir wieder! Paß auf!“ brüllte er einen Kraftfahrer an und kurvte um ihn herum, wich knapp einem Laster aus und schoß über die Stadtgrenze. Jenseits des Flusses sah man die juwelengleichen Lichter von Juárez und das triste dürre Land und die funkelnden Sterne von Chihuahua. Marylou beobachtete Dean, wie sie ihn die ganze Zeit quer durch das Land und zurück beobachtet hatte: aus dem Augenwinkel — mit einem mürrischen, trüben Blick, als schnitte sie seinen Kopf ab, um ihn in ihrem Schrank aufzuheben; neidisch und reuevoll war ihre Liebe zu ihm, der so erstaunlich er selbst war, ein einziges Toben und Schnauben und Verrücktspielen, ein Lächeln voll zarter Hingabe, aber auch finsteren Neides, das mich ihretwegen erschreckte. Sie wußte, daß ihre Liebe niemals Früchte tragen würde, denn wenn sie sein knochiges Gesicht mit den hängenden Kiefern, das männliche Selbstgenügen, die Geistesabwesenheit betrachtete, ging ihr auf, daß er zu verrückt war. Dean war überzeugt, Marylou sei eine Dirne; er erklärte sie mir als pathologische Lügnerin. Aber wenn sie ihn so betrachtete, lag darin auch Liebe; und wenn Dean es bemerkte, drehte er sich weg mit seinem breiten, falschen, flirtenden Lächeln, mit flatternden Wimpern und perlweißen Zähnen, während er einen Augenblick zuvor nur in seiner Ewigkeit geträumt hatte. Dann lachten wir beide, Marylou und ich — und Dean bot kein Anzeichen von Verwirrung, nur ein beinahe tölpelhaftes, glückliches Grinsen, das uns sagte: Haben wir nicht jedenfalls unseren Spaß daran? Und das war es.
Außerhalb El Paso sahen wir in der Dunkelheit eine kleine zusammengekauerte Gestalt mit ausgestrecktem Daumen. Das war der ersehnte Anhalter. Wir hielten am Straßenrand und fuhren rückwärts, bis wir ihn erreichten. „Wieviel Geld

hast du, Junge?" Der Junge hatte kein Geld, er war etwa siebzehn, blaß, fremdartig, hatte eine unentwickelte, verkrüppelte Hand und keinen Koffer. „Ist er nicht *süß*?" sagte Dean und wendete sich mit ernstem, feierlichem Gesicht an mich. „Komm herein, Junge, wir nehmen dich mit." Der Junge erkannte seinen Vorteil. Er sagte, er habe eine Tante in Tulare, Kalifornien, die einen Kaufmannsladen besitze, und sobald wir hinkämen, würde er etwas Geld für uns auftreiben. Dean rollte lachend auf dem Boden, er erinnerte zu sehr an den Jungen in North Carolina. „Ja! Ja!" brüllte er: „Wir *alle* haben Tanten; schön, los, laßt uns die Tanten sehen und die Onkel und die Kaufmannsläden auf dem ganzen Weg, ganze Straßen entlang!" Wir hatten also einen neuen Passagier, und es stellte sich heraus, daß er ein netter kleiner Kerl war. Er sagte kein Wort, er hörte uns zu. Nach einer Minute von Deans Gerede war er wahrscheinlich überzeugt, in einen Wagen von Verrückten geraten zu sein. Er sagte, daß er per Anhalter von Alabama nach Oregon fahre, wo er zu Hause sei. Wir fragten ihn, was er in Alabama getan habe.

„Ich hab meinen Onkel besucht; er meinte, er werde für mich in einer Sägemühle Arbeit haben. Aus der Arbeit ist aber nichts geworden, so geh ich wieder nach Hause."

„Nach Hause", sagte Dean, „nach Hause, ja, ich weiß, wir werden dich nach Hause bringen, bis Frisco jedenfalls." Aber wir hatten kein Geld. Da fiel mir ein, daß ich fünf Dollar von meinem alten Freund Hal Hingham in Tucson, Arizona, borgen konnte. Sofort sagte Dean, nun sei alles in Ordnung und wir führen nach Tucson. Das geschah auch.

Wir passierten Las Cruces, New Mexico, in der Nacht und erreichten Arizona im Morgengrauen. Ich wachte aus einem tiefen Schlaf auf, alle schliefen wie die Lämmer, und der Wagen parkte weiß Gott wo; durch die beschlagenen Fenster war es nicht zu erkennen. Wir befanden uns im Gebirge; es gab einen himmlischen Sonnenaufgang, kühle, violette Luft, rote Berghänge, smaragdgrüne Weiden in den Tälern, Tau und goldene Wolken, die dauernd wechselten; auf dem Boden Maulwurflöcher, Kakteen, Mesquite. Es war Zeit für mich, weiterzufahren. Ich schob Dean und den Jungen zur Seite und fuhr mit getretener Kupplung und abgeschaltetem Motor den Berg hinunter, um Benzin zu sparen. So rollte ich nach Benson, Arizona. Es fiel mir ein, daß ich eine Taschenuhr besaß, die mir Rocco gerade als Geburtstagsgeschenk gegeben hatte, eine Vierdollaruhr. An der Tankstelle fragte ich den Mann, ob er in Benson eine Pfandleihe kenne. Sie lag gerade neben der Tankstelle. Ich klopfte, jemand erhob sich aus dem Bett und kam heraus, und im Handumdrehen hatte ich einen Dollar für die Uhr. Er ging in den Tank. Nun hatten wir genügend Benzin bis Tucson. Aber plötzlich tauchte ein großer Gendarm mit Pistole auf, gerade als ich fertig war, und wollte meinen Führerschein sehen. „Der da im Rücksitz hat den Führerschein", sagte ich. Dean und Marylou schliefen zusammen unter der Decke. Der Grüne forderte Dean auf, herauszukommen. Plötzlich zog er seine Pistole und brüllte: „Hände hoch!"

„Herr Wachtmeister", hörte ich Dean im salbungsvollsten und lächerlichsten Ton sagen, „Herr Wachtmeester, ich habe nur meine Hosenklappe zugeknöpft." Sogar der Grüne lächelte beinahe. Dean kam heraus, verschlammt, verknüllt, im Hemd, kratzte seinen Bauch, fluchte und stöberte überall nach seinem Führerschein und den Wagenpapieren. Der Grüne durchwühlte unseren hinteren Kofferraum. Alle Papiere waren in Ordnung.

„Nur Kontrolle", sagte er mit einem breiten Lächeln, „Sie können jetzt weiterfahren, Benson ist eigentlich keine schlechte Stadt; sie gefällt Ihnen vielleicht, wenn Sie dort gefrühstückt haben."

„Ja, ja, ja", murmelte Dean, schenkte ihm überhaupt keine Beachtung und fuhr los. Wir seufzten erleichtert auf. Die Polizei ist mißtrauisch, wenn junge Leute in neuen Wagen daherkommen, keinen Pfennig in der Tasche haben und Uhren versetzen müssen. „Ach, die mischen sich immer ein", sagte Dean, „aber er war viel besser als diese Ratte in Virginia. Alle machen gern Verhaftungen, die ihnen große Überschriften in der Zeitung einbringen; sie glauben, in jedem Wagen, der vorbeikommt, sitzt 'ne Gangsterbande aus Chicago. Sie haben eben nichts weiter zu tun." Wir setzten die Fahrt nach Tucson fort.

Tucson liegt in einer wunderschönen, von Mesquite-Bäumen bestandenen Flußbettlandschaft, die von der verschneiten Catalina-Kette überragt wird. Die Stadt war ein einziger großer Bauplatz; die Menschen waren in Bewegung, wild, ehrgeizig, geschäftigt, lustig; Wäscheleinen, Wohnwagen; lebhafte Geschäftsstraßen mit Reklamefahnen; alles in allem sehr kalifornisch. Fort Lowell Road, draußen, wo Hingham wohnte, wand sich mit lieblichen Bäumen längs des Flußbettes durch die flache Wüste. Wir sahen Hingham brütend im Hof. Er war Schriftsteller und hatte sich in Arizona niedergelassen, um in aller Ruhe an seinem Buch zu arbeiten. Er war ein hochgewachsener, etwas unbeholfener, scheuer Satiriker, der die Leute mit abgewandtem Kopf anmurmelte und immer spaßige Sachen sagte. Seine Frau und sein Baby lebten mit ihm in dem kleinen Holzhaus, das sein indianischer Stiefvater gebaut hatte. Seine Mutter wohnte über den Hof in einem eigenen Haus. Sie war eine lebhafte amerikanische Frau, die Steingut, Schmuckperlen und Bücher liebte. Hingham hatte von Dean durch Briefe aus New York gehört. Wir brachen wie eine Wolke über ihn herein, alle waren hungrig, sogar Alfred, der verkrüppelte Anhalter. Hingham trug einen alten Sweater und rauchte Pfeife in der scharfen Wüstenluft. Seine Mutter kam heraus und lud uns zum Essen in ihre Küche ein. Wir kochten Nudeln in einem großen Topf.

Dann fuhren wir alle zu einem Schnapsladen an der Ecke, wo Hingham einen Scheck über fünf Dollar einlöste und mir das Geld gab.

Dort sagten wir uns kurz auf Wiedersehen. „Es war wirklich nett", sagte Hingham und schaute beiseite. Hinter einigen Bäumen glühte über dem Sand rot die große Lichtreklame eines Gasthauses. Hingham ging immer auf ein Bier hin, wenn er vom Schreiben müde war. Er war sehr einsam, er wollte gerne nach New York zurück. Es war traurig, seine hohe Gestalt im Dunkel kleiner werden zu sehen, als wir davonfuhren, genau wie die anderen Gestalten in New York und New Orleans: Sie stehen unbestimmt unter unabsehbaren Himmeln, und alles um sie ist versunken. Wohin gehen? Was tun? Wozu? — Schlafen. Aber wir, unsere törichte Bande, war darauf aus, weiterzukommen.

9

Außerhalb von Tucson sahen wir noch einen Anhalter auf der dunklen Straße. Es war ein Oklahoma-Hinterwäldler aus Bakersfield, Kalifornien, der sofort seine Geschichte auftischte. „Verdammt, verdammt, ich bin von Bakersfield mit einem Reisebürowagen weg und hab meine Gitarre im Kofferraum eines andern gelassen, und sie haben sich nicht mehr sehen lassen — Gitarre und Cowboyklamotten; verstehen Sie, ich bin Musiker, ich war unterwegs nach Arizona, um mit Johnny Mackaws Sagebrush Boys zu spielen. Ja, zum Teufel, da bin ich nun in Arizona — pleite, und meine Gitarre ist geklaut. Ihr Jungs fahrt mich nach Bakersfield zurück, und ich werde das Geld von meinem Bruder kriegen. Wieviel verlangt ihr?" Wir verlangten genug Benzin, um von Bakersfield nach Frisco zu kommen, ungefähr drei Dollar. Jetzt waren wir zu fünft im Wagen. „'Abend, Gnädigste", sagte er, zog den Hut vor Marylou, und ab ging es.

Mitten in der Nacht sahen wir von einer Gebirgsstraße auf die Lichter von Palm Springs herab. In der Dämmerung arbeiteten wir uns über verschneite Pässe nach Mojave, der Eingangspforte zum großen Tehachapi-Paß. Der Hinterwäldler wachte auf und erzählte lustige Geschichten; der liebe kleine Alfred saß lächelnd da. Der Hinterwäldler erzählte, er kannte einen Mann, der seiner Frau verzieh, daß sie ihn angeschossen hatte; er kriegte sie aus dem Gefängnis frei, mit dem Ergebnis, daß er ein zweites Mal angeschossen wurde. Wir fuhren an dem Frauengefängnis vorbei, während er das erzählte. Über uns sahen wir den Anfang des Tehachapi-Passes. Dean übernahm das Steuer und führte uns direkt auf den Gipfel der Welt. In der Schlucht fuhren wir an einer großen halbverdeckten Zementfabrik vorbei. Dann ging es abwärts. Dean stellte den Motor ab, trat die Kupplung aus und fuhr durch die Haarnadelkurven und überholte jeden Wagen und machte alles, wie es im Buch steht, ohne sich des Gaspedals zu bedienen. Ich hielt mich fest. Manchmal stieg die Straße kurz wieder an; glatt und geräuschlos überholte er andere Wagen, allein durch den Schwung. Er kannte jeden Rhythmus und jeden Dreh eines erstklassigen Passes. Wenn eine Haarnadellinkskurve um eine niedriege Steinwand herankam, die den Grund der Welt überschaute, dann lehnte er sich nur weit links hinüber, die Hände auf dem Lenkrad, mit steifen Armen, und zog so durch; und wenn sich die Kurve wieder rechtsherum schlängelte, diesmal den Abgrund zur Linken, dann lehnte er sich weit nach rechts, indem er Marylou und mich zwang, uns mit hinüberzulehnen. Auf diese Weise schwebten und schwammen wir hinunter in das Tal des San Joaquin. Fünzehnhundert Meter unter uns lag es ausgebreitet, sozusagen der Grund Kaliforniens, von unserer luftigen Felsenplatte grün und wunderlich anzusehen. Wir fuhren fünfzig Kilometer, ohne Benzin zu verbrauchen.

Plötzlich waren wir alle erregt. Dean wollte mir alles, was er über Bakersfield wußte, erzählen, als wir die Stadtgrenze erreichten. Er zeigte mir die Pensionen, in denen er gewohnt hatte, Eisenbahnhotels, Billardwirtschaften, Eßlokale, Abstellgleise, wo er von der Lokomotive gesprungen war, um Weintrauben zu bekommen, chinesische Restaurants, in denen er gegessen hatte, Parkbänke, wo er Mädels getroffen hatte, und gewisse Plätze, wo er nichts getan, nur gesessen und herumgelungert hatte.

Deans Kalifornien — wie er es immer wieder erlebt hatte — wild, schweißbedeckt, wichtig, das Land, wohin die einsamen und vertriebenen und exzentrischen Liebhaber kommen, um sich zu sammeln wie Vögel, das Land, wo jedermann irgendwie aussah wie ein heruntergewirtschafteter, gutaussehender, dekadenter Filmstar. „Mensch, auf diesem Stuhl vor diesem Drugstore habe ich Stunden zugebracht!" Er erinnerte sich an alles — an jede Pinochle-Partie, jede Frau, jede traurige Nacht. Und plötzlich fuhren wir an jener Stelle auf dem Rangierbahnhof vorbei, wo Terry und ich im Mondschein gesessen und Wein getrunken hatten, im Oktober 1947, auf diesen Lattenverschlägen, und ich versuchte, es ihm zu erzählen. Aber er war zu aufgeregt. „Das ist, wo Dunkel und ich einen ganzen Vormittag mit Biertrinken verbrachten, als wir versuchten, eine Mordskellnerin aus Watsonville herumzukriegen — nein, Tracy, ja, Tracy — und sie hieß Esmeralda — oh, Mensch, das war was." Marylou überlegte, was sie tun solle, wenn sie in Frisco ankäme. Alfred sagte, oben in Tulare würde seine Tante ihm reichlich Geld geben. Der Hinterwäldler zeigte uns den Weg zu seinem Bruder im Flachland außerhalb der Stadt.

Zu Mittag hielten wir vor einem rosenüberwachsenen Häuschen, und der Hinterwäldler ging hinein und sprach mit einigen Frauen. Wir warteten eine Viertelstunde. „Ich glaube langsam, der Bursche hat nicht mehr Geld als ich", sagte Dean. „Wir rasseln immer mehr hinein! Es ist wahrscheinlich niemand in der Familie, der ihm noch einen Cent geben wird nach dieser närrischen Eskapade." Der Hinterwäldler kam mit

dummem Gesicht heraus und führte uns in die Stadt.
„Verdammt, verdammt, ich wünschte, ich könnt meinen Bruder finden." Er fühlte sich wahrscheinlich als unser Gefangener. Schließlich gingen wir in eine große Brotbäckerei, und der Hinterwäldler kam mit seinem Bruder heraus; der trug Overalls und war anscheinend Lastwagenmechaniker in dem Betrieb. Er sprach ein paar Minuten mit seinem Bruder. Wir warteten im Wagen. Der Hinterwäldler erzählte allen seinen Verwandten von seinem Abenteuer und vom Verlust seiner Gitarre. Aber er bekam das Geld, und er gab es uns; so war alles klar für Frisco. Wir dankten ihm und fuhren los.
Der nächste Halt war Tulare. Wir brausten das Tal entlang. Ich lag im Rücksitz, ausgepumpt, restlos fertig; und irgendwann am Nachmittag, als ich pennte, rauschte der schlammige Hudson an den Zelten außerhalb von Sabinal vorbei, wo ich gelebt und geliebt und gearbeitet hatte in der geisterhaften Vergangenheit. Dean beugte sich steif über das Steuer und schlug auf die Speichen. Ich schlief noch, als wir endlich in Tulare ankamen; als ich aufwachte, erfuhr ich die irrsinnigen Einzelheiten. „Sal, wach auf! Alfred hat den Kaufmannsladen seiner Tante gefunden, aber weißt du, was geschehen ist? Seine Tante hat auf ihren Mann geschossen und ist eingesperrt worden. Der Laden ist geschlossen. Wir haben nicht einen Cent bekommen. Stell dir das vor! Was nicht alles passiert; der Hinterwäldler hat uns noch mal die gleiche Geschichte erzählt; Ärger auf allen Seiten, nichts als Komplikationen — verdammt noch mal!" Alfred kaute seine Fingernägel. Bei Madera bogen wir von der Oregon-Straße ab, und da verabschiedeten wir uns von Klein Alfred. Wir wünschten ihm Glück und gute Reise nach Oregon. Er sagte, es sei die beste Fahrt gewesen, die er je gemacht hätte.
Es schien nur eine Angelegenheit von Minuten zu sein, bis wir in die Gebirgsausläufer von Oakland rollten; plötzlich waren wir auf einer Anhöhe und sahen vor uns ausgebreitet die weiße Märchenstadt San Francisco auf ihren elf heiligen Hügeln, dahinter den blauen Pazifik und seine vorwärts drängende Nebelwand, den Rauch und den goldenen Glanz der späten Nachmittagsstunde. „Das ist sie!" schrie Dean. „Ha! Wir haben's geschafft! Gerade genug Benzin! Her mit dem Wasser! Kein Land mehr! Wir können nicht weiterfahren, denn es gibt kein Land mehr! Nun, Marylou, Liebling, du und Sal, ihr geht

sofort in ein Hotel und wartet auf mich, bis ich morgen früh von mir hören lasse, wenn ich definitiv Arrangements mit Camille gemacht habe und den Franzosen wegen meiner Eisenbahnschicht angerufen habe; und wenn wir in die Stadt kommen, kaufen du und Sal erst mal eine Zeitung wegen der Stellenanzeigen und Arbeitspläne." Und er fuhr auf die Oakland-Bay-Brücke, die uns in die Stadt brachte. Die Geschäftshäuser der Innenstadt funkelten mit ihren Lichtern; man mußte an Sam Spade denken. Als wir uns in O'Farrell Street aus dem Wagen schälten und uns schneuzten und streckten, war es, als hätten wir wieder Land betreten nach einer langen Seereise; die abschüssige Straße schwankte unter unseren Füßen; geheimnisvolle Chop Sueys aus Friscos Chinesenstadt schwebten in der Luft. Wir nahmen alle Sachen aus dem Wagen und stapelten sie auf dem Gehsteig auf.

Plötzlich verabschiedete Dean sich. Er konnte es nicht erwarten, Camille zu sehen und zu erfahren, was inzwischen geschehen war. Marylou und ich standen stumm auf der Straße und sahen ihm beim Abfahren nach. „Siehst du, was für ein Dreckskerl er ist?" sagte Marylou. „Dean wird dich jederzeit im Dreck sitzenlassen, wenn es ihm paßt."

„Ich weiß", sagte ich, schaute nach Osten zurück und seufzte. Wir hatten kein Geld. Dean hatte Geld nicht einmal erwähnt.

„Wo werden wir bleiben?" Wir wanderten umher und trugen unsere Fetzenbündel durch die engen romantischen Straßen. Jedermann sah aus wie ein abgewirtschafteter Kinokomparse, wie ein verwelktes Filmsternchen; enttäuschte Artisten, Liliputanerrennfahrer, erregende kalifornische Charaktere mit ihrer eigentümlichen Am-Ende-der-Welt-Melancholie, hübsche, dekadente, Casanova mimende Männer, glotzäugige Motelblondinen, Kokotten, Zuhälter, Prostituierte, Masseure, Hotelpagen — ein säuerliches Gemisch; wie soll sich ein Mann seinen Lebensunterhalt verdienen inmitten so einer Bande?

10

Immerhin hatte Marylou unter diesen Leuten gelebt — nicht weit vom Tenderloin —, und ein graugesichtiger Portier gab uns ein Zimmer auf Pump. Das war der erste Schritt. Dann wollten wir essen, kamen aber erst um Mitternacht dazu, als wir eine Barsängerin in ihrem Hotel fanden, die ein Plätteisen umgekehrt an einem Kleiderbügel in den Papierkorb gehängt hatte und darauf eine Büchse Bohnen mit Speck warm machte. Ich sah zum Fenster hinaus auf die blinzelnden Neonlichter und sagte mir: Wo ist Dean, und warum kümmert er sich nicht um unser Wohlbefinden? In diesem Jahr verlor ich das Vertrauen zu ihm. Ich blieb eine Woche in San Francisco, es war die elendeste Zeit meines Lebens. Marylou und ich wanderten meilenweit herum, um Geld fürs Essen aufzutreiben. Wir besuchten sogar ein paar betrunkene Seeleute in einem Nachtasyl in der Mission Street, das sie kannte; sie boten uns Whisky an.

Im Hotel lebten wir zwei Tage zusammen. Ich sah ein, daß Marylou, nachdem Dean von der Bildfläche verschwunden war, kein wirkliches Interesse an mir hatte; sie versuchte nur, Dean durch mich, seinen Freund, zu erreichen. Wir stritten uns im Zimmer. Wir verbrachten aber auch ganze Nächte im Bett, und ich erzählte ihr meine Träume. Ich erzählte ihr von der großen Weltschlange, die aufgespult in der Erdkugel lag wie ein Wurm in einem Apfel und eines Tages einen Berg herausbeulen würde, der daraufhin Schlangenberg genannt würde; in der Ebene würde die Schlange sich entrollen, hundert Meilen lang, und alles auf ihrem Wege verschlingen. Ich sagte ihr, diese Schlange sei der Satan. „Was wird dann geschehen?" kreischte sie; dabei hielt sie mich umschlungen.

„Ein Heiliger mit Namen Doktor Sax wird sie mit geheimen Kräutern vernichten, die er gerade in seinem unterirdischen Bau irgendwo in Amerika abkocht. Es kann auch verraten werden, daß die Schlange nur eine Taubenschale ist; wenn die Schlange stirbt, werden große Wolken samengrauer Tauben aufflattern und die Friedensnachricht um die Welt tragen." Ich war von Sinnen vor Hunger und Bitterkeit.

Eines Nachts verschwand Marylou mit der Inhaberin eines Nachtlokals. Ich wartete, wie verabredet, in einem Eingang auf der anderen Straßenseite auf sie, bei Larkin und Geary, als sie plötzlich aus der Halle eines eleganten Wohnhauses herauskam, mit ihrer Freundin, der Nachtlokalbesitzerin, und einem schmierigen alten Mann mit Geld. Erst war sie nur hineingegangen, um ihre Freundin zu besuchen. Ich erkannte, was für eine Hure sie war. Sie fürchtete sich, mir zu winken, obwohl sie mich in dem Eingang sah. Sie ging mit kleinen Schritten weiter, stieg in den Cadillac, und sie fuhren davon. Nun hatte ich niemand, nichts.

Ich wanderte umher und sammelte Kippen von der Straße. Ich kam an einer billigen Fischbraterei in Market Street vorbei, und plötzlich sah mich die Frau drinnen mit einem erschrokkenen Blick an; es war die Besitzerin, sie dachte wohl, ich würde mit einem Revolver hereinkommen, um die Bude auszurauben. Ich ging ein paar Schritte weiter. Es kam mir plötzlich vor, als sei sie meine Mutter vor etwa zweihundert Jahren in England und ich ihr Sohn und ein Straßenräuber, der aus dem Gefängnis zurückkam, um ihre harte, ehrliche Arbeit in der Garküche anzusehen. Starr vor Erregung blieb ich auf dem Gehsteig stehen. Ich blickte Market Street hinab. Ich wußte nicht, ob diese Straße es war oder Canal Street in New Orleans: Sie führte zum Wasser, zu zweideutigem, weltweitem Wasser, genau wie die 42. Straße in New York, und man weiß nie, wo man ist. Ich dachte an Ed Dunkels Gespenst auf dem Times Square. Ich phantasierte. Ich wollte zurückgehen und auf meine fremde, Dickenssche Mutter in der Fischküche starren. Mein ganzer Körper juckte von Kopf bis Fuß. Es schien, als suche mich ein ganzer Schwall Erinnerungen heim, die bis 1750 nach England zurückreichten, und ich wäre jetzt in San Francisco nur in einem anderen Leben und einem anderen Körper. „Nein", schien diese Frau mit dem erschreckten Blick zu sagen, „komm nicht zurück und quäle nicht deine ehrliche, schwerarbeitende Mutter. Du bist nicht länger mein Sohn — du gleichst deinem Vater, meinem ersten Mann. Sieh, dieser gütige Grieche hatte Mitleid mit mir." (Der Besitzer war ein Grieche mit behaarten Armen.) „Du bist nicht gut, du neigst zu Trunkenheit und Ausschweifungen und willst mich um die Früchte meiner bescheidenen Arbeit in der Garküche bringen. Oh, Sohn! Hast du denn niemals gekniet und um Erlösung von all deinen Sünden und Missetaten gebetet? Verlorener Sohn! Hebe dich von hinnen! Verfolge nicht meine Seele; ich habe gut daran getan, dich zu vergessen. Reiß nicht die alten Wunden wieder auf, sei, als wärest du niemals zurückgekommen und hättest nie zu mir hereingeblickt, die Demütigungen meiner Arbeit zu sehen, meine wenigen ersparten Pfennige — wie bist du gierig im Zugriff, schnell im Rauben, du mürrischer, ungeliebter, gemeiner Sohn meines

Fleisches. Sohn! Sohn!“ Ich mußte an die Großvatervision in Graetna mit Old Bull denken. Und für einen Augenblick hatte ich den Punkt der Ekstase erreicht, den ich immer hatte erreichen wollen und der der totale Schritt über die chronologische Zeit hinweg hinein ins zeitlose Schattenreich ist, das Erstaunen über die Öde des Reiches der Sterblichen, das Gefühl der Nähe des Todes, der mir auf den Fersen ist, der mich vorwärts stößt und dem selbst ein Phantom auf dem Fuße folgt, während ich zu einer Plattform eile, von der alle Engel abstießen und in das heilige Nichts der unerschaffenen Leere flogen. Hell leuchtet das Wesen der Dinge auf, in gewaltigen und unfaßbaren Strahlungen, unzählige Lotosländer öffnen sich fallend im zauberhaften Mottenschwarm des Himmels. Ich konnte ein unbeschreibliches wallendes Brausen hören, das nicht in meinem Ohr war, sondern überall, und das mit Geräuschen nichts zu tun hatte. Ich erkannte, daß ich unzählige Male gestorben und wiedergeboren worden war und mich nur deshalb nicht im einzelnen daran erinnerte, weil die Übergänge vom Leben zum Tode und wieder zum Leben so geisterhaft leicht sind, ein magischer Vorgang ohne Bedeutung, wie millionenfach Einschlafen und Wiederaufwachen, alles so zufällig und ohne daß man es merkt. Ich erkannte, daß diese kleinen krausen Wellenbewegungen von Geburt und Tod nur geschahen, weil das innere Wesen der Dinge sich immer gleichblieb, wie der Wind auf eine Fläche reinen, ruhigen, spiegelgleichen Wassers wirkt. Ich fühlte süße, beschwingte Wonne wie eine große Dosis Heroin in der Hauptvene; wie einen großen Schluck Wein am Nachmittag, der uns beben macht; meine Füße prickelten. Ich dachte, im nächsten Augenblick schon würde ich sterben. Aber ich starb nicht, ich wanderte sieben Kilometer weit und hob zehn lange Kippen auf und nahm sie mit in Marylous Hotelzimmer und stopfte den Tabak in meine alte Pfeife und zündete sie an. Ich war zu jung, um zu begreifen, was geschehen war. Durch das Fenster roch ich alles Essen von San Francisco. Da draußen gab es auf Seetiere spezialisierte Eßlokale, wo die Brötchen frisch und knusprig waren und die Servierkörbe so gut, daß man sie mitessen konnte, wo sogar die Speisekarten zart von nahrhafter Eßbarkeit waren, wie in heiße Fleischbrühe getaucht und trocken geröstet und gut genug, um ebenfalls verspeist zu werden. Zeigt mir einen gewöhnlichen blauhäutigen Fisch, der auf einer Seetier-Speisekarte flimmert, ich würde ihn essen; laßt mich zerlassene Butter und Hummerscheren riechen. Es gab Lokale, die auf dickes Roastbeef *au jus* spezialisiert waren oder auf Brathuhn in Wein gedünstet. Es gab Lokale, wo Hamburger auf Bratplatten brutzelten und der Kaffee nur fünf Cents kostete. Und ach, diese Düfte von in der Pfanne gebratenem Chow Mein, die aus der Chinesenstadt in mein Zimmer stiegen, um die Wette mit den Spaghettisaucen von North Beach und den Krebsen von Fisherman's Wharf — was sage ich, den auf Spießen sich drehenden Steaks von Fillmore! Dazu noch Chilibohnen von Market Street, brennend scharf, und Pommes frites von der Weinnacht auf dem Embarcadero und gedämpfte Muscheln aus Sausalito jenseits der Bucht, und das ist mein Ach-Traum von San Francisco. Und überdies Nebel, hungrig machender, rauher Nebel, und der Pulsschlag der Lichtreklamen in der weichen Nacht, das Klickern der Schönheiten auf hohen Absätzen, weiße Tauben im Fenster eines chinesischen Kaufmannsladens...

11

Das war der Zustand, in dem Dean mich fand, als er endlich entschieden hatte, ich sei es wert, gerettet zu werden. Er nahm mich zu Camille nach Hause. „Wo ist Marylou, Mensch?" „Die Hure ist davongelaufen." Camille war eine Wohltat nach Marylou; eine wohlerzogene, höfliche junge Frau; und sie war sich bewußt, daß die achtzehn Dollar, die ihr Dean geschickt hatte, meine waren. Aber, oh, wohin bist du gegangen, Marylou? Ich ruhte mich ein paar Tage in Camilles Haus aus. Aus ihrem Wohnzimmerfenster in dem hölzernen Mietshaus in Liberty Street konnte man das ganze San Francisco grün und rot in der regnerischen Nacht brennen sehen. In den paar Tagen, die ich dort lebte, betrieb Dean die lächerlichste Sache seiner Karriere. Er besorgte sich Arbeit; sie bestand darin, in den Küchen der Haushalte einen neuen Überdruckkochtopf vorzuführen. Der Vertreter gab ihm einen Haufen Muster und Prospekte. Am ersten Tag war Dean ein Orkan von Energie. Er nahm mich im Wagen durch die ganze Stadt mit, während er Verabredungen traf. Die Verkaufsidee ging dahin, sich rein freundschaftlich zu einer Abendgesellschaft einladen zu lassen und dann plötzlich aufzuspringen und den Überdruckkochtopf vorzuführen. „Mensch", schrie Dean aufgeregt, „das ist sogar verrückter als damals, wo ich bei Sinah gearbeitet habe. Sinah verkaufte Konversationslexika in Oakland. Niemand konnte ihn abweisen. Er hielt lange Reden, er sprang auf und ab, er lachte, er weinte. Einmal überfielen wir ein Wanderarbeiterheim, wo sie sich gerade für eine Beerdigung fertigmachten. Sinah kniete nieder und betete für die Erlösung der verblichenen Seele. Alle Wanderarbeiter fingen zu weinen an. Er verkaufte ein komplettes Lexikon. Er war der verrückteste Kerl der Welt. Ich möchte wissen, wo er ist. Wir machten uns an hübsche Haustöchter heran und befummelten sie in der Küche. Heute nachmittag hatte ich 'ne zarte Hausfrau in ihrer kleinen Küche — schlang den Arm um sie und führte vor. Ach! Ohh! Solche Sache!"

„Mach nur so weiter, Dean", sagte ich. „Vielleicht bringst du es einmal zum Bürgermeister von San Francisco." Er hatte die Kochtopfmasche fertig ausgearbeitet; er übte sie abends an Camille und mir.

Eines Morgens stand er nackt da und sah aus dem Fenster über San Francisco hin, während die Sonne aufging. Er sah aus, als sollte er eines Tages der heidnische Bürgermeister von San Francisco werden. Aber seine Energie verflog. An einem regnerischen Nachmittag kam der Vertreter, um zu sehen, was Dean mache. Dean lag auf dem Sofa. „Haben Sie versucht, die Sachen zu verkaufen?"

„Nein", sagte Dean, „ich habe einen anderen Posten in Aussicht."

„Schön, was wollen Sie mit all den Mustern machen?"

„Ich weiß nicht." Bei tödlicher Stille sammelte der Vertreter seine traurigen Töpfe und ging weg. Mir hing das alles zum Halse hinaus und Dean ebenso.

Aber eines Nachts plötzlich schlugen wir wieder zusammen über die Stränge; wir sahen uns Slim Gaillard in einem kleinen Nachtlokal in Frisco an. Slim Gaillard ist ein hochgewachsener, überschlanker Neger mit großen, traurigen Augen; er sagt immer „Aber ja doch, da doch" und „Wie wär's mit einem kleinen Whisky-Frisky". In Frisco saßen Haufen begieriger Halbintellektueller zu seinen Füßen und lauschten seinem Spiel auf dem Klavier, auf der Gitarre, auf Bongotrommeln. Wenn er in Fahrt kommt, zieht er Hemd und Unterhemd aus,

und dann geht's richtig los. Er tut und sagt alles, was ihm einfällt. Er kann „Cement Mixer, Put-ti, Put-ti" singen und dabei plötzlich den Rhythmus verlangsamen, über seinen Bongotrommeln brüten und das Fell kaum mit den Fingern berühren, während sich alle atemlos vorbeugen, um zu lauschen; man würde denken, daß er das vielleicht ein paar Minuten lang so macht, aber er macht weiter, manchmal eine Stunde lang, bringt mit den Spitzen seiner Fingernägel nur ein kaum vernehmbares Geräusch hervor, immer leiser und leiser, bis man es nicht mehr hören kann und der Lärm des Verkehrs durch die offene Tür hereinkommt. Dann steht er langsam auf und nimmt das Mikrofon und sagt sehr langsam „Dufte, schnufte — fein Dingsbums — hallo, hallo — Whisky, Frisky alles Dingsbums und so ... fein — ovouti ... hallo-oruuni ... Wisky-oruuni ... alles-oruuni ... wie geht es den Jungen in der ersten Reihe mit ihren Puppen-Schnuppen ... Dingsbums ... Bumsdings ...". Das setzt er so eine Viertelstunde lang fort, und seine Stimme wird leiser und leiser, bis man sie nicht mehr hören kann. Seine großen, traurigen Augen schweifen forschend durch den Zuschauerraum.
Dean steht hinten und sagt: „Gut! Ja!" — und faltet seine Hände wie zum Gebet und schwitzt. „Sal, Slim versteht die Zeit, der versteht die Zeit." Slim setzt sich ans Klavier und schlägt zwei Töne an, zwei C, dann noch zwei, dann eins, dann zwei, und plötzlich wacht der große stämmige Bassist aus seiner Träumerei auf und erkennt, daß Slim „C-Jam Blues" spielt, und er schlägt seinen großen Zeigefinger mit aller Gewalt in die Saiten, und der große dröhnende Rhythmus beginnt, und alle fangen an, sich hin und her zu wiegen, und Slim sieht genauso traurig aus wie immer, und eine halbe Stunde lang spielen sie Jazz, und dann gerät Slim außer sich und packt die Bongos und spielt enorme, rasende Cuban-Rhythmen und schreit verrückte Dinge auf spanisch, arabisch, in peruanischer Mundart, auf ägyptisch, in allen Sprachen, die er kennt, und er kennt unzählige Sprachen. Endlich ist die Vorstellung vorbei; jede Vorstellung dauert zwei Stunden. Slim Gaillard geht weg und stellt sich an eine Säule und blickt traurig über die Köpfe der Leute, und sie kommen, um mit ihm zu sprechen. Man gibt ihm einen Whisky in die Hand: „Whisky-Frisky — danke-sehr-Dingsbums ..." Niemand weiß, wo Slim Gaillard weilt. Dean träumte einmal, daß er ein Kind

bekam und sein Bauch ganz blau aufgetrieben war, während er auf dem Rasen eines kleinen kalifornischen Spitals lag. Unter einem Baum saß mit einer Gruppe Farbiger Slim Gaillard. Dean wandte ihm die verzweifelten Augen einer Mutter zu. Slim sagte: „So geht es nun mal zu — Schmu."
Jetzt trat Dean auf ihn zu, er näherte sich seinem Gott; er hielt Slim für Gott; er scharrte und verbeugte sich vor ihm und bat ihn, sich zu uns zu gesellen. „Schön-föhn", sagte Slim; er wird sich zu jedem gesellen, aber er wird nicht versprechen, auch im Geiste dabeizusein. Dean besorgte einen Tisch, bestellte Drinks und saß Slim steif gegenüber; Slim träumte über seinen Kopf hinweg. Jedesmal, wenn Slim sagte „Dingsbums", sagte Dean „Ja!". Ich saß da mit den beiden Irren. Nichts geschah. Für Slim Gaillard war die ganze Welt nur ein großes Dingsbums.
In der gleichen Nacht zog ich mir Lampshade in Fillmore und Geary zu Gemüt. Lampshade ist ein großer farbiger Kerl, der in Musikwirtschaften in Frisco mit Mantel, Hut und Halstuch erscheint, auf das Podium springt und singt; an der Stirn treten ihm die Adern hervor; er beugt sich hintenüber und legt mit allen Muskeln seiner Seele einen großen Nebelhornblues hin. Er schreit die Leute an, während er singt: „Brauchst nicht zu sterben, um in den Himmel zu kommen; fang mit Doktor Pepper an und hör mit Whisky auf!" Seine Stimme überdröhnte alles. Er grimassiert, er windet sich, er läßt nichts aus. Er kam zu unserem Tisch, neigte sich zu uns und sagte: „Ja!" Und dann stolperte er auf die Straße hinaus, um eine andere Wirtschaft aufzusuchen. Und dann gibt es da Connie Jordan, einen Irren, der singt und mit den Armen fuchtelt und zuletzt jeden mit seinem Schweiß besudelt und das Mikrofon umwirft und kreischt wie eine Frau; und spätnachts sieht man ihn, wie er erschöpft wilden Jazzvorführungen in Jamson's Nook zuhört, mit großen, runden Augen und hängenden Schultern, wie er seelenlos in die Weite starrt, vor sich einen Drink. Ich habe niemals so verrückte Musikanten gesehen. Alle Leute in Frisco jazzten. Hier war der Kontinent zu Ende; es war ihnen alles egal. Dean und ich lungerten in San Francisco herum, bis ich meinen nächsten Kriegsversorgungsscheck bekam und mich fertigmachte, um nach Hause zu fahren.
Was ich mit meiner Reise nach Frisco erreicht habe, weiß ich

nicht. Camille wünschte, ich wäre fort; Dean war es egal, so oder so. Ich kaufte einen Laib Brot und Aufschnitt und richtete mir zehn Brote her, um das Land damit zu durchqueren; sie sollten verderben, ehe ich nach Dakota kam. In der letzten Nacht hatte Dean einen Anfall von Verrücktheit und fand Marylou irgendwo in der Stadt, und wir nahmen den Wagen und fuhren durch ganz Richmond zur anderen Seite der Bucht und fielen in die Negerjazzkneipen der Ölfelder ein. Marylou wollte sich hinsetzen, und ein farbiger Kerl zog den Stuhl unter ihr weg. Die Mädchen machten sich auf dem Klo mit Anträgen an sie heran. Auch ich bekam Anträge. Dean schwitzte. Es war das Ende; ich wollte weg.

Beim Morgengrauen nahm ich meinen Bus nach New York und sagte Dean und Marylou Lebewohl. Sie wollten ein paar von meinen Broten. Ich lehnte ab. Es war ein trister Augenblick. Wir dachten, wir würden uns niemals wiedersehen, und es war uns gleichgültig.

Dritter Chorus

1

Im Frühjahr 1949 hatte ich ein paar Dollar von meiner Studienbeihilfe für Wehrdienstentlassene gespart und ging mit dem Gedanken nach Denver, dort seßhaft zu werden. Ich sah mich in der Mitte von Amerika; ein Patriarch. Ich war einsam. Niemand war da — keine Babe Rawlins, Ray Rawlins, Tim Gray, Betty Gray, Roland Major, Dean Moriarty, Carlo Marx, Ed Dunkel, Roy Johnson, Tommy Snark, niemand. Ich wanderte in Curtis Street und Larimer Street herum, arbeitete eine Zeitlang auf dem Obstmarkt, wo ich schon 1947 beinahe Arbeit bekommen hatte — es war die härteste Arbeit meines Lebens; einmal mußten die japanischen Jungen und ich einen ganzen geschlossenen Waggon von Hand mehr als hundert Meter über die Schienen schieben, mit einer Art Wagenheber, der ihn mit jedem Hebeldruck einen Zentimeter vorwärts bewegte. Ich schleppte niesend Kisten mit Wassermelonen über den gefrorenen Boden der Kühlwagen in die glühende Sonne. Im Namen Gottes und unter den Sternen, wozu?

Am Abend ging ich spazieren. Ich fühlte mich wie ein Staubfleckchen auf der Oberfläche der tristen roten Erde. Ich ging am Windsor-Hotel vorbei, wo während der Krise der dreißiger Jahre Dean Moriarty mit seinem Vater gewohnt hatte, und wie einst blickte ich überallhin aus nach dem traurigen und fabulösen Klempner meiner Gedanken. Entweder du findest jemand, der aussieht wie dein Vater, an Orten wie Montana, oder du schaust nach dem Vater eines Freundes aus, wo er nicht mehr ist.

An einem violetten Abend schlenderte ich mit schmerzenden Muskeln unter den Lichtern der 27. Straße und Welton Street durch Denvers Farbigenviertel und wünschte, ein Neger zu sein; mir schien, daß das Beste, was die weiße Welt mir angeboten hatte, mir nicht genug Ekstase verschaffte, nicht genug Leben, Freude, Spaß, Dunkelheit, Musik, nicht genug Nacht. Ich blieb bei einem kleinen Kiosk stehen, wo ein Mann heiße rote Chili in Papierbechern verkaufte; ich kaufte einige und aß sie, während ich durch die dunklen, rätselhaften Straßen streunte. Ich wünschte, ich wäre ein Mexikaner aus Denver oder sogar ein armer überarbeiteter Japs, irgendwas außer dem, was ich leider war, ein desillusionierter „weißer Mann".

Mein ganzes Leben lang hatte ich weißen Ehrgeiz gehabt; darum auch hatte ich eine gute Frau wie Terry im San-Joaquin-Tal verlassen. Ich ging an den dunklen Veranden der Mexikaner- und Negerwohnungen vorbei; man vernahm sanfte Stimmen, sah gelegentlich das dämmrige Knie eines geheimnisvollen sinnlichen Mädchens und dunkle Männergesichter hinter Rosenspalieren. Kleine Kinder saßen wie Weise in uralten Schaukelstühlen. Eine Gruppe farbiger Frauen kam vorbei, und eine von den jungen löste sich von müttergleichen älteren und kam schnell auf mich zu — „Hallo Joe!" — und sah plötzlich, es war nicht Joe, und lief errötend zurück. Ich wünschte Joe zu sein. Ich war nur ich selbst. Sal Paradise, der traurig in dieser violetten Dunkelheit umherschlenderte, in dieser unerträglichen süßen Nacht, und wünschte, er könnte seine Welt tauschen mit den fröhlichen, treuherzigen, ekstatischen Negern von Amerika. Die abgerissenen Viertel erinnerten mich an Dean und Marylou, denen diese Straßen von Kind auf so gut bekannt waren. Wie wünschte ich, sie zu finden.

Unten an der 23. und Welton Street war unter den Scheinwerfern, die auch den Gasometer beleuchteten, ein Ballspiel im Gange. Eine große, begeisterte Menge brüllte bei jeder Spielaktion. Die fremden jungen Helden aller Schattierungen, weiß, farbig, mexikanisch, rein indianisch, waren auf dem Spielfeld und agierten mit herzzerbrechendem Ernst — Spielplatzkinder in einheitlicher Sportkleidung. Niemals in meinem Leben als Sportler hatte ich mir erlaubt, vor Familien und Freundinnen und Kindern aus der Nachbarschaft zu spielen, nachts, bei Beleuchtung; immer war es Universität gewesen, gewertete Spiele, nüchterne Gesichter; keine jugendliche, menschliche Freude wie dies. Nun war es zu spät. In meiner Nähe saß ein alter Neger, der anscheinend jede Nacht den Spielen zusah. Neben ihm war ein alter weißer heruntergekommener Strolch; dann eine mexikanische Familie, dann einige Mädchen; ein paar Jungen — alles Menschheit, Volk.

Oh, Traurigkeit der Lichter in dieser Nacht! Der junge Ballwerfer sah genau aus wie Dean. Eine hübsche Blondine auf den Sitzplätzen genau wie Marylou. Es war die Nacht von Denver; für mich gab es nur das eine: sterben.

> Drunten in Denver, drunten in Denver,
> Da gab es für mich nur den Tod.

Jenseits der Straße saßen Negerfamilien auf den Stufen ihrer Häuser, unterhielten sich und sahen durch die Bäume in die gestirnte Nacht hinauf und entspannten sich in der Milde und beobachteten zuweilen das Spiel. Viele Wagen fuhren auf der Straße vorbei und hielten an der Ecke, wenn die Ampel rot wurde. Es lag Erregung in der Luft, sie war erfüllt von den Schwingungen wirklich frohen Lebens, das nichts weiß von Enttäuschung und „weißem Kummer" und all dem. Der alte Neger hatte in seiner Manteltasche eine Büchse Bier, die zu öffnen er sich anschickte; und der alte weiße Mann beäugte neidisch die Büchse und langte tastend in seine Tasche, um zu sehen, ob auch *er* eine Büchse kaufen konnte. Wie ich starb! Ich ging weg.

Ich besuchte ein reiches Mädchen, das ich kannte. Am Morgen zog sie einen Hundertdollarschein aus ihrem Seidenstrumpf und sagte: „Du hast von einem Trip nach San Francisco gesprochen; in Anbetracht dessen nimm das hier und fahr und amüsier dich." So waren alle meine Probleme gelöst, und ich besorgte mir für elf Dollar Benzinbeteiligung einen Reisebürowagen nach Frisco und sauste über Land.

Zwei Kerle fuhren diesen Wagen; sie sagten, sie seien Zuhälter. Außer mir gab es noch zwei Fahrgäste. Wir saßen still und richteten unsere Gedanken auf das Ziel. Wir fuhren über den Berthoud-Paß, hinunter zur großen Ebene, Tabernash, Troublesome, Kremmling; den Rabbit-Ears-Paß nach Steamboat Springs hinab und weiter; achtzig Kilometer staubiger Umweg; dann Craig und die große amerikanische Wüste. Als wir die Grenze zwischen Colorado und Utah überschritten, sah ich Gott am Himmel in der Gestalt riesiger, goldener, sonnendurchglühter Wolken in der Wüste, die mit dem Finger auf mich zu weisen und zu sagen schienen: „Geh hier vorbei und weiter, du bist auf der Straße zum Himmel." Na schön, und wennschon! Was mich mehr interessierte, waren ein paar alte verlassene und verrottete Fuhrwerke und Billardtische in der Nevada-Wüste neben einem Coca-Cola-Stand, wo es auch Hütten mit verwitterten Anschlägen gab, die immer noch in dem geisterhaften, heimlichen Wüstenwind flatterten und besagten: „Rattlesnake Bill wohnte hier" oder „Brokenmouth Annie hauste hier jahrelang". Ja, wums! In Salt Lake City kontrollierten die Zuhälter ihre Mädchen, und wir fuhren weiter. Bevor ich's begriff, sah ich wieder einmal die Märchenstadt San Francisco, hingestreckt an der Bucht inmitten der Nacht. Sofort rannte ich zu Dean. Er hatte jetzt ein kleines Häuschen. Ich brannte darauf, zu erfahren, was er im Sinne hatte und was nun geschehen würde, denn es war nichts mehr hinter mir, ich hatte alle meine Brücken abgebrochen, und es war mir alles völlig schnuppe. Um zwei Uhr morgens klopfte ich an seine Tür.

2

Total nackt kam er zur Tür, und hätte der Präsident geklopft, es hätte ihn nicht gekümmert. Er empfing die Welt, wie ihn Gott geschaffen hatte. „Sal!" sagte er mit aufrichtigem Erstaunen. „Ich hätte nicht gedacht, daß du das wirklich fertigbringst. Nun bist du endlich zu *mir* gekommen."

„Tja", sagte ich. „Alles in mir ist auseinandergefallen. Wie geht es dir?"

„Nicht so gut, nicht so gut. Aber da gibt's eine Unmenge Dinge, über die wir sprechen müssen. Sal, *endlich* ist für uns die Zeit gekommen, zu sprechen und dabei zu einem Ergebnis zu kommen." Wie stimmten darin überein, daß es an der Zeit war, und gingen ins Haus. Meine Ankunft hatte etwas vom Eintritt des fremden urbösen Engels in das Heim des schneeweißen Vlieses; als Dean und ich aufgeregt unten in der Küche zu reden begannen, löste es im oberen Stock Schluchzen aus. Alles, was ich zu Dean sagte, wurde mit einem wilden, flüsternden, schaudernden „*Ja*!" beantwortet. Camille wußte, was geschehen würde. Anscheinend war Dean ein paar Monate lang ruhig gewesen: Nun war der Engel angekommen, und seine Sinne verwirrten sich wieder. „Was ist los mit ihr?" flüsterte ich.

Er antwortete: „Es wird immer schlimmer mit ihr, Mensch,

sie weint und macht Szenen, will mich nicht zu Slim Gaillard gehen lassen, wird jedesmal böse, wenn ich mich verspäte, und wenn ich zu Hause bleibe, spricht sie nicht zu mir und sagt, ich sei ein wahres Biest." Er lief hinauf, um sie zu beruhigen. Ich hörte Camille heulen: „*Du bist ein Lügner, du bist ein Lügner, du bist ein Lügner!*" Ich benutzte die Gelegenheit, das wirklich wunderbare Haus zu untersuchen, das sie bewohnten. Es war ein einstöckiges, schiefes, wackliges hölzernes Sommerhaus zwischen Mietsgebäuden genau auf dem Gipfel des Russian Hill, mit Aussicht auf die Bucht; es hatte vier Räume: drei Zimmer oben und eine Art riesiger Wohnküche zu ebener Erde. Die Küchentür ging auf einen rabenschwarzen Hof mit Wäscheleinen. Hinter der Küche war ein Vorratsraum, wo Deans alte Schuhe standen, immer noch zwei Zentimeter dick mit Texasschlamm überkrustet, aus der Nacht, als der Hudson am Brazos-Fluß steckengeblieben war. Der Hudson war natürlich weg; Dean war nicht imstande gewesen, weitere Raten darauf zu zahlen. Er hatte jetzt überhaupt keinen Wagen. Unerwartet war ihr zweites Baby unterwegs. Es war fürchterlich, Camille so schluchzen zu hören. Wir konnten es nicht aushalten und gingen Bier kaufen und brachten es zurück in die Küche. Camille schlief schließlich ein oder verbrachte die Nacht damit, leer ins Dunkel zu starren. Ich hatte keine Ahnung, was wirklich los war, außer daß Dean sie vielleicht schließlich doch zum Wahnsinn gebracht hatte.

Nachdem ich Frisco das letzte Mal verlassen hatte, war er wieder auf Marylou verrückt geworden und hatte Monate damit verbracht, ihre Wohnung auf dem Divisadero zu belauern, wo sie jede Nacht einen anderen Matrosen bei sich hatte, und er spionierte durch ihren Briefschlitz und konnte ihr Bett sehen. Da sah er morgens Marylou mit einem Mann sich rekeln. Er ging ihr überallhin nach. Er wollte absolut Beweise dafür haben, daß sie eine Hure war. Er liebte sie, er brach bei dem Gedanken an sie in Schweiß aus. Schließlich kam ihm ganz zufällig etwas schlechtes Grünzeug in die Hände, wie es in Fachkreisen genannt wird — grünes, ungebeiztes Marihuana —, und er rauchte zuviel davon.

„Den ersten Tag", sagte er, „lag ich im Bett, steif wie ein Brett, und konnte mich weder rühren noch ein Wort herausbringen; ich sah nur mit weit offenen Augen nach oben gegen die Decke. Ich hörte Summen im Kopf und sah alle möglichen prächtigen Technicolorvisionen und fühlte mich wunderbar. Am zweiten Tag kam alles auf mich zu; ALLES, was ich je getan oder gewußt oder gelesen oder gehört oder mir zusammengereimt hatte, kam mir wieder in den Sinn und ordnete sich in meinen Gedanken auf eine nagelneue logische Art und Weise; und weil ich in der Sorge, die Erregung festzuhalten und zu unterstützen, und in meiner Dankbarkeit an nichts anderes denken konnte, sagte ich nur dauernd: ‚Ja, ja, ja, ja.' Nicht laut. Nur ‚Ja', ganz leise, und diese Visionen vom grünen Tee dauerten bis zum dritten Tag. Dann hatte ich alles verstanden, mein ganzes Leben war entschieden; ich wußte, ich liebte Marylou; ich wußte, ich mußte meinen Vater finden, wo immer er auch sei; und ihn retten; ich wußte, du bist mein Kumpel, und so weiter; ich wußte, wie bedeutend Carlo ist. Ich wußte tausend Dinge über jedermann an jedem Ort. Dann, am dritten Tag, hatte ich eine schreckliche Reihe von Alpträumen im Wachen, und sie waren so absolut schrecklich und grausig und grün, daß ich nur zusammengekrümmt dalag, die Hände um die Knie geschlungen, und stöhnte: ‚Oh, oh, oh, oh, ah, oh ...' Die Nachbarn hörten mich und holten einen Arzt. Camille war mit dem Baby weg, auf Besuch bei Verwandten. Die ganze Nachbarschaft war besorgt. Sie kamen herein und fanden mich mit gestreckten Armen auf dem Bett, als wär es für immer. Sal, ich rannte mit etwas von diesem Kraut zu Marylou. Und weißt du, daß dieser dummen kleinen Schachtel dasselbe passiert ist? — Dieselben Visionen, dieselbe Logik, derselbe endgültige Entschluß über alles, der Anblick aller quälend zusammengeballten Wahrheiten und schließlich nur Alpdruck und Schmerz — ach! Da wußte ich, ich liebte sie so, daß ich sie töten wollte. Ich lief nach Hause und rannte mit dem Kopf gegen die Wand. Ich rannte zu Ed Dunkel; er und Galatea sind wieder in Frisco. Ich fragte ihn nach einem Kerl, von dem wir wissen, daß er einen Revolver hat, und ich ging zu dem Kerl, bekam den Revolver und rannte zu Marylou; ich sah durch den Briefschlitz, da schlief sie mit einem Kerl; ich mußte mich zurückziehen und abwarten; kam in einer Stunde zurück, ich drang ein, sie war allein — und ich gab ihr den Revolver und sagte ihr, sie solle mich töten. Eine endlos lange Zeit hielt sie den Revolver in der Hand. Ich bat sie, mich sanft mit dem Tod zu verbinden. Sie wollte nicht. Ich sagte, einer von uns müsse sterben. Sie sagte nein. Ich schlug meinen Kopf

gegen die Wand. Mensch, ich war von Sinnen. Sie wird es dir erzählen, sie hat es mir ausgeredet."
„Was ist dann passiert?"
„Das war vor Monaten — nachdem du weg bist. Sie hat schließlich einen Gebrauchtwagenhändler geheiratet, einen dummen Dreckskerl, der gedroht hat, mich zu töten, wenn er mich findet; notfalls werde ich mich verteidigen und ihn töten müssen, und ich werde nach San Quentin kommen, denn, Sal, noch eine Strafe, *welcher Art auch immer*, und ich komme nach San Quentin, lebenslänglich — das ist mein Ende. Kranke Hand und alles." Er zeigte mir seine Hand. In der Aufregung hatte ich nicht bemerkt, daß er mit seiner Hand einen furchtbaren Unfall erlitten hatte. „Ich habe Marylou auf den Kopf geschlagen, am sechsundzwanzigsten Februar um sechs Uhr abends — eigentlich um sechs Uhr zehn, denn ich erinnere mich, ich mußte in einer Stunde und zwanzig Minuten meinen Expreßfrachter erreichen —, das letzte Mal, daß wir uns getroffen haben, und das letzte Mal, daß wir alles beschlossen; und nun hör dir das an: Mein Daumen glitt von ihrer Stirn ab, und sie hatte nicht mal einen blauen Fleck, und sie hat tatsächlich gelacht, aber mein Daumen brach über dem Handgelenk, und ein schrecklicher Doktor richtete die Knochen ein, was schwierig war, und machte drei verschiedene Gipsverbände, alles zusammen dreiundzwanzig Stunden dasitzen und warten auf harten Bänken, und so weiter, und der endgültige Gipsverband hatte einen Stift durch die Spitze meines Daumens, und als sie im April den Verband abnahmen, hat der Stift meinen Knochen infiziert, und ich bekam Knochenhautentzündung, die ist chronisch geworden, und nach einer mißglückten Operation und einem Monat im Gipsverband war das Resultat: Amputation eines winzigen Stückchens von der Scheißfingerspitze."
Er wickelte den Verband ab und zeigte es mir. Das Fleisch, etwa ein Zentimeter, fehlte unter dem Nagel.
„Es wurde schlimmer und schlimmer. Ich mußte Camille und Amy erhalten und so hart arbeiten, wie ich konnte, bei Firestone als Former, beim Beizen von runderneuerten Reifen und später beim Heben von großen Siebzigkiloreifen vom Boden auf die Wagen — konnte nur meine gute Hand gebrauchen und stieß dauernd an die schlimme — brach sie nochmals; sie wurde wieder eingerichtet, und nun entzündete sie sich wieder und

schwoll an. Jetzt kümmere ich mich um das Baby, während Camille arbeitet. Verstehst du? Depressionszustände, ich bin ein IIIA-Befund. Der jazzverfolgte Moriaty hat einen wehen Arsch, seine Frau gibt ihm täglich Penizillinspritzen für seinen Daumen, die einen Ausschlag verursachen, denn er ist allergisch. Er muß in einem Monat sechzigtausend Einheiten von Flemings Saft nehmen. Er muß diesen ganzen Monat über alle vier Stunden eine Tablette nehmen, um die Allergie, die dieser Saft produziert, zu bekämpfen. Er muß Kodein mit Aspirin nehmen, um die Schmerzen in seinem Daumen zu stillen. Er muß sich an der Wade operieren lassen wegen eines entzündeten Furunkels. Er muß nächsten Monat um sechs Uhr früh aufstehen, um sich die Zähne säubern zu lassen. Er muß zweimal in der Woche zum Fußarzt gehen und sich behandeln lassen. Er muß jede Nacht Hustensirup einnehmen. Er muß schnauben und sich schneuzen, um die Nase frei zu kriegen, die genau unter dem Sattel zusammengefallen ist, wo sie vor einigen Jahren durch eine Operation geschwächt wurde. Er hat den Daumen an seinem Wurfarm verloren. Der größte Siebzigmeterballwerfer in der Geschichte der staatlichen Besserungsanstalt von New Mexico. Und doch — und doch, ich habe mich nie besser und glücklicher mit der Welt gefühlt, und wenn ich kleine hübsche Kinder sehe, die in der Sonne spielen, und ich bin so froh, dich zu sehen, meinen duften Mordstyp Sal, und ich weiß, ich *weiß*, alles wird in Ordnung kommen. Morgen wirst du sie sehen, meine schrecklich süße, schöne Tochter kann jetzt dreißig Sekunden hintereinander allein stehen, sie wiegt zehn Kilo, ist zweiundsiebzig-komma-fünf Zentimeter groß. Ich habe eben ausgerechnet, sie ist einunddreißigeinviertel Prozent englisch, siebenundzwanzigeinhalb Prozent irisch, fünfundzwanzig Prozent deutsch, achtdreiviertel Prozent holländisch, siebeneinhalb Prozent schottisch, einhundert Prozent wundervoll." Er gratulierte mir herzlich zu dem Buch, das ich vollendet hatte und das jetzt von den Verlegern angenommen war. „Wir kennen das Leben, Sal, wir werden älter, jeder von uns, langsam und allmählich, und beginnen die Dinge zu verstehen. Was du mir über dein Leben sagst, verstehe ich gut, ich habe deine Gefühle immer in mich eingesogen, und jetzt bist du tatsächlich so weit, um dich mit einem wirklichen fabelhaften Mädchen zu verbinden, wenn du es nur finden und dazu bringen kannst, deine

Seele zu achten, wie ich es so bitter mit diesen meinen verdammten Weibern versucht habe. Scheiße! Scheiße! Scheiße!" brüllte er.

Und am Morgen warf Camille uns beide hinaus, mit Gepäck und allem. Es fing an, als wir Roy Johnson anriefen, den alten Denver Roy, und ihn zum Bier herüberkommen ließen, während Dean sich um das Baby kümmerte und das Geschirr und die Wäsche im Hinterhof wusch, aber in seiner Aufregung alles schlampig machte. Johnson war bereit, mit uns nach Mill City zu fahren, um nach Remi Boncœur zu sehen. Camille kam von der Arbeit in der Arztpraxis nach Hause und sah uns alle mit dem traurigen Blick eines gehetzten Frauenlebens an. Ich versuchte, dieser heimgesuchten Frau vorzustellen, daß ich in bezug auf ihr häusliches Leben keine gemeinen Absichten hegte, und begrüßte sie mit so viel Wärme, wie ich konnte, aber sie wußte, es war Falschheit dabei, und vielleicht eine Falschheit, die ich von Dean gelernt hatte, und sie erwiderte nur mit einem kurzen Lächeln. Am Morgen gab es eine fürchterliche Szene; sie lag schluchzend auf dem Bett, und dabei mußte ich plötzlich ins Badezimmer, und die einzige Möglichkeit hinzukommen war durch ihr Zimmer. „Dean, Dean", rief ich, „wo ist die nächste Bar?"

„Bar?" sagte er erstaunt; er war dabei, sich unten in der Küche am Spülbecken die Hände zu waschen. Er dachte, ich wolle mich betrinken. Ich schilderte ihm mein Dilemma, und er sagte: „Geh nur durch, sie macht das immer so." Nein, das konnte ich nicht tun. Ich raste hinaus, um nach einer Bar zu suchen. Ich ging bergauf und bergab im Umkreis von vier Straßenblocks auf Russian Hill und fand nichts als Mietwaschküchen, Chemische Reinigung, Soda Fountains, Schönheitssalons. Ich kam zu dem schiefen kleinen Haus zurück. Sie waren dabei, sich gegenseitig anzuschreien, als ich mit einem verschämten Lächeln durchschlüpfte und mich im Badezimmer einschloß. Einige Augenblicke später warf Camille Deans Sachen auf den Boden des Wohnzimmers und forderte ihn auf, zu packen. Zu meinem Erstaunen sah ich ein Ölgemälde von Galatea Dunkel in voller Figur über dem Sofa. Ich erkannte plötzlich, daß alle diese Frauen Monate der Einsamkeit und Fraulichkeit zusammen verbrachten und sich von der Verrücktheit ihrer Männer erzählten. Ich hörte Deans mechanisches Kichern durch das Haus, zusammen mit dem Greinen seines Babys. Dann sah ich, daß er im Haus herumschlich wie Groucho Marx, den gebrochenen Daumen in einen riesigen weißen Verband gewickelt, so daß er hervorstach wie ein Leuchtturm, der unbeweglich über das Toben der Wellen ragt. Wieder einmal sah ich seinen armseligen riesigen verbeulten Koffer, aus dem Socken und schmutzige Unterwäsche hingen; er beugte sich über ihn hin und warf alles hinein, was er finden konnte. Dann nahm er seinen Handkoffer, den ramponiertesten Handkoffer der USA. Er war aus Pappe und hatte eine Maserung, die ihn wie Leder aussehen lassen sollte, und irgendwelche angeklebten Scharniere. Ein großer Riß lief über den Deckel; Dean schnürte einen Strick herum. Dann packte er seinen Seesack und warf Sachen hinein. Ich nahm meinen Sack, stopfte ihn voll, und während Camille im Bett lag und „Lügner! Lügner! Lügner!" rief, sprangen wir aus dem Haus und kämpften uns die Straße hinunter zur nächsten Straßenbahn — eine Masse aus Männern und Koffern mit einem riesigen verbundenen Daumen, der in die Luft gereckt war.

Dieser Daumen wurde das Symbol von Deans schließlicher Entwicklung. Er kümmerte sich um nichts mehr (wie früher), aber jetzt *kümmerte er sich gleichzeitig um alles im Prinzip*; das heißt, es war ihm alles egal, und er gehörte der Welt, und es gab nichts, was er daran ändern konnte. Er hielt mich mitten auf der Straße an.

„Nun, Mensch, ich weiß, du bist wahrscheinlich ganz aus dem Häuschen; du bist gerade in die Stadt gekommen, und am ersten Tag werden wir hinausgeworfen, und du wunderst dich, womit ich das verdient habe, und so weiter — zusammen mit all dem schrecklichen Drum und Dran — hihihi! — aber schau mich an. Bitte, Sal, schau mich an."

Ich sah ihn an. Er trug ein kurzärmeliges Hemd, zerrissene Hosen, die am Bauch herunterhingen, zerfetzte Schuhe; er hatte sich nicht rasiert, sein Haar war zerzaust und zottelig, seine Augen blutunterlaufen, und dieser riesige verbundene Daumen stand in Brusthöhe gestützt (er mußte ihn auf diese Art hochhalten) mitten in der Luft, und auf seinem Gesicht war das einfältigste Grinsen, das ich je gesehen habe. Er stolperte im Kreis herum und sah sich nach allen Richtungen um.

„Was sehen meine Augäpfel? Ah — den blauen Himmel. Longfellow!" Er schwankte und zwinkerte. Er rieb sich die

Augen. „Außerdem Fenster — hast du je Fenster studiert? Nun, sprechen wir über Fenster. Ich habe ein paar wirklich verrückte Fenster gesehen, die mir Gesichter schnitten, und einige von ihnen hatten die Läden zu, und doch blinzelten sie." Aus seinem Seesack fischte er ein Exemplar von Eugène Sues *Geheimnisse von Paris*, und während er sein Hemd vorne zurechtzupfte, begann er an der Straßenecke mit pedantischen Allüren zu lesen. „Nun, wirklich, Sal, wir wollen unterwegs alles genau betrachten und studieren ..." Plötzlich vergaß er das und blickte ausdruckslos um sich. Ich war froh, daß ich gekommen war, er brauchte mich jetzt.

„Warum hat dich Camille hinausgeworfen? Was wirst du machen?"

„Heh?" sagte er. „Heh?" Wir zerbrachen uns den Kopf, wohin wir gehen und was wir tun sollten. Ich sah, ich mußte es in die Hand nehmen. Armer, armer Dean — der Teufel selbst war nie tiefer gestürzt, geistig angekränkelt, mit entzündetem Daumen, umgeben von abgenützten Koffern seines mutterlosen fiebernden Lebens immer wieder hin und zurück, quer durch Amerika, wie ein vernichteter Vogel. „Laß uns zu Fuß nach New York gehen", sagte er, „und während wir das tun, laß uns unterwegs alles systematisch beobachten — klar?" Ich zog mein Geld heraus und zählte es; ich zeigte es ihm.

„Ich habe hier", sagte ich, „den Betrag von dreiundachtzig Dollar und noch Kleingeld, und wenn du mit mir kommst, wollen wir nach New York gehen und hinterher nach Italien."

„Italien!" sagte er. Seine Augen leuchteten auf. „Italien, ja — wie sollen wir da hinüberkommen, geschätzter Sal?"

Ich überlegte. „Ich werde etwas Geld verdienen, ich werde tausend Dollar von den Verlegern bekommen. Wir werden die scharfen Weiber in Rom, Paris, all diesen Orten, aufreißen; wir werden in Cafés auf dem Bürgersteig sitzen; wir werden in Bordellen leben. Warum sollen wir nicht nach Italien gehen?"

„Ja, warum nicht", sagte Dean, und dann ging ihm auf, daß ich es ernst meinte, und zum erstenmal sah er mich an, aus den Augenwinkeln, denn ich hatte niemals zuvor für seine beschwerliche Existenz eine Verpflichtung übernommen, und sein Blick war der Blick eines Mannes, der vor einer Wette im letzten Augenblick seine Chancen wägt. Es waren Triumph

und Frechheit in seinen Augen, ein übermütig-teuflischer Blick, und eine ganze Weile ließ er seine Augen, nicht von den meinen. Ich erwiderte seinen Blick und errötete.
Ich sagte: „Was ist los?" Ich hatte ein jämmerliches Gefühl, als ich das fragte. Er gab keine Antwort, sah mich weiter mit dem gleichen bedachtsam unverschämten Blick von der Seite an.
Ich versuchte alles, was er in seinem Leben getan hatte, vor meinen Gedächnis Revue passieren zu lassen und zu überlegen, ob es da nicht einst etwas gegeben hatte, was ihn jetzt mit einem gewissen Mißtrauen erfüllen könnte. Bestimmt und fest wiederholte ich, was ich gesagt hatte — „Komm mit mir nach New York; ich habe das Geld dazu." Ich blickte ihn an; meine Augen waren naß vor Verlegenheit und Tränen. Er starrte mich immer noch an. Nun waren seine Augen ausdruckslos und blickten durch mich hindurch. Es wurde wahrscheinlich der Angelpunkt unserer Freundschaft, als er begriff, daß ich tatsächlich stundenlang über ihn und seine Sorgen nachgedacht hatte, und er versuchte es in seine entsetzlich komplizierten und qualvollen geistigen Kategorien einzuordnen. Etwas schnappte in uns beiden. Plötzlich war ich besorgt um einen Mann, der Jahre jünger war als ich, fünf Jahre, und dessen Schicksal sich im Verlauf der letzten Jahre mit meinem verschlungen hatte; in ihm ging etwas vor, das ich nur aus dem rekonstruieren kann, was er danach tat. Er wurde außerordentlich fröhlich und sagte, alles sei in Ordnung und beschlossen. „Was war das für ein Blick?" fragte ich. Es schmerzte ihn, mich das sagen zu hören. Er runzelte die Stirn. Es kam selten vor, daß Dean die Stirn runzelte. Wir fühlten uns beide verwirrt und unsicher. Wir standen auf dem Gipfel eines Hügels an einem schönen sonnigen Tag in San Francisco; unsere Schatten fielen über den Gehsteig. Aus dem Gebäude neben Camilles Häuschen kamen im Gänsemarsch elf griechische Männer und Frauen heraus, die sich sofort auf dem sonnigen Pflaster in einer Reihe hinstellten, während ein weiterer die schmale Straße überquerte und sie über einen Fotoapparat weg anlächelte. Wir starrten auf diese altertümlichen Leute, die einen Hochzeitsempfang für eine ihrer Töchter gaben, wahrscheinlich den tausendsten in einer ungebrochenen dunklen Generation des Lächelns in der Sonne. Sie waren gut angezogen, und sie waren fremd. Dean und ich

hätten in Zypern sein können. Möwen flogen über uns in der funkelnden Luft. „Schön", sagte Dean mit einer sehr scheuen und lieben Stimme, „sollen wir gehen?"
„Ja", sagte ich, „gehen wir nach Italien." Und so hoben wir unser Gepäck auf, er mit seinem einzigen gesunden Arm den Koffer und ich den Rest, und stolperten zu der Straßenbahnhaltestelle; gleich darauf rollten wir den Hügel hinunter und ließen unsere Beine von der wackligen Plattform auf den Gehsteig baumeln, zwei ramponierte Helden der westlichen Nacht.

3

Zuerst gingen wir mal in eine Bar unten in der Market Street und beschlossen alles — daß wir zusammenstehen und Freunde sein wollten bis zum Tode. Dean war sehr still und nachdenklich und sah sich die alten, heruntergekommenen Gestalten in der Kneipe an, die ihn an seinen Vater erinnerten. „Ich denke, er ist in Denver — diesmal müssen wir ihn unbedingt finden, er kann im Amtsgerichtsgefängnis sein, er kann wieder in der Gegend von Larimer Street sein, aber gefunden werden muß er. Einverstanden?"
Ja, ich war einverstanden; wir würden alles das tun, was wir noch nie getan hatten und bisher zu dumm gewesen waren zu tun. Dann nahmen wir uns vor, zwei Tage lang in San Francisco über die Stränge zu schlagen, bevor wir aufbrachen, und natürlich herrschte Einverständnis darüber, daß wir per Reisebüros in Wagen auf Benzinbeteiligung fahren und so viel Geld wie möglich sparen würden. Dean behauptete, Marylou nicht mehr nötig zu haben, obwohl er sie noch immer liebte. Wir waren uns einig, er würde in New York schon mit der Geschichte fertig werden.
Dean zog seinen Anzug mit den Nadelstreifen und ein Sporthemd an, wir steckten unser Zeug für zehn Cents in ein Greyhoundsbus-Schließfach und zogen los, um uns mit Roy Johnson zu treffen, der während der zwei Tage unseres Über-die-Stränge-Schlagens in Frisco unser Chauffeur sein sollte. Roy erklärte sich telefonisch dazu bereit. Kurz darauf kam er an die Ecke der Market- und 3. Straße und holte uns ab. Roy lebte jetzt in Frisco, arbeitete als Büroangestellter und war mit

einer hübschen kleinen Blondine namens Dorothy verheiratet. Dean vertraute mir an, daß ihre Nase zu lang sei — dies war aus irgendeinem merkwürdigen Grunde sein Haupteinwand gegen sie —, aber ihre Nase war gar nicht zu lang. Roy Johnson ist ein schmaler, dunkler, hübscher Junge mit einem nadelscharfen Gesicht und zurückgekämmtem Haar, das er dauernd an den Schläfen zurückstreicht. Er begrüßte uns mit außerordentlichem Ernst und einem breiten Lächeln. Offenbar hatte seine Frau wegen der Chauffeuridee mit ihm gezankt — und, entschlossen, sich als Herr des Hauses durchzusetzen (sie wohnten in einem kleinen Zimmer), stand er zu dem Versprechen, das er uns gegeben hatte, aber nicht unberührt; sein geistiges Dilemma löste sich in bitterem Schweigen. Er fuhr Dean und mich durch ganz Frisco zu jeder Stunde, bei Tag und Nacht und sagte niemals ein Wort; alles, was er tat, war, bei rotem Licht durchzufahren und scharfe Kurven auf zwei Rädern zu nehmen, und dies sagte uns, in was für eine Klemme wir ihn gebracht hatten. Er saß in der Tinte zwischen dem Anspruch seiner jungen Frau und dem Anspruch seines alten Bandenführers aus der Billardstube in Denver. Dean war erfreut und natürlich nicht geängstigt durch die Fahrerei. Wir schenkten Roy absolut keine Beachtung und saßen im Rücksitz und redeten.

Wir fuhren zunächst nach Mill City, um zu sehen, ob wir Remi Boncœur finden konnten. Ich bemerkte mit einiger Verwunderung, daß das alte Schiff *Admiral Freebee* nicht mehr in der Bucht lag; und da war Remi natürlich auch nicht mehr im vorletzten Abteil der Baracke in der Schlucht. Ein schönes farbiges Mädchen öffnete statt dessen die Tür; Dean und ich sprachen eine ganze Weile mit ihr. Roy Johnson wartete im Wagen und las Eugène Sues *Geheimnisse von Paris*. Ich warf noch einen letzten Blick auf Mill City und wußte, es hatte keinen Sinn, die verwickelte Vergangenheit auszugraben; statt dessen beschlossen wir, Galatea Dunkel zum Übernachten aufzusuchen. Ed hatte sie wieder verlassen, er war in Denver, und ich will verdammt sein, wenn sie nicht immer noch darauf sann, ihn zurückzuholen. Wir fanden sie auf dem unechten orientalischen Teppich ihrer Vierzimmermietwohnung in der oberen Mission Street, wie sie sich mit untergeschlagenen Beinen die Karten legte. Braves Mädchen. Ich sah traurige Anzeichen, daß Ed Dunkel hier eine Zeitlang gelebt und dann nur aus Stumpfsinn und Abneigung den Platz verlassen hatte.

„Ed wird zurückkommen“, sagte Galatea. „Dieser Kerl kann nicht für sich sorgen ohne mich.“ Sie gab Dean und Johnson einen wütenden Blick. „Es war Tommy Snark, der es diesmal fertigbekommen hat. Die ganze Zeit, bevor er erschien, war Ed vollkommen glücklich und hat gearbeitet, und wir sind ausgegangen, es war eine wundervolle Zeit. Dean, du kennst das ja. Stundenlang können sie im Badezimmer sitzen, Ed in der Badewanne und Snarky auf dem Klositz, und reden und reden und reden — lauter dummes Zeug.“

Dean lachte. Er war jahrelang der Oberprophet dieser Bande gewesen, und nun lernten sie seine Technik. Tommy Snark hatte sich einen Bart wachsen lassen, und seine großen sorgenvollen blauen Augen waren Ed Dunkel in Frisco suchen gekommen; es geschah (wirklich und ungelogen), daß Tommys kleiner Finger bei einem Unfall in Denver abgerissen wurde, und er hatte eine schöne Stange Geld dabei kassiert. Ohne den mindesten Grund beschlossen sie, Galatea abzuhängen und nach Portland, Maine, zu gehen, wo Snark anscheinend eine Tante hatte. So waren sie jetzt entweder auf der Durchreise in Denver oder bereits in Portland.

„Wenn Toms Geld verbraucht ist, wird Ed zurückkommen“, sagte Galatea und sah auf ihre Karten. „Verdammter Trottel — er kann nichts und hat nie was gekonnt. Alles, was er braucht, ist zu wissen, daß ich ihn liebe.“

Wie sie so kartenlegend auf dem Teppich saß und ihre langen Haare auf den Boden flossen, glich Galatea der Tochter der Griechen mit dem Fotoapparat in der Sonne. Sie war mir sympathisch geworden. Wir beschlossen sogar, diese Nacht auszugehen und Jazz zu hören, und Dean würde eine baumlange Blondine namens Marie mitnehmen, die in derselben Straße wohnte.

Am Abend holten Galatea, Dean und ich Marie ab. Das Mädchen hatte eine Parterrewohnung, eine kleine Tochter und einen alten Wagen, der kaum lief und den Dean und ich die Straße hinab anschieben mußten, während die Mädchen auf den Anlasser drückten. Wir gingen zu Galatea, und da saßen sie herum — Marie, ihre Tochter, Galatea, Roy Johnson, seine Frau Dorothy —, alle mürrisch in den viel zu vielen Möbeln, während ich in einer Ecke stand, neutral gegenüber den

Problemen von Frisco, und Dean sich in der Mitte des Zimmers hielt, seinen Ballondaumen in Brusthöhe ausgereckt. „Gottverdammt", kicherte er, „wir verlieren alle unsere Finger — ha-ha-ha."

„Dean, warum benimmst du dich so kindisch?" sagte Galatea. „Camille hat angerufen und gesagt, daß du sie verlassen hast. Begreifst du denn nicht, daß du eine Tochter hast?"

„Er hat sie nicht verlassen, sie hat ihn hinausgeschmissen!" sagte ich und gab meine Neutralität auf. Sie sahen mich alle dreckig an, Dean grinste. „Und mit diesem Daumen? Was erwartet ihr denn, daß der arme Kerl tun soll?" fügte ich hinzu. Sie sahen mich alle an; besonders Dorothy Johnson versetzte mir einen bösen Blick.

Es war ein richtiger Nähzirkel, und in der Mitte stand der Verbrecher, Dean — vielleicht für alles verantwortlich, was schlecht war. Ich blickte aus dem Fenster auf die summende nächtliche Mission Street; ich wollte gehen und den großen Jazz von Frisco hören — man bedenke, dies war meine zweite Nacht in der Stadt.

„Ich glaube, Marylou war sehr, sehr gescheit, als sie dich verlassen hat, Dean", sagte Galatea. „Seit Jahren schon hast du kein Verantwortungsgefühl für jemand gehabt. Du hast so viele schreckliche Sachen gemacht, daß ich nicht weiß, was ich dir sagen soll."

Das war wirklich der springende Punkt, und sie saßen alle herum und sahen mit gesenkten und haßerfüllten Augen auf Dean, und er stand auf dem Teppich in ihrer Mitte und kicherte — er kicherte nur. Er führte einen kleinen Tanz auf. Sein Verband wurde immer schmutziger; er lockerte sich und rollte sich auf. Ich erkannte plötzlich, daß Dean auf Grund der enormen Reihe seiner Sünden im Begriff war, der Idiot, der Blödian, der Heilige dieser Gesellschaft zu werden.

„Du denkst absolut an niemand außer an dich selbst und an deinen verdammten Spaß. Nur eins hast du im Sinn: was zwischen deinen Beinen hängt und wieviel Geld oder Vergnügen du aus den Leuten herausholen kannst, und dann wirfst du sie einfach beiseite. Nicht nur das, du machst dich auch noch darüber lustig. Du kapierst nie, daß das Leben ernst ist und daß es Leute gibt, die versuchen, etwas Anständiges daraus zu machen, statt sich dauernd wie Idioten zu benehmen."

Das ist's was Dean war, der HEILIGE BLÖDIAN.

„Camille weint sich heute nacht ihr Herz aus, aber bilde dir nicht für einen Augenblick ein, daß sie dich zurückhaben will; sie hat gesagt, daß sie dich nie wiedersehen will und daß es diesmal endgültig ist. Und trotzdem stehst du hier und machst dämliche Gesichter, und ich glaube nicht, daß du einen Funken Sorge im Leibe hast."

Das war nicht wahr; ich wußte es besser und hätte es ihnen allen sagen können. Ich sah aber keinen Sinn darin, es zu versuchen. Es drängte mich, meinen Arm um Dean zu legen und zu erklären: „Schaut einmal her, ihr alle, und begreift mal das eine: Dieser Kerl hat auch seine Sorgen, und noch etwas, er beklagt sich nie und hat euch allen so manche unvergeßliche Stunde beschert, nur dadurch, daß er er selbst war, und wenn das nicht genug für euch ist, dann laßt ihn doch erschießen, das wollt ihr doch wohl gern."

Trotzdem war Galatea Dunkel die einzige in der Bande, die vor Dean keine Angst hatte und ruhig, mit vorgerecktem Gesicht, dasitzen und ihn vor allen auszanken konnte. Es hatte einst Tage in Denver gegeben, als alle mit den Mädchen im Finstern um Dean herum saßen, und nur er redete und redete und redete, mit einer Stimme, die gleichzeitig hypnotisch und fremd war und von der man behauptete, daß sie die Mädchen zum Nachgeben zwang durch die bare Überzeugungskraft und den Inhalt dessen, was er sagte. So ging es, als er fünfzehn, sechzehn war. Nun waren seine Schüler verheiratet, und die Frauen seiner Schüler forderten ihn vor Gericht wegen der Sexualität und des Lebens, dem er zum Sein verholfen hatte. Ich hörte weiter zu.

„Nun gehst du mit Sal in den Osten", sagte Galatea, „und was, glaubst du, wirst du damit erreichen? Camille muß zu Hause bleiben und sich um das Baby kümmern, jetzt, wo du weg bist — wie kann sie ihren Posten behalten? Sie will dich nie wiedersehen, und ich nehm es ihr nicht übel. Wenn du Ed unterwegs triffst, sage ihm, daß er zu mir zurückkommen soll, oder ich werde ihn umbringen."

Mit diesen schlichten Worten. Es war schon eine traurige Nacht. Ich fühlte mich wie unter fremden Brüdern und Schwestern in einem trostlosen Traum. Dann kam vollkommenes Schweigen über die Anwesenden; wo Dean sich einst herausgeredet hatte, fiel er jetzt selbst in Schweigen, stand vor all diesen Leuten abgerissen, gebrochen und idiotisch da, genau unter den Glühbirnen, und wiederholte nur immer, mit seinem knochigen, verrückten, schweißbedeckten Gesicht und mit pochenden Adern: „Ja, ja, ja", als durchströmten ihn jetzt immense Offenbarungen; und ich bin überzeugt, das war wirklich der Fall; und die anderen ahnten es ebenfalls und fürchteten sich. Er war GESCHLAGEN — die Wurzel, die Seele des Seligen. Was wußte er? Er versuchte, mit allem, was in seiner Macht stand, mir zu sagen, was er wußte, und sie waren deshalb neidisch auf meine Stellung an seiner Seite, da ich ihn verteidigte und ihn in mich schlürfte, wie sie es einst versucht hatten. Dann sahen sie mich an. Was wollte ich, ein Fremder, an der Westküste in dieser klaren Nacht? Ich wich vor dem Gedanken zurück.

„Wir gehen nach Italien", sagte ich, ich wusch meine Hände in Unschuld wegen der ganzen Angelegenheit. Es lag auch ein sonderbares Gefühl mütterlicher Befriedigung in der Luft, denn die Frauen betrachteten Dean wirklich, wie eine Mutter ihr liebstes und verirrtestes Kind betrachtet; und er mit seinem traurigen Daumen und all seinen Offenbarungen wußte das gut, und darum war er imstande, in der tickenden Stille ohne ein Wort aus der Wohnung zu gehen, um unten auf uns zu warten, bis wir uns über die *Zeit* einig würden. Das ist's, was wir beim Anblick des Gespenstes auf dem Gehsteig gefühlt hatten. Ich blickte aus dem Fenster. Er stand allein im Torweg und peilte die Straße entlang. Vorwürfe, Ratschläge, Moral, Trauer — das alles lag hinter ihm, und vor ihm war die geschundene und ekstatische Freude des reinen Daseins.

„Kommt, Galatea, Marie, gehn wir in die Jazzkneipen und denken wir nicht mehr daran. Eines Tages wird Dean sterben. Was könnt ihr dann zu ihm sagen?"

„Je eher er tot ist, desto besser", gab Galatea zurück, und sie sprach im Namen fast aller, die im Zimmer waren.

„Na gut", sagte ich, „aber jetzt lebt er, und ich wette, ihr möchtet alle wissen, was er als nächstes tut, und zwar, weil er das Geheimnis erkannt hat, das wir alle rasend gern herausfinden möchten, und es spaltet seinen Kopf weit auf, und wenn er verrückt wird, dann macht euch deswegen keine Sorgen; es wird nicht eure Schuld sein, sondern die Schuld Gottes."

Sie widersprachen und behaupteten, ich kenne Dean nicht

wirklich; sie sagten, er sei der größte Lump, der je gelebt habe, und eines Tages würde ich es zu meinem eigenen Leidwesen herausfinden. Es amüsierte mich, sie so sehr protestieren zu hören. Roy Johnson stellte sich vor die Damen und sagte, er kenne Dean besser als sonst jemand, und Dean sei nichts als ein sehr interessanter und sogar amüsanter Hochstapler. Ich ging hinaus, um nach Dean zu sehen, und wir sprachen kurz darüber.

„Ach, Mensch, mach dir keine Sorgen, alles ist ausgezeichnet und in Ordnung." Er rieb seinen Bauch und leckte seine Lippen.

4

Die Mädchen kamen herunter, und wir brachen auf zu unserer großen Nacht, die damit anfing, daß wir den Wagen wieder die Straße hinabschoben. „Ho! Los!" rief Dean, und wir sprangen in den Rücksitz und klapperten nach Klein-Harlem in Folsom Street.

Heraus sprangen wir in die warme, verrückte Nacht, hörten das quäkende Horn eines wilden Tenoristen jenseits der Straße, das immer „Ji-yah ji-yah! Ji-ya!" machte, und im Takt klatschende Hände und das Gebrüll der Leute: „Los, Alter, schaff dich!" Dean rannte schon über die Straße, den Daumen hoch in der Luft, und brüllte: „Ja, los, schaff dich!" Eine Gruppe farbiger Männer in Samstagabendanzügen sorgte vor dem Lokal für Stimmung. Es war eine einfache Kneipe mit sägemehlbestreutem Fußboden und einem kleinen Podium, auf dem die Jungen mit ihren Hüten kauerten und über die Köpfe der Leute bliesen, ein verrückter Laden. Undefinierbare schlampige Frauen liefen herum, manche im Bademantel, Flaschen klirrten in Torwegen. Hinter der Spelunke, in einem dunklen Gang jenseits der besudelten Klosetts, standen etliche Männer und Frauen an der Wand, sie tranken Wein-Spodiodi — Wein mit Whisky — und spuckten nach den Sternen. Der Tenorbläser mit dem Hut auf dem Kopf war auf dem Höhepunkt einer wunderbar beglückenden freien Improvisation angelangt und spielte nun einen steigenden und fallenden Riff, der von „Iiiia-ia" in ein verrückteres „I-di-li-ia" überging und weiterstürmte zu dem rollenden Dröhnen zigarettenversengter

Trommeln, auf die ein großer, brutaler, stiernackiger Neger hämmerte, der nichts im Sinn hatte, als seine strapazierten Instrumente zu vergewaltigen, rums, ratta-bums, rums. Ein Aufruhr der Musik, und den Tenorbläser hatte es gepackt, und alle wußten es. Dean hielt sich in der Menge den Kopf, und es war eine irrsinnige Menge. Sie alle ermunterten den Tenorbläser mit Schreien und wilden Blicken, durchzuhalten und weiterzumachen, und er erhob sich aus seiner kauernden Stellung und ging wieder nieder mit seinem Horn, um es in einem reinen Schrei über dem Hexenkessel emporzuschwingen. Eine lange dürre Negerin rieb ihre Knochen gegen den Trichter des Horns, und er stieß nach ihr, „Ii! Ii! Ii!".
Alle zuckten im Rhythmus und brüllten, Galatea und Marie standen mit ihren Bieren in der Hand auf den Stühlen, sie zuckten und gerieten in Ekstase. Gruppen farbiger Jungen stolperten von der Straße herein, einer fiel über den anderen, so drängten sie nach. „Weiter, Mann, weiter!" brüllte ein Mann mit einer Nebelhornstimme und gab ein Grölen von sich, das bestimmt bis Sacramento hörbar sein mußte, ah-haa! „Juhu!" machte Dean. Er rieb seine Brust, seinen Bauch; der Schweiß rann ihm nur so übers Gesicht. Bum, kick, dieser Trommler schlug seine Trommeln bis in den Keller hinunter und rollte den Rhythmus die Treppe hinauf mit seinen mörderischen Schlegeln, ratata-um! Ein großer fetter Mann sprang auf dem Podium herum, daß es durchsackte und krachte. „Juhu!" Der Klavierspieler bearbeitete seine Tasten nur mit den gespreizten Fingern: Akkorde, in den Pausen, wenn der große Tenorbläser Atem holen mußte für einen neuen Stoß — chinesische Akkorde, die das Klavier in jedem Stück Holz erbeben ließen, tsching, und in jeder Metallsaite, bang! Der Tenorbläser sprang von der Plattform und stand in der Menge und blies in die Gegend; sein Hut war über die Augen gerutscht; jemand schob ihn hilfreich zurück. Der Mann holte aus und stampfte mit dem Fuß auf und blies einen heiseren, sich verästelnden Ton hinaus, holte Atem und hob das Horn und blies hoch, weit und laut in die Luft. Dean stand unmittelbar vor ihm, beugte sein Gesicht über den Trichter des Horns, klatschte mit den Händen und ließ seinen Schweiß auf die Klappen spritzen, und der Mann bemerkte ihn und lachte, mit einem langen, bebenden, irren Lachen, in sein Horn, und alle anderen lachten auch, und sie schaukelten im Rhythmus hin

und her, immer hin und her; und endlich beschloß der Tenorbläser, das Letzte herzugeben, er zog die Schultern ein und hielt ein hohes C ganz lange aus, während alles andere mitkrawallte und das Geschrei anstieg, daß ich dachte, die Polizei würde vom nächsten Revier hereingestürzt kommen. Dean war in einem wahren Trancezustand. Die Augen des Tenorbläsers fixierten ihn starr; er hatte hier einen Wahnsinnigen vor sich, der nicht nur begriff, sondern mehr und mehr begreifen wollte, mehr, als es überhaupt gab, und deswegen begannen sie sich zu duellieren; das Horn gab das Äußerste her, keine Figuren mehr, nur noch Schreie, Schreie, „Böö!" und hinunter zu „Biip!" und hinauf zu „Iiii!" und hinunter zu dumpfem Gehupe und hinüber zu Horntörne, die seitab widerhallten. Er versuchte alles, hinauf, hinunter, nach der Seite, auf dem Kopf, waagrecht, mit dreißig Grad Neigung, mit vierzig Grad, und schließlich fiel er hintenüber in jemandes Arme und gab auf, und alle drängten sich um ihn und brüllten: „Ja! Ja! Den hat er vielleicht geblasen!" Dean selbst trocknete sich mit seinem Taschentuch ab.

Dann stieg der Tenorbläser auf das Podium und verlangte ein langsames Tempo und blickte traurig über die Köpfe der Menge hinweg zur offenen Tür und begann zu singen „Schließe deine Augen". Für einen Augenblick wurde alles still. Der Tenorbläser trug eine zerlumpte Wildlederjacke, ein lila Hemd, zerrissene Schuhe und eine Hose mit weiten Beinen ohne Bügelfalte; er gab nichts darauf. Er sah aus wie ein Neger-Hassel. Seine großen braunen Augen nahmen teil an der Traurigkeit und dem langsamen Singen seiner Lieder und den langen, gedankenvollen Pausen. Aber im zweiten Chorus wurde er erregt und packte das Mikrofon und sprang vom Podium herunter und lehnte sich darüber. Um singen zu können, mußte er sich tief niederbeugen und dann beim Singen das Mikrofon immer höher heben, und er geriet so in Ekstase, daß er taumelte und sein Gleichgewicht gerade rechtzeitig für die nächste lange, langsame Note wiederfinden konnte. „Mu-u-u-usik spi-i-i-iel!" Er beugte sich zurück, das Gesicht zur Decke gerichtet, das Mikrofon davorhaltend. Er schüttelte sich, er schwankte. Dann lehnte er sich vor, fiel mit dem Gesicht fast gegen das Mikrofon. „Ma-a-a- ach den Trau-um zum Tan-ze" — und er blickte auf die Straße hinaus mit zornig gekräuselten Lippen, Billie Holidays verächtlich-höhnischem

Lächeln — „unserer Roman-n-n-ze" — er wankte nach der anderen Seite — „Li-i-i-iebe wahr und e-e-echt" — er schüttelte den Kopf vor Überdruß und Ekel an der ganzen Welt — „wird es machen" — was wird sie machen? Alles wartete; er lamentierte — „re-echt". Das Klavier ließ einen Akkord erklingen. „So Baby komm und schli-i-i-ieß deine schönen kleinen Au-u-ugen" — sein Mund bebte, er blickte uns, Dean und mich, mit einem Ausdruck an, der zu sagen schien: Na, ihr, was ist denn das, was wir alle auf dieser traurigen braunen Welt machen? — und dann kam er zum Schluß seines Liedes, und dafür mußten sorgfältige Vorbereitungen getroffen werden; man hatte Zeit genug, zwölfmal um die Welt alle Botschaften zu Garcia zu schicken, und wem lag denn überhaupt schon etwas daran? Denn hier hatten wir es zu tun mit dem Kern und dem Saft des armen ramponierten Lebens selbst in den ach! so furchtbaren Straßen der Menschen; so sagte er und sang er: „Schließ — deine —" und blies es hinauf bis zur Decke und durch sie zu den Sternen und noch weiter — „Au-u-u-u-ugen" — und schwankte vom Podium und fiel in Brüten. Er saß in der Ecke mit ein paar Jungen und kümmerte sich gar nicht um sie. Er blickte zu Boden und weinte. Er war der Größte.

Dean und ich gingen hinüber, um mit ihm zu sprechen. Wir luden ihn ein, mit uns hinaus in den Wagen zu kommen. Im Wagen schrie er plötzlich: „Ja! Es gibt nichts, was ich lieber hab als richtigen Spaß! Wohin wollen wir?" Dean kicherte wie ein Irrer und hüpfte im Sitz auf und ab. „Später! Später!" rief der Tenorbläser. „Ich werde uns von meinem Jungen zu Jamson's Nook hinunterfahren lassen, ich muß singen. Mann, ich *lebe* für das Singen. Habe ‚Schließ deine Augen' seit zwei Wochen gesungen — ich möchte nichts anderes mehr singen. Was habt ihr Jungen vor?" Wir sagten ihm, daß wir in zwei Tagen nach New York fahren wollten. „Gott, ich bin nie dort gewesen, und ich habe gehört, das ist eine wirklich hektische Stadt, aber ich habe keinen Grund, mich zu beklagen, wo ich bin. Ich bin verheiratet, wißt ihr."

„O ja?" sagte Dean mit einem Aufleuchten. „Und wo ist der Liebling heute nacht?"

„Wie *meinen* Sie das?" sagte der Tenorbläser, ihn aus dem Augenwinkel betrachtend. „Ich hab Ihnen gesagt, daß ich mit ihr *verheiratet* bin, nicht wahr?"

„O ja, o ja", sagte Dean. „Ich habe nur gefragt. Hat sie vielleicht Freunde? Oder Schwestern? Ein Fest, wissen Sie, ich suche nur ein Fest."
„Tja, was nützt ein Fest, das Leben ist zu traurig, um die ganze Zeit Feste zu feiern", sagte der Tenorbläser und senkte seinen Blick auf die Straße. „Schsch-eii-ße!" sagte er. „Ich hab kein Geld, und heute nacht ist es mir auch egal."
Wir gingen wieder hinein, um mehr zu hören. Die Frauen hatten sich über unser beider Davonlaufen und Herumrennen so geärgert, daß sie weggegagen waren und sich zu Fuß nach Jamson's Nook aufgemacht hatten; der Wagen sprang sowieso nicht an. In der Bar bot sich uns ein schrecklicher Anblick; ein weißer Dreigroschenjunge in einem grellbunten Hawaii-Hemd war hereingekommen und fragte den Mann an der großen Trommel, ob er mal einsteigen dürfe. Die Musiker betrachteten ihn mißtrauisch. „Kannst du denn spielen?" Er bejahte affektiert. Sie sahen einander an und sagten: „Tja, tja, das ist ja sein Beruf, Schsch-eii-ße!" So setzte sich der Bubi an die Becken, und sie begannen den Rhythmus einer schnellen, heißen Nummer, und er fing an, die Spannsaiten mit sanften dumpfen Be-bop-Schlegeln zu streicheln und pendelte mit seinem Hals hin und her in dieser selbstzufriedenen, von Reich treffend analysierten Ekstase, die in Wirklichkeit nichts anderes ausdrückt als zu viel Marihuana und Aspirin und Schlaftabletten. Aber er kümmerte sich nicht darum. Er lächelte fröhlich in den Raum und hielt den Takt, wenn auch sanft, mit Be-bop-Arabesken, ein kichernder, plätschernder Hintergrund für die großen handfesten Nebelhornblues, die die Jungen bliesen, ohne sich um ihn zu kümmern. Der große, stiernackige Negertrommler saß da und wartete, bis er wieder dran war. „Was macht der Kerl?" sagte er. „Nennt er das Musik?" sagte er. „Was, zum Teufel!" sagte er. „Ssch-eii-ße!" Und blickte angeekelt weg.
Der Junge des Tenoristen erschien, ein kleiner, strammer Neger mit einem großen, schweren Cadillac. Wir sprangen hinein. Er beugte sich übers Lenkrad und stob mit dem Wagen quer durch Frisco, ohne ein einziges Mal anzuhalten, mit über hundert Sachen mitten durch den Verkehr, und niemand bemerkte ihn überhaupt, so gut fuhr er. Dean war in Ekstase. „Schau dir diesen Kerl genau an, Mensch! Schau dir an, wie er dasitzt und sich kein bißchen bewegt, nur auf die Tube

drückt und glücklich ist und die ganze Nacht kein Wort zu sagen braucht; ah, Mensch, die Dinge, die Dinge, die ich könnte — ich möchte — oh, ja. Los, nicht anhalten — nur weiter! Ja!" Und der Junge kurvte um eine Ecke, rollte uns genau vor Jamson's Nook und hatte auch schon geparkt. Ein Taxi fuhr vor; heraus sprang ein magerer, verschrumpelter kleiner Negerprediger, warf dem Taxifahrer einen Dollar zu und schrie „Schafft euch!" und rannte ins Lokal und stürzte geradewegs durch die Bar unten und schrie „Schafft euch!" und stolperte die Stiege hinauf und fiel dabei beinahe aufs Gesicht und riß die Tür auf und fiel in den Raum hinein, wo die Jam-Session stattfand, die Hände vor sich gestreckt, damit sie ihn schützten, wenn er gegen etwas fiele, und er fiel direkt auf Lampshade, der in jener Saison als Kellner in Jamson's Nook arbeitete, und die Musik toste und toste, und er stand wie angewurzelt in der offenen Tür und kreischte: „Schaff dich, Mann, los, los!" Und der Mann war ein kleiner, kurzer Neger mit einem Altsaxophon, von dem Dean sagte, daß er anscheinend bei seiner Großmutter lebte, genau wie Tom Snark, den ganzen Tag schlief und die ganze Nacht blies, hundert Chorusse blies, bevor er so weit war, richtig loszulegen, und das tat er gerade jetzt.

„Es ist Carlo Marx!" kreischte Dean über den Tumult.

Und so war's. Dies kleine Großmuttersöhnchen mit dem zusammengeflickten Alt hatte glotzende, glitzernde Augen; kleine, krumme Füße; spindeldürre Waden; und er hopste mit seinem Horn hin und her und schüttelte die Beine so wild, daß man dachte: gleich fallen ihm die Füße ab, und hielt seine Augen auf die Zuhörerschaft gerichtet (die nur aus einem Dutzend Tischen mit lachenden Leuten bestand, in einem Raum von zehn Metern im Quadrat und mit niedriger Decke) und machte nie eine Pause. Seine Improvisationen waren sehr einfach, meistens Riffs. Er liebte es, dem Chorus mit ganz einfachen Mitteln einen neuen und überraschenden Dreh zu geben. Er ging etwa von „ta-tup-tader-rara ... ta-tup-tader-rara", das er wiederholte und dabei hin und her sprang und mit seinem Horn küßte und lachte, auf „ta-tup-II-da-de-dera-RUP! ta-tup-II-da-de-dera-RUP!" über, und das alles waren gewaltige Momente des Lachens und des Verstehens für ihn und alle Zuhörer. Sein Ton war rein wie eine Glocke, hoch und klar, und er blies uns gerade ins Gesicht, aus fünfzig Zentimeter

Entfernung. Dean stand vor ihm, gleichgültig gegen alles sonst auf der Welt, das Haupt gesenkt, und schlug die Hände zusammen, schaukelte sich mit dem ganzen Körper auf den Absätzen, und der Schweiß, der Schweiß, floß und spritzte herunter an seinem gemarterten Kragen und sammelte sich tatsächlich in einer Pfütze zu seinen Füßen. Galatea und Marie waren da, es vergingen fünf Minuten, ehe wir es bemerkten. Huu, die Nächte von Frisco, das Ende des Kontinents und Ende auch des Zweifels; all ihr faden Zweifel und Dummheiten, lebt wohl. Lampshade brauste herum mit seinem Tablett voll Bier; alles, was er tat, war im Takt; im Takt schrie er die Kellnerin an: „Hei doch, Babybaby, mach doch Platz, mach doch Platz, Lampshade ist's, laß ihn vorbei", und er stürzte an ihr vorbei mit den Biergläsern in der Luft und brauste durch die Windfangtür in die Küche und tanzte mit dem Küchenpersonal und kam schwitzend zurück. Der Tenorist saß unbeweglich an seinem Ecktisch, hatte einen unberührten Drink vor sich und starrte glotzäugig in die Ferne; seine Hände hingen seitlich herab und berührten fast den Boden, seine Füße hatte er gespreizt wie heraushängende Zungen, sein Körper war zusammengeschrumpft in totaler Erschöpfung und verzücktem Leid und was sonst alles in seinen Gedanken war: ein Mann, der sich jeden Abend umbrachte und es den anderen überließ, ihm während der Nacht die Ruhe wiederzugeben. Alles schwirrte um ihn wie eine Wolke. Und dieser kleine Großmutteraltist, dieser kleine Carlo Marx, er hüpfte und führte Affentänze auf mit seinem magischen Horn und blies zweihundert Blues-Chorusse, einen immer rasender als den anderen, ohne jedes Zeichen nachlassender Kräfte oder der Absicht, Schluß zu machen. Allen im Raum lief es über den Rücken.
Eine Stunde später stand ich mit Ed Fournier an der Ecke der 4. und Folsom. Er ist ein Altist aus San Francisco und wartete mit mir, während Dean von einer Wirtschaft aus mit Roy Johnson telefonierte. Roy sollte herkommen und uns abholen. Es war nichts Besonderes, wir unterhielten uns bloß, nur, daß sich uns plötzlich ein sehr merkwürdiger und wahnsinniger Anblick bot. Es war Dean. Er wollte Roy Johnson die Adresse geben, daher bat er ihn, einen Moment am Apparat zu bleiben, und rannte hinaus, um nachzusehen, und dazu mußte er kreuz und quer durch eine lange Bar mit lärmenden Trinkern in

weißen Hemdsärmeln laufen, bis hinaus auf die Straße, um dort die Straßenschilder zu inspizieren. Er duckte sich tief zur Erde wie Groucho Marx, seine Füße trugen ihn mit erstaunlicher Schnelligkeit, mit seinem in die Nacht gestreckten Ballondaumen sah er aus wie ein Gespenst; mitten auf der Straße kam er zu einem wirbelnden Halt und suchte mit den Augen nach allen Seiten über sich die Tafeln. Es war schwer, sie in der Dunkelheit zu sehen, und er drehte sich auf der Straße ein dutzendmal um sich selbst, Daumen hochgestreckt, in einem wilden, beklemmenden Schweigen, eine menschliche Gestalt mit wirrem Haar, die einen ballongleichen Daumen emporhielt, wie eine große Himmelsgans, im Dunkel sich drehte und drehte, die andere Hand zerstreut in der Hose. Ed Fournier sagte gerade: „Ich blase mit einem weichen Ton, wo ich auch hinkomme, und wenn die Leute nicht drauf stehen, kann ich auch nichts machen. Sag mal, dein Freund ist aber ein reichlich kaputter Typ. Sieh ihn dir mal an, da drüben." Und wir sahen ihn uns an. Alles war ganz still, als Dean die Schilder sah und in die Bar zurückraste, praktisch unter irgendwelchen ausgestreckten Beinen hindurchlief und so schnell durch die Bar glitt, daß man schon sehr aufpassen mußte, um ihn zu sehen. Einen Augenblick später erschien Roy Johnson, und mit derselben erstaunlichen Schnelligkeit glitt Dean über die Straße und in den Wagen. Wir waren wieder unterwegs.
„Nun, Roy, ich weiß, deine Frau geht dir im Kopf herum wegen dieser Sache, aber wir müssen an der Ecke 64. und Geary unbedingt in der unglaublichen Zeit von drei Minuten sein, oder alles ist futsch. Mhm! Ja! (Hüsteln.) Morgen früh fahren Sal und ich weg nach New York, und dies ist unsere absolut letzte Nacht, wo wir uns amüsieren können, und ich weiß, du wirst es nicht übelnehmen."
Nein, Roy Johnson nahm es nicht übel; er überfuhr nur jede Ampel, die er finden konnte, bei Rot, und er fuhr uns rasend weiter in unserer Narrheit. Im Morgengrauen ging er zu Bett. Dean und ich waren schließlich an einem farbigen Burschen namens Walter hängengeblieben, der Drinks an der Bar bestellte und sie vor sich aufreihen ließ und sagte: „Wein-Spodiodi!" Das war ein Schuß Whisky mit einem Schuß Portwein. „Nette, süße Hülle für all diesen schlechten Whisky!" rief er aus.
Er lud uns zu sich nach Hause zu einer Flasche Bier ein. Er

wohnte in den Mietshäusern auf der Rückseite von Howard. Seine Frau schlief, als wir hereinkamen. Die einzige Beleuchtung in der Wohnung war die Glühbirne über dem Bett. Wir mußten auf einen Sessel steigen und die Birne herausschrauben, während sie lächelnd dalag; Dean tat es, mit flatternden Wimpern. Sie war etwa fünfzehn Jahre älter als Walter und die sanfteste Frau der Welt. Wir mußten die Verlängerungsschnur über ihrem Bett einstecken, und sie lächelte und lächelte. Sie fragte Walter nie, wo er gewesen war, wie spät es sei, nichts. Schließlich war in der Küche mit der Verlängerung alles in Ordnung, und wir setzten uns um den bescheidenen Tisch herum, um das Bier zu trinken und die Geschichten zu erzählen. Dämmerung. Es war Zeit, wegzugehen und die Verlängerung ins Schlafzimmer zurückzubringen und die Birne wieder in ihre alte Fassung einzuschrauben. Walters Frau lächelte und lächelte, während wir die verrückte Prozedur nochmals durchexerzierten. Sie sagte nicht ein Wort.

Draußen auf der dämmerigen Straße sagte Dean: „Da siehst du, Mensch, so sieht die *richtige* Frau aus. Niemals ein böses Wort, nie eine Klage oder verändertes Wesen; ihr Alter kann zu jeder Nachtstunde mit wem immer heimkommen und in der Küche tratschen und Bier trinken und weggehen, wann es ihm paßt. Das ist ein Mann, und dies ist seine Burg." Er wies zur Wohnung hinauf. Wir stolperten davon. Die große Nacht war vorüber. Ein Streifenwagen folgte uns mißtrauisch ein paar Straßen weit. Wir kauften in einer Bäckerei der 3. Straße frische Schmalzkringel und aßen sie auf der grauen, schäbigen Straße. Ein hochgewachsener, bebrillter, gutangezogener Kerl kam stolpernd die Straße herunter, begleitet von einem Neger mit Fernfahrerkappe. Sie waren ein seltenes Paar. Ein großer Lastwagen rollte vorbei, und der Neger wies aufgeregt auf ihn und versuchte, seine Gefühle auszudrücken. Der hochgewachsene Weiße sah verstohlen über die Schulter und zählte sein Geld. „Das ist Old Bull Lee!" kicherte Dean. „Zählt sein Geld und sorgt sich um alles, und der andere Junge will bloß über Lastwagen sprechen und über Sachen, von denen er was versteht." Wir gingen ihnen eine Zeitlang nach.

Heilige Blumen, schwebend in der Luft, das waren all diese müden Gesichter im Morgenrot Jazz-Amerikas.

Wir mußten schlafen; Galatea Dunkels Wohnung kam nicht in Frage. Dean kannte einen Eisenbahnbremser namens Ernest Burke, der mit seinem Vater in einem Hotelzimmer in der 3. Straße wohnte. Urspünglich hatte er mit ihnen auf gutem Fuß gestanden, aber letzthin nicht mehr, und der Vorschlag ging dahin, ich möge versuchen, von ihnen zu erreichen, daß sie uns bei sich auf dem Fußboden schlafen ließen. Es war fürchterlich. Ich mußte von einer Frühstücksstube aus anrufen. Der alte Mann meldete sich mißtrauisch am Telefon. Er erinnerte sich aus den Erzählungen seines Sohnes an mich. Zu unserer Überraschung kam er in die Hotelhalle herunter und ließ uns ein. Es war nur ein trübes, altes, braunes Frisco-Hotel. Wir gingen hinauf, und der alte Mann war so gut, uns das ganze Bett zu geben. „Ich muß sowieso aufstehen", sagte er und zog sich in die kleine Kochnische zurück, um Kaffee zu kochen. Er fing an, aus seiner Eisenbahnerzeit zu erzählen. Er erinnerte mich an meinen Vater. Ich blieb auf und hörte zu, wie er erzählte. Dean hörte nicht zu, er putzte sich die Zähne und lief geräuschvoll herum und sagte: „Ja, das stimmt", zu allem, was der alte Mann sagte. Endlich schliefen wir ein; und am Morgen kam Ernest von einer Fahrt des Western Division nach Haus und ging ins Bett, während Dean und ich aufstanden. Jetzt machte sich der alte Mr. Burke schön für ein Rendezvous mit seiner nicht mehr ganz jungen Flamme. Er zog einen grünen Tweedanzug an, eine Kappe, ebenfalls aus grünem Tweed, und steckte sich eine Blume ins Knopfloch.

„Diese romantischen alten abgewirtschafteten Bremser in Frisco leben ihr eigenes trübes, aber eifriges Leben", sagte ich auf der Toilette zu Dean. „Es war sehr freundlich von ihm, uns hier schlafen zu lassen."

„Ja, ja", sagte Dean, ohne zuzuhören. Er raste hinaus, um einen Reisebürowagen aufzutreiben. Ich sollte wegen unseres Gepäcks zu Galatea Dunkel gehen. Sie saß mit ihren Patiencekarten auf dem Boden.

„Also, leb wohl, Galatea, und ich hoffe, alles kommt wieder in Ordnung."

„Wenn Ed zurückkommt, werde ich ihn jede Nacht zu Jamson's Nook nehmen und sich mit Verrücktheit vollaufen lassen. Glaubst du, das wird etwas nützen, Sal? Ich weiß nicht, was ich machen soll."

„Was sagen die Karten?"

„Das Pik-As ist weit weg von ihm. Die Herzen sind immer um ihn herum — die Herz-Dame ist niemals weit weg. Siehst du diesen Pik-Buben? Das ist Dean, er ist immer in der Nähe."

„Also, in einer Stunde fahren wir nach New York."

„Eines Tages wird Dean zu einer dieser Reisen aufbrechen und niemals zurückkommen."

Sie ließ mich eine Dusche nehmen und mich rasieren, und dann sagte ich Lebewohl und trug das Gepäck hinunter und winkte ein Frisco-Taxi-Jitney heran, das ist ein gewöhnliches Taxi, das regelmäßig dieselbe Strecke fährt, und man kann es an jeder Ecke heranwinken und für etwa fünfzehn Cents bis zu jeder beliebigen Ecke fahren, wie in einem Bus mit anderen Fahrgästen zusammengepfercht, aber man spricht miteinander und erzählt sich Witze wie in einem Privatwagen. Mission Street war an diesem letzten Tag in Frisco ein einziger Aufruhr von Bauarbeitern, spielenden Kindern, übermütigen Negern auf dem Heimweg von der Arbeit, Staub, Erregung, dem großen Summen und vibrierenden Brummen dessen, was eigentlich Amerikas erregendste Stadt ist — und darüber der reine blaue Himmel und das Entzücken der nebligen See, die immer in der Nacht hereinrollt, um jeden hungrig nach Nahrung und neuer Erregung zu machen. Ich fuhr sehr ungern weg; mein Aufenthalt hatte gute sechzig Stunden gedauert. Mit dem rasenden Dean stürmte ich durch die Welt, ohne eine Chance, sie zu sehen. Am Abend sausten wir gegen Sacramento und wieder nach dem Osten.

5

Der Wagen gehörte einem großen, dünnen Schwulen, der auf dem Heimweg nach Kansas war und dunkle Augengläser trug und mit extremer Vorsicht fuhr; der Wagen war das, was Dean einen „Plymouth für Schwule" nannte; er zog nicht mehr richtig an und hatte keine wirkliche Kraft. „Weibischer Wagen!" flüsterte Dean mir in mein Ohr. Es waren noch zwei Fahrgäste mit, ein Ehepaar, typische Halbtouristen, die überall anhalten und schlafen wollten. Das erste Mal würden wir in Sacramento anhalten müssen, was nicht einmal der bescheidenste Anfang der Reise nach Denver war. Dean und ich saßen allein im Rücksitz und überließen die anderen sich selbst und redeten. „Also, Mensch, dieser Altist gestern, der hatte

ES — er hielt es fest, nachdem er es einmal gefunden hatte; ich habe niemals einen Kerl gesehen, der es so lange festhalten konnte." Ich wollte wissen, was „ES" sein sollte. „Ja, also" — Dean lachte —, „jetzt fragst du mich nach Impon-de-rabilien — mhm! Da steht ein Kerl, und alle sind dabei, verstehst du? Seine Aufgabe ist, auszudrücken, was sie alle im Kopf haben. Er fängt den ersten Chorus an, dann reiht er sie aneinander, seine Gedanken, Menschen, ja, ja, verstehst du recht, und dann steigt er zu seinem Schicksal empor, und das, was er bläst, muß dessen würdig sein. Ganz plötzlich mitten im Chorus kriegte er es zu fassen — alle schauen auf und wissen es; sie horchen; er greift es auf und führt es weiter. Die Zeit bleibt stehen. Er füllt den leeren Raum mit der Substanz unseres Lebens, Geständnissen des Triebes, der aus den Tiefen seines Leibes kommt, den Erinnerungen an Ideen, den Wiederholungen früherer Chorusse. Er muß über Brücken blasen und zurückkehren und es mit so unendlichem, die Tiefe der Seele erforschendem Gefühl für die Melodie des Augenblicks tun, daß jedermann weiß, es ist nicht die Melodie, auf die es ankommt, sondern ES —" Dean konnte nicht weiter; er war in Schweiß ausgebrochen, während er davon sprach.

Dann fing ich an zu reden; in meinem ganzen Leben habe ich nicht soviel geredet. Ich sagte Dean, daß ich mir als Kind beim Fahren im Auto einbildete, ich habe eine große Sichel in der Hand und mähte all die Bäume und Pfähle nieder und schnitte sogar alle Hügel ab, die am Fenster vorbeisausten. „Ja! Ja!" rief Dean. „Ich hab das auch getan, nur andere Sichel — ich sag dir, warum. Wenn wir durch den Westen mit seinen großen Entfernungen fuhren, mußte meine Sichel unendlich viel länger sein und mußte sich um entfernte Berge legen, um ihre Gipfel abzuschneiden, und eine andere Reichweite haben, um sich bis zu weiteren Bergen zu erstrecken, und gleichzeitig jeden Pfahl längs der Straße zu köpfen, gewöhnliche vibrierende Pfosten. Aus diesem Grunde — Mensch, ich muß dir sagen, JETZT, ich hab ES! — ich muß dir von der Zeit erzählen, als mein Vater und ich und ein bettelarmer Landstreicher von Larimer Street mitten in der Krise einen Trip nach Nebraska unternahmen, um Fliegenklatschen zu verkaufen. Und auch, wie wir sie gemacht haben; wir kauften gewöhnliches, einfaches, altes Drahtnetz und Stücke Draht, die wir doppelt zusammendrehten, und kleine Reste von blauem und rotem Stoff wurden

um dem Rand genäht und das Ganze für ein paar Cents in einem Einheitspreisgeschäft abgesetzt, und wir machten Tausende von Fliegenklappen und nahmen die Wackelkiste vom alten Landstreicher und fuhren in ganz Nebraska herum, zu jedem Bauernhof, und verkauften sie zu fünf Cents das Stück — meistens wurden uns die fünf Cents als Almosen gegeben, zwei Landstreicher und ein Knabe, Luftschlösser, und mein alter Herr pflegte in jenen Tagen immer zu singen ‚Halleluja, I'm a bum, bum again'. Ja, ein Landstreicher war er wirklich. Und Mensch, nun hör dir das an, nach zwei unglaublich anstrengenden Wochen und dem Herumspringen und Hausieren in der Hitze, um diese schrecklichen, dilettantischen Fliegenklappen zu verkaufen, fingen sie an, wegen der Verteilung des Erlöses zu streiten, und es kam zu einer wüsten Schlägerei am Straßenrand, und dann söhnten sie sich wieder aus und kauften Wein und fingen an, den Wein zu saufen, und soffen fünf Tage und fünf Nächte ohne Unterlaß, während ich aus dem Hintergrund zusammengekauert und weinend zusah, und als sie endlich Schluß machten, war der letzte Cent ausgegeben, und wir waren wieder da, wo wir angefangen hatten, in Larimer Street. Und mein alter Herr wurde verhaftet, und ich mußte vor Gericht beim Richter plädieren, damit er ihn laufenließ, weil er mein Papa war und ich keine Mutter hatte. Sal, ich hielt große, reife Reden im Alter von acht Jahren vor neugierigen Anwälten ..." Es war uns heiß; wir fuhren ostwärts; wir waren aufgeregt.
„Laß mich noch etwas erzählen", sagte ich, „und nur als Parenthese zu dem, was du sagst, und um meinen letzten Gedanken zu Ende zu bringen. Wenn ich als Kind im Rücksitz von meines Vaters Wagen lag, hatte auch ich eine Vision von mir, wie ich auf einem weißen Pferd nebenherritt und über jedes mögliche Hindernis setzte, das auftauchte, einschließlich: den Pfählen ausweichen, um Häuser herumrasen, manchmal rüberspringen, wenn ich zu spät die Augen aufgemacht hatte, über Hügel stürmen, über plötzlich auftauchende Plätze voller Verkehr, durch den ich mich unglaublich hindurchwinden mußte —"
„Ja! Ja! Ja!" schnaufte Dean in Ekstase. „Der einzige Unterschied war nur, daß ich selbst gelaufen bin, denn ich hatte kein Pferd. Du warst ein Kind des Ostens und träumtest von Pferden; natürlich wollen wir solche Dinge nicht unterstellen.

denn wir wissen beide, daß dies in Wirklichkeit Unrat und literarische Ideen sind, wir wollen lediglich annehmen, daß ich in meiner vielleicht wilderen Schizophrenie tatsächlich neben dem Wagen zu Fuß mitgelaufen bin, und das mit unheimlicher Geschwindigkeit, manchmal hundertfünfzig Stundenkilometer, und daß ich jeden Busch und Zaun und Bauernhof genommen und manchmal einen Seitensprung in die Hügel und zurück gemacht habe, ohne auch nur einen Augenblick ins Hintertreffen zu kommen..."

Wir erzählten uns diese Dinge und waren beide schweißgebadet. Wir hatten die Leute vor uns vergessen, die sich wendeten, was im Rücksitz vor sich ging. An einer Stelle sagte der Fahrer: „Um Himmels willen, ihr schaukelt da hinten wie im Boot." Tatsächlich taten wir es; der Wagen schaukelte, und Dean und ich schaukelten im Rhythmus und zu dem ES unserer endlich erregten Freude am Reden und Leben bis zum blanken verzückten Ende aller unzähligen, schwelgerisch-wilden, engelhaften Einzelheiten, die unser ganzes Leben lang in unseren Seelen sich versteckt hatten.

„Oh, Mensch! Mensch! Mensch!" stöhnte Dean. „Und es ist noch nicht einmal der Anfang davon — und hier fahren wir jetzt endlich zusammen nach dem Osten, wir sind nie zusammen nach dem Osten gefahren, Sal, denk nur, wir werden Denver zusammen durchwühlen und sehen, was alle machen, obwohl es uns wenig interessiert, denn der springende Punkt ist, daß wir wissen, was ES ist, und daß wir wissen, was ZEIT ist, und daß alles wirklich GUT ist." Dann flüsterte er, mich am Ärmel packend, schwitzend: „Nun beobachte einmal die da vorne. Sie haben Sorgen, sie zählen die Kilometer, sie machen sich Gedanken darüber, wo sie heute nacht schlafen werden, wieviel das Benzin kostet, über das Wetter, wie sie hinkommen werden — und dabei werden sie doch sowieso hinkommen, siehst du. Aber sie müssen sich Sorgen machen und an der Zeit zu Verrätern werden mit falschen Dringlichkeiten und sonstwie, einfach in Angst und unter Jammern; ihre Seelen werden erst wirklich Frieden haben, wenn sie sich an eine anerkannte und gültige Sorge hängen können, und wenn sie die einmal gefunden haben, setzen sie eine Miene auf, die dem entspricht und dazu paßt; und das ist, siehst du, Unglücklichsein, und die ganze Zeit über fliegt das alles an ihnen vorbei, und sie wissen es, und das bekümmert sie *auch* unendlich. Hör zu! Hör zu! Ja also", machte er sie nach, „ich weiß nicht — vielleicht sollten wir nicht hier tanken, ich habe kürzlich in den *Allgemeinen Petrofilen Erdöl-Nachrichten* gelesen, daß diese Marke Benzin eine große Menge O-Oktan-*Schmiere* enthält, und jemand hat mir einmal erzählt, daß es halböffentliche Hochfrequenz-*Schlieren* enthält, und, ich weiß nicht, na also, ich möchte sowieso nicht ... Mensch, du verstehst schon." Er stieß mir dauernd wütend in die Rippen, damit ich kapiere. Ich versuchte mein Bestes, so wild ich konnte. Bing, bang, es ging nur immer „Ja! Ja! Ja!" im Rücksitz, und die Leute vorne wischten sich die Stirne vor Furcht und wünschten, sie hätten uns nie beim Reisebüro aufgegriffen. Und dabei war das nur der Anfang.

In Sacramento mietete der Schwule schlau ein Hotelzimmer und lud Dean und mich ein, auf einen Drink heraufzukommen, während das Ehepaar bei Verwandten übernachtete, und in dem Hotelzimmer versuchte Dean alles nur Menschenmögliche, um Geld aus dem Schwulen zu quetschen. Es war Wahnsinn. Der Kerl begann damit, uns anzudeuten, er sei sehr froh, daß wir mitgekommen wären, denn er habe junge Männer wie uns gern, und wir sollten es bitte glauben, er mache sich wirklich nichts aus Mädchen, und er habe kürzlich ein Verhältnis mit einem Mann in Frisco beendet, in dem er die männliche und der Mann die weibliche Rolle spielte. Dean setzte ihm mit sachkundigen Fragen zu und nickte beflissen. Der Schwule sagte, nichts sei ihm lieber, als zu erfahren, wie Dean über das alles denke. Nachdem er ihn zuerst gewarnt hatte, er sei einmal in seiner Jugend ein Strichjunge gewesen, fragte ihn Dean, wieviel Geld er habe. Der Fadian wurde außerordentlich verdrossen und, ich glaube, mißtrauisch, was Deans letztliche Absichten anlangte, rückte kein Geld heraus und machte nur vage Versprechungen für Denver. Er zählte dauernd sein Geld und kontrollierte seine Brieftasche. Dean warf die Hände hoch und gab auf. „Siehst du, Mensch, es ist besser, sich keine Mühe zu geben. Biete ihnen an, was sie sich im stillen wünschen, und natürlich ergreift sie sofort die Panik." Aber er hatte den Besitzer des Plymouth genügend eingewickelt, um unwidersprochen das Lenkrad zu übernehmen, und jetzt ging die Fahrt wirklich los.

Wir verließen Sacramento im Morgengrauen und durchfuhren die Nevada-Wüste mittags, nach einer Schleuderfahrt durch die Sierra, daß sich der Schwule und die Touristen im Rücksitz aneinanderklammerten. Wir waren vorne, wir hatten das Steuer übernommen. Dean war wieder glücklich. Alles, was er brauchte, war ein Rad in der Hand und viere auf der Straße. Er erzählte, was für ein schlechter Fahrer Old Bull Lee war, und demonstrierte — „Wenn ein riesengroßer Lastwagen wie der, der jetzt kommt, in Sicht war, brauchte Bull unendlich lange, um ihn zu bemerken, denn er konnte nicht *sehen*, Mensch, er kann nicht *sehen*." Er rieb sich wütend die Augen, um es anschaulich zu machen. „Und ich sagte: ‚Hoppla, paß auf, Bull, ein Lastwagen.' Und er sagte: ‚He? was sagst du da, Dean?' — ‚Lastwagen! Lastwagen!' Und im *wirklich* letzten Augenblick fuhr er gerade auf den Lastwagen zu — ungefähr so —", und Dean jagte mit dem Plymouth direkt auf den uns entgegenbrummenden Lastwagen los, wankte und schwankte einen Augenblick vor ihm, daß das Gesicht des Lastwagenfahrers vor unseren Augen aschgrau wurde und die Leute im Rücksitz vor Schrecken keuchend zurücksanken, und im letzten Augenblick schwenkte er ab. „So wie jetzt, siehst du, genau wie jetzt, so schlecht war er." Ich hatte überhaupt keine Angst; ich kannte Dean. Den Leuten im Rücksitz hatte es die Rede verschlagen. Sie hatten wirklich Angst, sich zu beklagen; weiß Gott, was Dean tun würde, dachten sie, wenn sie sich jemals beklagten. Auf diese Weise raste er durch die ganze Wüste, demonstrierte verschiedene Arten, wie man nicht fahren soll, wie sein Vater alte, heruntergekommene Wagen fuhr, wie die großen Fahrer Kurven nehmen, wie schlechte Fahrer am Anfang zu weit ausholen und dann am Ende der Kurve hart kämpfen müssen, und so weiter. Es war ein heißer, sonniger Nachmittag. Reno, Battle Mountain, Elko, all die Städte entlang der Nevada-Straße schossen vorbei, und als der Abend hereinbrach, waren wir in der Salzsee-Ebene, und die Lichter von Salt Lake City flimmerten unendlich klein fast hundertfünfzig Kilometer weit durch die Fata Morgana der Ebene, zweimal sichtbar, über und unter der Krümmung der Erde, einmal klar, einmal matt. Ich sagte Dean, daß das, was uns auf dieser Welt zusammenhält, unsichtbar sei, und um es zu beweisen, zeigte ich auf die langen Reihen Telefonstangen, die sich über die Krümmung von hundertfünfzig Kilometern Salzboden aus dem Gesichtskreis kurvten. Sein loser, schon ganz schmutziger Verband zitterte in der Luft, sein Gesicht

leuchtete. „O ja, Mensch, lieber Gott, ja, ja!“ Plötzlich hielt er den Wagen an und klappte zusammen. Ich drehte mich zu ihm und sah ihn in der Ecke zusammengerollt, eingeschlafen. Sein Gesicht lag auf seiner gesunden Hand, und die verbundene Hand blieb automatisch und pflichtgetreu in der Luft.
Die Leute im Rücksitz stießen einen Seufzer der Erleichterung aus. Ich hörte sie wie Meuterer flüstern. „Wir können ihn nicht mehr fahren lassen, er ist komplett wahnsinnig, sie müssen ihn aus dem Irrenhaus losgelassen haben oder so was.“
Ich erhob mich zu Deans Verteidigung und lehnte mich nach hinten, um zu ihnen zu sprechen. „Er ist nicht wahnsinnig, er kommt wieder in Ordnung, und macht euch wegen seines Fahrens keine Sorgen, er ist der beste Fahrer der Welt.“
„Ich kann das nicht aushalten“, sagte die Frau mit einem unterdrückten, hysterischen Flüstern. Ich setzte mich zurück und genoß den Einbruch der Nacht in der Wüste und wartete auf das Erwachen des armen kleinen Engels Dean. Wir waren auf einem Hügel, von dem aus man die sauberen Lichtmuster von Salt Lake City übersah, und er öffnete in dieser geisterhaften Welt die Augen, und sie fielen auf den Ort, an dem er geboren war, vor Jahren, namenlos und schmutzig.
„Sal, Sal, schau, da bin ich auf die Welt gekommen, stell dir vor! Menschen verändern sich, sie essen Mahlzeiten jahrein, jahraus, und verändern sich mit jeder Mahlzeit. Hii! Schau!“ Er war so aufgeregt, daß es mich zum Weinen brachte. Wo sollte das alles hinführen? Die Touristen bestanden darauf, den Wagen den Rest des Weges selbst nach Denver zu fahren. Schön, uns war es gleich. Wir saßen hinten und redeten. Aber am Morgen wurden sie zu müde, und Dean nahm bei Craig in der östlichen Colorado-Wüste wieder das Steuer. Fast die ganze Nacht hatten wir damit verbracht, vorsichtig über den Strawberry-Paß in Utah zu kriechen, und hatten eine Menge Zeit verloren. Sie gingen schlafen. Dean fuhr mit Macht auf den mächtigen Wall des Berthoud-Passes zu, der sich hundertfünfzig Kilometer vor uns auf dem Dach der Welt erhob, ein riesiges Tor wie Gibraltar, in Wolken gehüllt. Er nahm den Berthoud-Paß wie ein Maikäfer — genau wie am Tehachapi, er stellte den Motor ab und schwebte, überholte jeden und stockte niemals in der rhythmischen Vorwärtsbewegung, wie sie die Berge selbst vorgezeichnet haben, bis wir wieder die

große, heiße Ebene von Denver überschauen konnten — und Dean zu Hause war.
Mit einem guten Teil kindischer Erleichterung ließen uns die Leute an der Ecke der 27. und Federal aus dem Wagen. Unsere abgenutzten Koffer waren wieder auf dem Gehsteig aufgestapelt; wir hatten noch einen längeren Weg vor uns. Aber was machte es, die Straße ist das Leben.

6

Nun mußten wir in Denver mit einer Reihe von Umständen zurechtkommen, und sie waren ganz verschieden von jenen im Jahre 1947. Wir konnten entweder sofort einen anderen Reisebürowagen besorgen oder ein paar Tage bleiben, um uns zu amüsieren und nach Deans Vater zu suchen.
Wir waren beide erschöpft und schmutzig. Im Klo eines Restaurants stand ich beim Pinkeln Dean im Wege, der zum Waschbecken wollte; so trat ich beiseite, ehe ich fertig war, und ging zu einem anderen Platz und sagte zu Dean: „Schärf dir diesen Trick schön ein."
„Ja, Mensch", sagte er, während er sich über dem Becken die Hände wusch, „es ist ein ausgezeichneter Trick, aber schrecklich für deine Nieren, und weil du jetzt jedesmal etwas älter wirst, kann das schließlich zu Jahren des Elends im Alter führen, zu furchtbaren Nierengeschichten in den Tagen, wenn du als Pensionär in den Parks herumsitzt."
Das machte mich wütend. „Wer ist alt? Ich bin nicht viel älter als du!"
„Das hab ich auch nicht gesagt, Mensch!"
„Ach", sagte ich, „du machst immer dumme Bemerkungen über mein Alter. Ich bin kein alter Knacker wie der Schwule vorhin, und du brauchst dir wegen *meiner* Nieren keine Sorgen zu machen." Wir gingen zu unserem Tisch zurück, und gerade, als die Kellnerin die heißen Roastbeefsandwiches vor uns niedersetzte — normalerweise hätte sich Dean wie ein Wolf darauf gestürzt —, sagte ich, um einen Punkt hinter meinen Ärger zu machen: „Und ich will nichts weiter davon hören."
Und plötzlich hatte Dean Tränen in den Augen und stand auf und verließ das Restaurant. Ich überlegte, ob er wohl für immer wegging. Es war mir gleich, ich war so wütend — ich

hatte plötzlich einen Klaps gekriegt und ihn an Dean ausgelassen. Aber der Anblick seines stehengelassenen Essens betrübte mich mehr als irgend etwas seit Jahren. Ich hätte das nicht sagen sollen ... er ißt so gerne ... Er hat noch nie sein Essen so stehenlassen ... Was zum Teufel. Das wird ihm jedenfalls eine Lehre sein.

Dean stand genau fünf Minuten vor dem Restaurant, und dann kam er zurück und setzte sich hin. „Na also", sagte ich, „was hast du da draußen gemacht, die Fäuste geballt? Auf mich geflucht und dir neue Witze über meine Nieren ausgedacht?"

Dean schüttelte stumm den Kopf. „Nein, Mensch, nein, Mensch, da irrst du dich gründlich. Wenn du es wissen willst, also —"

„Los, sag's schon." Ich sagte das alles, ohne von meinem Essen aufzublicken. Ich kam mir vor wie ein Biest.

„Ich habe geheult", sagte Dean.

„Ach quatsch, du heulst nie."

„Das behauptest du? Warum glaubst du, daß ich nicht weine?"

„Du stirbst nicht genug, um zu weinen." Jeder einzelne meiner Sätze war wie ein Messerstich gegen mich selbst. Alles, was ich jemals heimlich gegen meinen Bruder empfunden hatte, kam da heraus: wie häßlich ich war und was für Schmutz ich in den Tiefen meiner eigenen unsauberen Psyche entdeckte.

Dean schüttelte den Kopf. „Nein, Mensch, ich habe geweint."

„Ach was, ich wette, du warst so wütend, daß du hinaus mußtest."

„Glaub mir, Sal, glaub mir wirklich, wenn du je etwas an mir geglaubt hast." Ich wußte, er sprach die Wahrheit, und doch wollte ich nichts von der Wahrheit wissen, und als ich zu ihm aufsah, muß ich wohl geschielt haben vor schauderhaftem Darmzwicken in meinen miserablen Eingeweiden. Da wußte ich, daß ich unrecht hatte.

„Ach, Mensch, Dean, es tut mir leid, ich habe mich bisher dir gegenüber noch nie so benommen. Na ja, du kennst mich. Du weißt, ich habe zu niemandem mehr engere Beziehungen — ich weiß nicht, was ich damit anfangen soll. Ich halte die Dinge in meiner Hand wie ein Stück Dreck und weiß nicht, wo ich sie hinlegen soll. Schwamm darüber." Der heilige Hochstapler fing an zu essen. „Ich bin nicht schuld daran! Ich bin nicht schuld daran!“ sagte ich ihm. „An nichts auf dieser lausigen Welt habe ich schuld, siehst du das nicht ein? Ich will nicht, daß es so ist, und es kann nicht so sein, und es *wird nicht* so sein.“

„Ja, Mensch, ja, Mensch. Aber komm bitte auf den Ausgangspunkt zurück und glaub mir.“

„Ich glaube dir, wirklich.“ Das war die traurige Geschichte dieses Nachmittags. In dieser Nacht entstanden alle möglichen enormen Komplikationen, als Dean und ich zu der Hinterwälderfamilie gingen, um dort zu wohnen.

Sie waren in Denver meine Nachbarn gewesen, als ich dort vor zwei Wochen so einsam war. Die Mutter war eine wundervolle Frau in Jeans, die in den wintrigen Bergen einen Kohlen-LKW fuhr, um ihre Kinder, vier im ganzen, zu ernähren, denn ihr Mann hatte sie vor Jahren verlassen, als sie noch in einem Wohnwagen durchs Land fuhren. Sie hatten den ganzen Weg von Indiana bis LA in diesem Wohnwagen zurückgelegt. Nach manchen fröhlichen Stunden und einer großen Sonntagsnachmittags-Sauftour durch Rasthaus-Bars und Lustigsein und Gitarrespielen in der Nacht war der große Lümmel plötzlich übers dunkle Feld davongegangen und niemals zurückgekehrt. Ihre Kinder waren wunderbar. Das älteste, ein Junge, war aber in diesem Sommer nicht zu Hause, sondern in einem Camp im Gebirge; das nächste, eine reizende, dreizehn Jahre alte Tochter, schrieb Gedichte und pflückte Blumen auf den Feldern und wollte erwachsen sein und Schauspielerin werden in Hollywood, Janet war ihr Name; dann kamen die kleinen: Klein Jimmy, der abends am Lagerfeuer saß und nach seinen „Kartoffeln“ rief, bevor sie noch halb gebacken waren, und Klein Lucy, die aus Würmern, Kröten, Käfern und allem, was kroch, Haustiere machte und ihnen Namen gab und Wohnungen. Sie hatten vier Hunde. Sie lebten ihr rauhes und fröhliches Leben in der kleinen neuen Wohnstraße und waren die Zielscheibe des Spottes für den halbanständigen Schicklichkeitssinn der Nachbarn, nur weil der Mann die arme Frau verlassen hatte und weil sie den Hof in Unordnung brachten. Nachts lagen alle Lichter von Denver wie ein großes Rad auf der tiefergelegenen Ebene, denn das Haus stand in jenem Teil des Westens, wo die Berge mit ihren Ausläufern bis in die Ebene herunterrollen und wo in Urzeiten die sanften Wogen

des seeartigen Mississippi genagt und gewaschen haben mußten, um so runde und vollkommene Schemel für inselgleiche Gipfel wie Evans und Pike und Longs zu formen. Dean ging hin, und natürlich war er ganz Schweiß und Fröhlichkeit bei ihrem Anblick, besonders bei Janet, aber ich ermahnte ihn, sie nicht anzurühren, was wahrscheinlich überflüssig war. Die Frau liebte große Männer, und Dean war ihr sofort sympathisch, aber sie war schüchtern, und er war schüchtern. Sie meinte, Dean erinnere sie an den fortgelaufenen Mann. „Genau wie er — oh, er war ein ganz Verrückter, sag ich Ihnen!"
Das Ergebnis war ein lärmendes Biergelage in dem unordentlichen Wohnzimmer, Abendessen mit viel Geschrei und tobende Wildwestprogramme im Radio. Die Komplikationen erhoben sich wie Wolken von Schmetterlingen: die Frau — Frankie, wie sie sie alle nannten — hatte sich endlich entschlossen, einen alten Wagen zu kaufen, was sie seit Jahren drohend angekündigt hatte, und war kürzlich in den Besitz von ein paar Dollars gelangt. Unverzüglich übernahm Dean die Verantwortung für Auswahl und Schätzung des Wagens, denn natürlich wollte er ihn selbst benutzen, damit er sich wie einst an die Mädel, die aus dem Gymnasium herauskamen, heranmachen und sie ins Gebirge hinauffahren könne. Die arme unschuldige Frankie gab immer bei allem nach. Aber sie hatte Angst, sich von ihrem Geld zu trennen, als sie zum Wagendepot kamen und vor dem Verkäufer standen. Dean setzte sich mitten in den Staub von Alameda Boulevard und schlug sich mit den Fäusten vor den Kopf. „Für einen Hunderter *können* Sie nichts Besseres kriegen!" Er schwor, er würde nie wieder mit ihr sprechen, er fluchte, bis sein Gesicht violett wurde, er war drauf und dran, in den Wagen zu springen und ihn einfach davonzufahren. „Oh, diese blöden, blöden, blöden Hinterwäldler, die werden niemals anders werden, wie vollkommen und wie unglaublich blöd, sowie sie etwas tun sollen, gelähmt, verschreckt-hysterisch, nichts jagt ihnen mehr Angst ein als das, was sie *wollen — es ist mein Vater, mein Vater, mein Vater,* wie er leibt und lebt!"
Dean war diesen Abend sehr aufgeregt, denn sein Vetter Sam sollte sich mit uns in einer Bar treffen. Er trug ein reines Hemd und strahlte übers ganze Gesicht. „Hör mich an, Sal, ich muß dir über Sam was sagen — er ist mein Vetter."

„Nebenbei bemerkt, hast du nach deinem Vater Ausschau gehalten?“

„Heute nachmittag, Mensch, bin ich zu Jiggs Buffet hinuntergegangen, wo er sonst in zarter Beschwipstheit Faßbier ausschenkte und vom Chef angeschrien wurde und dann hinauswankte — nein, ich ging in den alten Frisiersalon neben dem Windsor — nein, ich war nicht da — der alte Kerl sagte mir, er glaubte, er — stell dir vor! — arbeitete wohl in einer Essenbude mit Tanz oder so was bei der *Boston-und-Maine-Bahn* in Neu-England! Aber ich glaub ihm nicht, für zehn Cents erfinden die Schauergeschichten. Nun paß auf und hör zu. In meiner Kindheit war Sam Brady mein engster Vetter und mein absoluter Held. Er schmuggelte Whisky aus den Bergen, und einmal hatte er im Hof eine furchtbare Schlägerei mit seinem Bruder, die zwei Stunden dauerte, und die Weiber haben geschrien und waren zu Tode erschrocken. Wir schliefen zusammen. Der einzige Mann in der Familie, der sich zärtlich um mich kümmerte. Und heute nacht werde ich ihn zum erstenmal seit sieben Jahren wiedersehen, er ist gerade von Missouri zurückgekommen.“

„Und wo ist der Haken?“

„Kein Haken, Mensch, ich will nur wissen, was in der Familie passiert ist — ich habe eine Familie, verstehst du — und ganz besonders, Sal, will ich, daß er mir die Sachen aus meiner Kindheit erzählt, die ich vergessen habe. Ich will mich erinnern, wirklich!“ Nie habe ich Dean so froh und aufgeregt gesehen. Während wir in der Bar auf seinen Vetter warteten, sprach er zu einer Menge Homos und Dreigroschenjungen aus der Stadt und erkundigte sich über die neuen Banden und was los war. Dann zog er Erkundigungen nach Marylou ein, denn sie war kürzlich in Denver gewesen. „Sal, in meinen jungen Jahren, wenn ich an diese Ecke kam, um vom Zeitungsstand Kleingeld für ein Armeleutegulasch zu stehlen, hatte dieser grob aussehende Kerl, den du da draußen stehen siehst, nichts anderes im Sinn als Mord, er geriet in eine fürchterliche Schlägerei nach der anderen, ich erinnere mich sogar an seine Narben, bis ihn schließlich Jahre und J-a-h-r-e des Eckenstehens windelweich und friedfertig gemacht haben, nun ist er ganz sanft und willig und geduldig mit allen geworden, er ist ein *Stück Inventar* geworden an dieser Ecke, siehst du, wie sich die Dinge entwickeln?“

Dann kam Sam, ein drahtiger, kraushaariger Mann von fünfunddreißig Jahren mit knorrigen Arbeitshänden. Dean stand scheu vor ihm. „Nein“, sagte Sam Brady, „ich trinke nicht mehr.“

„Siehst du? Siehst du?“ flüsterte Dean mir ins Ohr. „Er trinkt nicht mehr, und er war der größte Säufer in der Stadt; er ist jetzt religiös geworden, hat er mir am Telefon gesagt, sieh ihn dir an und begreife, wie sich ein Mann verwandeln kann — mein Held ist so anders geworden.“ Sam Brady mißtraute seinem jungen Vetter. Er nahm uns auf eine kurze Rundfahrt in seinen alten, klapprigen Zweisitzer und legte unverzüglich seinen Standpunkt im Verhältnis zu Dean klar.

„Sieh mal, Dean, ich glaube dir nicht mehr und nichts, was du mir sagen willst. Ich habe mich heute abend mit dir getroffen, weil es sich da um ein Papier handelt, das du für die Familie unterschreiben sollst. Dein Vater wird unter uns nicht mehr erwähnt, und wir wollen mit ihm absolut nichts zu tun haben und, es tut mir leid, das sagen zu müssen, mit dir auch nicht mehr.“ Ich sah Dean an. Sein Gesicht zerfiel und wurde dunkel.

„Ja, ja“, sagte er. Der Vetter fuhr uns weiter herum und kaufte uns sogar Eis am Stiel. Trotzdem setzte ihm Dean mit unzähligen Fragen über die Vergangenheit zu, und der Vetter gab Antwort, und für einen Augenblick begann Dean beinahe wieder vor Erregung zu schwitzen. Oh, wo war sein zerlumpter Vater diese Nacht? Der Vetter setzte uns bei trüben Lichtern eines Budenjahrmarktes auf dem Alameda Boulevard Ecke Federal ab. Er verabredete sich mit Dean wegen der Unterschrift für nächsten Nachmittag und fuhr davon. Ich sagte Dean, es tue mir leid, daß er niemanden auf der Welt habe, der an ihn glaube.

„Vergiß nicht, daß ich an dich glaube. Der blödsinnige Kummer, den ich dir gestern nachmittag gemacht habe, tut mir unendlich leid.“

„Schon recht, Mensch, ist in Ordnung“, sagte Dean. Wir erlebten den Jahrmarkt zusammen. Da gab's Karussells, Riesenräder, Popcorn, Roulette, Sägemehl, und Hunderte von Halbwüchsigen aus Denver schlenderten in Jeans herum. Staub stieg zu den Sternen auf, zusammen mit jeder traurigen Musik dieser Erde. Dean hatte verwaschene enge Nietenhosen und ein kurzärmeliges Hemd an und sah plötzlich wieder wie ein echter Denver-Charakter aus. Motorradjünglinge mit Augenschirmen und Schnurrbärten und perlenbestickten Jacken lungerten an den Halteleinen hinter den Zelten mit hübschen Mädels in Nietenhosen und rosa Hemden herum. Auch eine Menge Mexikanermädel waren da, und ein erstaunliches kleines Mädchen, kaum einen Meter groß, eine Zwergin mit dem schönsten und zartesten Gesicht der Welt, die sich zu ihrem Begleiter wandte und sagte: „Mensch, rufen wir Gomez an und hauen wir ab." Bei ihrem Anblick blieb Dean wie angewurzelt stehen. Ein großes Messer hatte ihn aus dem Dunkel der Nacht gestochen. „Mensch, ich liebe sie, ach, *liebe* ich sie ..." Wir mußten eine lange Zeit hinter ihr herpilgern. Schließlich ging sie über die Hauptstraße, um in einer Telefonzelle bei einem Motel zu telefonieren, und Dean gab vor, etwas im Telefonbuch zu suchen, während er sie in Wirklichkeit gespannt beobachtete. Ich versuchte, mit den Freunden des zierlichen Püppchens ein Gespräch anzubahnen, aber sie beachteten uns nicht. Gomez kam mit einem klapprigen Lastwagen und nahm die Mädchen mit. Dean stand auf der Straße und griff sich an die Brust. „Oh, Mensch, ich bin beinah gestorben ..."

„Warum zum Teufel hast du sie nicht angesprochen?"

„Ich kann nicht, ich konnte nicht ..." Wir beschlossen, etwas Bier zu kaufen und zur Hinterwäldlerin Frankie hinaufzugehen und Platten zu spielen. Wir wanderten mit einem Sack voll Büchsenbier über die Straße. Klein Janet, Frankies dreizehn Jahre alte Tochter, war das hübscheste Mädchen der Welt und wuchs zu einem Mordsweib heran. Das Beste waren ihre langen, schmal zulaufenden, sensitiven Finger, mit denen sie zu sprechen verstand wie im Niltanz der Kleopatra. Dean saß in der entferntesten Ecke des Raumes, beobachtete sie mit zusammengekniffenen Augen und sagte: „Ja, ja, ja." Janet hatte ihn schon bemerkt; sie wandte sich schutzsuchend an mich. In früheren Monaten dieses Sommers hatte ich viel Zeit mit ihr verbracht, wir hatten über Bücher gesprochen und kleine Dinge, die sie interessierten.

7

In dieser Nacht passierte nichts; wir gingen schlafen. Alles geschah am nächsten Tag. Am Nachmittag gingen Dean und ich nach Denver in die untere Stadt, um unsere verschiedenen Besorgungen zu machen und das Reisebüro wegen eines Wagens nach New York aufzusuchen. Spätnachmittags machten wir uns auf den Heimweg zur Hinterwäldlerin Frankie und gingen den Broadway hinauf, als Dean plötzlich in ein Sportgeschäft schlenderte, ruhig einen Ball vom Ladentisch nahm und mit ihm auf der Handfläche spielend herauskam. Niemand hatte es bemerkt; niemand bemerkt je solche Sachen. Wir spielten unterwegs Fangball. „Morgen kriegen wir sicher einen Reisebürowagen."

Eine Freundin hatte mir eine große Flasche Old-Granddad-Whisky gegeben. In Frankies Haus begannen wir, sie auszutrinken. Jenseits des Maisfeldes wohnte ein hübsches Mädchen, das Dean schon die ganze Zeit seit seiner Ankunft dranzukriegen versucht hatte. Krach lag in der Luft. Er warf zu viele Steinchen gegen ihr Fenster und ängstigte sie. Während wir im unordentlichen Wohnzimmer mit all seinen Hunden und verstreuten Spielsachen und trüben Gedanken den Whisky tranken, lief Dean dauernd durch die hintere Küchentür hinaus über das Maisfeld und warf Steinchen und pfiff einladend. Ab und zu ging Janet hinaus, um zu gucken. Plötzlich kam Dean zurück, ganz blaß. „Krach, mein Junge. Die Mutter von der Puppe ist mit einer Schrotflinte hinter mir her, und sie hat eine Bande Schüler von der Straße unten organisiert, um mich zu verprügeln."

„Was ist das? Wo sind sie?"

„Drüben, hinter dem Maisfeld, mein Junge." Dean war betrunken und machte sich nichts draus. Wir gingen zusammen hinaus und überquerten das Maisfeld im Mondschein. Ich sah auf dem dunklen Feldweg Gruppen von Leuten.

„Da kommen sie!" hörte ich.

„Moment mal", sagte ich. „Was ist denn los, bitte?"

Die Mutter lauerte im Hintergrund und trug eine große Schrotflinte über dem Arm. „Ihr verdammter Freund hat uns lange genug belästigt. Ich gehöre nicht zu denen, die die Polizei rufen. Wenn er noch einmal hierherkommt, dann schieß ich und lege ihn um." Die Burschen von der Schule standen ge-

drängt zusammen und hatten die Fäuste geballt. Ich war so betrunken, daß mir alles gleich war, aber ich beruhigte sie ein bißchen.
Ich versicherte: „Er wird's nicht wieder tun. Ich werde auf ihn aufpassen; er ist mein Bruder und hört auf mich. Bitte legen Sie Ihr Gewehr weg und regen Sie sich nicht auf."
„Nur noch ein einziges Mal!" rief sie fest und grimmig durch das Dunkel. „Wenn mein Mann nach Hause kommt, schick ich ihn hinter euch her"
„Das brauchen Sie nicht zu tun; er wird Sie nicht mehr belästigen, verstehen Sie. Jetzt beruhigen Sie sich, und es ist in Ordnung." Hinter mir fluchte Dean in sich hinein. Das Mädchen guckte verstohlen aus ihrem Schlafzimmerfenster. Ich kannte die Leute von früher, und sie vertrauten mir genug, um sich ein wenig zu beruhigen. Ich nahm Dean am Arm, und wir gingen durch die mondbeschienenen Maisfurchen zurück.
„Huu-hi!" schrie er. „Heute nacht besauf ich mich." Wir gingen zu Frankie und den Kindern zurück. Plötzlich bekam Dean die Wut auf eine Platte, die die kleine Janet spielte, und zerbrach sie über seinem Knie; es war eine Hillbilly-Platte. Es war eine frühe Dizzy-Gillespie-Platte da, die er schätzte — „Congo Blues", mit Max West am Schlagzeug. Ich hatte sie früher mal Janet gegeben, und als sie weinte, schlug ich ihr vor, sie solle sie nehmen und auf Deans Kopf kaputtschlagen. Sie ging hinüber und tat es. Dean gaffte blöd, ließ aber alles über sich ergehen. Wir lachten. Die Sache war in Ordnung. Dann wollte Mama Frankie ausgehen und in der Straßenwirtschaft Bier trinken. „Los, ab!" brüllte Dean. „Verdammt, wenn Sie diesen Wagen gekauft hätten, den ich Ihnen am Dienstag gezeigt habe, brauchten wir jetzt nicht zu Fuß gehen."
„Mir hat dieser verdammte Wagen nicht gefallen!" brüllte Frankie. Plärr, plärr, die Kinder fingen an zu heulen. Dichte, mottengleiche Ewigkeit brütete in dem verrückten braunen Wohnzimmer mit der trüben Tapete, der rosa Lampe, den erregten Gesichtern. Klein Jimmy ängstigte sich; ich legte ihn auf dem Sofa schlafen und band den Hund bei ihm an. Frankie telefonierte beschwipst nach einem Taxi, und während wir darauf warteten, rief mich plötzlich meine Freundin an. Sie hatte einen älteren Vetter, der mich nicht ausstehen konnte, und früher an jenem Nachmittag hatte ich Old Bull Lee, der jetzt in Mexico City war, einen Brief geschrieben, in dem ich

Deans und meine Abenteuer berichtete und was für Umstände uns augenblicklich in Denver aufhielten. Ich schrieb: „Ich habe eine Freundin, die mir Whisky und Geld und große Soupers gibt."

Törichterweise hatte ich diesen Brief ihrem älteren Vetter gegeben, damit er ihn zur Post brächte, gerade nach einem Souper mit gebackenen Hühnchen. Er machte ihn auf, las ihn und zeigte ihn ihr sofort, um ihr zu beweisen, daß ich ein Hochstapler sei. Jetzt rief sie mich unter Tränen an und sagte, sie wolle mich nie wiedersehen. Dann kam der triumphierende Vetter zum Telefon und schimpfte mich einen Dreckskerl. Während draußen das Taxi hupte und die Kinder heulten und die Hunde bellten und Dean mit Frankie tanzte, schrie ich jedes erdenkliche Schimpfwort ins Telefon, das mir bekannt war, und erfand alle möglichen neuen, und in meiner besoffenen Wut forderte ich alle über das Telefon auf, zum Teufel zu gehen, und hieb den Hörer auf die Gabel und ging raus, um mich noch mehr zu beschlauchen.

Wir stolperten übereinander, um beim Gasthaus aus dem Taxi zu kommen. Es war eine Straßenkneipe in der Nähe der Berge, und wir gingen hinein und bestellten Bier. Alles stürzte zusammen, und um die Dinge noch unbegreiflich wahnsinniger zu machen, war in der Bar ein Kerl, der in ekstatischen Krämpfen zuckte und seine Arme um Dean warf und ihm ins Gesicht stöhnte, und Dean wurde wieder toll, mit Schweiß und Verrücktspielen, und um die unerträgliche Verwirrung noch zu steigern, stürzte Dean im nächsten Augenblick hinaus und stahl einen Wagen direkt aus der Einfahrt und machte mal eben einen Sprung nach Denver in die untere Stadt und kam mit einem neueren, besseren zurück. Plötzlich blickte ich auf und sah Polizei und Leute im Scheinwerferlicht der Streifenwagen in der Einfahrt durcheinanderlaufen, und sie sprachen von dem gestohlenen Wagen. „Jemand hat hier überall Wagen geklaut!" sagte der Polizist. Dean stand gerade hinter ihm, hörte zu und sagte: „Ach ja, ach ja." Die Polizisten gingen weg, um nachzuforschen. Dean kam in die Bar und wiegte sich hin und her mit dem armen, verkrampften Jungen, der gerade an diesem Tage geheiratet hatte und eine riesige Sauferei veranstaltete, während seine junge Frau irgendwo wartete. „Oh, Mensch, dieser Typ ist das Allergrößte!" brüllte Dean.

„Sal, Frankie, ich geh mal weg und organisier einen wirklich guten Wagen, und dann gehen wir alle und Tony (der verkrampfte Heilige) auch und machen eine große Spazierfahrt in die Berge." Und er stürzte hinaus. Gleichzeitig stürzte ein Polizist herein und sagte, ein in der Stadt gestohlener Wagen parke in der Einfahrt. Gruppen von Leuten diskutierten den Fall. Aus dem Fenster sah ich Dean in den nächsten Wagen springen und davonbrausen, und nicht eine Seele bemerkte es. Wenige Minuten später kam er in einem ganz anderen Wagen zurück, einem nagelneuen Kabriolett. „Der hier ist eine Schönheit!" flüsterte er mir ins Ohr. „Der andere hat zuviel gespuckt — ich hab ihn an der Kreuzung gelassen, hab diesen Liebling vor einem Bauernhaus stehen gesehen. Gleich eine Rundfahrt in Denver gemacht. Komm, Mensch, fahren wir *allesamt* los." Bitterkeit und Wahnsinn seines ganzen Lebens in Denver schlugen aus ihm heraus wie Dolche. Sein Gesicht war rot und verschwitzt und niederträchtig.

„Nein, ich will nichts mit gestohlenen Wagen zu tun haben."

„Ach, komm doch, Mensch! Tony kommt mit mir, was, der erstaunliche Wunderknabe Tony?" Und Tony — eine magere dunkelhaarige, stöhnende, schäumende, verlorene Seele mit heilig dreinblickenden Augen — lehnte sich an Dean und ächzte und ächzte, denn es war ihm plötzlich schlecht geworden, außerdem hatte ihn aus irgendeinem seltsamen Grunde Entsetzen vor Dean gepackt, und er warf die Hände in die Höhe, und er wich zurück, und Entsetzen verzerrte sein Gesicht. Dean senkte den Kopf und schwitzte. Er lief hinaus und fuhr davon. Als das Taxi uns über den unendlich dunklen Alameda Boulevard fuhr, auf dem ich in den vorangegangenen Monaten des Sommers so manche verlorene Nacht herumgelaufen war und mit Singen und Seufzen die Sterne in mich hineingegessen und den Saft meines Herzens Tropfen um Tropfen auf den heißen Asphalt verspritzt hatte, drängte sich plötzlich Dean in dem gestohlenen Kabriolett hinter uns heran und begann zu hupen und zu hupen und uns abzudrängen und zu kreischen. Das Gesicht des Taxifahrers wurde weiß.

„Nur ein Freund von mir", sagte ich. Dean wurde unserer überdrüssig und schoß plötzlich davon mit hundertfünfzig Sachen und stieß geisterhaften Rauch aus dem Auspuff. Dann bog er in die Straße zu Frankie ein und hielt vor dem Hauseingang; plötzlich fuhr er wieder weg, wendete um hundertachtzig Grad und preschte zur Stadt zurück, während wir aus dem Taxi stiegen und bezahlten. Einige Augenblicke später, als wir ängstlich im dunklen Hof warteten, kam er wieder mit einem anderen Wagen zurück, einem verbeulten Zweisitzer, stoppte ihn in einer Staubwolke vor dem Haus und wankte einfach heraus und ging geradewegs in das Schlafzimmer und warf sich stockbesoffen aufs Bett. Und da standen wir nun, einen gestohlenen Wagen genau vor unserer Schwelle.

Ich mußte ihn aufwecken; ich konnte den Wagen nicht starten, um ihn irgendwo weit weg abzustellen. Er stolperte aus dem Bett, nur in seiner kurzen Unterhose, und wir stiegen zusammen in den Wagen, während die Kinder aus den Fenstern kicherten, und fuhren fliegend und stoßend über die harten Alfalfafurchen am Ende der Straße, humpti-hump, bis der Wagen nicht mehr mitmachte und unter einer alten Pappel in der Nähe der alten Mühle stehenblieb. „Es geht nicht weiter", sagte Dean einfach und stieg aus und lief durch das Maisfeld zurück, fast einen Kilometer, mit seiner Unterhose im Mondlicht. Wir kamen zum Haus zurück, und er ging schlafen. Alles war in einem fürchterlichen Durcheinander, ganz Denver, meine Freundin, Wagen, Kinder, die arme Frankie, das mit Bier und Büchsen übersäte Wohnzimmer, und ich versuchte zu schlafen. Eine Grille hielt mich eine Zeitlang wach. Nachts sind die Sterne in diesem Teil des Westens, wie ich es in Wyoming gesehen hatte, groß wie Wunderkerzen und einsam wie der Prinz in Dharma, der den Hain seiner Ahnen verloren hat und zwischen den Punkten im Schweif des Großen Bären durch den Weltenraum irrt, um ihn wiederzufinden. So drehten sie die Nacht langsam weiter, und dann erschien lange vor dem wirklichen Sonnenaufgang das große rote Licht weit über der schwarz-braunen unfreundlichen Landschaft gegen West-Kansas, und über Denver nahmen die Vögel ihr Trillern wieder auf.

8

Am Morgen war uns entsetzlich zumute. Dean ging erst mal über das Maisfeld und sah nach, ob der Wagen uns ostwärts tragen könne. Ich warnte ihn, aber er ging trotzdem. Blaß kam er zurück. „Mensch, der Wagen gehört einem Kriminalbeamten, und jedes Revier in der Stadt kennt meine Fingerabdrücke aus dem Jahr, als ich fünfhundert Wagen gestohlen habe. Ich muß weg! Hör mal, wir werden im Gefängnis landen, wenn wir hier nicht sofort abhauen."

„Du hast verdammt recht", sagte ich, und wir packten, so schnell unsere Hände es schafften. Mit flatternder Krawatte und aus der Hose hängendem Hemd nahmen wir eilig Abschied von unserer süßen kleinen Familie und stolperten zur schützenden Straße, wo uns niemand kennen würde. Klein Janet weinte, als sie uns oder mich oder wen immer weggehen sah — und Frankie war höflich, und ich küßte sie und bat sie um Verzeihung.

„Das ist wirklich ein Verrückter", sagte sie. „Erinnert mich ganz an meinen davongelaufenen Mann. Genau dieselbe Sorte. Ich hoffe bestimmt, mein Mickey wächst nicht so auf wie alle heutzutage."

Und ich sagte der kleinen Lucy Lebewohl, die ihren Lieblingskäfer in der Hand hielt; der kleine Jimmy schlief. All dies im Zeitraum von Sekunden an einem lieblichen frühen Sonntagmorgen; so stolperten wir mit unserem ärmlichen Gepäck davon. Wir beeilten uns. Jeden Augenblick erwarteten wir, einen Streifenwagen um die Straßenbiegung auf uns zukommen zu sehen.

„Wenn dies Weib mit der Flinte jemals dahinterkommt, können wir einpacken", sagte Dean. „Wir *müssen* ein Taxi kriegen. Dann sind wir gerettet." Wir wollten schon eine Bauernfamilie aufwecken, um ihr Telefon zu benutzen, aber der Hund scheuchte uns weg. Von Sekunde zu Sekunde wurde die Lage gefährlicher; irgendein früh aufstehender Landmann würde den Zweisitzer kaputt im Maisfeld finden. Eine liebenswürdige alte Dame ließ uns schließlich ihr Telefon benutzen, und wir riefen ein Taxi direkt aus Denver, aber es kam nicht. Der Frühmorgenverkehr begann, jeder Wagen sah wie ein Streifenwagen aus. Dann sahen wir wirklich plötzlich den Streifenwagen herankommen, und mir war klar, das war das Ende meines gewohnten Lebens, und eine neue und furchtbare Ära von Gefängnissen und Handschellenkummer würde beginnen. Aber der Streifenwagen war nur unser Taxi, und von da an flogen wir ostwärts.

Beim Reisebüro fanden wir ein fabelhaftes Angebot für jemand, der eine 1947er Cadillac-Limousine nach Chicago fahren wollte. Der Besitzer war mit seiner Familie von Mexiko hergefahren und war müde und hatte sie alle in den Zug gesetzt. Er wollte nur einen Personalausweis sehen und den Wagen hinbekommen. Meine Papiere boten ihm Sicherheit, daß alles in Ordnung gehen würde. Ich sagte ihm, er brauche sich keine Sorgen zu machen. Zu Dean sagte ich: „Und mach keine Zicken mit diesem Wagen." In seinem Drang, ihn zu sehen, hüpfte Dean vor Erregung auf und ab. Wir mußten eine Stunde warten. Wir lagen im Gras neben der Kirche, wo ich 1947 einige Zeit mit bettelnden Landstreichern zusammen gewesen war, nachdem ich Rita Bettencourt nach Hause gebracht hatte, und hier schlief ich ein, ganz erschöpft von dem überstandenen Schreck, das Gesicht den Vögeln des Nachmittags zugewandt. Irgendwo spielten sie wirklich Orgelmusik. Aber Dean trabte geschäftig in der Stadt herum. Er quatschte bei einem Mittagstisch eine Kellnerin an, machte ein Rendezvous für eine Spazierfahrt im Cadillac am Nachmittag mit ihr aus und kam zurück, um mich mit der Neuigkeit zu wecken. Nun fühlte ich mich wohler. Ich erhob mich zu neuen Komplikationen.

Als der Cadillac ankam, fuhr Dean sofort davon, „um zu tanken", und der Reisebüromann sah mich an und meinte: „Wann kommt er zurück? Die Passagiere sind alle reisefertig." Er zeigte mir zwei irische Jungen von einer Jesuitenschule im Osten, die mit ihren Koffern auf den Bänken warteten.

„Er ist nur zum Tanken gefahren. Er wird gleich wieder dasein." Ich eilte zur Ecke und beobachtete Dean, wie er mit laufendem Motor auf die Kellnerin wartete, die sich in ihrem Hotelzimmer umzog; von meinem Standort aus konnte ich sie tatsächlich vor dem Spiegel sehen, wie sie sich herrichtete und ihre Seidenstrümpfe glattstrich, und ich wünschte, mit ihnen zu fahren. Sie kam herausgelaufen und sprang in den Cadillac. Ich schlenderte zurück, um den Reisebürochef und die Passagiere zu beruhigen. Von meinem Platz an der Tür sah ich den Cadillac flüchtig aufblitzen, als er Cleveland Place kreuzte, den fröhlichen Dean, im Hemd und mit flatternden Händen, wie er auf das Mädchen einsprach und sich übers Lenkrad beugte und aufdrehte, und sie, die traurig und stolz neben ihm saß. Am hellichten Tag fuhren sie auf einen Parkplatz, parkten den Wagen hinten neben der Backsteinmauer (ein Parkplatz, auf dem Dean einmal gearbeitet hatte), und da, behauptete er, hatte er es mit ihr gemacht, ganz schnell; und nicht nur das, er überredete sie auch, uns nach dem Osten zu folgen und, sobald sie am Freitag ihren Lohn bekäme, mit dem Bus zu kommen, um uns in Ian MacArthurs Zimmer, Lexington Avenue in New York, zu treffen. Sie sagte zu; ihr Name war Beverly. Dreißig Minuten, und Dean brauste zurück, setzte das Mädchen vor dem Hotel mit Küssen, Lebewohl, Versprechungen ab und sauste geradewegs zum Reisebüro, um die Besatzung abzuholen.

„Na ja, es ist an der Zeit!" sagte der Chef vom Broadway-Sam-Reisebüro. „Ich dachte, Sie hätten mit dem Cadillac das Weite gesucht."

„Dafür bin ich verantwortlich", sagte ich, „machen Sie sich keine Sorge" — und sagte das, weil Dean so offensichtlich nicht bei Sinnen war, daß jeder seine Verrücktheit erkennen konnte. Dean wurde nun sachlich und half den Jesuitenjungen bei ihrem Gepäck. Kaum saßen sie, und kaum hatte ich Denver auf Wiedersehen gewinkt, als er schon anfuhr, und der große Motor trommelte leise mit immenser, beflügelter Kraft. Kaum drei Kilometer außerhalb von Denver brach der Tachometer, denn Dean jagte den Wagen auf über hundertfünfundsiebzig Sachen.

„Schön, kein Tachometer, ich werde also nicht wissen, wie schnell wir fahren. Ich werd die Karre eben nach Chicago jagen und es aus der verstrichenen Zeit errechnen." Wir hatten nicht einmal das Gefühl, daß wir über hundert fuhren, aber auf der schnurgeraden Landstraße, die bis Greeley führte, blieben alle Wagen hinter uns wie tote Fliegen. „Ein Grund, warum wir nach Nordosten fahren, Sal, ist der, daß wir unbedingt Ed Walls Hof in Sterling besuchen müssen; du mußt ihn kennenlernen und seine Landwirtschaft sehen, und dies Schiff läuft so schnell, daß wir es ohne jede Zeitnot schaffen können und in Chicago lange vor dem Zug dieses Mannes eintreffen werden." Schön, mir war es recht. Es fing an zu regnen, aber Dean verlangsamte nicht. Es war ein herrlicher großer Wagen, die letzte der altmodischen Limousinen, schwarz, mit großer, langgestreckter Karosserie und Weißwandreifen und wahrscheinlich kugelsicheren Fenstern. Die Jesuitenjungen — St. Bonaventura — saßen hinten, vergnügt und froh, unterwegs zu sein, und sie hatten keine Ahnung, wie schnell wir fuhren. Sie versuchten, ein Gespräch anzuknüpfen, aber Dean sagte nichts und zog sein Hemd aus und fuhr mit nacktem Oberkörper. „Oh, diese Beverly ist ein süßes, tolles, kleines Mädchen — sie kommt zu mir nach New York — wir werden heiraten, sobald ich Scheidungspapiere von Camille bekommen habe — alles läuft ganz mords, mein lieber Sal, und wir sind wieder unterwegs. Ja!" Je schneller wir Denver verließen, desto wohler fühlte ich mich, und es ging *schnell*. Es wurde dunkel, als wir bei Junction von der Hauptstraße abbogen und eine unbefestigte Landstraße nahmen, die uns quer durch die traurigen Ebenen von East Colorado zu Ed Walls Hof inmitten der Öde führte, wo sich die Präriewölfe gute Nacht sagen. Aber es regnete immer noch, und der Schlamm war schlüpfrig, und Dean verlangsamte auf hundertzehn, aber ich forderte ihn auf, noch langsamer zu fahren, weil wir ins Rutschen kommen würden, und er sagte: „Sorg dich nicht, Mensch, du kennst mich doch."

„Nicht diesmal", sagte ich. „Du fährst wirklich viel zu schnell." Und er flog nur über diesen schlüpfrigen Schlamm, und gerade, als ich ausgesprochen hatte, stießen wir auf eine Linkskurve in der Landstraße von neunzig Grad, und Dean riß das Lenkrad herüber, um sie zu schaffen, aber der große Wagen rutschte in der Schmiere und zitterte enorm.

„Paß auf!" schrie Dean, dem das scheißegal war und der einen Augenblick mit seinem Schutzengel rang, und wir landeten mit dem Hinterteil im Graben und mit dem Vorderwagen auf der Straße. Eine große Stille senkte sich herab. Wir hörten den Wind jaulen. Wir waren mitten in der wilden Prärie. Ein Bauernhaus stand knapp fünfhundert Meter weiter an der Straße. Ich konnte nicht aufhören zu fluchen. Ich war so wütend und so empört über Dean. Er sagte kein Wort und ging im Regen mit einem Mantel zum Bauernhaus, um Hilfe zu holen.

„Ist er Ihr Bruder?" fragten die Jungen im Rücksitz. „Er geht mit dem Wagen wie ein Teufel um, was? Und nach seinen Erzählungen auch mit den Frauen."

„Er ist verrückt", sagte ich, „und ja, er ist mein Bruder." Ich sah Dean mit dem Bauern auf dessen Traktor zurückkommen. Sie machten Ketten fest, und der Bauer zog uns aus dem Graben. Der Wagen war braun von Schlamm, ein Kotflügel war zerquetscht. Der Bauer berechnete fünf Dollar. Seine Töchter sahen im Regen zu. Die hübscheste, scheueste, blieb, um zuzusehen, im Feld zurück, und sie hatte guten Grund, denn sie war unbedingt und endgültig das schönste Mädchen, das Dean und ich in unserem ganzen Leben gesehen hatten. Sie war etwa sechzehn, hatte den für die Prärie typischen Teint, wie wilde Rosen, und die blauesten Augen, das lieblichste Haar und die Zurückhaltung und Schnelligkeit einer wilden Antilope. Unter unseren Blicken zuckte sie zurück. Sie stand da im unermeßlichen Wind, der direkt von Saskatchewan herunterwehte und ihre Haare lebendig gelockt um ihren lieblichen Kopf legte. Sie errötete immer wieder.

Wir erledigten die Sache mit dem Bauern, warfen einen letzten Blick auf den Prärieengel und fuhren weiter, nun langsamer, bis die Dunkelheit hereinbrach und Dean sagte: „Ed Walls Hof befindet sich unmittelbar vor uns." — „Oh, ein Mädchen wie dies erschreckt mich", sagte ich. „Ich könnte alles aufgeben und mich ihr auf Gnade und Ungnade ausliefern, und wenn sie mich nicht wollte, würde ich einfach gehen und mich von der Kante der Welt hinabstürzen." Die Jesuitenjungen kicherten. Sie steckten voll zickiger Redewendungen und östlichem Collegejargon und hatten nichts in ihren Vogelhirnen außer einer Menge schlechtverstandener Zitate von Thomas von Aquino, ihren Kohl damit zu würzen. Dean und ich beachteten sie überhaupt nicht. Während wir die schlammigen Ebenen durchquerten, erzählte er Geschichten aus seinen Cowboytagen. Als wir Ed Walls enorm große Besitzungen erreichten, zeigte er uns das Stück Straße, das er einen ganzen Morgen lang abgeritten hatte und wo er den Zaun geflickt hatte und wo der alte Wall, Eds Vater, durch das Weidegras heranklapperte, wenn er hinter einer jungen Kuh her war und schrie: „Pack sie, pack sie, Gottverdamm noch mal!" — „Er mußte alle sechs Monate einen neuen Wagen haben", sagte Dean. „Er konnte einfach nicht aufpassen. Wenn uns ein verlaufenes Tier davonging, fuhr er ihm querfeldein bis zum nächsten Wasserloch nach, und dann stieg er aus und lief zu Fuß hinterher. Drehte jeden Cent, den er je verdiente, zweimal um und legte ihn in einen Topf. Ein verrückter alter Viehzüchter. Ich werde dir ein paar von seinen alten Wracks neben der Schlafbaracke zeigen. Dorthin kam ich nach meinem letzten Aufenthalt im Knast auf Bewährung. Da habe ich gelebt, als ich die Briefe an Chad King schrieb, die du gesehen hast." Wir bogen von der Straße ab und kurvten durch einen

Feldweg über das winterliche Weideland. Eine triste Gruppe bleichgesichtiger Kühe kreuzte plötzlich im Licht unserer Scheinwerfer auf. „Da sind sie! Walls Kühe! Wir werden da niemals durchkommen. Wir müssen aussteigen und sie zusammentreiben! Hii-hii-hiii!" Aber wir brauchten nicht auszusteigen, wir drängten uns zentimeterweise durch und streiften sie dabei manchmal sanft, während sie einer See gleich um die Wagentür quirlten und muhten. Dahinter sahen wir die Lichter von Ed Walls Gutshaus. Um dies einsame Licht breiteten sich Hunderte von Meilen Prärie aus.
Diese totale Finsternis, die sich auf so eine Prärie senkt, ist für jemand aus dem Osten unvorstellbar. Man sah keine Sterne, keinen Mond, überhaupt kein Licht außer dem Licht in Mrs. Walls Küche. Jenseits der Schatten des Hofes lag das endlose Panorama der Welt, das man bis zur Dämmerung nicht sehen konnte. Nachdem ich an die Tür geklopft und im Finstern nach Ed Wall gerufen hatte, der in der Scheune beim Kühemelken war, schritt ich vorsichtig in diese Finsternis hinein, vielleicht acht Meter und nicht weiter. Ich glaubte, Präriewölfe zu hören. Wall meinte, es sei wahrscheinlich eines von seines Vaters wilden Pferden, das in der Ferne wieherte. Ed Wall war etwa in unserem Alter, groß, gelenkig, hatte spitze Zähne und war einsilbig. Er und Dean pflegten an den Ecken von Curtis Street herumzustehen und hinter den Mädchen herzupfeifen. Jetzt nahm er uns freundlich in sein düsteres, braunes, unbenutztes Zimmer und suchte herum, bis er ein paar finstere Lampen fand, und zündete sie an und sagte zu Dean: „Was, zum Teufel, ist deinem Daumen passiert?"
„Ich hab Marylou verprügelt, und er hat sich derart infiziert, daß sie das Ende abnehmen mußten."
„Warum, zum Teufel, hast du so was angestellt?"
Ich bemerkte, daß er sich als Deans älterer Bruder gebärdete. Er schüttelte den Kopf; der Milcheimer stand immer noch zu seinen Füßen. „Du bist sowieso schon immer reichlich bescheuert gewesen."
Inzwischen bereitete seine junge Frau in der großen Gutsküche einen herrlichen Schmaus. Sie entschuldigte sich für das Pfirsicheis: „Das ist nichts als Sahne und Pfirsiche zusammengefroren." Natürlich war es das einzige echte Sahneeis, das ich je in meinem ganzen Leben bekommen hatte. Sie fing knapp an und endete verschwenderisch; während wir aßen, kamen

immer neue Sachen auf den Tisch. Sie war eine gutgebaute Blondine, aber wie alle Frauen, die in weiträumigen Gegenden leben, beklagte sie sich ein wenig über Langeweile. Sie zählte die Radioprogramme auf, die sie gewöhnlich um diese Nachtstunde hörte. Ed Wall saß nur da und starrte auf seine Hände. Dean schlang verfressen. Er wollte, daß ich ihn bei der Fiktion unterstütze, ich sei der Besitzer des Cadillac, ein sehr reicher Mann, und er sei mein Freund und Chauffeur. Es machte auf Ed Wall keinen Eindruck. Jedesmal, wenn das Vieh in der Scheune ein Geräusch machte, hob er seinen Kopf, um zu lauschen.

„Schön, Jungs, ich hoffe, ihr schafft es bis New York.“ Weit davon entfernt, an die Geschichte zu glauben, ich sei der Besitzer des Cadillac, war er überzeugt, Dean habe ihn gestohlen. Wir blieben etwa eine Stunde auf dem Hof. Ed Wall hatte kein Vertrauen mehr zu Dean, genau wie Sam Brady — er sah ihn bedachtsam an, falls er ihn überhaupt ansah. Es waren Tage in Saus und Braus gewesen in der Vergangenheit, als sie durch die Straßen von Laramie, Wyoming, gewankt waren, Arm in Arm, wenn die Heuernte vorbei war, aber all das war nun tot und gewesen.

Dean rückte krampfhaft auf seinem Stuhl. „Also ja, also ja, und jetzt, glaube ich, wollen wir besser losziehen, denn wir müssen morgen abend in Chicago sein, und wir haben bereits mehrere Stunden verbummelt.“ Die Studenten dankten Wall liebenswürdig, und ab ging's wieder. Ich drehte mich um und beobachtete, wie das Küchenlicht in der See der Nacht zurückwich. Dann lehnte ich mich nach vorn.

9

Im Nu waren wir wieder auf der Hauptstraße, und in dieser Nacht sah ich den ganzen Staat Nebraska vor meinen Augen abrollen. Hundertfünfundsiebzig Sachen in einer Tour, eine pfeilgerade Straße, schlafende Städtchen, kein Verkehr, und der Expreßdiesel der Union Pacific, der im Mondschein hinter uns zurückfiel; es war durchaus vertretbar, hundertfünfundsiebzig zu fahren und alle die Städte Nebraskas — Ogallala, Gothenburg, Kearney, Grand Island, Columbus — mit traumgleicher Geschwindigkeit abzuspulen; so brausten wir dahin und sprachen miteinander. Es war ein herrlicher Wagen; er hielt sich auf der Straße wie ein Schiff auf dem Wasser. Gestreckte Kurven nahm er mit singender Leichtigkeit. „Ah, Mensch, was für ein Traumschiff", seufzte Dean. „Stell dir vor, wenn du und ich so einen Wagen hätten, was wir dann alles tun könnten. Weißt du, daß es eine Straße gibt, die nach Mexiko hinuntergeht und die ganze Strecke bis nach Panama? — Und vielleicht die ganze Strecke bis zum Ende von Südamerika, wo die Indianer über zwei Meter groß sind und an den Bergabhängen Kokain essen? Ja! Du und ich, Sal, mit so einem Wagen würden wir die ganze Welt kennenlernen, denn, Mensch, die Straße muß schließlich in die ganze Welt führen. Sie kann ja nirgendwo anders hingehen — richtig? Oh, und wir werden mit diesem Ding um das alte Chi herumflitzen! Stell dir vor, Sal, ich bin in meinem ganzen Leben nicht in Chicago gewesen, habe niemals angehalten."

„Wir werden dort wie die Gangster ankommen in diesem Cadillac!"

„Ja! Und Mädchen! Wir können uns Mädchen anlachen, wirklich, Sal, ich habe beschlossen, ganz besonders schnell zu fahren, so daß wir einen ganzen Abend frei haben, um in diesem Ding herumzuflitzen. Jetzt ruh du dich nur aus, und ich werde die Kiste den ganzen Weg jagen."

„Wie schnell fährst du jetzt?"

„Zügige hundertfünfundsiebzig, nehme ich an — das merkt man gar nicht. Wir haben immer noch ganz Iowa bei Tag vor uns, und dann schaff ich das gute alte Illinois in null komma nichts." Die Jungen schliefen ein, und wir redeten und redeten die ganze Nacht über.

Es war bemerkenswert, wie Dean verrückt werden und dann plötzlich, als ob nichts geschehen sei, weitermachen konnte. Dann war sie wieder da, seine Seele, von der ich glaube, daß sie in einem schnellen Wagen, einer Küste, die erreicht werden muß, einer Frau am Ende der Straße beschlossen ist. Er war ruhig und normal, als sei nichts vorgefallen. „Das geht mir jetzt jedesmal so, wenn ich in Denver bin — ich kann diese Stadt nicht mehr anrühren. Baller baller, bei Dean piept's!" Ich erzählte ihm, ich sei schon früher auf dieser Straße in Nebraska gewesen, 1947. Er auch. „Sal, als ich bei der Neue-Epoche-Waschanstalt in Los Angeles arbeitete, 1944 — ich hatte mich älter gemacht —, hab ich einen Trip zur Indianapolis-Rennbahn gemacht, extra um das klassische Rennen am Memorial Day zu sehen, bei Tag bin ich gewandert, und in der Nacht hab ich Wagen gestohlen, um schneller vorwärts zu kommen. Ich hatte auch einen Zwanzigdollarbuick in LA, meinen ersten Wagen, ich konnte ihn nicht durch die Licht- und Bremsinspektion bringen, so beschloß ich, eine Zulassung von einem anderen Staat zu beschaffen, um den Wagen fahren zu können, ohne angehalten zu werden; da bin ich hergekommen, um eine Zulassung zu erhalten. Als ich durch eine von diesen Städten wanderte, die Nummernschilder unter der Jacke versteckt, hielt mich so ein naseweiser Sheriff auf der Hauptstraße an, weil er glaubte, ich sei zu jung, um zu wandern. Er fand die Nummernschilder und sperrte mich ins Gefängnis, das nur zwei Zellen hatte — zusammen mit einem Häftling vom Amtsgericht, der in einem Altersheim hätte sein sollen, denn er konnte nicht einmal allein essen (die Frau vom Sheriff fütterte ihn), und saß den ganzen Tag und schlabberte und sabberte. Nach einer Untersuchung mit lauter so Zikkenkram wie Ausfragerei im väterlichen Ton, dann plötzlich die harte Tour, um mich mit Drohungen einzuschüchtern, Handschriftenprüfungen und so weiter, und nachdem ich die herrlichste Rede meines Lebens gehalten hatte, um mich herauszuwinden, und zuletzt gestand, daß ich über meine Vergangenheit als Wagendieb gelogen hatte und nur auf der Suche nach meinem Vater war, der da irgendwo auf dem Lande arbeitete, ließ er mich laufen. Natürlich habe ich das Rennen versäumt. Im nächsten Herbst hab ich dasselbe gemacht, um das Spiel zwischen Notre Dame und California in South Bend, Indiana, zu sehen — diesmal kein Ärger, und, Sal, ich hatte genau das Geld für die Karte und nicht einen Cent extra, und ich hab hin und zurück nichts gegessen, außer wenn ich von allen möglichen verrückten Typen, die ich auf der Straße traf, was zusammenbettelte und gleichzeitig den Mädchen nachstellen konnte. Einziger Kerl in den Vereinigten Staaten von Amerika, der sich jemals in so viel Schwierigkeiten eingelassen hat, nur um ein Ballspiel zu sehen.“

Ich fragte ihn nach den näheren Umständen seines Aufenthaltes in LA im Jahre 1944. „Ich bin in Arizona verhaftet worden, das war das absolut übelste Kittchen, in dem ich je eingesessen habe. Ich mußte ausbrechen und brachte die größte Flucht meines Lebens, wenn wir mal generell von Flucht sprechen, verstehst du. Durch Wälder, verstehst du, und Kriechen, und Sumpf — und hinauf ins Bergland. Vor dem Gummiknüppel und Dritten Grad und sogenannten Tod durch Unfall, so mußte ich aus diesen Wäldern am Rand des Abgrunds abhauen, um mich von Wegen und Pfaden fernzuhalten. Mußte meine Anstaltskleidung loswerden und klaute, auf Draht wie immer, ein Hemd und eine Hose aus einer Tankstelle hinter Flagstaff, traf zwei Tage später in LA ein, angezogen wie ein Tankwart, ging in die erste beste Tankstelle, die ich sah, und bekam Arbeit und besorgte mir ein Zimmer und nahm einen falschen Namen an (Lee Buliay) und verbrachte ein aufregendes Jahr in LA, zu dem auch eine ganze Bande neuer Freunde und ein paar wirklich dufte Zähne gehörten, und diese Zeit fand ein Ende, als wir alle eines Nachts auf dem Hollywood Boulevard fuhren und ich zu meinem Kumpel sagte, er solle den Wagen steuern, während ich meine Kleine küßte — ich war am Steuer, verstehst du —, und *er hat mich nicht gehört*, und wir rannten wumms gegen einen Mast, aber wir hatten nur dreißig drauf, und ich brach meine Nase. Du hast meine Nase schon gesehen — die schiefe griechische Kurve da oben. Später bin ich dann nach Denver gegangen und habe in dem Frühling in einem Eissalon Marylou getroffen. Oh, Mann, sie war erst fünfzehn und hatte Jeans an und wartete nur darauf, daß sie jemand aufsammelt. Drei Tage, drei Nächte geredet im Ace-Hotel, zweiter Stock, Südost-Eckzimmer, heiliger Gedenkraum und geheiligter Schauplatz meiner Tage — sie war damals so süß, so *jung*, hmm, ach! Doch guck mal dort in die Nacht hinein, hopp, hopp, eine Bande alter Lumpen an einem Feuer neben den Schienen, hol mich der Teufel." Er fuhr fast langsam. „Siehst du, ich weiß nie, ob nicht vielleicht mein Vater dabei ist." Einige Gestalten neben den Gleisen taumelten vor einem Holzfeuer. „Ich weiß nie, ob ich fragen soll, er könnte ja überall sein." Wir fuhren weiter. Irgendwo hinter uns oder vor uns in der gewaltigen Nacht lag sein Vater besoffen unter einem Strauch, daran war nicht zu zweifeln — Speichel auf dem Kinn, Wasser auf der Hose, Sirup in den Ohren, Schorf auf der Nase, vielleicht Blut in den Haaren, und der Mond schien auf ihn herab.

Ich nahm Deans Arm. „Ah, Mann, jetzt geht's aber nach Hause." New York sollte zum erstenmal sein dauerndes

Zuhause werden. Sein ganzer Körper war in unruhiger Bewegung; er konnte nicht warten.
„Und denk, Sal, wenn wir nach Pennsylvania kommen, werden wir schon den Mords-Be-bop Osten im Radio hören können. Los, rolle, altes Schiff, rolle!" Der herrliche Wagen machte den Wind heulen; die Ebenen wickelten sich vor ihm ab wie eine Rolle Papier; den heißen Teer der Straße warf er ehrerbietig hinter sich — ein königliches Schiff. Ich öffnete meine Augen und sah ein Morgenrot, das sich fächergleich entfaltete; wir rasten darauf zu. Deans steinhartes, verbissenes Gesicht war wie immer mit einem ganz eigenen Ausdruck von starrer Willenskraft über die Armaturenbeleuchtung gebeugt.
„An was denkst du, Alter?"
„Ah-ja, ah-ja, immer dieselbe alte Geschichte, du weißt schon — Zähne, Zähne, Zähne."
Ich ging schlafen und wachte auf in der trockenen, heißen Atmosphäre eines Juli-Sonntagmorgens in Iowa, und Dean fuhr und fuhr noch immer und hatte seine Geschwindigkeit nicht verringert. Er nahm die kurvenreichen Maistäler von Iowa mit mindestens hundertdreißig und die Geraden wie üblich mit hundertfünfundsiebzig, außer wenn Verkehr in beiden Richtungen ihn zwang, sich mit elend kriechenden hundert in eine Kolonne einzureihen. Wann immer sich Gelegenheit bot, schoß er heraus und überholte Wagen halbdutzendweise und ließ sie in einer Staubwolke hinter sich. Ein verrückter Kerl auf der Straße in einem nagelneuen Buick beobachtete das alles und beschloß, ein Rennen mit uns zu veranstalten. Als Dean gerade wieder einen überholen wollte, schoß der Kerl ohne Warnung an uns vorbei und heulte und hupte mit seinem Horn und blinkte herausfordernd mit den Schlußlichtern. Wir starteten ihm nach wie ein Raubvogel. „Na warte", lachte Dean, „der Knabe wird die nächsten zwanzig Kilometer nichts zu lachen haben. Paß mal auf." Er ließ den Buick ein Stück vorausfahren, und dann beschleunigte er und holte ihn höchst unhöflich wieder ein. Dem verrückten Buick blieb der Verstand weg; er jagte auf hundertsechzig hinauf. Wir konnten sehen, wen wir vor uns hatten. Er war wohl irgendein Jazzfan aus Chicago und reiste mit einer Frau, die alt genug war, seine Mutter zu sein — und offenbar war sie es wirklich. Gott weiß, ob sie protestierte, jedenfalls raste er. Sein Haar war dunkel und wild, ein Italiener aus dem alten

Chi; er trug ein Sporthemd. Vielleicht hatte er die Idee im Kopf, wir seien eine neue Gangsterbande aus LA, die in Chicago eindringen wollte, vielleicht einige von Mickey Cohens Männern, denn die Limousine sah dafür genau richtig aus, und die Nummer war aus Kalifornien. In der Hauptsache war es nur Spaß auf der Straße. Er fuhr mörderisch riskant, um nur vor uns zu bleiben; er überholte Wagen in der Kurve und konnte sich kaum wieder einreihen, wenn ein Laster ins Gesichtsfeld schwankte und riesengroß vor ihm auftauchte. Hundertdreißig Kilometer Iowa wickelten wir auf diese Art ab, und das Rennen war so spannend, daß ich gar nicht dazu kam, mich zu ängstigen. Dann gab der verrückte Kerl auf und fuhr bei einer Tankstelle vor, wahrscheinlich auf Befehl der alten Dame, und als wir vorbeisausten, winkte er fröhlich. Weiter sausten wir, Dean mit nacktem Oberkörper, ich hielt die Füße auf dem Armaturenbrett, und die Collegejungen hinten pennten. Wir hielten an, um in einer Gaststätte zu frühstücken, die von einer weißhaarigen alten Dame geführt wurde. Sie gab uns extra große Portionen Kartoffeln. In der nahen Stadt läuteten die Kirchenglocken. Und dann wieder weiter.

„Dean, fahr bei Tag nicht so schnell."

„Mach dir keine Sorgen, Mann, ich weiß schon, was ich tue."

Ich begann unruhig zu werden. Dean schoß an Wagenreihen vorbei wie ein Engel des Schreckens. Er rammte sie beinahe, während er nach einer Lücke Ausschau hielt. Er kitzelte ihre Stoßstangen, er ging herunter und beschleunigte, bog aus, um die Kurven einzusehen; dann sprang der Wagen unter seiner Berührung vorwärts und überholte, und wir schafften es immer um ein Haar, auf unsere Seite zurückzukommen, während Kolonnen in der entgegengesetzten Richtung vorbeifuhren, und mir schauderte. Ich konnte es nicht mehr aushalten. Nur selten findet man in Iowa eine lange Gerade wie in Nebraska, und als wir schließlich eine erreichten, fuhr Dean seine üblichen hundertfünfundsiebzig, und ich sah Landschaften vorüberblitzen, an die ich mich von 1947 her erinnerte — eine lange Strecke, wo Eddie und ich zwei Stunden lang gestrandet waren. Diese ganze alte Straße der Vergangenheit entrollte sich schwindelerregend, als sei der Becher des Lebens umgekippt worden und alles verrückt. Meine Augen schmerzten in einem wachen Alptraum.

„Zum Teufel, Dean, ich geh auf den Rücksitz, ich kann's nicht mehr aushalten, ich kann's nicht mehr mit ansehen."

„Hi-hi-hi!" kicherte Dean und überholte einen Wagen auf einer schmalen Brücke und schleuderte im Staub und brauste weiter. Ich sprang auf den Rücksitz und rollte mich zum Schlafen zusammen. Einer der Jungen sprang nach vorn, um auch Spaß zu haben. Furchtbare Angst packte mich, daß wir an diesem Morgen einen Unfall bauen würden, und ich rutschte auf den Boden und machte die Augen zu und versuchte einzuschlafen. Als ich zur See fuhr, mußte ich immer an die Wogen denken, die unter den Planken des Schiffes rauschten, und an die bodenlose Tiefe darunter — nun konnte ich die Straße etwa fünfzig Zentimeter unter mir fühlen, während wir mit unglaublicher Geschwindigkeit über den ächzenden Kontinent spurteten und flogen und zischten, mit diesem verrückten Ahab am Steuer. Wenn ich meine Augen schloß, war alles, was ich sehen konnte, die Straße, die sich in mich hineinspulte. Wenn ich sie öffnete, sah ich aufblitzende Baumschatten über den Boden des Wagens zucken. Es gab kein Entrinnen. Ich mußte mich mit allem abfinden. Und Dean fuhr immer noch, er dachte nicht ans Schlafen, ehe wir nach Chicago kämen. Nachmittags fuhren wir wieder durch das gute alte Des Moines. Hier verstrickten wir uns natürlich im Verkehr und mußten langsam fahren, und ich setzte mich wieder nach vorn. Wir hatten einen merkwürdigen und rührenden Unfall. Ein fetter Farbiger fuhr seine ganze Familie in einem Sedan vor uns; an der hinteren Stoßstange hing einer von jenen Wassersäcken aus Segeltuch, wie man sie Touristen in der Wüste verkauft. Er hielt scharf an, Dean aber unterhielt sich mit den Jungen im Rücksitz und bemerkte es nicht, so rammten wir ihn: mit kaum zehn Kilometer pro Stunde mitten in den Wassersack, der wie ein Furunkel platzte und spritzend ausfloß. Sonst kein Schaden, nur eine verbogene Stoßstange. Dean und ich stiegen aus, um mit ihm zu sprechen. Das Resultat war ein Austausch von Adressen und einigen Redensarten, und Dean nahm seine Augen nicht von der Frau des Mannes, deren schöne braune Brüste in der losen Baumwollbluse kaum verborgen waren. „Jawohl, jawohl." Wir gaben ihm die Adresse unseres Krösus in Chicago und fuhren weiter. Auf der anderen Seite von Des Moines kam ein Streifenwagen mit jaulender Sirene hinter uns her und befahl

uns, stehenzubleiben. „Was gibt's denn?"
Der Polizist kam heraus. „Hatten Sie einen Unfall bei der Einfahrt in die Stadt?"
„Unfall? Wir haben an der Kreuzung jemand den Wassersack eingerissen."
„Er gibt an, ein paar Leute in einem gestohlenen Wagen hätten ihn angefahren und nicht angehalten; Fahrerflucht." Dies war einer der wenigen Fälle, die Dean und ich kannten, wo ein Neger wie ein mißtrauischer alter Trottel gehandelt hatte. Wir waren so überrascht, daß wir lachten. Wir mußten dem Wachtmeister aufs Revier folgen und verbrachten eine Stunde wartend im Gras, während er mit Chicago telefonierte, um den Besitzer des Cadillac heranzuholen und sich unsere Stellung als gemietete Fahrer bestätigen zu lassen. Mr. Krösus sagte, laut Wachtmeister: „Ja, das ist mein Wagen, aber ich kann für nichts einstehen, was diese Jungen sonst ausfressen."
„Sie hatten einen geringfügigen Unfall hier in Des Moines."
„Ja, das haben Sie mir schon gesagt — was ich meine, ist, daß ich für nichts einstehen kann, was sie vielleicht schon früher gemacht haben."
Damit war alles geklärt, und wir brausten weiter. In Newton, Iowa, hatte ich 1947 im Morgengrauen einen Spaziergang gemacht. Am Nachmittag fuhren wir wieder durch das schläfrige alte Davenport und über den tiefliegenden Mississippi in seinem Sägemehlbett; dann Rock Island, ein paar Minuten Verkehr, Abendröte und der plötzliche Anblick von lieblichen kleinen Nebenflüssen, die langsam zwischen den zauberhaften Bäumen und dem Grün des mittelamerikanischen Illinois flossen. Nun sah es wieder nach dem sanften, milden Osten aus; der große trockene Westen war erledigt und abgetan. Der Staat Illinois entfaltete sich vor meinen Augen in einer großen Bewegung, die ein paar Stunden anhielt, während Dean mit der gleichen Geschwindigkeit weiterjagte. In seiner Müdigkeit fuhr er riskanter denn je. An einer engen Brücke, die einen dieser lieblichen kleinen Flüsse kreuzte, schoß er kopfüber in eine fast unmögliche Situation. Zwei langsame Wagen holperten vor uns über die Brücke; in der anderen Richtung kam ein riesiger Lastwagen mit Anhänger, dessen Fahrer genau abschätzte, wieviel Zeit die langsamen Wagen brauchen würden, um über die Brücke zu kommen, und nach seiner Schätzung würden sie drüber sein, wenn er an-

käme. Es war absolut nicht genug Platz auf der Brücke für den Laster und irgendwelche Wagen in entgegengesetzter Richtung. Hinter dem Laster bogen Wagen aus und lugten nach einer Chance, vorbeizukommen. Vor den langsamen Wagen bummelten andere langsame Wagen. Die Straße war überfüllt, und alles explodierte vor Ungeduld, vorbeizukommen. Dean kam mit hundertfünfundsiebzig Stundenkilometern auf all das zu und zögerte nicht einen Augenblick. Er überholte die langsamen Wagen, riß den Wagen herum, stieß beinahe in das linke Geländer der Brücke, fuhr geradewegs in den Schatten des nicht verlangsamenden Lasters, riß scharf nach rechts, kam um Haaresbreite am linken Vorderrad des Lasters vorbei, rammte fast den ersten langsamen Wagen, bog aus, um zu überholen, und mußte dann in die Kolonne zurückschneiden, als ein anderer Wagen hinter dem Laster hervorkam, um zu schauen, all das innerhalb zwei Sekunden; er blitzte vorbei und ließ nichts hinter sich als eine Staubwolke anstelle eines schrecklichen Fünf-Wagen-Zusammenstoßes mit umgestürzten Autos auf beiden Seiten und dem großen Laster, der seinen Rücken in den verhängnisvollen roten Nachmittag von Illinois mit seinen träumenden Feldern buckelte. Auch wollte mir nicht aus dem Sinn, daß ein berühmter Be-bop-Klarinettist kürzlich bei einem Autounfall in Illinois ums Leben gekommen war, wahrscheinlich an einem Tag wie diesem. Ich setzte mich wieder nach hinten.

Auch die Jungen blieben diesmal hinten. Dean hatte es sich verbissen in den Kopf gesetzt, vor Einbruch der Dunkelheit in Chicago zu sein. An einem Eisenbahnknotenpunkt nahmen wir zwei Landstreicher mit, die zusammen einen halben Dollar für Benzin aufbrachten. Eben noch hatten sie neben Stößen von Eisenbahnschwellen gesessen und die Reste von irgendwelchen Wein getrunken, jetzt fanden sie sich in einer schlammbespritzten, aber ungebeugten und glänzenden Cadillac-Limousine, die in jäher Hast Chicago entgegensauste. In der Tat nahm der alte Mann, der neben Dean saß, die Augen nicht von der Straße und betete seine armseligen Landstreichergebete. „Tja", sagten sie, „wir haben nie erwartet, so schnell nach Chicago zu kommen." Obgleich die Bevölkerung die Banden von Chicago, die auf diese Weise täglich in Limousinen durchkommen, hinlänglich kennt, boten wir doch einen auffälligen Anblick, als wir die schläfrigen Kleinstädte von Illinois durchfuhren: Alle unrasiert, der Fahrer mit nacktem Oberkörper, zwei Landstreicher, ich selbst im Rücksitz an die Haltegriffe geklammert und den Kopf auf das Kissen gelehnt, dabei die Landschaft mit Herrscherauge überblickend — genau wie eine neue Bande aus Kalifornien, die ankommt, um den andern die Beute Chicagos streitig zu machen, eine Bande Desperados aus den Zuchthäusern unter dem Mond von Utah. Als wir in einer kleinstädtischen Tankstelle anhielten, um Coca-Cola und Benzin zu tanken, kamen die Leute heraus und starrten uns an, aber keiner sagte ein Wort, und ich glaube, sie prägten sich für den Bedarfsfall unser Signalement ins Gedächtnis. Um das Geschäftliche mit dem Mädchen, das die Tankstelle bediente, abzumachen, warf Dean sein Hemd einfach wie ein Halstuch um und war kurz angebunden wie üblich und kam in den Wagen zurück, und wir brausten wieder ab. Bald wurde das Abendrot violett, der letzte der zauberhaften Flüsse blitzte vorbei, und wir sahen den fernen Rauch von Chicago jenseits der Ausfallstraße. Wir waren von Denver nach Chicago via Ed Walls Landgut gekommen, tausendachthundertneunzig Kilometer, in genau siebzehn Stunden, die zwei Stunden im Straßengraben und die drei auf dem Landgut und zwei bei der Polizei in Newton, Iowa, nicht gerechnet, ein mittlerer Durchschnitt von hundertzehn Kilometer pro Stunde quer durchs ganze Land, mit einem einzigen Fahrer. Ein verrückter Rekord!

10

Groß-Chicago glühte rot vor unseren Augen. Wir waren plötzlich in Madison Street unter Horden von Landstreichern, von denen einige auf der Straße ausgestreckt lagen, die Füße auf dem Bordstein, während Hunderte andere in den Eingängen der Kneipen und in Torwegen herumlungerten. „Hop! Hop! Schau scharf nach Dean Moriarty aus, dem alten Sünder, zufällig könnte er in diesem Jahr in Chicago sein." Wir setzten die Landstreicher in dieser Straße ab und fuhren weiter in die Innenstadt. Kreischende Straßenbahnen, Zeitungsverkäufer, vorbeieilende Mädchen, der Geruch von Gebratenem und Bier in der Luft, winkende Lichtreklamen — „Wir sind in der Großstadt, Sal! Juhu!" Zunächst mußten wir mal den Cadillac an einer guten, dunklen Stelle parken, uns waschen und für die Nacht anziehen. Gegenüber vom YMCA fanden wir zwischen zwei Gebäuden eine ziegelgepflasterte Einfahrt, wo wir den Cadillac mit der Schnauze nach der Straße und startfertig abstellten; dann folgten wir den Studenten zum YMCA, wo sie ein Zimmer bekamen und uns erlaubten, ihren Komfort eine Stunde lang zu benutzen. Dean und ich rasierten und duschten uns, ich verlor meine Brieftasche in der Halle; Dean fand sie und war schon dabei, sie heimlich in sein Hemd zu stecken, als er erkannte, daß sie uns gehörte; er war richtig enttäuscht. Dann sagten wir den Jungen, die froh waren, in einem Stück angekommen zu sein, auf Wiedersehen und gingen in ein Selbstbedienungsrestaurant essen. Altes braunes Chicago mit seinen fremdartigen halb östlichen, halb westlichen Typen, die spuckend auf dem Weg zur Arbeit sind. Dean stand in dem Lokal herum, rieb sich den Bauch und nahm alles in sich auf. Er wollte eine sonderbare, farbige, nicht mehr ganz junge Frau ansprechen, die in dem Restaurant erzählte, kein Geld zu haben, nur Brötchen, und ob sie ihr wohl bitte Butter geben würden. Die Hüften schmeißend kam sie herein, wurde abgewiesen und ging mit wackelndem Popo hinaus. „Donnerwetter!" sagte Dean. „Folgen wir ihr auf die Straße, nehmen wir sie in dem alten Cadillac in der Einfahrt. Das gibt ein Fest." Aber wir ließen die Sache wieder fallen und gingen nach einem Bummel auf dem Loop geradewegs in die North Clark Street, um die Stripteaselokale zu sehen und um Be-bop zu hören. Was für eine Nacht! „Oh, Mensch", sagte Dean zu mir, als wir vor einer Bar standen, „ist das nicht bedient. Sieh dir die Straße des Lebens an, diese Chinesen, die in Chicago herumflitzen. Was für eine unheimliche Stadt — verdammt! Und diese Frau da oben im Fenster — die schaut nur so hinunter, und ihre großen Brüste hängen aus ihrem Nachthemd, große weite Augen. Junge, Junge! Sal, wir müssen losgehen und nicht stillstehen, bis wir da sind."

„Wohin denn, Mann?"

„Das weiß ich nicht, aber wir müssen los." Dann kam eine Gruppe junger Be-bop-Musikanten; sie trugen ihre Instrumente aus den Wagen. Sie drängten sich gleich in eine Bar, und wir zogen mit. Sie setzten sich zurecht und begannen zu spielen. Da waren wir! Der Leiter der Combo war ein schlanker, gebeugter, krausköpfiger Tenormann mit zusammengekniffenen Lippen und schmalen Schultern, lose in ein Sporthemd drapiert, kühl in der erhitzten Nacht, in den Augen zügellose Genußsucht. Er nahm sein Horn auf und sah es stirnrunzelnd an, dann blies er kühle und verwickelte Linien und stampfte sacht mit dem Fuß, um auf Einfälle zu kommen — und er sagte sehr ruhig: „Schaff dich", wenn die anderen Jungen ihre Soli aufnahmen. Dann war da Prez, ein rauher Blonder, der aussah wie ein sommersprossiger Boxer, sorgfältig eingepackt in seinen haifischflossen- und karo-gemusterten Anzug mit lang fallendem Schnitt und nach hinten gelegtem Kragen, mit geknoteter Krawatte, um besonders schick und lässig zu wirken. Er schwitzte, zog sein Horn hoch und wand sich förmlich hinein und hatte dabei einen Ton wie Lester Young persönlich. „Siehst du, Mensch, Prez denkt immer an seine Technik, wie alle gut verdienenden Musiker, er ist der einzige, der gut angezogen ist, schau hin, wie er unruhig wird, wenn er etwas bläst, was nicht hinhaut, aber der Bandleader sagt ihm, er soll sich keine Sorgen machen, nur drauflos blasen. Alles, woran *ihm* liegt, ist ganz einfach der Klang und der ernste Überschwang der Musik. Er ist ein Künstler. Er unterweist Jung-Prez, den Boxer. Jetzt sind die anderen dran und bedienen sich." Der dritte Saxophonist war ein Alt, ein achtzehnjähriger, kühler, nachdenklicher Neger von der High School, eine junge Charlie-Parker-Type mit breitem Mund, größer als die anderen, ernst. Er hob sein Horn und blies ruhig und nachdenklich hinein und entlockte ihm Phrasen à la Bird und architektonische Logik à la Miles Davis. Dies waren die Kinder der großen Erneuerer des Jazz, der Schöpfer des Be-bop.

Einst hatten wir Louis Armstrong, der seine wunderschönen hohen Töne im Schlamm von New Orleans blies, vor ihm die verrückten Musiker, die an Festtagen paradierten und ihre Sousa-Märsche in Ragtime zerhackten. Dann gab es den Swing, und Roy Eldridge holte lebensvoll und männlich aus dem Horn heraus, was drin war an Wellen von Kraft und Form und Feinheit — legte mit glitzernden Augen und einem lieblichen Lächeln alles hinein und sandte es über den Äther, die Welt des Jazz zu begeistern, und alles wiegte im swingenden Rhythmus. Dann war Charlie Parker gekommen, ein Kind in seiner Mutter Holzhütte in Kansas City, das sein mit Klebestreifen zusammengeflicktes Altsaxophon zwischen den

Baumstämmen blies, an regnerischen Tagen übte und nur herauskam, um sich die swingende Band Basies und Benny Motens anzuhören, damals, als Hot Lips Page und die anderen noch dabei waren — Charlie Parker, der von zu Hause wegging und nach Harlem kam und dort auf den verrückten Thelonius Monk und den noch verrückteren Gillespie stieß — Charlie Parker, in seinen frühen Tagen, als er auf die schiefe Bahn kam und während des Spiels im Kreis herumlief. Er war etwas jünger als Lester Young, auch aus Kansas City, dieser düstere, heilige Narr, der die ganze Geschichte des Jazz in sich zusammenfaßte, denn wenn er sein Horn hoch und waagrecht vor dem Mund hielt, dann blies er das Größte; und als sein Haar länger wurde und er anfing, sich für nichts mehr zu interessieren, und als er ausgepumpt war, sank sein Horn ein wenig herab, bis es schließlich ganz herunterfiel, und heute trägt er Schuhe mit dicken Sohlen, um das Pflaster des Lebens nicht fühlen zu müssen, und hält sein Horn matt gegen die Brust, und er bläst kühle und leichtverständliche Phrasen, ohne sich viel Mühe zu geben. Das waren die Kinder der amerikanischen Be-bop-Nacht.

Noch merkwürdigere Blüten — denn während der Negeraltist nachdenklich und mit Würde über die Köpfe der Leute blickte, saugte der junge, hohe, schlanke, blonde Junge von Curtis Street, Denver, in Jeans und gesticktem Gürtel an seinem Mundstück und wartete ab, daß die anderen ihren Part beendeten; und als sie geendet hatten, begann er, und man mußte sich umsehen, wollte man herausfinden, woher das Solo kam, denn es ertönte von engelhaft lächelnden Lippen am Mundstück und war ein sanftes, süßes Solo, wie ein Märchen auf dem Altsaxophon. Einsam wie Amerika, ein Klang in der Nacht wie aus einer durchbohrten Kehle.

Und die anderen und all das Getön? Da war der Bassist, ein drahtiger Rotkopf mit wilden Augen, der bei jedem machtvoll und swingend gezupften Ton mit der Hüfte gegen sein Instrument stieß, an heißen Stellen seinen Mund offen hängen ließ wie in Trance. „Mensch, das ist ein Bursche, der sein Mädchen wirklich zurechtbiegen kann." Der traurige Trommler, wie unser weißer Jüngling in Friscos Folsom Street, der vollkommen abwesend, mit geweiteten Augen in die Ferne starrend, Gummi kaute und den Hals mit psychopathischem Zucken und selbstzufriedener Ekstase hin und her bewegte.

Das Piano — ein großer, kräftiger italienischer Junge wie ein Lastwagenfahrer, mit fleischigen Händen und einer starken und nachdenklichen Fröhlichkeit. Sie spielten eine Stunde. Niemand hörte zu. Alte Taugenichtse aus der North Clark Street lümmelten an der Bar, Huren kreischten zornig. Geheimnisvolle Chinesen kamen vorbei. Knutschgeräusche mengten sich dazwischen. Sie ließen sich nicht stören. Draußen auf dem Gehsteig kam eine Erscheinung — ein sechzehnjähriger Junge mit einem Spitzbart und einem Posaunenkasten. Dünn wie Rachitis, mit irrem Gesicht, wollte er sich zur Gruppe gesellen und einsteigen. Sie kannten ihn und wollten nichts mit ihm zu tun haben. Er schlich sich in das Lokal ein, und plötzlich packte er seine Posaune aus und hob sie an die Lippen. Keine Einleitung. Niemand sah ihn an. Sie machten Schluß, packten zusammen und gingen weg in eine andere Bar. Er wollte zerspringen, der magere Chicago-Junge. Er knallte sich seine dunkle Brille vor die Augen, hob allein in der Bar die Posaune an die Lippen und begann „Baal!". Dann lief er ihnen nach. Sie wollten ihn nicht bei sich spielen lassen, genau wie die Sandplatz-Fußballmannschaft hinter dem Gasometer. „Alle diese Kerle wohnen bei ihren Großmüttern, genau wie Tom Snark und unser Carlo-Marx-Altist", sagte Dean. Wir liefen der ganzen Bande nach. Sie gingen zu Anita O'Day's Club, und da packten sie aus und spielten bis neun Uhr früh, Dean und ich blieben da und tranken Bier.
In den Pausen fuhren wir im Cadillac hinaus und versuchten, überall in Chicago Mädchen aufzutun. Sie ängstigten sich vor unserem großen, verkratzten, prophetischen Wagen. In seiner verrückten Raserei kutschierte Dean rückwärts gegen Hydranten, und er kicherte irr in sich hinein. Um neun Uhr war der Wagen ein totales Wrack; die Bremsen funktionierten nicht mehr; die Kotflügel waren eingedrückt; die Ventilstößel klapperten. Dean konnte ihn bei rotem Licht nicht anhalten, er ruckte krampfhaft über die Fahrbahn. Er hatte den Preis der Nacht gezahlt. Der Wagen war nur noch ein schlammiger Stiefel, aber nicht mehr eine glänzende Limousine. „Uii!" Die Jungen bei Anita bliesen noch immer.
Plötzlich starrte Dean in die Dunkelheit einer Ecke hinter dem Musikpodium und sagte: „Sal, Gott ist angekommen."
Ich sah hin. *George Shearing*. Und wie immer lehnte er den blinden Kopf auf seine blasse Hand, die Ohren offen wie die

eines Elefanten, so horchte er auf die amerikanischen Töne und formte sie sich für seinen eigenen englischen Sommernachtsgebrauch um. Dann drängte man ihn, aufzustehen und zu spielen. Er tat es. Er spielte unzählige Chorusse mit verblüffenden Harmonien, die höher und höher stiegen, bis der Schweiß sich über das ganze Klavier ergoß, und alle lauschten in Ehrerbietung und Schrecken. Nach einer Stunde führten sie ihn vom Podium. Er ging in seine dunkle Ecke zurück, der alte Gott Shearing, und die Jungen sagten: „Danach gibt es nichts mehr."

Aber der schlanke Bandleader runzelte die Stirn. „Spielen wir trotzdem."

Etwas würde immer noch dabei herauskommen. Es gibt immer noch ein Mehr, es geht immer noch ein bißchen weiter — niemals ein Ende. Sie versuchten aus Shearings Ideen neue Phrasen zu bilden; sie gaben sich große Mühe. Sie wanden sich und verrenkten sich und bliesen. Ab und zu enthielt ein klarer harmonischer Schrei neue Andeutungen einer Melodie, die eines Tages die einzige Melodie der Welt sein und die Seelen der Menschen zur Freude erheben würde. Sie fanden sie, sie verloren sie, sie rangen um sie, sie fanden sie wieder, sie lachten, sie stöhnten — und Dean schwitzte am Tisch und feuerte sie an, weiterzumachen, weiter, weiter. Um neun Uhr früh stolperten alle — Musiker, Mädchen in Jeans, Barmänner und der eine kleine magere, unglückliche Posaunist — aus dem Lokal in das große Gebrüll des Chicagoer Tages, um zu schlafen. bis die wilde Be-bop-Nacht wieder begänne.

Dean und ich schauderten; so kaputt waren wir. Es war nun an der Zeit, den Cadillac seinem Besitzer zurückzugeben, der draußen am Lake Shore Drive in einer mondänen Wohnung, mit einer riesigen Garage darunter, wohnte, die von ölverschmierten Negern verwaltet wurde. Wir fuhren hinaus und karrten den dreckigen Haufen in seine Box. Der Mechaniker erkannte den Cadillac überhaupt nicht. Wir übergaben ihm die Papiere. Er kratzte sich den Schädel bei diesem Anblick. Wir mußten schnell verschwinden. Das taten wir auch. Wir nahmen einen Bus in die Stadt zurück, und damit hatte es sich. Und wir hörten von unserem Chicagoer Krösus nie mehr ein Wort über den Zustand seines Wagens, obwohl er unsere Adressen besaß und sich hätte beschweren können.

11

Wir mußten nun sehen, daß wir weiterkamen, und nahmen einen Bus nach Detroit. Unser Geld wurde schon knapp. Wir schleppten unser schäbiges Gepäck durch die Busstation. Im Laufe der Zeit war Deans Daumenverband beinahe kohlenschwarz geworden und hatte sich ganz abgerollt. Wir sahen beide so elend aus, wie nach all dem, was wir getan hatten, jeder ausgesehen hätte. Erschöpft schlief Dean im Bus ein, der durch den Staat Michigan brummte. Ich begann eine Unterhaltung mit einem auffallend schönen Landmädchen, das eine tief ausgeschnittene Baumwollbluse trug, die die schöne Sonnenbräune ihrer Brustansätze enthüllte. Ein langweiliges Ding. Sie sprach von den Abenden auf dem Lande, wenn sie auf der Veranda Popcorn machte. Früher hätte das mein Herz froh gemacht, aber weil ihr eigenes Herz nicht froh war, als sie es sagte, wußte ich, daß es nichts darin gab als den Gedanken an das, was sich schickt. „Und was treiben Sie sonst zur Unterhaltung?" Ich versuchte, das Gespräch auf Freunde und erotische Erlebnisse zu bringen. Ihre großen, dunklen Augen musterten mich leer und mit einer Verdrossenheit, die seit Generationen und Generationen in ihrem Blut lag, weil es nicht getan hatte, wonach es zu tun schrie — was es auch war; und jeder weiß, was es war. „Was wollen Sie vom Leben?" Ich wollte sie packen und es aus ihr herauswringen. Sie hatte nicht die leiseste Ahnung, was sie wollte. Sie murmelte was von Arbeit, Kino, Sommerurlaub bei ihrer Großmutter, von ihrem Wunsch, nach New York zu fahren und das Roxy zu besuchen, wie sie sich dazu anziehen würde — so etwas, wie sie letzte Ostern anhatte, weißen Hut, Rosen, rosa Pumps und einen lavendelfarbenen Gabardinemantel. „Was machen Sie denn an Sonntagnachmittagen?" fragte ich. Sie saß auf ihrer Veranda. Die Jungen kamen auf dem Fahrrad vorbei, hielten an, und man wechselte ein paar Worte. Sie las die Comicsbeilage, sie streckte sich in der Hängematte. „Und was tun Sie an einem warmen Sommerabend?" Sie saß auf der Veranda, sie beobachtete die Wagen auf der Straße. Sie und ihre Mutter machten Popcorn. „Was macht Ihr Vater an einem Sommerabend?" Er arbeitet, er hat Nachtschicht in der Kesselfabrik, er hat sein ganzes Leben damit verbracht, für eine Frau und ihre Sprößlinge zu sorgen, ohne Anerkennung oder Verehrung. „Was macht Ihr Bruder an einem Sommerabend?" Er fährt auf seinem Fahrrad in der Gegend umher, er lungert vor dem Eissalon herum. „Was möchte er wohl gern tun? Was möchten wir alle gern tun? Was wünschen wir uns?" Sie wußte es nicht. Sie gähnte. Sie war schläfrig. Es war zuviel. Niemand wußte es. Niemand würde es je wissen. Es war alles vorbei. Sie war achtzehn und sehr lieblich und verloren.

Und Dean und ich stolperten in Detroit aus dem Bus, abgerissen und schmutzig, als hätten wir von Heuschrecken gelebt. Wir beschlossen, in den Nachtkinos der Skid Row die ganze Nacht aufzubleiben. Für einen Park war es zu kalt. Hassel war hier in Detroits Skid Row gewesen, er hatte jede Schießbude und jedes Nachtkino und jede lärmende Bar viele Male mit seinen dunklen Augen gesehen. Sein Geist verfolgte uns. Wir würden ihn niemals wieder am Times Square finden. Wir dachten, vielleicht sei durch einen Zufall der alte Dean Moriarty auch hier — aber wir fanden ihn nicht. Für fünfunddreißig Cents pro Person gingen wir in das schäbige Nachtkino und setzten uns auf den Balkon, bis zum Morgen, als wir hinuntergedrängt wurden. Die Leute in diesem Nachtkino waren das Letzte. Vom Leben geschlagene Neger, die auf ein Gerücht hin aus Alabama gekommen waren, um in einer Autofabrik zu arbeiten; alte weiße Taugenichtse; junge langhaarige Strichjungen, die das Ende des Weges erreicht hatten und Wein tranken; Huren, gewöhnliche Ehepaare und Hausfrauen, die nichts zu tun und nirgendwo hinzugehen hatten, niemanden, an den sie glauben konnten. Wenn man ganz Detroit durch einen Drahtkorb sieben würde, könnte man den trostlosen festen Rückstand des Absuds nicht besser sammeln. Der Film zeigte den singenden Cowboy Eddie Dean und sein tapferes weißes Pferd Bloop, das war Nummer eins; Nummer zwei des Doppelprogramms bildeten George Raft, Sidney Greenstreet und Peter Lorre in einem Film über Istanbul. Wir sahen beide im Laufe der Nacht je sechsmal. Wir sahen sie wach, wir hörten sie im Schlaf, wir spürten sie im Traum, und als der Morgen kam, waren wir völlig durchdrungen von dem fremden grauen Mythos des Westens und dem unheimlichen dunklen Mythos des Ostens. Was ich seither getan habe, ist meinem Unterbewußtsein automatisch von dieser schrecklichen osmotischen Erfahrung diktiert worden. Ich hörte den großen Greenstreet hundertmal hohnlächeln; ich hörte Peter Lorres unheilverkündenden Auftritt; ich lebte mit George Raft in seinen paranoischen Ängsten; unzählige Male ritt und sang ich mit Eddie Dean und knallte die Banditen ab. Die Leute schlürften aus Flaschen und drehten sich um und hielten im dunklen Kino Ausschau nach etwas, das sie tun könnten, nach jemandem, zu dem sie sprechen könnten. In den vorderen Reihen herrschte eine schuldbewußte Ruhe, niemand sprach. In der grauen Dämmerung, die sich geisterhaft um die Fenster des Kinos und seine Dachrinnen umfing, schlief ich mit dem Kopf auf der hölzernen Armlehne, als sechs Kinoangestellte mit all dem zusammengefegten Kehricht der Nacht auf mich zukamen und einen riesigen staubenden Haufen produzierten, der mir in die Nase stieg, als ich so mit herabhängendem Kopf schnarchte — bis sie beinahe auch mich wegfegten. Das erzählte mir Dean, der zehn Reihen weiter hinten saß, All die Kippen, Flaschen, Zündholzschachteln, das Mitgebrachte und Weggeworfene waren in diesem Haufen zusammengekehrt. Hätten sie mich mitgenommen, Dean hätte mich nie wiedergesehen. Er hätte die gesamten Vereinigten Staaten durchstreifen und in jeden Abfalleimer von Küste zu Küste hineinsehen müssen, bevor er mich embryonal zusammengerollt unter dem Kehricht meines Lebens, seines Lebens und des Lebens aller, die es anging und nicht anging, aufgestöbert hätte. Was würde ich aus meinem Kehrichtschoß zu ihm gesagt haben? „Stör mich nicht, Mensch, ich bin glücklich, wo ich bin. Du hast mich eines Nachts in Detroit im Jahre 1949 verloren. Was für ein Recht hast du, herzukommen und mich in diesem üblen Blecheimer aus meiner Träumerei zu stören?" Im Jahre 1942 war ich der Star in einem der schmutzigsten Dramen aller Zeiten. Ich war Seemann und ging in das Imperial Café in Scollay Square zu Boston, um zu saufen; ich trank sechzig Glas Bier und zog mich auf die Toilette zurück, wo ich mich um das Klosettbecken wand und schlafen ging. Während der Nacht kamen mindestens hundert Seeleute und assortierte Zivilisten herein und entleerten ihre stinkigen Exkremente auf mich, bis ich zur Unkenntlichkeit überkrustet war. Was macht es schließlich für einen Unterschied? — Anonymität in der Welt der Menschen ist besser als Ruhm im Himmel, denn was ist Himmel? Was ist Erde? Alles eine Gedankenkonstruktion.

Schnatternd stolperten Dean und ich beim Morgengrauen aus diesem Schreckensloch und gingen einen Reisebürowagen suchen. Nachdem wir einen guten Teil des Vormittags in Negerbars und mit dem Anhören von Jazzplatten an Spielautomaten verbracht hatten und hinter Mädchen her waren, kämpften wir uns mit unserem verrückten Zeug in städtischen Bussen acht Kilometer weit und gelangten zum Haus eines Mannes, der für die Fahrt nach New York vier Dollar pro Kopf berechnen wollte. Es war ein blonder Bursche mit Brille, im mittleren Lebensalter, mit einer Frau und Kind und einem guten Heim. Wir warteten im Hof, bis er fertig war. Die nette Frau im baumwollenen Hauskleid bot uns Kaffee an, aber wir waren zu beschäftigt mit Reden. Um diese Zeit war Dean so erschöpft und von Sinnen, daß ihn alles entzückte, was er sah. Er war dabei wieder in eine seiner schwärmerischen Rasereien verfallen. Er schwitzte und schwitzte. Als wir in dem neuen Chrysler saßen und abrauschten nach New York, erkannte der arme Mann, daß er sich auf eine Fahrt mit zwei Wahnsinnigen eingelassen hatte, aber er machte gute Miene zum bösen Spiel und gewöhnte sich wirklich an uns, und wir fuhren am Briggs Stadium vorbei und diskutierten die Aussichten der Detroit „Tigers“ in der nächsten Spielzeit.
In der nebligen Nacht fuhren wir durch Toledo und weiter durch das alte Ohio. Es kam mir zum Bewußtsein, daß ich anfing, die Städte Amerikas zu durchfahren und immer wieder zu durchfahren, als wäre ich ein Reisevertreter — zerlumptes Reisen, schlechte Aktien, faule Bohnen auf dem Boden meines Sacks voll Tricks, kein Käufer. In der Nähe von Pennsylvania wurde der Mann müde, und Dean übernahm das Steuer und fuhr den ganzen Rest des Weges nach New York, und wir hörten im Radio die Symphony-Sid-Show mit dem neuesten Be-bop, und dann betraten wir die große und endgültige Stadt Amerikas. Wir kamen am frühen Morgen an. Times Square wurde aufgerissen, denn New York ruht nie. Automatisch hielten wir nach Hassel Ausschau, während wir vorbeifuhren.
Nach einer Stunde waren Dean und ich draußen in der neuen Wohnung meiner Tante in Long Island, und sie selbst war schwer mit Malern beschäftigt, Freunden der Familie, und stritt mit ihnen um den Preis, als wir aus San Francisco die Stiegen hinaufstolperten. „Sal“, sagte meine Tante, „Dean kann ein paar Tage hierbleiben, und dann muß er raus, ver-

stehst du mich?" Die große Fahrt war vorbei. Dean und ich machten diese Nacht einen Spaziergang zwischen den Gasometern und Eisenbahnbrücken und Nebellampen von Long Island. Ich erinnere mich, wie er unter einer Straßenlaterne stand.

„Gerade als wir an der anderen Lampe vorbeigingen, wollte ich dir noch etwas sagen, Sal, aber jetzt fahre ich erst mal mit einem neuen Gedanken in Parenthese fort, und wenn wir die nächste erreichen, werde ich zum ursprünglichen Gegenstand zurückkehren, einverstanden?" Ich war natürlich einverstanden. Wir waren so ans Reisen gewöhnt, daß wir über ganz Long Islang spazieren mußten, aber dann gab es kein Land mehr, nur den Atlantischen Ozean, und weiter konnten wir nicht gehen. Mit einem Handschlag beschlossen wir, für immer Freunde zu sein.

Keine fünf Nächte später gingen wir zu einer Party in New York, und ich sah ein Mädchen mit dem Namen Inez und sagte ihr, daß ich einen Freund bei mir hätte, den sie einmal kennenlernen sollte. Ich war betrunken und sagte ihr, er sei Cowboy.

„Oh, ich wollte schon immer einen Cowboy kennenlernen."

„Dean?" schrie ich quer durch die Gesellschaft — zu der gehörten Angel Luz García, der Dichter; Walter Evans; Victor Villanueva, der venezolanische Dichter; Jinny Jones, eine frühere Liebe von mir; Carlo Marx; Gene Dexter und unzählige andere — „Komm her, Mensch." Dean kam schüchtern herüber. Eine Stunde später, in der Trunkenheit und Vornehmtuerei der Gesellschaft („Es ist zu Ehren des Sommerendes natürlich") kniete er auf dem Boden, das Kinn auf ihrem Schoß, und versprach ihr alles und schwitzte. Sie war eine große, sinnliche Brünette — wie Garcia sagte, „Etwas direkt aus Degas" — und hatte irgendwie was von einer schönen Pariser Kokotte. Tagelang feilschten sie in Ferngesprächen mit Camille in San Francisco um die notwendigen Scheidungspapiere, um heiraten zu können. Nicht genug damit, Camille brachte wenige Monate später Deans zweites Baby zur Welt, das Resultat einiger gemeinsamer Nächte zu Anfang des Jahres. Und es war nur eine Angelegenheit einiger weiterer Monate, und Inez hatte ein Baby. Zusammen mit einem unehelichen Kind irgendwo im Westen hatte Dean vier Sprößlinge und nicht einen Cent und bestand aus Sorgen und Ekstase und Tempo wie immer. So fuhren wir denn nicht nach Italien.

Vierter Chorus

1

Der Verkauf meines Buches brachte mir etwas Geld. Ich zahlte meiner Tante die Miete für den Rest des Jahres. Wenn der Frühling nach New York kommt, kann ich der Versuchung des Landes, die über den Fluß aus New Jersey hereingeweht kommt, nicht widerstehen, und ich muß einfach losziehen. Also zog ich. Zum erstenmal in unserem Leben sagte ich Dean in New York auf Wiedersehen und ließ ihn dort zurück. Er arbeitete auf einem Parkplatz in der Madison und 40. Wie immer raste er ganz allein in seinen abgerissenen Schuhen, im Hemd und mit über den Bauch herunterhängenden Hosen herum und brachte Ordnung in enorme Mittagsanstürme von Wagen.

Wenn ich ihn bei Einbruch der Dunkelheit besuchen kam, war gewöhnlich nichts zu tun. Er stand im Wärterhäuschen, zählte die Parkscheine und rieb sich den Bauch. Stets spielte das Radio. „Mensch, hast du diesen verrückten Marty Glickmann mitgekriegt, wenn er Basketballspiele ansagt — ins Mittelfeld — abgesprungen — Täuschung — fertig — Wurf, wutsch, zwei Punkte. — Der absolut größte Ansager, den ich je gehört habe.“ Er mußte sich mit so einfachen Freunden begnügen. Er lebte mit Inez im östlichen Teil der Achtzigerstraßen in einer Wohnung ohne jeden Komfort. Wenn er abends nach Hause kam, zog er sich ganz aus und hängte sich eine dreiviertellange chinesische Jacke um, dann setzte er sich in seinen Lehnstuhl und rauchte eine reichlich mit Marihuana gespickte Wasserpfeife. Das waren seine häuslichen Freuden — und ein Spiel schweinischer Karten. „In der letzten Zeit habe ich mich auf diese Karo-Zwei konzentriert. Hast du bemerkt, wo ihre Hand ist? Ich wette, du weißt es nicht. Schau dir's genau an und versuch, sie zu finden.“ Er wollte mir die Karo-Zwei reichen, die einen großen, ernst dreinblickenden Kerl und eine wollüstige, traurige Hure beim Ausprobieren einer Stellung auf einem Bett zeigte. „Nur los, Mensch, ich hab's oft gebraucht!“ Inez kochte in der Küche und sah mit einem verzerrten Lä-

cheln herein. Ihr war alles recht. „Verstehst du sie? Verstehst du sie, Mensch? Das ist Inez. Siehst du, das ist alles, was sie macht, sie steckt ihren Kopf zur Tür herein und lächelt. Oh, ich hab mit ihr gesprochen, und wir sind wunderschön ins reine gekommen. Wir werden losziehen und diesen Sommer auf einer Farm in Pennsylvania leben — Kombiwagen für mich, damit ich mal eine Spritztour zurück nach New York machen kann, hübsches großes Haus, und wir werden in den nächsten paar Jahren eine Menge Kinder kriegen. Mhm! Hrumph! Egad!"
Er sprang aus dem Sessel und legte eine Willie-Jackson-Platte auf, „Gator Tail". Er stand davor, schlug sich in die Handflächen und wiegte sich und pumpte mit den Knien im Takt. „Huh! Dieser Hurensohn! Als ich ihn das erste Mal gehört habe, meinte ich, er wird die nächste Nacht sterben, aber er ist immer noch am Leben."
Genau dasselbe hatte er mit Camille in Frisco auf der anderen Seite des Erdteiles aufgeführt. Derselbe abgerissene Koffer lugte unter dem Bett hervor, fertig zum Abflug. Inez rief Camille öfter telefonisch an und führte lange Gespräche mit ihr; sie sprachen sogar über seine Bude, zumindest behauptete Dean es. Sie tauschten Briefe aus über Deans exzentrisches Benehmen. Natürlich mußte er Camille jeden Monat einen Teil seines Lohnes für ihren Unterhalt schicken, oder er wäre auf sechs Monate im Arbeitshaus gelandet. Um sich für das verlorene Geld schadlos zu halten, schob er allerlei Tricks auf dem Parkplatz, ein Wechselkünstler ersten Ranges. Ich sah ihn einem wohlhabenden Mann so zungenfertig fröhliche Weihnachten wünschen, daß ein fehlender Fünfdollarschein beim Herausgeben auf zwanzig gar nicht auffiel. Wir gingen los und gaben ihn im Birdland aus, dem Be-bop-Lokal. Lester Young war auf dem Podium, Ewigkeit auf seinen riesigen Augenlidern.
Eines Nachts sprachen wir an der Ecke 47. und Madison um drei Uhr morgens miteinander. „Also, Sal, zum Teufel, ich wünschte, du würdest nicht fahren, wirklich, es wird für mich das erste Mal in New York ohne meinen alten Kumpel sein." Und er sagte: „New York, ich pfeif drauf, Frisco ist meine Heimatstadt. Die ganze Zeit, seit ich hier bin, hab ich keine Puppe außer Inez gehabt — das kann mir nur in New York passieren! Der Teufel soll's holen! Doch allein der Gedanke, diesen fürchterlichen Erdteil noch einmal zu durchqueren —

Sal, wir haben seit langer Zeit nicht offen miteinander gesprochen.“ In New York sprangen wir immer mit einer Menge Freunde wie die Irren von einer Saufparty zur anderen. Irgendwie schien das für Dean nicht das richtige. Er war mehr er selbst, wenn er im kalten, rieselnden Sprühregen nachts in der leeren Madison Avenue zusammenschauderte. „Inez liebt mich; sie hat es mir gesagt und hat versprochen, daß ich tun kann, was ich will, und es wird nur ein Minimum von Ärger geben. Siehst du, Mensch, man wird älter, und Ärger sammelt sich an. Eines Tages werden wir beide bei Sonnenuntergang zusammen durch ein Gäßchen kommen und die Mülltonnen nachsehen.“

„Meinst du, wir werden als alte Taugenichtse enden?“

„Warum nicht, Mensch? Natürlich werden wir, wenn wir es wollen, und all das. Da ist nichts Schlimmes dabei, so zu enden. Du verbringst ein ganzes Leben, ohne dich in die Wünsche anderer einzumischen, einschließlich der Politiker und der Reichen, und niemand stört dich, und du machst weiter und machst es, wie es dir paßt.“ Ich gab ihm recht. Er kam auf dem einfachsten direkten Weg zu seinen Tao-Entschlüssen. „Was ist dein Weg, Mensch? — Weg für heilige Knaben, Weg für Verrückte, Regenbogenweg, Idiotenweg, irgendein Weg. Es ist ein Weg irgendwohin, für irgend jemand, irgendwie. Wohin, wer, wie?“ Wir nickten im Regen. „Scheiße, und du mußt auf deinen Jungen aufpassen. Er ist kein Mann, wenn er keinen Pfeffer im Arsch hat — mach, was der Arzt sagt. Ich will dir mal was sagen, Sal, ganz offen: Egal, wo ich lebe, mein Koffer lugt immer unter dem Bett hervor, ich bin bereit, wegzugehen oder hinausgeworfen zu werden. Ich habe beschlossen, alles aus den Händen zu geben. *Du* hast mich gesehen, wie ich mich bemüht und kaputtgemacht habe, um es zu erreichen, und *du* weißt, daß es darauf gar nicht ankommt, die Hauptsache ist, daß wir uns mit der Zeit auskennen — wie man sie langsamer macht und zu Fuß geht und sich amüsiert, sich ganz einfach auf altmodische Weise amüsiert. Mal kommt man ans Spiel, mal kommt man zum Stich. Was will man mehr? *Wir* wissen Bescheid.“ Wir seufzten im Regen. Im ganzen Hudson-Tal goß es in dieser Nacht. Die großen Weltpiers des seeweiten Flusses wurden durchnäßt, alle Dampfbootlandeplätze bei Poughkeepsie wurden durchnäßt, der alte Split Rock Pond der Quellen wurde durchnäßt, Vanderwhacker Mount wurde durchnäßt.

„So“, sagte Dean, „ich mach weiter mit meinem Leben, wie es mich eben führt. Du weißt, ich habe kürzlich meinem Alten ins Gefängnis nach Seattle geschrieben — vor ein paar Tagen habe ich von ihm den ersten Brief seit Jahren bekommen.“
„Tatsächlich?“
„Ja, ja, wirklich. Er sagt, er will das ‚Babby‘, geschrieben mit zwei b, sehen, wenn er nach Frisco kommen kann. Ich hab eine primitive Bleibe für dreizehn im Monat in der Vierzigsten Ost gefunden; wenn ich ihm das Geld schicken kann, wird er kommen und in New York leben — falls er herkommt. Ich habe dir nie viel über meine Schwester erzählt, aber du weißt, ich habe eine süße, kleine jüngere Schwester; ich möchte sie dazu bringen, herzukommen und auch bei mir zu leben.“
„Wo ist sie?“
„Ja, das ist es eben, ich weiß es nicht — er wird versuchen, sie zu finden, der Alte, aber *du weißt*, was er in Wirklichkeit tun wird.“
„Also ist er nach Seattle gegangen?“
„Und direkt ins lausige Kittchen.“
„Wo war er?“
„Texas, Texas — du siehst also, Mann, meine Seele, der Stand der Dinge, meine Lage — du siehst, ich werde ruhiger.“
„Ja, das ist wahr.“ Dean war in New York ruhig geworden. Er wollte reden. Wir froren zu Tode im kalten Regen. Wir verabredeten, uns vor meiner Abfahrt bei meiner Tante zu treffen.
Er kam am folgenden Sonntagnachmittag. Ich hatte einen Fernsehapparat. Wir drehten im Fernsehen ein Ballspiel an, ein anderes im Radio, und schalteten dauernd auf ein drittes um und verfolgten alles, was vor sich ging. „Denk daran, Sal, Hodges ist in Brooklyn auf zweiter, so, während der Reserve-Pitcher für die Phillies hereinkommt, schalten wir auf die Giants in Boston um, und gleichzeitig merken wir uns, daß DiMaggio drei Bälle voraushat und der Pitcher an seinem Handschuh herumfummelt, dann wollen wir schnell herausfinden, was mit Bobby Thomson passiert ist, seit wir ihn vor dreißig Sekunden mit einem Mann auf der dritten verlassen haben. Ja!“
Später am Nachmittag gingen wir aus und spielten mit den Kindern Baseball auf dem verrußten Feld beim Rangierbahnhof Long Island. Wir spielten auch Korbball, so fanatisch, daß

die jüngeren Spieler sagten: „Macht nur langsam, ihr braucht euch nicht zu Tode zu hetzen." Sie sprangen einfach um uns herum und schlugen uns mit Leichtigkeit. Dean und ich schwitzten. Einmal fiel Dean auf dem Betonplatz der Länge nach aufs Gesicht. Wir keuchten und fauchten, um den Jungen den Ball wegzunehmen; sie drehten sich und stießen ihn weg. Andere stürmten herein und schossen glatt über unsere Köpfe. Wir sprangen den Korb an wie Verrückte, und die jüngeren Spieler reichten nur hinauf und griffen den Ball aus unseren schwitzenden Händen und dribbelten davon. Wir benahmen uns, als ob ein wild gewordener kohlpechrabenschwarzer Tenorsaxophonist des alten, heißen amerikanischen Hinterhofjazz versuchen würde, gegen Stan Getz und Cool Charlie Basketball zu spielen. Sie dachten, wir hätten einen Knall. Dean und ich gingen wieder nach Hause und spielten unterwegs Fangball, vom Bürgersteig aus über die Straße. Wir versuchten ganz spezielle Fänge, sprangen über Büsche und knapp an Masten vorbei. Wenn ein Wagen kam, lief ich neben ihm her und warf den Ball knapp hinter der verschwindenden Stoßstange zu Dean. Er schoß voran und fing ihn und rollte im Gras und warf ihn mir zurück, damit ich ihn auf der anderen Seite eines geparkten Brotwagens fange. Es gelang mir knapp mit der linken Hand, und ich warf ihn so zurück, daß Dean sich um seine Achse drehen und zurückspringen und sich über die Hecke auf den Rücken fallen lassen mußte. Wieder im Haus, nahm Dean seine Brieftasche, räusperte sich und überreichte meiner Tante die fünfzehn Dollar, die er ihr aus der Zeit schuldete, als wir in Washington wegen Schnellfahrens ein Strafmandat gekriegt hatten. Sie war völlig überrascht und erfreut. Wir bekamen ein großes Abendessen. „Ja, Dean", sagte meine Tante, „ich hoffe, Sie werden imstande sein, für Ihr Baby, das unterwegs ist, zu sorgen, und diesmal verheiratet bleiben."

„Ja, doch, ja."

„Sie können nicht so im ganzen Land herumbummeln und mir nichts, dir nichts Babys kriegen. Die armen kleinen Dinger wachsen hilflos heran. Sie müssen ihnen eine Chance geben zu leben." Er sah auf seine Füße und nickte. In dem rohen, roten Abendrot sagten wir uns auf einer Autobahnbrücke auf Wiedersehen.

„Ich hoffe, du wirst in New York sein, wenn ich zurückkomme", sagte ich. „Alles, was ich hoffe, Dean, ist, daß wir eines Tages mit unseren Familien in derselben Straße leben können und zusammen alte Veteranen werden."

„Das ist richtig, Mensch — du weißt, daß ich darum bete, im vollen Bewußtsein der Sorgen, die wir beide hatten, und der Sorgen, die noch kommen werden, wie deine Tante weiß und woran sie mich erinnert. Ich wollte das neue Baby nicht, Inez bestand darauf, und wir hatten Streit. Weißt du, daß Marylou einen Gebrauchtwagenhändler in Frisco geheiratet hat und ein Baby erwartet?"

„Ja. Wir sind jetzt alle dran." Geplätscher im See der Leere, wo das Oberste zuunterst kommt, das hätte ich sagen sollen. Der Grund der Welt ist golden, und die Welt steht kopf. Er zog ein Bild von Camille in Frisco mit dem neuen Baby heraus, einem Mädchen. Der Schatten eines Mannes lag über dem Kind und dem sonnigen Pflaster, zwei lange, triste Hosenbeine. „Wer ist das?"

„Das ist nur Ed Dunkel. Er ist zu Galatea zurückgekommen, sie sind jetzt nach Denver gegangen. Sie haben einen Tag damit verbracht, Aufnahmen zu machen."

Ed Dunkel, seine Barmherzigkeit unerkannt wie die Barmherzigkeit von Heiligen. Dean holte andere Bilder heraus. Es wurde mir klar, daß dies Bilder waren, die unsere Kinder eines Tages mit Neugier betrachten und dabei denken würden, daß ihre Eltern ein ausgeglichenes, wohlgeordnetes, vorbildlich beständiges Leben gelebt hatten; frühmorgens aufstehen und stolz auf den Bürgersteigen des Lebens dahinwandeln, ohne von der zerrissenen Verrücktheit und dem Aufruhr unserer wirklichen Existenz zu träumen, unserer wirklichen Nacht, von der Hölle, durch die wir gingen, von der unsinnigen Straße des Alptraums. All dies in endloser Leere ohne Anfang. Jämmerliche Formen der Unkenntnis. „Auf Wiedersehen, auf Wiedersehen." Dean ging davon in der langen roten Abenddämmerung. Lokomotiven rauchten und schwankten über ihm. Sein Schatten folgte ihm, äffte seinen Schritt und seine Gedanken, sein Wesen sogar. Er drehte sich um und winkte scheu und schüchtern. Er machte eine aufmunternde Geste, er hüpfte auf und ab, er rief etwas, was ich nicht verstand. Er lief im Kreis herum. Unterdessen näherte er sich der Betondecke der Bahnüberführung. Er machte ein letztes Zeichen. Ich winkte zurück. Plötzlich wandte er sich wieder seinem

Leben zu und schritt schnell aus dem Blick. Ich starrte in die Trübe meiner eigenen Tage. Auch ich hatte einen furchtbar langen Weg vor mir.

2

Ein Heim in Missoula,
Ein Heim in Truckee,
Ein Heim in Opelousas,
Kein Heim für mich sind sie.
Ein Heim in Alt-Medora,
Ein Heim in Wounded Knee,
Ein Heim in Ogallala,
Ein Heim für mich gibt's nie.

Dies kleine Liedchen auf den Lippen, nahm ich um Mitternacht den Bus nach Washington; dort verplemperte ich einige Zeit mit Spazierengehen; ich nahm mir extra Zeit, um die Blue Ridge zu sehen, hörte den Vogel Shenandoah und besuchte Stonewall Jacksons Grab; in der Abenddämmerung spuckte ich in den Kanawha-Fluß und wanderte durch die Hillbilly-Nacht von Charleston, West Virginia; um Mitternacht Ashland, Kentucky, und ein einsames Mädchen unter dem Vordach eines geschlossenen Theaters. Das dunkle und geheimnisvolle Ohio, und Cincinnati beim Morgengrauen. Dann wieder die Felder von Indiana und St. Louis wie immer in seinen großen nachmittäglichen Talwolken. Die schlammigen Steine und die Baumstämme aus Montana, die zerbrochenen Dampfboote, die alten Schilder, das Gras und die Taue am Fluß. Gedicht ohne Ende. In der Nacht Missouri, Felder in Kansas, Kühe in der Nacht von Kansas in den unüberblickbaren Weiten, winzige Städtchen mit einem See, auf den jede Straße führt; Morgenrot in Abilene. Die Grasflächen von Ost-Kansas wurden zu den Weiden von West-Kansas, die zum Hügel der westlichen Nacht sich hinaufziehen.
Henry Glass fuhr mit mir im Bus. In Terre Haute, Indiana, war er eingestiegen, und jetzt sagte er zu mir: „Ich hab Ihnen gesagt, warum ich den Anzug, den ich trage, nicht leiden kann, er ist nichts wert — aber das ist nicht alles." Er zeigte mir Papiere. Er war gerade aus dem Bundesgefängnis in Terre

Haute entlassen worden; er war in Cincinnati wegen Diebstahls und Schwarzverkaufs von Autos verurteilt worden. Ein junger kraushaariger Bursche von zwanzig Jahren. „Sowie ich nach Denver komme, verkauf ich diesen Anzug in einer Pfandleihe und besorge mir Jeans. Wissen Sie, was sie in diesem Gefängnis mit mir gemacht haben? Einzelhaft mit 'ner Bibel: Konnte ich bei dem Steinboden gut gebrauchen. Ich setzte mich drauf; wie sie das gesehen haben, nahmen sie die Bibel weg und brachten dafür eine Taschenausgabe, soo klein. Auf der konnte ich nicht sitzen, so hab ich die ganze Bibel und das Testament gelesen. Hi-hi —", er puffte mich, kaute seine Bonbons, er aß immer Bonbons, weil sein Magen im Knast gelitten hatte und er nichts anderes essen konnte, „wissen Sie, da gibt's paar wirklich heiße Sachen in dieser Bibel." Er sagte mir, was das hieß: „Andeutungen machen." — „Jeder, der bald aus dem Gefängnis kommt und anfängt, über seinen Entlassungstag zu sprechen, macht damit den anderen Jungs gegenüber Andeutungen, daß sie dableiben müssen. Wir packen ihn beim Genick und sagen: ‚Laß das gefälligst. Steht hier keiner drauf.' Sehr sauer, wenn jemand Andeutungen macht — verstehen Sie mich?"
„Ich werde nie Andeutungen machen, Henry."
„Wenn jemand mir gegenüber Andeutungen macht, brennt bei mir 'ne Sicherung durch, ich werd so wütend, daß ich morden könnte. Wissen Sie, warum ich mein ganzes Leben im Gefängnis gewesen bin? Weil ich die Wut gekriegt hab, als ich dreizehn Jahre alt war. Ich war mit einem Jungen im Kino, und er hat eine blöde Bemerkung über meine Mutter gemacht — Sie kennen das dreckige Wort —, und ich hab mein Schnappmesser gezogen und hab ihm die Kehle durchgeschnitten und hätt ihn ermordet, wenn sie mich nicht weggeschleppt hätten. Hat der Richter gesagt: ‚Hast du gewußt, was du tatest, als du deinen Freund angegriffen hast?' — ‚Jawohl, Euer Ehren, das hab ich, ich wollte diesen Dreckskerl töten, und das will ich noch immer.' So hab ich keine Bewährung bekommen und bin direkt in die Besserungsanstalt. Ich hab sogar Hämorrhoiden gekriegt vor lauter Einzelhaft. Geh nie in ein Bundesgefängnis, das sind die schlimmsten. Scheiße, ich könnt die ganze Nacht reden, ist so lange her, daß ich mit jemand gequatscht habe. Sie wissen nicht, was für 'n *gutes* Gefühl das ist, wenn man rauskommt. Sie saßen schon in diesem Bus, als ich

einstieg — sind durch Terre Haute gefahren — woran haben Sie gedacht?"
„Ich bin nur dagesessen und gefahren."
„Ich, ich hab gesungen. Ich hab mich neben Sie gesetzt, weil ich Angst hatte, mich neben 'ne Puppe zu setzen, ich hatte Furcht, ich werd verrückt und greif ihr untern Rock. Muß 'ne Weile warten."
„Noch einmal im Gefängnis, und man wird Sie fürs ganze Leben einsperren. Lassen Sie's in Zukunft lieber langsam angehen."
„Das will ich auch tun, der einzige Haken ist nur, hin und wieder brennt die Sicherung durch, und ich weiß nicht mehr, was ich tue."
Er war unterwegs zu seinem Bruder und seiner Schwägerin, bei denen er leben sollte; sie hatten Arbeit für ihn in Colorado. Seine Fahrkarte war vom Bund gekauft; er sollte sich bewähren. Das nun war ein junger Kerl, wie Dean einst; sein Blut kochte stärker, als er es aushalten konnte; seine Sicherungen schmorten; aber er besaß keine eingeborene, besondere, heilige Wesensart, die ihn vor dem eisernen Geschick hätte retten können.
„Seien Sie ein Kamerad und passen Sie auf, daß meine Sicherungen nicht in Denver durchbrennen, wollen Sie, Sal? Vielleicht kann ich sicher zu meinem Bruder kommen."
Als wir in Denver ankamen, nahm ich ihn an der Hand mit in die Larimer Street, um den Anzug aus dem Gefängnis zu versetzen. Der alte Jude fühlte sofort, um was es sich handelte, bevor noch ausgepackt war. „Ich will dies verdammte Ding nicht; ich bekomm sie jeden Tag von den Jungen aus Canyon City."
Die ganze Larimer Street war überlaufen von Exsträflingen, die versuchten, die im Gefängnis ausgegebenen Anzüge zu verkaufen. Am Ende trug Henry das Ding immer noch im Papiersack unter dem Arm und spazierte in nagelneuen Jeans und Sporthemd herum. Wir gingen in Deans alte Glenarm-Bar — unterwegs warf Henry den Anzug in einen Mülleimer — und riefen Tim Gray an. Es war jetzt Abend.
„Du?" freute sich Tim Gray. „Bin gleich da."
Nach zehn Minuten kam er mit Stan Shephard in die Bar gestürmt. Sie hatten beide einen Trip nach Frankreich gemacht und waren von ihrem Leben in Denver furchtbar enttäuscht.

Henry gefiel ihnen, und sie bestellten ihm Bier. Er begann sein Gefängnisgeld links und rechts hinauszuwerfen. Da war ich nun wieder in der weichen, dunklen Denver-Nacht mit ihren heiligen Torwegen und verrückten Häusern. Wir zogen von Lokal zu Lokal, in alle Bars der Stadt, in die Gasthäuser draußen in West Colfax, die Negerbars in Five Points und in die Puffs.

Stan Shephard hatte seit Jahren darauf gewartet, mich kennenzulernen, und jetzt waren wir zum erstenmal zusammen und erwarteten ein Abenteuer. „Sal, die ganze Zeit, seit ich aus Frankreich zurück bin, habe ich keine Ahnung, was ich mit mir tun soll. Ist es wahr, daß du nach Mexiko gehst? Zum Teufel noch mal, kann ich mit dir kommen? Ich kann hundert Dollar zusammenkratzen, und wenn ich hinkomme, kann ich auf die Universität in Mexico City gehen und Studienhilfe für Kriegsteilnehmer in Anspruch nehmen."

Einverstanden, es war ausgemacht. Stan kam mit mir. Er war ein kräftiger, zurückhaltender Junge aus Denver mit buschigem Haar und einem breiten Hochstaplerlächeln und langsamen, lässigen Bewegungen à la Gary Cooper. „Zum Teufel noch mal!" sagte er und steckte die Daumen in den Gürtel und schlenderte die Straße hinunter, langsam von einer Seite auf die andere schwankend. Sein Großvater hatte ein Wort mit ihm zu reden. Er war gegen Frankreich gewesen, und jetzt war er gegen die Idee, nach Mexiko zu gehen. Wegen des Streites mit dem Großvater wanderte Stan wie ein Tunichtgut in Denver herum. Diese Nacht, nachdem wir alle gesoffen hatten, was wir konnten, und Henry zurückgehalten hatten, damit ihm in der Hot Shoppe in Colfax seine Sicherungen nicht durchbrannten, wankte Stan davon, um in Henrys Hotelzimmer in der Glenarm zu schlafen. „Ich kann nicht einmal spät nach Hause kommen, mein Großvater fängt an, mit mir zu streiten, dann geht er auf meine Mutter los. Ich sag dir, Sal, ich muß schnell aus Denver raus, sonst werde ich wahnsinnig."

Ich blieb also bei Tim Gray, und dann richtete Babe Rawlins ein sauberes kleines Zimmer im Erdgeschoß für mich her, und wir alle landeten dort bei Partys, jede Nacht, eine Woche lang. Henry verschwand zu seinem Bruder, und wir haben ihn nie wiedergesehen und werden nie erfahren, ob seither jemand ihm gegenüber Andeutungen gemacht hat und ob man ihn in eine vergitterte Halle weggesteckt oder ob er frei in der Nacht seine Fesseln zerreißt.

Tim Gray, Stan, Babe und ich verbrachten eine ganze Woche von Nachmittagen in netten Bars in Denver, wo die Kellnerinnen Hosen tragen und mit scheuen, liebevollen Augen umhereilen, nicht hartgesottene Kellnerinnen, sondern Kellnerinnen, die sich in die Kundschaft verlieben und leidenschaftliche Verhältnisse haben und von einer Bar zur anderen keuchen und schwitzen und leiden; und nachts verbrachten wir dieselbe Woche in Five Points und hörten uns Jazz an und tranken Fusel in verrückten Negerkneipen und quatschten bis fünf Uhr morgens in meinem Parterrezimmer. Mittags waren wir gewöhnlich in Babes Hof zu finden, hingeflätzt inmitten kleiner Denver-Kinder, die Cowboy und Indianer spielten und aus den blühenden Kirschbäumen auf uns heruntersprangen. Es war eine wunderbare Zeit, und die ganze Welt öffnete sich vor mir, denn ich hatte keine Träume. Stan und ich konspirierten, daß Tim mit uns kommen solle, aber Tim steckte zu fest in seinem Denver-Dasein.

Ich bereitete mich vor, nach Mexiko zu fahren, als mich plötzlich eines Nachts Denver Doll anrief und sagte: „Also, Sal, rate mal, wer nach Denver kommt?“ Ich hatte keine Ahnung. „Er ist schon unterwegs, ich hab die Neuigkeit aus meiner Gerüchtemühle. Dean hat einen Wagen gekauft und kommt, um mit dir zusammen zu sein.“ Plötzlich hatte ich ein Gesicht von Dean, ich sah einen brennenden, schaudernden, grotesken Engel, der mir über die Straße entgegenbebte, wie eine Wolke herankam mit enormer Geschwindigkeit, mich verfolgte wie der verhüllte Reisende in der Ebene, auf mich herabstieß. Ich sah über der Ebene sein riesiges Gesicht, wild, knochig und zu allem entschlossen, ich sah die glänzenden Augen; ich sah seine Flügel; ich sah seinen alten, abgewirtschafteten Karren, aus dem tausend funkelnde Flammen stoben; ich sah die Spur, die er über die Straße brannte; er bahnte sich sogar seinen eigenen Weg und fuhr über die Maisfelder, durch Städte, er zerstörte Brücken und legte Flüsse trocken. Er zog gen Westen wie der heilige Zorn. Ich wußte, Dean war wieder verrückt geworden. Es gab keine Möglichkeit, einer der Frauen Geld zu schicken, wenn er alle Ersparnisse von der Bank abhob und einen Wagen kaufte. Der Tanz ging wieder los, und alles andere auch. Hinter ihm rauchten verkohlte Ruinen. Wieder

raste er über den stöhnenden und schrecklichen Kontinent westwärts, und bald würde er eintreffen. Wir trafen hastige Vorbereitungen für Dean. Es hieß, daß er mich mit dem Wagen nach Mexiko fahren wollte.
„Glaubst du, er wird mich mitkommen lassen?" fragte Stan ängstlich.
„Ich werde mit ihm sprechen", sagte ich grimmig. Wir wußten nicht, was wir zu erwarten hatten. „Wo wird er schlafen? Was wird er essen? Sind irgendwelche Mädchen für ihn da?" Es war wie die unmittelbar bevorstehende Ankunft von Gargantua; Vorbereitungen mußten getroffen werden, um die Gossen von Denver zu erweitern und gewisse Gesetze zu beschränken, damit sie zu seiner leidenden Gestalt und seinen explosiven Ekstasen paßten.

3

Deans Einzug glich einem altmodischen Film. Ich war an einem goldenen Nachmittag bei Babe. Ein Wort über das Haus. Ihre Mutter war in Europa. Die Tante, die Anstandsdame spielte, wurde Charity gerufen; sie war fünfundsiebzig Jahre alt und lebhaft wie ein Küken. In der Familie Rawlins, die über den ganzen Westen verstreut ist, pendelte sie dauernd von einem Haus zum anderen und machte sich überall nützlich. Zu ihrer Zeit hatte sie Dutzende von Söhnen gehabt. Sie waren fort; alle hatten sie verlassen. Sie war alt, aber sie interessierte sich für alles, was wir taten und sagten. Sie schüttelte traurig den Kopf, wenn wir im Wohnzimmer große Portionen Whisky tranken. „Also dazu können Sie in den Hof gehen, junger Mann." Im oberen Stockwerk — es ging in diesem Sommer wie in einer Pension zu — wohnte einer namens Tom, der hoffnungslos in Babe verliebt war. Er war aus Vermont, aus einer reichen Familie, so hieß es, und eine Karriere wartete dort auf ihn und alles, aber er zog es vor, in Babes Nähe zu sein. Abends saß er im Wohnzimmer mit brennendem Gesicht, hinter einer Zeitung, und immer, wenn einer von uns etwas sagte, hörte er es, ohne es sich anmerken zu lassen. Besonders brannte er, wenn Babe etwas sagte. Wenn wir ihn zwangen, die Zeitung hinzulegen, sah er uns leidend und unergründlich gelangweilt an. „He? O ja, finde ich auch." Gewöhnlich sagte er bloß das.

Charity saß strickend in ihrer Ecke, beobachtete uns alle mit ihren Vogelaugen. Es war ihre Aufgabe, als Anstandsdame zu fungieren, sie hatte aufzupassen, daß niemand fluchte. Babe saß kichernd auf dem Sofa. Tim Gray, Stan Shephard und ich lümmelten in den Sesseln. Der arme Tom litt Qualen. Er stand auf, gähnte und sagte: „Tja, wieder ein Tag, wieder ein Dollar, gute Nacht“, und verschwand im Oberstock. Babe hatte für ihn als Verehrer absolut nichts übrig. Sie war in Tim Gray verliebt; er wand sich wie ein Aal aus ihrer Gewalt. An einem sonnigen Nachmittag zur Essenszeit saßen wir so herum, als Dean in seiner alten Karre vor dem Haus hielt und in einem Tweedanzug mit Weste und Uhrkette heraussprang.

„Hopp! Hopp!“ hörte ich draußen auf der Straße. Mit ihm war Roy Johnson, der gerade mit seiner Frau Dorothy aus Frisco zurückgekehrt war und wieder in Denver lebte, ebenso wie Dunkel und Galatea Dunkel und Tom Snark. Man war wieder in Denver. Ich ging zum Hauseingang. „Also, mein Junge“, sagte Dean und streckte seine große Hand aus, „ich sehe, an diesem Ende der Wurst ist alles in Ordnung. Hallo hallo hallo“, sagte er zu jedem. „Ach ja, Tim Gray, Stan Shephard, wie geht's!“ Wir stellten ihn Charity vor. „Ja, schön, wie geht's. Das ist mein Freund, Roy Johnson, er war so gut, mich zu begleiten, hmmm! egad! kch! kch! Major Hoople, Herr Major“, sagte er und streckte Tom, der ihn anstarrte, die Hand entgegen. „Gut, gut. Schön, Sal, mein Alter, was ist los, wann starten wir nach Mexiko? Morgen nachmittag? Fein, fein. Mhm! Und jetzt, Sal, habe ich genau sechzehn Minuten, um zu Ed Dunkels Haus zu kommen, wo ich meine alte Eisenbahneruhr wiederfinde, die ich in Larimer Street noch vor Ladenschluß versetzen kann. In der Zwischenzeit rase ich hin und sehe so gründlich, wie es in der Zeit geht, nach, ob mein Alter vielleicht zufällig in Jiggs Buffet oder einem der anderen Lokale steckt; und dann habe ich eine Verabredung mit einem Friseur; Doll sagte mir, daß ich ihn frequentieren soll, und ich habe mich im Lauf der Jahre nicht geändert und bleibe bei diesen Grundsätzen — kch! kch! Um sechs Uhr *genau*! — genau, verstehst du? — möchte ich dich hier finden, wenn ich vorbeikomme, um dich auf einen Sprung mit zu Roy Johnsons Haus zu nehmen, Gillespie und ausgesucht dufte Be-bop-Platten zu spielen, eine Stunde Ausspannung vor der kleinen Feier, die du und Tim und Stan und Babe doch sicher heute abend gestartet hättet, auch wenn ich nicht gekommen wäre; meine Ankunft fand übrigens genau vor fünfundvierzig Minuten in meinem alten siebenunddreißiger Ford statt, den du da draußen geparkt siehst; ich habe es mit nur einer langen Unterbrechung in Kansas City geschafft, wo ich meinen Vetter besucht habe, nicht Sam Brady, sondern den jüngeren . . ." Und während er das alles sagte, zog er sich im Wohnzimmererker um, wo ihn gerade keiner sehen konnte, zog den Rock aus und ein kurzärmeliges Hemd an und steckte die Uhr in eine andere Hose, die er seinem alten, schäbigen Koffer entnommen hatte.

„Und Inez?" sagte ich. „Was ist in New York passiert?"

„Offiziell, Sal, mache ich diese Reise, um eine mexikanische Scheidung zu bekommen, billiger und schneller als jede andere. Ich habe endlich Camilles Zustimmung, und alles ist in Ordnung, alles ist in Butter, alles ist schön, und wir wissen, wir brauchen uns jetzt nicht mehr die geringste Sorge zu machen, nicht wahr, Sal?"

Na schön, ich bin immer bereit, Dean zu folgen; so machten wir uns sofort geschäftig an den neuen Schwung Pläne und arrangierten eine große Nacht, und es wurde eine unvergeßliche Nacht. Es gab eine Party im Hause von Ed Dunkels Bruder. Zwei seiner anderen Brüder sind Autobus-Chauffeure. Sie saßen da und staunten über alles, was vorging. Die Tafel war hübsch gedeckt. Kuchen und Drinks. Ed Dunkel sah glücklich und erfolgreich aus. „Tja, ist jetzt alles schön in Ordnung mit dir und Galatea?"

„Gewiß", sagte Ed, „ganz bestimmt. Ich bin dabei, mich auf der Uni in Denver einschreiben zu lassen, weißt du, ich und Roy."

„Was willst du denn studieren?"

„Oh, Soziologie und die ganzen verwandten Gebiete, weißt du. Sag, Dean wird von Jahr zu Jahr verrückter, nicht wahr?"

„Das wird er bestimmt."

Galatea Dunkel war da. Sie versuchte, jemanden ins Gespräch zu ziehen, aber Dean hatte das Gespräch vollkommen an sich gerissen. Er stand da und veranstaltete eine richtige Vorstellung vor Shephard, Tim, Babe und mir, die wir nebeneinander auf Küchenstühlen an der Wand saßen. Hinter ihm bewegte Ed Dunkel sich unruhig. Sein armer Bruder war in den Hintergrund verbannt. „Hopp! Hopp!" sagte Dean, zog an seinem Hemd, rieb sich den Bauch, hüpfte auf und ab. „Ja, ja — wir sind jetzt alle beisammen, und etliche Jahre sind vorbeigerollt, und doch, seht ihr, hat sich niemand von uns wirklich verändert, das macht es so erstaunlich, die Dauer — die Dauerhaftigkeit — ja wirklich — und um das zu beweisen, habe ich hier ein Spiel Karten, mit dem ich sehr genau allerhand in der Zukunft voraussagen kann." Es war das schweinische Spiel. Dorothy Johnson und Roy Johnson saßen steif in einer Ecke. Es war ein Trauerspiel von Party. Dann wurde Dean plötzlich ganz still und setzte sich auf einen Küchenstuhl zwischen Stan und mich und starrte geradeaus in steinernem, hündischem Staunen und schenkte niemand Beachtung. Er verschwand einfach für einen Augenblick, um mehr Energie zu sammeln. Hätte man ihn angerührt, so hätte er geschwankt wie ein von Kieseln gerade noch gehaltener Felsklotz am Rande eines Abgrunds. Er konnte hinabstürzen oder auch balancierend schwanken. Dann zerplatzte der Felsbrocken zu einer Blume, und sein Gesicht leuchtete in einem liebenswürdigen Lächeln auf, und er sah um sich wie ein Mann, der gerade aufwacht, und sagte: „Ach, seht euch doch all die netten Leute an, die hier um mich sitzen. Ist das nicht nett! Sal, also wie ich gerade neulich zu Min gesagt habe, warum, hmm, ah, ja!" Er stand auf und ging durch das Zimmer und streckte einem der Autobus-Chauffeure in der Party die Hand hin.

„Wie geht's. Mein Name ist Dean Moriarty. Ja, ich kann mich gut an Sie erinnern. Ist alles in Ordnung? Schön, schön. Sehen Sie diesen hübschen Kuchen an. Oh, kann ich etwas davon haben? Nur ich? Ich Elender?" Eds Schwester sagte ja. „Oh, wie wunderbar. Die Menschen sind so nett. Kuchen und hübsche Sachen auf einem Tisch ausgebreitet und alles, um wundervolle kleine Freuden und Wonnen zu bereiten. Hmm, ah, ja, ausgezeichnet, herrlich, hmm, egad!" Und er stand schwankend in der Mitte des Zimmers, aß seinen Kuchen und sah jeden ehrerbietig an. Er drehte sich um und blickte im Kreise. Alles, was er sah, erstaunte ihn. Überall unterhielten sich die Leute in Gruppen, und er sagte: „Ja! Das ist recht!" Ein Bild an der Wand ließ ihn stillstehen. Er trat darauf zu und beugte sich vor, um zu gucken, dann machte er einen Schritt zurück, bückte sich, sprang auf; er wollte es aus allen möglichen Ebenen und Gesichtswinkeln sehen, er riß an seinem Hemd und rief aus: „Verdammt!" Er hatte keine Ahnung von dem Eindruck, den er machte, und kümmerte sich überhaupt nicht darum. Die Blicke, mit denen die Leute Dean betrachteten, zeigten mütterliche und väterliche Fürsorge. Er war endlich ein Engel geworden, ich hatte immer gewußt, daß er einer werden würde; aber wie jeder Engel hatte er immer noch Ausbrüche von Wut und Wildheit, und in der Nacht, als wir die Party verließen und uns in einer großen lärmenden Gruppe in die Windsor-Bar verzogen, wurde Dean rasend und dämonisch und seraphisch besoffen.

Erinnern Sie sich, daß das Windsor, einst in der Goldgräberzeit Denvers großes Hotel und heute in vieler Hinsicht eine Sehenswürdigkeit — in den Wänden des großen Parterregastraums sieht man noch Schußlöcher —, einmal Deans Heim gewesen war. Er hatte mit seinem Vater in einem der oberen Zimmer gewohnt. Er war kein Tourist. Er trank in diesem Gastraum wie der Geist seines Vaters; er goß Wein, Bier und Whisky wie Wasser runter. Sein Gesicht wurde rot und feucht von Schweiß, und er brüllte und lärmte an der Bar und stolperte über den Tanzboden, wo kleine Lebemänner aus dem Westen mit Mädchen tanzten und Klavier zu spielen versuchten, und er umarmte entlassene Sträflinge und schrie begeistert mit ihnen. Inzwischen setzte sich die ganze Party um zwei riesige, zusammengestellte Tische. Da waren Denver D. Doll, Dorothy und Roy Johnson, ein Mädchen aus Buffalo, Wyoming, eine Freundin von Dorothy, Stan, Tim Gray, Babe, ich, Ed Dunkel, Tom Snark und einige andere, zusammen dreizehn. Doll amüsierte sich groß: Er nahm einen Erdnußautomaten und stellte ihn vor sich auf den Tisch und fütterte ihn mit Centmünzen und aß Erdnüsse. Er schlug vor, wir sollten alle was auf eine gewöhnliche Postkarte schreiben und sie an Carlo Marx in New York schicken. Wir schrieben verrückte Sachen. Die Geigenmusik sang und weinte in der Nacht der Larimer Street. „Ist das nicht amüsant?" schrie Doll. Auf der Herrentoilette hauten Dean und ich ein Loch in die Tür und versuchten, sie kaputtzuschlagen, aber sie war mehr als zwei Zentimeter dick. Ich brach einen Knochen des Mittelfingers und merkte es nicht einmal, erst am folgenden Tag. Wir waren besoffen, daß es nur so rauchte. Fünfzig Glas Bier standen gleichzeitig auf unseren Tischen. Man brauchte nur herumzulaufen und von jedem einen Schluck zu nehmen. Entlassene Sträflinge aus Canyon City wirbelten herum und quatschten mit uns. Im Foyer vor dem Gastraum saßen frühere Goldgräber und träumten über ihren Spazierstöcken unter der tickenden alten Wanduhr. Dieser Furor war ihnen aus größeren Tagen bekannt. Alles drehte sich im Kreise herum. Verstreute Partys überall. Es gab sogar eine Party in einem Schloß, zu der wir im Wagen fuhren — ausgenommen Dean, der anderswohin gerannt war —, und in diesem Schloß saßen wir an einem großen Tisch in der Halle und lärmten. Ich hatte endlich das Schloß gefunden, in dem sich die große Weltenschlange erhob.

Dann spät in der Nacht saßen nur Dean und ich und Stan Shephard und Tim Gray und Ed Dunkel und Tommy Snark in einem Wagen, und alles lag vor uns. Wir gingen in die Mexikanerstadt, wir gingen nach Five Points, wir nahmen alles mit. Stan Shephard war vor Freude von Sinnen. Er brüllte dauernd: „Scheiße, Scheiße. Verdammt noch mal!" mit hoher quietschender Stimme und schlug sich dabei auf die Knie. Dean war wild begeistert von ihm. Er wiederholte alles, was Stan sagte, und hatte für alles ein Juhu und wischte sich den Schweiß vom Gesicht. „Wird das eine Freude sein, Sal, mit diesem Mordstyp Stan nach Mexiko hinunterzufahren! Was!" Es war unsere letzte Nacht im heiligen Denver, wir sorgten dafür, daß sie groß und wild würde. Das alles wurde mit Wein im Erdgeschoß bei Kerzenlicht beschlossen, und Charity schlich oben in ihrem Nachthemd mit einer Taschenlampe herum. Wir hatten jetzt einen Farbigen bei uns, der sich Gomez nannte. Er trieb sich in Five Points herum und trug seine Wurstigkeit zur Schau. Als wir ihn sahen, rief Tom Snark aus: „Heh, heißt du Johnny?"

Gomez kehrte einfach um und kam noch einmal an uns vorbei und sagte: „Wiederhol doch noch mal, was du gesagt hast?"

„Ich habe gefragt, ob du der Kerl bist, den sie Johnny nennen?"

Gomez segelte zurück und versuchte es nochmals. „Sieht ihm das ein bißchen ähnlicher? Ich tue ja mein Bestes, Johnny zu sein, aber ich kriege es nicht hin."

„Tja, *Mensch*, komm mit uns!" rief Dean, und Gomez sprang hinein, und wir fuhren ab. Wir flüsterten im Parterre wie die Irren, um keinen Ärger mit den Nachbarn zu haben. Um neun Uhr früh waren alle weggegangen, außer Dean und Shephard, die immer noch quasselten wie verrückt. Die Leute standen

auf, um Frühstück zu machen, und hörten sonderbare unterirdische Stimmen, die sagten: „Ja! Ja!“ Babe kochte ein großes Frühstück. Die Zeit nahte, nach Mexiko abzuhauen.
Dean fuhr den Wagen zur nächsten Garage und ließ ihn genau durchsehen. Es war ein siebenunddreißiger Ford, dessen rechte Tür aus den Angeln hing und ans Chassis gebunden war. Der rechte Vordersitz war auch kaputt, und man lehnte darin zurück und sah nach oben zum ganz verbeulten Dach. „Genau wie Min und Bill“, sagte Dean. „Wir werden hustend und prustend nach Mexiko hinunterfahren; es wird etliche Tage dauern.“ Ich sah auf die Landkarte; im ganzen über sechzehnhundert Kilometer, meistens Texas, bis zur Grenze bei Laredo, und dann noch tausendzweihundertsiebenunddreißig Kilometer durch ganz Mexiko zu der großen Stadt ganz nahe bei dem geborstenen Isthmus und der Höhe von Oaxacan. Ich konnte mir diesen Ausflug kaum vorstellen. Es war der märchenhafteste von allen. Das war nicht mehr Ost-West, sondern der magische *Süden*. Wir hatten eine Vision der gesamten westlichen Halbkugel mit ihren Gebirgsrippen bis ganz hinunter zur Sierra del Fuego und sahen uns die Krümmung der Erde in andere Wendekreise und andere Welten hinunterfliegen. „Mensch, das wird uns endlich zum ES führen!“ sagte Dean mit entschlossener Zuversicht. Er tippte mich am Arm. „Warte nur. Huh! Hii!“
Ich ging mit Shephard, um seine letzten Besorgungen in Denver zu erledigen, und lernte seinen armen Großvater kennen, der in der Haustür stand und sagte: „Stan — Stan — Stan.“
„Was ist Opa?“
„Geh nicht.“
„Oh, das ist festgemacht, jetzt *muß* ich gehen; warum mußt du mir das antun?“ Der alte Mann hatte graues Haar und große Mandelaugen und ein gespanntes, böses Genick.
„Stan“, sagte er einfach, „geh nicht. Bring deinen alten Großvater nicht zum Heulen. Laß mich nicht wieder allein.“ Es brach mir das Herz, das mitanzusehen.
„Dean“, sagte der alte Mann und wandte sich an mich, „nehmen Sie meinen Stan nicht weg. Ich habe ihn in den Park geführt, als er ein kleiner Junge war, um ihm die Schwäne zu erklären. Dann ertrank seine kleine Schwester in demselben Teich. Ich will nicht, daß Sie meinen Jungen wegnehmen.“

„Nein“, sagte Stan, „wir gehen jetzt. Auf Wiedersehen.“ Er kämpfte um seine Fassung.
Sein Großvater nahm ihn am Arm. „Stan, Stan, Stan, geh nicht, geh nicht, geh nicht.“
Wir flüchteten mit gebeugtem Kopf, und der alte Mann stand immer noch im Torweg seiner Hütte in einer Seitenstraße von Denver; Perlenschnüre hingen in den Türen, und im Wohnzimmer standen gepolsterte Möbel. Er war weiß wie ein Laken. Er rief immer noch nach Stan. Es war etwas Gelähmtes in seinen Bewegungen, und er tat nichts, um aus dem Torweg zu treten, er stand bloß da und murmelte: „Stan“ und „Geh nicht“ und blickte uns ängstlich nach, als wir um die Ecke gingen.
„Gott, Shep, ich weiß nicht, was ich sagen soll.“
„Mach dir nichts draus!“ stöhnte Stan. „Er war immer so.“
Wir trafen Stans Mutter in der Bank, wo sie Geld für ihn abhob. Sie war eine reizende weißhaarige Dame und sah immer noch sehr jung aus. Sie und ihr Sohn standen flüsternd auf dem Terrazzo der Bank. Stan trug westliche Tracht, mit Jacke und allem Drum und Dran, und sah richtig wie ein Mann aus, der nach Mexiko ging. In Denver hatte er behütet gelebt, nun war er dabei, mit dem flammend hereinbrechenden Dean davonzugehen. Dean kam um die Ecke gestürzt, pünktlich wie verabredet. Mrs. Shephard bestand darauf, uns zu einer Tasse Kaffee in ein Lokal einzuladen.
„Gebt gut acht auf meinen Stan“, sagte sie. „Weiß Gott, was in dem Land da alles passieren kann.“
„Wir werden alle aufeinander achten“, sagte ich.
Stan und seine Mutter schlenderten voran, und ich folgte mit dem verrückten Dean; er erzählte mir von den in Toilettenwände geritzten Inschriften im Osten und im Westen.
„Sie sind ganz verschieden; im Osten machen sie Witze und grobe Scherze und eindeutige Anspielungen, pornographische Notizen von Vorgängen, auch Zeichnungen; im Westen schreiben sie nur ihre Namen, Red O'Hara, Blufftown Montana, ist hier durchgekommen, Datum, richtig feierlich, wie, zum Beispiel, Ed Dunkel, und der Grund ist enorme Einsamkeit, die kaum um einen Schatten und ein Haar anders ist, wenn man den Mississippi überschritten hat.“ Ja, da vor uns war ein einsamer Junge, denn Shephards Mutter war eine reizende Mutter, und sie sah ihren Sohn sehr ungern ziehen.

aber sie wußte, daß er mußte. Ich sah, er floh vor seinem Großvater. Hier waren wir drei — Dean auf der Suche nach seinem Vater, meiner tot, Stan auf der Flucht vor dem Alten, und zusammen zogen wir in die Nacht davon. Er küßte seine Mutter im eiligen Gedränge der 17., und sie stieg in ein Taxi und winkte uns. Auf Wiedersehen, auf Wiedersehen.

Bei Babe stiegen wir in den Wagen und sagten ihr adieu. Tim kam mit uns zu seinem Haus außerhalb der Stadt. Babe war schön an diesem Tag; ihr Haar war lang und blond und schwedisch, ihre Sommersprossen zeigten sich in der Sonne. Sie sah genau aus wie das kleine Mädchen, das sie gewesen war. Ein leichter Schleier lag über ihren Augen. Vielleicht würde sie später mit Tim zu uns stoßen — aber sie tat es nicht. Auf Wiedersehen, auf Wiedersehen.

Wir brausten davon. Wir ließen Tim in seinem Hof in den Plains außerhalb der Stadt, und ich blickte zurück, um zu beobachten, wie Tim in der Ebene kleiner wurde. Der merkwürdige Kerl stand volle zwei Minuten da und sah uns zu, wie wir davonfuhren, und wälzte weiß Gott was für traurige Gedanken. Er wurde kleiner und kleiner, und immer noch stand er unbeweglich da, eine Hand auf einer Wäscheleine, wie ein Kapitän, und ich verrenkte mich, um mehr von Tim Gray zu sehen, bis nichts mehr da war als wachsende Abwesenheit im Raum, und der Raum war der Blick ostwärts gegen Kansas, der den ganzen Weg zu meinem Heim in Atlantis zurückführte.

Nun richteten wir unsere klapprige Schnauze südwärts und fuhren in Richtung von Castle Rock, Colorado, während die Sonne sich rötete und das Gebirgsgestein im Westen aussah wie eine Brauerei in Brooklyn im spätherbstlichen Abendrot. Weit oben in den violetten Schatten des Gesteins schritt jemand, schritt, aber wir konnten nicht sehen; vielleicht jener alte Mann mit dem weißen Haar, den ich vor Jahren in den Höhen vor mir geahnt hatte. Ein Urindianer. Aber er kam mir immer näher, wenn er auch immer gerade hinter uns zurückblieb. Und Denver blieb hinter uns zurück wie die Stadt aus Salz, ihre Rauchwolken brachen sich in der Luft und schwanden aus unserem Gesichtsfeld.

4

Es war Mai. Wie können die schlichten Nachmittage Colorados mit seinen Farmen und Bewässerungsgräben und schattigen Schluchten — die Plätze, wo kleine Jungen baden gehen — ein Insekt produzieren wie das Insekt, das Stan Shephard biß? Er ließ seinen Arm über die zerbrochene Tür hinaushängen und fuhr und redete fröhlich, als plötzlich ein Insekt auf den Arm flog und seinen langen Stachel hineinsenkte, daß er aufschrie. Es war aus einem amerikanischen Nachmittag gekommen. Er zerrte und schlug an seinem Arm herum und grub den Stachel aus, und in wenigen Minuten schwoll sein Arm und begann zu schmerzen. Dean und ich konnten uns nicht vorstellen, was es war. Das einzig Vernünftige war, zu warten und zu sehen, ob die Geschwulst abnahm. Da waren wir nun auf der Reise nach unbekannten südlichen Ländern, und kaum fünf Kilometer von der Heimatstadt, der armen alten Heimatstadt der Kindheit, stieg ein fremdartiges, fiebriges, exotisches Insekt aus geheimer Verwesung und impfte Furcht in unsere Herzen. „Was ist es?"
„Ich hab nie in dieser Gegend ein Insekt gekannt, das so eine Schwellung verursachen könnte."
„Verdammt!" Es ließ die Reise unheilvoll und verderblich erscheinen. Wir fuhren weiter. Stans Arm wurde schlimmer. Wir wollten am ersten Krankenhaus anhalten und ihm eine Penizillinspritze geben lassen. Wir passierten Castle Rock und kamen nach Colorado Springs, als es dunkelte. Der große Schatten von Pikes Peak erschien zu unserer Rechten. Wir rollten die Pueblo-Straße hinab. „Auf dieser Straße bin ich abertausendmal dahingelatscht", sagte Dean. „Eines Nachts hab ich mich hier hinter diesem Drahtzaun versteckt, und plötzlich kriegte ich Angst, vollkommen ohne jeden Grund."
Wir alle beschlossen, unsere Geschichten zu erzählen, einer nach dem anderen, und Stan war der erste. „Wir haben einen langen Weg vor uns", leitete Dean ein, „und so müßt ihr Nachsicht walten lassen und euch mit jedem Detail befassen, das ihr euch ins Gedächtnis zurückrufen könnt — und es wird immer noch nicht alles gesagt werden. Langsam, langsam", warnte er Stan, der schon mit seiner Geschichte anfing, „du mußt dich auch entspannen." Stan erzählte sein Leben, während wir durch das Dunkel schossen. Er fing mit seinen

Erfahrungen in Frankreich an, aber um zunehmende Schwierigkeiten zu beseitigen, ging er bis auf seine Knabenzeit in Denver zurück. Er und Dean tauschten Erinnerungen aus, in denen sie einander wieder auf dem Rad herumsausen sahen. „Einen Vorfall hast du vergessen, ich weiß — Arapahoe-Garage? Erinnerst du dich? Ich warf an der Ecke einen Ball nach dir, und du hast ihn mit der Faust zurückgeschlagen, und er ist in den Kanal gefallen. Volksschultage. Erinnerst du dich jetzt?“ Stan war nervös und fiebrig. Er wollte Dean alles erzählen. Dean war jetzt Schiedsrichter, alter Herr, Richter, Zuhörer, Genehmiger, Nicker. „Ja, ja, mach weiter, bitte.“
Wir passierten Walsenburg; plötzlich fuhren wir durch Trinidad, wo Chad King irgendwo weitab von der Straße an einem Lagerfeuer mit einer Handvoll Anthropologen saß und ebenfalls wie einst seine Lebensgeschichte erzählte und sich nicht träumen ließ, daß wir gerade in diesem Augenblick auf der Landstraße in Richtung Mexiko vorbeikutschierten und unsere eigenen Geschichten erzählten. O traurige amerikanische Nacht! Dann waren wir in New Mexico und fuhren an den runden Felsen von Raton vorbei und hielten an einem Gasthaus, ausgehungert nach Buletten; wir packten ein paar in die Serviette, um sie unten jenseits der Grenze zu essen. „Der ganze Staat Texas liegt senkrecht vor uns, Sal“, sagte Dean. „Früher haben wir ihn waagerecht durchquert. Das ist genauso lang. In ein paar Minuten werden wir in Texas sein, und erst morgen um dieselbe Zeit werden wir draußen sein und ohne Unterbrechung fahren. Überleg dir das nur mal.“
Wir fuhren weiter. Jenseits der immensen nächtlichen Ebene lag die erste texanische Stadt, Dalhart, durch die ich 1947 gefahren war. Sie lag glitzernd auf dem dunklen Boden der Erde, achtzig Kilometer weit entfernt. Das Land im Mondschein bestand nur aus Mesquite und Brachland. Am Horizont ging der Mond auf. Er wurde dicker, er wurde riesengroß und rostfarben, er wurde milder und wälzte sich, bis der Morgenstern auf dem Kampfplatz erschien und Tau in unsere Fenster zu blasen begann — und wir rollten noch immer. Hinter Dalhart — leere, eintönige Kleinstadt — fuhren wir in Richtung Amarillo und erreichten es am Morgen im windigen Flachlandgras, das noch vor wenigen Jahren um eine Ansammlung von Büffelzelten schwankte. Jetzt gab es hier Tankstellen und neue Musikboxen Modell 1950 mit immensen kitschigen

Fassaden und Zehncenteinwurf und fürchterlichen Schlagern. Den ganzen Weg von Amarillo nach Childress hämmerten Dean und ich den Inhalt von Büchern, die wir gelesen hatten, in Stan hinein, der darum gebeten hatte, weil er es wissen wollte. In Childress bogen wir unter heißer Sonne südlich in eine weniger gute Straße und arbeiteten uns durch abgründiges Brachland nach Paducah, Guthrie und Abilene, Texas. Jetzt hatte Dean Schlaf nötig, und Stan und ich saßen vorn und fuhren. Der alte Wagen brannte und tanzte und kämpfte sich weiter. Große Wolken sandigen Windes wehten uns aus schimmernden Weiten an. Stan fuhr und erzählte Geschichten von Monte Carlo und Cagnes-sur-Mer und den blauen Orten um Mentone, wo Menschen mit gebräunten Gesichtern zwischen weißen Mauern schlenderten.

Texas läßt sich nicht verleugnen: Wir kurvten langsam nach Abilene hinein, und alle wachten auf und wollten es sehen. „Stell dir vor, in diesem Ort zu leben, weit über tausend Kilometer von einer Stadt entfernt. Hopp, hopp, drüben bei den Gleisen, die alte Stadt Abilene, wo Kühe verladen wurden, wo man die Polizei zusammenschoß und Schnaps soff. Paßt auf, da draußen!" brüllte Dean aus dem Fenster und verzog seinen Mund wie W. C. Fields. Texas interessierte ihn ebensowenig wie irgendeine andere Gegend. Rotgesichtige Texaner kümmerten sich nicht um ihn und eilten weiter auf den heißen Gehsteigen. Südlich der Stadt hielten wir zu einem Imbiß auf der Landstraße. Der Abend schien noch unendlich weit weg, als wir wieder losfuhren, nach Coleman und Brady — dem Herzen von Texas, nur wilde Buschgegend mit einem Haus ab und zu an einem durstigen Bach und eine achtzig Kilometer lange Umleitung über eine unbefestigte Straße und endlose Hitze. „Mexiko ist noch weit weg", sagte Dean schläfrig vom Rücksitz her, „so haltet euch dran, Jungens, und noch vor der Nacht werden wir Señoritas küssen, denn dieser alte Ford ist in Ordnung, wenn man ihm gut zuredet und ihn vorsichtig behandelt — nur das Hinterteil ist am Auseinanderfallen, aber wir werden uns erst darum kümmern, wenn wir dort sind." Und er schlief ein.

Ich nahm das Steuerrad und fuhr nach Fredericksburg, und hier kreuzte ich wieder die alte Landstraße, denselben Ort, wo Marylou und ich an einem schneeigen Morgen im Jahre 1949 Händchen gehalten hatten, und wo war Marylou jetzt?

„Schafft euch, ihr Typen!" schrie Dean im Traum, und ich glaube, er träumte von Jazz in San Francisco und vielleicht von mexikanischen Mambos, die vor uns lagen. Stan redete und redete; Dean hatte ihn vorige Nacht aufgedreht, und jetzt wollte und wollte er nicht aufhören. Er war inzwischen auf England gekommen, erzählte Abenteuer von Anhalterfahrten auf der englischen Landstraße zwischen London und Liverpool; seine Haare mußten dringend geschnitten werden, und seine Hosen waren zerrissen; er erzählte von fremden, britischen Lastwagenfahrern, die ihn in der Finsternis der europäischen Leere mitnahmen. Wir hatten alle rote Augen von den ständigen Mistralwinden des alten, blöden Texas. Es lag uns wie ein Stein im Magen, aber wir wußten, wir kamen voran, wenn auch langsam. Mit zitternder Anstrengung erreichte der Wagen siebzig. Von Fredericksburg ging es in die große westliche Hochebene hinab. Motten schlugen gegen unsere Windschutzscheibe. „Wir kommen jetzt in die heiße Gegend hinunter, Jungs, mit Wüstenratten und dem Tequila. Und ich bin zum erstenmal so weit südlich in Texas", fügte Dean mit Staunen hinzu. „Verflixt! Hierher geht mein Alter im Winter, dieser schlaue, alte Taugenichts."

Plötzlich waren wir in richtig tropischer Hitze am Fuße einer acht Kilometer langen Steigung, und geradeaus vor uns sahen wir die Lichter des guten alten San Antonio. Man hatte das Gefühl, daß dies tatsächlich mexikanischer Boden gewesen war. Die Häuser an der Straße waren anders, die Tankstellen verrottet, es gab wenige Laternen. Dean nahm entzückt das Steuer, um uns nach San Antonio hineinzufahren. Wir gelangten in die Stadt durch einen Dschungel von mexikanischen wackligen südlichen Bretterbuden ohne Keller, mit alten Schaukelstühlen auf den Veranden. Wir hielten an einer verrückten Tankstelle, um den Wagen abschmieren zu lassen. Mexikaner standen im heißen Licht der von der Decke hängenden, von den sommerlichen Insekten des Tales geschwärzten Glühlampen herum, zogen Bierflaschen aus einem Eiskasten und warfen das Geld dem Tankwart zu. Ganze Familien lungerten so herum. Ringsum sah man überall armselige Behausungen und unterernährte Bäume, und ein wilder Zimtgeruch lag in derLuft. Heißblütige mexikanische Backfische kamen mit jungen Burschen vorbei. „Juhu!" rief Dean. „*Si! Mañana!*" Musik drang von allen Seiten auf uns ein, alle

Sorten Musik. Wir waren schon beinahe außerhalb Amerikas und doch unbedingt drinnen und da, wo es am verrücktesten ist. Wüste Motorräder knatterten vorbei. San Antonio, ah-ha!

„Jetzt, Kinder, hört auf mich — wir können genausogut in St. Anton ein paar Stunden blaumachen, und deshalb wollen wir erst eine Klinik für Stans Arm suchen, und du und ich, Sal, werden herumlaufen und diese Straßen auskundschaften — schau dir mal diese Häuser gegenüber an, du kannst direkt ins Vorderzimmer gucken und die hübschen Töchter sehen, die mit Romanzeitungen herumliegen, hii! Kommt, laßt uns gehen!"

Wir fuhren eine Weile ziellos umher und fragten Leute nach der nächsten Klinik. Sie war in der Nähe der Innenstadt, wo alles geleckter und amerikanischer aussah, mehrere Hochhäuser und viele Lichtreklamen und Drugstores, doch die Wagen rasten aus dem Dunkel durch die Stadt, als gäbe es keine Straßenverkehrsordnung. Wir parkten den Wagen in der Einfahrt des Hospitals, und ich ging mit Stan zu einem Assistenzarzt, während Dean im Wagen blieb und sich umzog. Der Wartesaal des Hospitals war voll armer mexikanischer Frauen, manche waren schwanger, manche krank, andere brachten ihre kleinen kranken Kinder zum Arzt. Es war traurig. Ich dachte an die arme Terry und was sie jetzt wohl tun würde. Stan mußte eine ganze Stunde warten, bis ein Assistenzarzt kam und sich seinen geschwollenen Arm ansah. Es gab einen Namen für seine Infektion, aber keiner von uns nahm sich die Mühe, ihn auszusprechen. Sie gaben ihm eine Penizillinspritze.

In der Zwischenzeit gingen Dean und ich die Straßen des mexikanischen San Antonio studieren. Es war sanft und mild — die weichste Luft, die ich je erlebte — und dunkel und geheimnisvoll und pulsierend vor Geschäftigkeit. Jäh tauchten Mädchengestalten mit weißen Kopftüchern in der summenden Dunkelheit auf. Dean schlich dahin und sprach kein Wort. „Oh, das ist zu wundervoll, um etwas zu tun!" flüsterte er. „Schleichen wir nur weiter und sehen wir uns alles an. Schau! Schau! Eine verrückte San-Antonio-Billardwirtschaft." Wir gingen hinein. Ein Dutzend Jungen spielte an drei Tischen Billard, alles Mexikaner. Dean und ich kauften Coca-Colas und warfen Fünfcentstücke in den Spielautomaten und spielten Wynonie Blues Harris und Lionel Hampton und

Lucky Millinder und wiegten uns im Rhythmus. Dabei machte mich Dean auf etwas aufmerksam.
„Schau jetzt scharf hin, aus dem Augenwinkel und während wir hören, was Wynonie über seines Babys Pudding singt und während wir auch die weiche Luft einatmen, wie du sagst — beobachte den Jungen, den verkrüppelten Jungen, der an Tisch eins Billard spielt, die Zielscheibe aller Witze in diesem Laden, siehst du, er ist sein ganzes Leben lang die Zielscheibe gewesen. Die anderen Jungen sind ohne Gnade, aber sie haben ihn gern."
Der verkrüppelte Junge war eine Art mißgestalteter Zwerg mit einem schönen, bedeutenden, viel zu großen Gesicht, in dem enorme braune Augen feucht glänzten. „Siehst du es nicht, Sal, ein mexikanischer Tom Snark in San Antonio, auf der ganzen Welt dieselbe Geschichte. Schau, haben sie ihm nicht eben mit einem Billardstock über den Arsch gehauen? Ha-ha-ha! Hör sie nur lachen. Siehst du, er will das Spiel gewinnen, er hat fünfzig Cents gewettet. Paß auf! Paß auf!"
Wir sahen zu, wie der engelhafte junge Zwerg zu einem schwierigen Stoß ansetzte. Er gelang ihm nicht. Die anderen Kerle brüllten. „Ah, Mensch", sagte Dean, „und jetzt paß auf." Sie hatten den kleinen Jungen beim Genick gepackt und zausten ihn spielerisch. Er kreischte. Er stelzte in die Nacht hinaus, doch warf er einen schüchternen sanften Blick zurück. „Ah, Mensch, ich gäb was drum, diesen kleinen Fuzzi kennenzulernen und zu erfahren, was er so denkt und was für Mädchen er hat — oh, Mensch, ich bin von dieser Luft beschwipst!" Wir gingen hinaus und spazierten an mehreren dunklen, geheimnisvollen Häuserblocks entlang. Unzählige Häuser versteckten sich hinter grünenden, fast dschungelgleichen Vorgärten; wir erhaschten Blicke von Mädchen in Vorderzimmern, Mädchen auf Veranden, Mädchen im Gebüsch mit Jungen. „Ich hab mir dies verrückte San Antonio nie vorgestellt! Denke mal, wie es erst in Mexiko aussehen wird! Auf! Auf!" Wir rasten zurück zum Hospital. Stan war fertig und sagte, er fühle sich viel besser. Wir legten unsere Arme um ihn und erzählten ihm alles, was wir getan hatten.
Und nun waren wir bereit für die letzten zweihundertfünfzig Kilometer bis zu der magischen Grenze. Wir sprangen in den Wagen, und ab ging's. Ich war schon so erschöpft, daß ich den ganzen Weg durch Dilley und Encinal nach Laredo schlief und

erst aufwachte, als sie den Wagen um zwei Uhr morgens vor einem Imbißlokal parkten. „Ah“, seufzte Dean, „das Ende von Texas, das Ende von Amerika, wir kennen nichts weiter.“ Es war fürchterlich heiß: Wir schwitzten ganze Eimer voll. Es gab keinen Nachttau, nicht einen Lufthauch, nichts als Millionen Motten, die überall gegen Glühbirnen schwirrten, und den tiefen, ranzigen Geruch eines heißen Flusses in der nächtlichen Nähe — des Rio Grande, der in den kühlen Mulden der Rocky Mountains beginnt und an seinem Unterlauf Wellentäler bildet, um seine Hitze mit dem Schlamm des Mississippi im großen Golf zu vereinen.

Laredo war an diesem Morgen eine düstere Stadt. Alle Arten von Taxifahrern und Grenzratten liefen herum und spähten nach Gelegenheiten. Es gab nicht viele; es war zu spät. Das war nun der Grund und Bodensatz Amerikas, in den all die schweren Jungen sinken, in den haltlose Menschen hinein müssen, um einem ganz besonderen Anderswo nahe zu sein, in das sie unbemerkt schlüpfen können. Schmuggel brütete in der schweren dicken Luft. Grenzpolizisten hatten rote Gesichter und waren mürrisch und verschwitzt, kein Elan. Kellnerinnen waren schmutzig und widerwillig. Man konnte gleich drüben die enorme Gegenwart des ganzen großen Mexiko fühlen und fast die Milliarde Tortillas riechen, die da backten und dampften. Wir hatten keine Ahnung, wie Mexiko wirklich sein würde. Wir waren wieder in Meereshöhe, und als wir etwas essen wollten, konnten wir es kaum herunterschlucken. Ich packte es in Papierservietten und nahm es für alle Fälle auf die Reise mit. Wir fühlten uns schlecht und traurig. Aber das änderte sich, sobald wir die geheimnisvolle Brücke über den Fluß nahmen und unsere Räder auf amtlich mexikanischem Boden rollten, wenn es auch nur die Wagenzufahrt zur Grenzkontrolle war. Gleich jenseits der Straße begann Mexiko. Wir sahen neugierig nach vorn. Zu unserem Erstaunen sah es genau so aus wie Mexiko. Es war drei Uhr morgens, und Kerle in Strohhüten und weißen Hosen lümmelten dutzendweise an verbeulten pockennarbigen Ladenfronten.

„Schau—dir—diese—Typen—an!“ flüsterte Dean. „Oh“, er atmete sanft, „warte, warte.“ Die mexikanischen Beamten kamen heraus, grinsten und sagten, wir möchten bitte unser Gepäck herausnehmen. Wir taten es. Wir konnten unsere Augen nicht von der anderen Seite der Straße losreißen. Wir sehnten uns danach, sofort hinzustürzen und uns in jenen geheimnisvollen spanischen Straßen zu verlieren. Es war nur Nuevo Laredo, aber für uns sah es wie das Heilige Lhasa aus. „Mensch, diese Kerle sind die ganze Nacht auf", flüsterte Dean. Wir beeilten uns, den Papierkram zu erledigen. Wir wurden gewarnt, jetzt, da wir jenseits der Grenze waren, kein Leitungswasser zu trinken. Die Mexikaner blickten flüchtig auf unser Gepäck. Sie waren überhaupt nicht wie Beamte. Sie waren faul und mild. Dean konnte nicht aufhören, sie anzustarren. Er wandte sich mir zu. „Schau, wie die *Polizei* in diesem Lande ist. Ich kann's nicht glauben!" Er rieb sich die Augen. „Ich träume." Dann wurde es Zeit, unser Geld zu wechseln. Auf einem Tisch sahen wir große Haufen Pesos und erfuhren, daß acht Pesos gleich einem amerikanischen Dollar waren, oder so ungefähr. Wir wechselten den größten Teil unseres Geldes und stopften die großen Bündel mit Wonne in unsere Taschen.

5

Dann wandten wir unsere Gesichter schüchtern und voll Neugierde nach Mexiko, während uns Dutzende von Mexikaner-Typen unter ihren verschwiegenen Hutkrempen in der Nacht beobachteten. Drüben gab es Musik und Nachtrestaurants, aus deren Türen Rauch quoll. „Hui", flüsterte Dean leise.

„Fertig!" Ein mexikanischer Beamter grinste. „Ihr Jungs fertig. Fahrt los. Willkommen in Méjico. Viel Vergnügen. Vorsicht auf Geld. Vorsichtig fahren. Ich Ihnen sagen persönlich, ich Red, alle mich nennen Red. Fragen nach Red. Gut essen. Keine Sorgen machen. Alles in Ordnung. Nicht schwer sich amüsieren in Méjico."

„Ja!" erschauerte Dean, und mit weichen Knien gingen wir über die Straße nach Mexiko hinein. Wir ließen den Wagen stehen und gingen alle drei nebeneinander die spanische Straße hinunter, den trüben braunen Lichtern entgegen. Alte Männer saßen auf Stühlen in der Nacht und sahen aus wie orientalische Trödler und Weise. Niemand sah uns wirklich an, doch jeder bemerkte alles, was wir taten. Wir bogen scharf links ein in die verrauchte Wirtsstube mitten in die Musik von Cam-

pogitarren aus einem amerikanischen Spielautomaten der dreißiger Jahre. Hemdsärmelige mexikanische Taxifahrer und mexikanische Rabauken mit Strohhüten saßen auf Schemeln und verschlangen unförmige Massen von Tortillas, Bohnen, Taco und was nicht alles. Wir kauften drei Flaschen kaltes Bier — Bier hieß *corveza* — für etwa dreißig mexikanische oder zehn amerikanische Cents die Flasche. Wir kauften mexikanische Zigaretten für sechs Cents das Päckchen. Wir starrten und starrten auf unser wunderbares mexikanisches Geld, das so weit reichte, und spielten damit und blickten umher und lächelten jeden an. Hinter uns lag ganz Amerika und alles, was Dean und ich bisher vom Leben gewußt hatten und vom Leben auf der Straße. Schließlich hatten wir am Ende der Straße das zauberische Land gefunden; nie hatten wir uns träumen lassen, wie groß sein Zauber war.

„*Denk* doch nur an diese Typen, die die ganze Nacht über auf sind", flüsterte Dean. „Und denk an diesen großen Kontinent, der vor uns liegt mit seinem riesigen Sierra-Madre-Gebirge, das wir im Kino gesehen haben, und an die Dschungel bis ganz hinunter und ein ganzes Wüstenplateau so groß wie unsers, das bis Guatemala reicht und weiß Gott wohin. Mann! Was sollen wir machen? Was sollen wir machen? Fahren wir weiter!" Wir gingen hinaus und zum Wagen zurück. Ein letzter Blick auf Amerika über die heißen Lichter der Rio-Grande-Brücke hin, und wir kehrten ihm Hinterteil und Stoßstange zu und sausten ab.

Im Handumdrehen waren wir draußen in der Wüste, und die nächsten achtzig Kilometer war nicht ein Auto noch ein Licht auf der Ebene zu sehen. Und dann auf einmal kam das Morgengrauen über den Golf von Mexiko herauf, und wir konnten überall die geisterhaften Umrisse der Yucca- und Orgelpfeifenkakteen erkennen. „Was für ein wildes Land!" jubelte ich. Dean und ich waren hellwach. In Laredo waren wir halbtot gewesen. Nur Stan, der früher schon in fremden Ländern gewesen war, schlief ruhig im Rücksitz. Dean und ich hatten ganz Mexiko vor uns.

„Jetzt, Sal, lassen wir alles hinter uns und treten in eine neue und unbekannte Phase der Dinge. All die Jahre und Sorgen und Freuden, und jetzt *dies*!, so daß wir unbesorgt an nichts anderes zu denken brauchen und einfach weiterfahren können mit vorgereckten Gesichtern wie meins, siehst du, und die Welt *verstehen*, wie, um die Wahrheit zu sagen, andere Amerikaner vor uns es nicht getan haben — sie waren doch hier, nicht wahr? Im Mexikanischen Krieg. Sind mit Kanonen durchgerast!"

„Diese Straße", sagte ich ihm, „war früher auch der Weg der amerikanischen Verbrecher, die über die Grenze türmten und nach dem guten alten Monterrey gingen; wenn du in die grauende Wüste hinaussiehst und dir den Geist eines alten Glücksritters vorstellst, wie er einsam und verstoßen ins Unbekannte galoppiert, wirst du schon sehen..."

„Es ist die Welt", sagte Dean. „Mein Gott!" rief er und schlug auf das Steuerrad. „Die Welt! Wir können direkt bis nach Südamerika, wenn die Straße so weit geht. Stell dir das vor! Mein Gott! Verdammt noch mal!" Wir jagten weiter. Die Morgendämmerung breitete sich schnell aus, wir konnten schon den weißen Sand der Wüste sehen und vereinzelte Hütten fernab von der Straße. Dean verlangsamte das Tempo, um sie genau zu besehen. „Wirklich elende Hütten, Mensch, die Sorge, die man sonst nur in Death Valley findet, und noch viel schlimmer. Diesen Leuten ist es egal, wie etwas aussieht." Die erste Stadt vor uns, die der Landkarte nach irgendeine Bedeutung hatte, hieß Sabinas Hidalgo. Wir sahen ihr neugierig entgegen. „Und die Straße sieht nicht anders aus als amerikanische Straßen", rief Dean, „nur eine verrückte Sache — hier, paß mal auf; die Meilensteine sind in Kilometern markiert, und sie ticken die Entfernung nach Mexico City ab. Verstehst du, das ist die einzige Stadt im ganzen Land, alles weist auf sie hin." Es waren noch über tausend Kilometer bis zu dieser Hauptstadt; nach unseren gewohnten Maßen nur siebenhundertsiebenundsechzig Meilen. „Verdammt! Ich muß draufdrücken!" rief Dean. Für eine Weile schloß ich vor Erschöpfung die Augen, hörte aber, wie Dean mit den Fäusten auf das Lenkrad schlug und wie er sagte: „Verdammt!" und „Ist das 'n Spaß!" und „Oh, was für ein Land!" und „Ja!" Wir erreichten Sabinas Hidalgo jenseits der Wüste gegen sieben Uhr morgens. Um es zu besichtigen, fuhren wir ganz langsam. Wir weckten Stan im Rücksitz auf. Wir setzten uns aufrecht hin, um alles gut zu sehen. Die Hauptstraße war dreckig und voller Löcher. Zu beiden Seiten waren schmutzige, verwahrloste Hausfronten aus luftgetrockneten Ziegeln. Packesel trotteten über den Fahrdamm. Barfüßige Frauen beobachteten uns aus dunklen Torwegen. In den Straßen drängten sich Fußgänger, die in der mexikanischen Landschaft einen neuen Tag begannen. Schnauzbärtige alte Männer starrten uns an. Der Anblick dreier bärtiger, armseliger amerikanischer Jünglinge statt der üblichen gut angezogenen Touristen war für sie ungewöhnlich interessant. Wir zockelten die Hauptstraße mit fünfzehn Stundenkilometern entlang und nahmen alles in uns auf. Eine Gruppe Mädchen ging direkt vor uns. Als wir vorbeizockelten, sagte eins von ihnen: „Wohin soll's denn gehen, meine Herren?"

Ich wandte mich erstaunt zu Dean um. „Hast du gehört, was sie gesagt hat?"

Dean war so überrascht, daß er weiterfuhr und sagte: „Ja, ich hab gehört, was sie gesagt hat, ich hab's verdammt gut gehört, mein lieber Mann, ich weiß nicht, was ich machen soll, ich bin so aufgeregt und glücklich in dieser Welt des Morgens. Wir haben endlich den Himmel erreicht. Es könnte nicht frischer, es könnte nicht großartiger, es könnte überhaupt nichts *mehr* sein."

„Los, wir fahren zurück und laden sie auf!" sagte ich.

„Ja", sagte Dean und fuhr mit kaum zehn Stundenkilometern weiter. Er war wie vor den Kopf geschlagen, hier brauchte er all das nicht zu tun, was er in Amerika getan hätte. „Unterwegs gibt es Millionen von ihnen", sagte er. Dennoch machte er kehrt und fuhr wieder an den Mädchen vorbei. Sie gingen zur Arbeit auf den Feldern und lächelten uns zu. Dean starrte sie mit steinernen Augen an. „Verdammt", murmelte er in seinen Bart. „*Oh!* Das ist zu großartig, um wahr zu sein. Mädchen, Mädchen. Und besonders jetzt in meiner Lage und in meinem Zustand. Sal, ich studiere das Innere dieser Häuser, während wir an ihnen vorbeifahren — diese verfallenen Eingänge, man schaut hinein und sieht Strohsäcke und kleine braune Kinder, wie sie schlafen und sich vor dem Aufwachen rekeln. Ihre Gedanken kehren aus der Leere des Schlafs zurück. Die Mütter kochen Frühstück in eisernen Töpfen; sieh dort die Fensterläden, die sie anstelle von Scheiben haben, und die alten Männer, *die alten Männer* sind so gelassen und großartig und lassen sich überhaupt nicht stören. Hier gibt es kein Mißtrauen, nichts dergleichen. Alle sind gelassen, alle sehen dich mit geraden braunen Augen an, und sie sagen nichts, sie *schauen* bloß, und in diesem Blick sind alle menschlichen

Eigenschaften sanft und gedämpft und einfach *da*. Denk an all die blöden Geschichten, die du über Mexiko gelesen hast, von den schlafenden Gringos und all diesen Blödsinn — den Blödsinn über Schwindler und so weiter — und in Wahrheit sind die Leute hier gerade und gütig und machen keine Faxen. Ich bin so erstaunt darüber." Geschult in der rauhen Straßennacht, war Dean in die Welt gegangen, um sie zu sehen. Er beugte sich über das Lenkrad, schaute nach beiden Seiten und rollte langsam weiter. Auf der anderen Seite von Sabinas Hidalgo hielten wir, um zu tanken. Vor den altertümlichen Benzinpumpen brummelte eine Versammlung eingeborener Viehbauern mit Strohhüten und gezwirbelten Schnurrbärten und erzählte Witze. Am Feldrand stapfte ein alter Mann mit einer Gerte hinter einem Esel her. Die Sonne erhob sich rein über den reinen und uralten Tätigkeiten des menschlichen Lebens.

Nun folgten wir wieder der Straße nach Monterrey. Die hohen Berge mit ihren Schneemützen stiegen vor uns auf; wir rollten geradewegs auf sie zu. Ein Einschnitt erweiterte sich und wurde zu einem Paß, den wir erklommen. In wenigen Minuten waren wir aus der Mesquite-Wüste heraus und kletterten im kühlen Luftzug auf einer Straße hinan, die eine Steinmauer auf der Abgrundseite hatte und auf der Felsseite die großen, weißgekalkten Namen von Präsidenten zeigte — ALEMAN! Wir begegneten niemandem auf dieser hohen Straße. Sie wand sich zwischen den Wolken und führte uns auf die große Hochebene. Über dieser Ebene sandte die große Industriestadt von Monterrey Rauch zum blauen Himmel mit seinen riesigen Golfwolken, die wie Vliese auf die Tageskuppel gemalt waren. Die Einfahrt nach Monterrey glich der nach Detroit: Es ging an großen, langen Fabrikmauern hin, doch hier sonnten sich Esel im Gras vor den Mauern, und man hatte den Anblick gedrängter städtischer Wohnviertel aus luftgetrockneten Ziegeln mit Tausenden von verschmitzten, zweifelhaften Kerlen, die um die Torwege lungerten, und Huren, die aus den Fenstern hingen, und fremdartigen Läden, die so aussahen, als ob man in ihnen alles kaufen konnte, und schmalen Gehsteigen, überfüllt von Hongkong-ähnlicher Menschheit. „He!" schrie Dean. „Und alles in dieser Sonne. Hast du dich schon in diese mexikanische Sonne hineingeschafft, Sal? Die berauscht einen. Ich will weiter und weiter — diese Straße fährt *mich*!" Wir erwogen, die Attraktion von Monterrey mitzunehmen, aber Dean wollte extra schnell weiterkommen, um Mexico City zu erreichen, und außerdem wußte er, die Straße würde noch interessanter werden, besonders vor uns, immer vor uns. Er fuhr wie der Teufel und machte keine Pause. Stan und ich waren restlos fertig und gaben auf, wir mußten schlafen. Außerhalb von Monterrey sah ich hinaus und erblickte zwei gewaltige, unheimliche Gipfel jenseits von Old Monterrey, hinter denen Verbrecher und Geächtete sich verbergen.

Montemorelos lag vor uns, wieder ein Abstieg zu heißeren Zonen. Es wurde äußerst heiß und fremdartig. Dean mußte mich unbedingt aufwecken, damit ich es sähe. „Schau, Sal, das *darfst* du nicht versäumen!" Ich schaute. Wir fuhren durch Sumpfland, und längs der Straße schritten in unregelmäßigen Zwischenräumen fremdartige Mexikaner in zerrissenen Lumpen. Macheten hingen von ihren Seilgürteln, und manche hieben in die Büsche. Sie blieben alle stehen und blickten uns ausdruckslos nach. Durch das verfilzte Gestrüpp sahen wir zuweilen schindelgedeckte Hütten mit afrikanisch anmutenden Bambuswänden, richtige Pfahlhütten. Fremdartige Mädchen, dunkel wie der Mond, starrten aus geheimnisvoll grünenden Eingängen. „Oh, Mensch, ich möchte anhalten und mit den kleinen Süßen Daumen drehen", rief Dean, „aber hast du bemerkt, die alte Dame oder der alte Herr ist immer irgendwo in der Nähe — meist im Hintergrund, manchmal hundert Meter weit weg, sammelt Zweige und Holz oder kümmert sich um die Tiere. Die sind nie allein. Niemand ist allein in diesem Lande. Während du geschlafen hast, habe ich die Straße und das Land studiert, und wenn ich dir nur alle Gedanken, die mir kamen, erzählen könnte, Mann!" Er schwitzte. Seine Augen waren rot geädert und irr und auch gedämpft und zärtlich — er hatte Leute gefunden, die waren wie er. Mit zügigen siebzig Sachen rollten wir durch das endlose Moorland. „Sal, ich glaube, die Landschaft wird sich fürs nächste kaum ändern. Wenn du fahren willst, ich werde jetzt schlafen."

Ich nahm das Steuer und fuhr träumerisch durch Linares, durch heißes, flaches Sumpfland, über den dampfenden Rio Soto la Marina bei Hidalgo, und weiter. Ein großes Dschungeltal mit langen Feldern grüner Saat tat sich vor mir auf.

Gruppen von Männern sahen uns auf einer engen, altmodischen Brücke zu, als wir vorbeifuhren. Der heiße Fluß strömte. Dann ging es bergan, bis wieder eine Art Wüstenlandschaft auftauchte. Die Stadt Gregoria lag vor uns. Die Jungen schliefen, und ich war allein mit meiner Ewigkeit am Steuerrad, und die Straße lief gerade wie ein Pfeil. Das war nicht wie eine Fahrt durch Carolina oder Texas oder Arizona oder Illinois; es war wie eine Fahrt durch die Welt und nach Orten, wo wir schließlich in den Fellahin-Indianern der Welt uns selbst erkennen würden, dem westlichen Stamm der grundprimitiven wehklagenden Menschheit, die sich in einem Gürtel um den äquatorialen Bauch der Welt legt; von Malaya (dem langen Fingernagel Chinas) nach Indien, dem großen Subkontinent, nach Arabien, nach Marokko, zu den Wüsten und Dschungeln Mexikos hier und über die Wellen nach Polynesien, nach dem mystischen Siam des Gelben Gewands und weiter herum, weiter herum, so daß man dasselbe trauernde Wehklagen an den verwitterten Mauern von Cadiz in Spanien hört wie zwanzigtausend Kilometer herum in den Tiefen von Benares, der Hauptstadt der Welt. Diese Menschen hier waren unverkennbar Indianer und erinnerten nicht im geringsten an die Pedros und Panchos dummer zivilisierter amerikanischer Überlieferungen — sie hatten hohe Backenknochen und Schlitzaugen und sanfte Gebärden; sie waren keine Idioten, sie waren keine Clowns; sie waren große, ernste Indianer, und sie waren die Quelle des Menschengeschlechts und seine Väter. Die Wellen sind chinesisch, aber die Erde ist indianisch. So wesentlich wie die Felsen in der Wüste sind sie in der Wüste der „Geschichte“. Und das wußten sie, als wir vorbeifuhren: Ganz offensichtlich eingebildete Geldsack-Amerikaner, die aus Jux in ihr Land kamen; sie wußten, wer der Vater und wer der Sohn des uralten Lebens auf Erden war, und äußerten sich nicht dazu. Denn wenn Zerstörung über die Welt der „Geschichte“ kommt und die Apokalypse der Fellahin wiederkehrt wie schon so viele Male, werden Menschen mit den gleichen Augen aus den Höhlen Mexikos starren wie aus den Höhlen von Bali, wo alles begann und wo Adam gesäugt wurde, wo er lernte zu erkennen. Diese Gedanken wuchsen in mir, als ich den Wagen in die heiße, sonnenverbrannte Stadt Gregoria steuerte.

Vorher, noch in San Antonio, hatte ich Dean im Scherz ver-

sprochen, ich werde ihm ein Mädchen besorgen. Es war eine Wette und eine Herausforderung. Als ich unweit an der Tankstelle des sonnigen Gregoria vorfuhr, kam ein Junge auf zerschundenen Füßen über die Straße; er trug eine riesige Windschutzscheiben-Sonnenblende und bot sie mir zum Kauf an. „Ihnen gefallen? Sechzig Pesos. *Habla Español? Sesenta Pesos.* Mein Name Victor."
„Nee", sagte ich scherzend, „kaufe Señorita."
„Sicher, sicher!" schrie er aufgeregt. „Ich Ihnen besorgen Mädchen allezeit. Zu heiß jetzt", fügte er mit Widerwillen hinzu. „Nicht gut Mädchen, wenn heißer Tag. Warten heute nacht. Wollen Sonnenblende?"
Die Sonnenblende wollte ich nicht, aber ich wollte die Mädchen. Ich weckte Dean. „He, Mensch, ich hab dir in Texas gesagt, ich besorg dir ein Mädchen — also, streck deine Knochen und wach auf, Junge; die Mädchen warten auf uns."
„Was? Was?" schrie er und sprang verstört auf. „Wo? Wo?"
„Dieser Knabe Victor wird uns zeigen, wo."
„Gut, gehn wir, gehn wir!" Dean sprang aus dem Wagen und ergriff Victors Hand. Eine Gruppe anderer Jungen lungerte um die Tankstelle und grinste, die Hälfte war barfuß, alle trugen schlappende Strohhüte. „Mensch", sagte Dean zu mir, „ist das nicht eine angenehme Art, den Nachmittag zu verbringen. Es ist soviel *kühler* als die Billardsäle von Denver. Victor, du hast Mädchen? Wo? *A donde?*" rief er auf spanisch. „Hast du das mitgekriegt, Sal, ich spreche spanisch."
„Frag ihn, ob wir Tee kriegen können. He Junge, hast du Ma-ri-ua-na?"
Der Junge nickte ernsthaft. „Sicher, immer, Mann. Kommen mit mir."
„Hi! Hei! Huh!" brüllte Dean. Er war hellwach und sprang in der verschlafenen mexikanischen Straße auf und ab. „Los, zusammen!" Ich verteilte Lucky Strikes an die anderen Jungens. Sie amüsierten sich sehr über uns und besonders über Dean. Sie wandten sich einander zu und tauschten hinter vorgehaltenen Händen schnelle Bemerkungen über den verrückten amerikanischen Kerl. „Beobachte sie, Sal, wie sie über uns reden und uns beobachten. Mein Gott, was für eine Welt!" Victor stieg mit uns in den Wagen, und wir wackelten davon. Stan Shephard hatte fest geschlafen und wachte bei diesem Radau auf.

Wir fuhren hinaus zur Wüste auf der anderen Seite der Stadt und bogen in einen ausgefahrenen Feldweg, auf dem der Wagen herumsprang wie nie zuvor. Gerade vor uns war Victors Haus. Es hockte am Rande eines Kakteenfeldes und wurde von einigen Bäumen überragt: sozusagen eine Keksbüchse aus luftgetrockneten Ziegeln; und ein paar Männer faulenzten um den Hof herum. „Wer ist das?" rief Dean ganz aufgeregt.

„Das meine Brüder. Meine Mutter auch hier. Meine Schwester auch. Das meine Familie. Ich verheiratet, ich lebe in der Stadt."

„Und deine Mutter?" Dean wich zurück. „Was sagt die zu Marihuana?"

„Oh, sie besorgt es mir." Und während wir im Wagen warteten, stieg Victor aus und schlenderte zum Haus hinüber und sagte ein paar Worte zu der alten Dame; sie wandte sich prompt um und ging in den Garten hinter dem Haus und fing an, trockene Marihuanawedel aufzusammeln, die von den Pflanzen abgerissen und zum Trocknen in die Wüstensonne gelegt worden waren. Unterdessen standen Victors Brüder unter einem Baum und grinsten. Sie wollten herüberkommen, um uns guten Tag zu sagen, aber es dauerte eine ganze Zeit, bis sie aufstanden und sich in Bewegung setzten. Victor kam zurück, sanft grinsend.

„Mensch", sagte Dean, „dieser Victor ist der prächtigste, gewaltigste, irrste Typ von einem Mexikaner, den ich je in meinem Leben kennengelernt habe. Schau ihn nur an, wie er sich lässig und langsam vorwärts bewegt. In dieser Gegend braucht man sich nicht zu beeilen." Eine gleichmäßige, beharrliche Wüstenbrise blies in den Wagen. Es war sehr heiß.

„Sie sehen wie heiß?" sagte Victor, setzte sich zu Dean auf den Vordersitz und wies auf das glühende Dach des Ford. „Nehmen Mari-huana und sein nicht mehr heiß. Warten ab."

„Ja", sagte Dean und rückte die dunkle Brille zurecht, „ich warte ab. Klar warte ich ab, Victor, mein Junge."

Jetzt kam Victors großer Bruder gemächlich mit einem Häufchen Kraut auf einem Blatt Zeitungspapier heran. Er ließ es in Victors Schoß fallen, lehnte sich lässig an die Wagentür, nickte, lächelte uns an und sagte „Hallo". Dean nickte zurück und lächelte *ihm* freundlich zu. Niemand sagte etwas; es war schön. Victor begann das größte Stäbchen zu rollen, das man je sah. Er rollte (mit braunem Packpapier) eine riesige Coronazigarre aus dem Kraut. Sie war gewaltig. Dean starrte sie mit herausquellenden Augen an. Victor entzündete sie ungerührt und reichte sie herum. An diesem Ding zu ziehen war, als ob man sich über einen Schornstein beugte und inhalierte. Es blies einem mit heißem Schwall in die Kehle. Wir hielten den Atem an und ließen ihn dann gleichzeitig aus. Wir waren sofort im siebten Himmel. Der Schweiß gefror uns auf den Stirnen, und es war plötzlich wie am Strand von Acapulco. Ich sah zum Rückfenster des Wagens hinaus, und ein anderer, der seltsamste von Victors Brüdern — ein langer Kerl von einem Indianer mit einer Schärpe um die Schulter —, stand grinsend an einem Pfahl, zu schüchtern, um herüberzukommen und uns die Hand zu reichen. Es schien, als sei der Wagen von Brüdern umgeben, denn noch ein anderer erschien an Deans Seite. Dann geschah das Merkwürdigste. Alle wurden so berauscht, daß man die üblichen Formalitäten beiseite ließ und sich auf die Dinge von unmittelbarem Interesse konzentrierte; und nun passierte das Ungewöhnliche, daß Amerikaner und Mexikaner hier in der Wüste zusammen rauchten; und das noch Seltsamere, daß man Gesichter und Poren und Schwielen an den Fingern und die meist verschämten Backenknochen einer anderen Welt aus nächster Nähe sah. So begannen die indianischen Brüder leise über uns zu sprechen und zu kommentieren: Man sah, wie sie beobachteten, abschätzten, ihre Eindrücke austauschten oder sie richtigstellten und abänderten. „Ja, ja"; während Dean und Stan und ich auf englisch über sie Bemerkungen machten.

„Sieh ihn dir an, präg ihn dir für immer ein, diesen unheimlichen Bruder da hinten, der sich nicht von diesem Pfahl wegbewegt hat und die Intensität der glücklichen, drolligen Schüchternheit seines Lächelns nicht um ein Haar vermindert hat! Und der hier links, der ältere: selbstbewußter, aber traurig, wie ein Gehenkter, vielleicht sogar wie ein städtischer Strolch, während Victor achtbar verheiratet ist — er ist wie ein gottverdammter ägyptischer König, das sieht man. Diese Jungens sind richtige Kerle. Habe nie so was gesehen. Und sie sprechen und wundern sich über uns, stimmt's? Sind genau wie wir, aber mit einem Unterschied: Ihr Interesse dreht sich wahrscheinlich um unsere Kleidung — genau wie unseres,

richtig besehen; aber auch die Fremdartigkeit der Sachen, die wir im Wagen haben, und die fremde Art unseres Lachens, und vielleicht die Art unseres Geruchs, die uns unterscheidet. Trotzdem würde ich meinen Augenzahn hergeben, um zu wissen, was sie über uns sagen." Und Dean versuchte es. „Heh, Victor, Mensch — was hat dein Bruder gerade gesagt?"
Victor richtete seine traurigen braunen Augen auf Dean. „Ja, ja."
„Nein, du hast meine Frage nicht verstanden. Worüber sprecht ihr Jungens?"
„Oh", sagte Victor sehr beunruhigt, „Sie mögen dieses Marguana nicht?"
„O doch, ja fein! Worüber *redet* ihr?"
„Reden? Ja, wir reden. Wie Ihnen gefallen Mexiko?" Es war schwer, ohne gemeinsame Sprache zurechtzukommen. Und alle wurden wieder ruhig und gelassen und berauscht und freuten sich an der Brise aus der Wüste und hingen eigenen nationalen, rassischen und persönlichen Ewigkeitsgedanken nach.
Es war Zeit für die Mädchen. Die Brüder schlenderten wieder zu ihrem Platz unterm Baum, die Mutter beobachtete uns von ihrem sonnigen Hauseingang, und wir schaukelten langsam in die Stadt zurück.
Aber jetzt war das Holpern des Wagens nicht mehr unangenehm; es war das angenehmste und anmutigste wogende Fahren der Welt, wie über das blaue Meer, und Deans Gesicht war von einer unnatürlichen goldenen Glut überzogen, als er uns sagte, daß er jetzt zum erstenmal die Federn des Wagens verstände, und wir sollten die Fahrt genießen. Auf und ab wurden wir geschleudert, und sogar Victor verstand und lachte. Dann wies er nach links, um den Weg zu den Mädchen zu zeigen, und Dean, der mit unbeschreiblicher Wonne nach links blickte und sich dahin lehnte, drehte das Lenkrad und rollte uns sanft und sicher zum Ziel; dabei hörte er Victors Sprechversuchen zu und sagte großspurig und bombastisch: „Ja, natürlich! Ich habe nicht den geringsten Zweifel! Unbedingt, Mensch! Oh, absolut! Aber, ta tat, du sagst mir so angenehme Dinge! Natürlich! Ja! Bitte, mach nur!" Dazu redete Victor würdevoll und mit großartiger spanischer Beredsamkeit. Einen verrückten Augenblick lang dachte ich, Dean verstünde alles, was er sagte, durch bare wilde Erleuchtung und plötzliche Intuition, unbegreiflich inspiriert

durch sein glühendes Glücksgefühl. In diesem Augenblick sah er auch genauso wie Franklin Delano Roosevelt aus — irgendeine Täuschung meiner brennenden Augen und meines schwankenden Gehirns —, daß ich mich in meinen Sitz aufrichtete und vor Staunen nach Luft schnappte. Im tausendfachen Geprickel himmlischer Strahlen mußte ich mich anstrengen, Deans Gestalt zu sehen, und er sah aus wie Gott. Ich war so berauscht, daß ich meinen Kopf wieder auf den Sitz zurücklehnen mußte; das Holpern des Wagens sandte ekstatische Schauer durch meinen Leib. Der einfache Gedanke, aus dem Fenster auf Mexiko zu schauen — das sich jetzt meinem Geist als etwas anderes darbot —, war wie ein Schaudern vor einer herrlich geheimnisvollen, glitzernden Schatztruhe; man hat Angst zu sehen, weil die Augen sich vor dem Reichtum und den Schätzen, die der Blick nicht auf einmal fassen kann, nach innen kehren. Ich sah Ströme von Gold durch den Himmel fließen, gerade durch das abgetakelte Dach des armen alten Wagens, gerade durch meine Augen und mitten in sie hinein; es war überall. Ich blickte aus dem Fenster auf die heißen, sonnigen Straßen und sah eine Frau in einem Torweg, und ich dachte, sie höre jedes Wort, das wir sagten, und nicke vor sich hin — die üblichen paranoischen Visionen, die das Kraut verursacht. Aber der Goldstrom dauerte an. Für lange Zeit verlor ich das Bewußtsein in meinem simplen Verständnis dessen, was wir taten, und kam erst einige Zeit später zu mir, als ich von Feuer und Schweigen aufsah, wie wenn ich aus dem Schlaf zur Welt erwachte oder aus der Leere in einen Traum, und sie sagten mir, wir hielten vor Victors Haus, und er war bereits an der Wagentür, mit seinem kleinen Sohn auf dem Arm, und zeigte ihn uns.

„Sehen mein Baby? Heißen Pérez, er sechs Monate alt."

„Wirklich", sagte Dean, dessen Gesicht noch immer in einem Schauer höchster Lust und Wonne entzückt war, „er ist das hübscheste Kind, das ich je gesehen habe. Seht nur die Augen! Also, Sal und Stan", sagte er und wandte sich mit einem ernsten und zarten Ausdruck an uns, „ich möchte, daß ihr euch ganz be-son-ders die Augen dieses kleinen mexikanischen Knaben anseht, der der Sohn unseres wunderbaren Freundes Victor ist, und wahrnehmt, wie er ins Mannesalter kommen wird mit seiner eigenen, besonderen Seele, die sich durch die Fenster ausdrücken wird, die seine Augen sind, und solche

lieblichen Augen verheißen und verkünden gewiß die lieblichste der Seelen." Es war eine wunderschöne Rede. Und es war ein wunderschönes Baby. Victor sah traurig auf seinen Engel hinab. Wir alle wünschten uns so einen kleinen Sohn. Mit so großer Intensität dachten wir an die Seele des Kindes, daß es etwas spürte und anfing, eine Grimasse zu schneiden, die zu bitteren Tränen führte und zu ungekanntem Leid; wir konnten es nicht lindern, denn es reichte zu weit zurück in unzählbare Geheimnisse und Zeiten. Wir versuchten alles, Victor hielt ihn am Genick und wiegte ihn. Dean redete ihm gut zu, ich streichelte die kleinen Arme des Babys. Sein Geschrei wurde nur lauter. „Ah", sagte Dean, „es tut mir furchtbar leid, Victor, daß wir ihn traurig gemacht haben."
„Er ist nicht traurig, Baby weinen." An der Haustür hinter Victor stand seine kleine barfüßige Frau, zu schüchtern, um herauszukommen, und wartete mit ängstlicher Zärtlichkeit darauf, daß man den Säugling wieder in ihre so braunen und weichen Arme zurücklege. Nachdem er uns sein Kind gezeigt hatte, kletterte Victor in den Wagen und zeigte stolz nach rechts.
„Ja", sagte Dean, wendete den Wagen und lenkte ihn durch enge, algerische Straßen mit Gesichtern, die uns von allen Seiten mit sanfter Verwunderung beobachteten. Wir kamen zum Bordell. Vor uns in der goldenen Sonne lag ein prachtvolles Etablissement aus Stuck. Auf der Straße lehnten zwei Polizisten in zerknitterten Hosen an den Gesimsen der Fenster, die sich in das Bordell öffneten; verschlafen, gelangweilt, blickten sie flüchtig interessiert auf, als wir hineingingen, und blieben die ganzen drei Stunden da, während wir vor ihren Nasen unseren Zirkus aufführten, bis wir in der Abenddämmerung herauskamen und auf Victors Geheiß jedem von ihnen den Gegenwert von vierundzwanzig Cents gaben, nur der Form halber.
Und drinnen fanden wir also die Mädchen. Einige streckten sich jenseits des Tanzbodens auf Sofas aus, andere pichelten an der langen Bar zur Rechten. In der Mitte führte ein Bogengang in kleine zellenartige Kabinen, die wie die Hütten aussahen, in denen man in öffentlichen Strandbädern seinen Badeanzug anzieht. Die Kabinen lagen in der Sonne des Hofes. Hinter der Bar stand der Besitzer; als wir ihm sagten, wir wollten Mambomusik hören, lief er sofort hinaus und kam mit

einem Stoß Schallplatten zurück — die meisten von Pérez Prado — und spielte sie über den Lautsprecher ab. Alsbald konnte die ganze Stadt Gregoria die Mordsparty hören, die in der Sala de Baile über die Szene ging. Im Saal selbst war das Getöse der Musik — denn so laut mußte man einen Spielautomaten aufdrehen, dafür war er ursprünglich gedacht —, so stark, daß es Dean und Stan und mich einen Augenblick wie eine Erleuchtung überwältigte; wir erkannten, daß wir nie gewagt hatten, Musik so laut zu spielen, wie wir wollten; dies aber war so laut, wie wir wollten. Es blies und schütterte auf uns nieder. In wenigen Minuten war das halbe Stadtviertel an den Fenstern, um zuzuschauen, wie die *Americanos* mit den Mädchen tanzten. Sie standen Seite an Seite mit den Polizisten auf dem gestampften Gehsteig und lehnten sich teilnahmslos und lässig herein. „More Mambo Jambo", „Chattanooga de Mambo", „Mambo Numero Ocho" — all diese gewaltigen Nummern flackerten und hallten wider in dem goldenen, geheimnisvollen Nachmittag wie die Töne, die man am letzten Tage der Welt und zum Jüngsten Gericht zu hören erwartet. Die Trompeten wirkten so laut, daß ich dachte, man könne sie weit draußen in der Wüste hören, wo die Trompeten ohnehin ihren Ursprung haben. Die Trommeln waren toll. Der Mamborhythmus ist der Congarhythmus vom Kongo, dem Fluß Afrikas und der Welt; er ist wirklich der Rhythmus der Welt. Uum-*ta*, ta-puh-pum — uum-*ta*, ta-puh-pumm. Die Klavierkaskaden schauerten aus dem Lautsprecher auf uns hernieder. Die Schreie des Bandchefs waren wie ein großes Stöhnen und Röcheln in der Luft. Die abschließenden Chorusse der Trompeten, die auf der unwahrscheinlich irren Chattanoogaplatte mit Schlagzeughöhepunkten auf Conga- und Bongotrommeln zusammenfielen, lähmten Dean einen Augenblick lang auf seinem Kurs, bis er sich schüttelte und schwitzte, dann, als die Trompeten die schläfrige Luft mir ihrem vibrierenden Widerhall zerbissen, der aus einer Höhle oder aus einem Keller kam, wurden seine Augen groß und rund, als sehe er den Teufel, und er schloß sie fest. Es schüttelte auch mich wie eine Marionette; ich hörte die Trompeten das Licht zerdreschen, das ich gesehen hatte, und schwankte in meinen Schuhen.

Zum schnellen „Mambo Jambo" tanzten wir frenetisch mit den Mädchen. Wir begannen durch den Schleier unseres

Rausches hindurchzusehen und ihre Eigenarten zu unterscheiden. Sie waren prima Mädchen. Merkwürdigerweise war die wildeste halb indianisch, halb weiß; sie stammte aus Venezuela und war erst achtzehn Jahre. Sie sah aus, als käme sie aus guter Familie. Gott weiß, warum sie in diesem Alter und mit diesen zarten Wangen und diesem guten Aussehen in Mexiko hurte. Irgendein furchtbarer Kummer hatte sie dazu getrieben. Sie trank maßlos. Sie goß Drinks in sich hinein, wenn es bereits schien, als müßte sie den letzten wieder von sich geben. Sie warf dauernd Gläser um, wohl auch in der Absicht, uns so viel Geld wie möglich ausgeben zu lassen. In ihrem leichten Schlafrock am hellichten Nachmittag tanzte sie frenetisch mit Dean und hing sich an seinen Hals und bettelte und bettelte um alles. Dean war so versteinert, daß er nicht wußte, womit er anfangen sollte, Mädchen oder Mambo. Sie liefen zu den Kabinen davon. Ein fettes und uninteressantes Mädchen mit einem Hündchen machte sich an mich heran, wurde aber böse, als ich den Hund nicht mochte, weil er dauernd versuchte, mich zu beißen. Sie gab nach und brachte ihn nach hinten, aber bis sie zurückkam, hatte mich schon ein anderes Mädchen geangelt, das hübscher war, aber nicht das beste, und sich an meinem Hals festklammerte wie ein Blutegel. Ich versuchte mich loszumachen, um an ein sechzehnjähriges farbiges Mädchen zu kommen, das trüb am anderen Ende des Saales saß und durch eine Öffnung in seinem kurzen Hängekleid seinen Nabel inspizierte. Es gelang mir nicht. Stan hatte ein fünfzehnjähriges Mädchen mit mandelfarbener Haut und einem Kleid, das nur zur Hälfte hinauf und hinunter zugeknöpft war. Es war toll. Gut zwanzig Männer lehnten zum Fenster herein und schauten zu.

In einem bestimmten Moment kam die Mutter des kleinen farbigen Mädchens — nein, es war nicht farbig, sondern dunkel — herein und nahm ihre Tochter traurig und kurz ins Gebet. Als ich das sah, schämte ich mich zu sehr, um mich weiter um die eine, die ich wirklich wollte, zu bemühen. Ich ließ mich von dem Blutegel mit nach hinten nehmen, wo wir, wie in einem Traum, zum Getöse und Gebrüll weiterer hier angebrachter Lautsprecher das Bett eine halbe Stunde lang hüpfen ließen. Es war nur ein quadratischer Raum mit Holzlatten und ohne Decke, in der Ecke ein Heiligenbild, eine Waschschüssel in der anderen. Den ganzen dunklen Gang entlang riefen die Mädchen, „*Agua, agua caliente!*", was „heißes Wasser" bedeutet. Stan und Dean waren ebenfalls außer Sicht. Mein Mädchen verlangte dreißig Pesos, oder etwa dreieinhalb Dollar, und bettelte um weitere zehn Pesos und erzählte mir eine lange Geschichte über irgendwas. Ich kannte den Wert mexikanischen Geldes nicht; in meiner Vorstellung hatte ich eine Million Pesos. Ich warf ihr Geld hin. Wir eilten zum Tanzen zurück. Eine größere Menge war auf der Straße versammelt. Die Polizisten blickten gelangweilt wie immer. Deans hübsche Venezolanerin zog mich durch eine Tür in eine andere fremdartige Bar, die anscheinend zum Bordell gehörte. Ein junger Barmann redete und wischte Gläser ab, und ein alter Mann mit gezwirbeltem Schnurrbart saß da und diskutierte ernsthaft irgendwas. Und auch hier grölte der Mambo über einen anderen Lautsprecher. Es schien, als sei die ganze Welt aufgedreht. Venezuela hing mir am Hals und bettelte um Drinks. Der Barmann wollte ihr keine geben. Sie bettelte und bettelte, und als er ihr einen gab, verschüttete sie ihn, und diesmal nicht mit Absicht, denn ich sah den Kummer in ihren armen eingesunkenen, verlorenen Augen. „Nimm's nicht tragisch, Baby", sagte ich zu ihr. Ich mußte sie auf ihrem Schemel stützen; sie rutschte dauernd herunter. Ich habe nie eine Frau so betrunken gesehen, dabei war sie erst achtzehn. Ich bestellte ihr einen anderen Drink; sie zupfte bettelnd an meiner Hose. Sie schluckte ihn runter. Ich hatte nicht das Herz, sie auszuprobieren. Mein eigenes Mädchen war um die Dreißig und gab besser auf sich acht. Als Venezuela sich in meinen Armen wand und litt, hatte ich das Verlangen, sie nach hinten zu nehmen und sie auszuziehen und nur mit ihr zu sprechen — so redete ich mir ein. Ich war wahnsinnig vor Verlangen nach ihr und dem anderen kleinen dunklen Mädchen.

Armer Victor, die ganze Zeit stand er am Messinggeländer der Bar mit dem Rücken zur Theke und hüpfte auf und ab, froh, daß seine drei amerikanischen Freunde sich austobten. Wir ließen ihm Drinks kommen. Seine Augen flammten vor Begierde nach einer Frau, aber er wollte keine annehmen, er war seiner treu. Dean warf ihm Geld hin. In diesem verrückten Wirbel konnte ich sehen, wo Dean hinsteuerte. Er war derart von Sinnen, daß er nicht wußte, wer ich war, als ich ihm ins Gesicht starrte. „Ja, ja!" war alles, was er sagte. Es schien nie ein Ende nehmen zu wollen. Es war wie ein langer, geisterhafter Nachmittagstraum aus Tausendundeiner Nacht in einem anderen Leben — Ali Baba und die Gäßchen und die Odalisken. Wieder lief ich mit meinem Mädchen in sein Zimmer; Dean und Stan tauschten ihre Mädchen; wir waren eine Zeitlang außer Sicht, und die Zuschauer mußten warten, bis die Vorstellung weiterging. Der Nachmittag wurde lang und kühl.

Bald würde es geheimnisvolle Nacht sein im guten alten Gregoria. Der Mambo pausierte nicht einen Augenblick, er raste weiter wie eine endlose Reise im Dschungel. Ich konnte meine Augen nicht von dem kleinen dunklen Mädchen lassen und von der Art, wie es umherschritt gleich einer Königin, obwohl es von dem mürrischen Barmann sogar zu untergeordneten Arbeiten degradiert wurde; es mußte uns Drinks servieren und die Hinterräume fegen. Von allen Mädchen hier brauchte sie das Geld am meisten; vielleicht war die Mutter gekommen, um von ihr Geld für ihre kleinen Geschwister zu erhalten. Mexikaner sind arm. Es fiel mir einfach nicht ein, zu ihr zu gehen und ihr Geld zu geben. Ich hatte das Gefühl, sie hätte es mit einer Art Verachtung genommen, und Verachtung von ihresgleichen ließ mich zurückschrecken. In meiner Verrücktheit war ich während der wenigen Stunden tatsächlich in sie verliebt; da waren dieser unverkennbare Schmerz und Stich in der Seele, die Seufzer, das Weh, und vor allem diese Abneigung und Angst, sich an sie heranzumachen. Merkwürdig, daß Dean und Stan sich ihr ebenfalls nicht näherten; man denke, ihre unantastbare Würde machte sie arm in diesem wilden, alten Bordell. Einmal sah ich, wie Dean sich wie eine startbereite Statue an sie lehnte, und Verlegenheit zeichnete sich auf seinem Gesicht ab, als sie ihn kühl von oben herab ansah, und er hörte auf, sich den Bauch zu reiben, und starrte und senkte schließlich den Kopf. Denn sie war die Königin.

Mitten im Trubel packte uns Victor plötzlich am Arm und machte uns aufgeregte Zeichen.

„Was ist los?" Er versuchte alles, um sich uns verständlich zu machen. Dann lief er zur Bar, entriß dem Barmann, der ihn finster ansah, die Rechnung und brachte sie uns. Die Rechnung betrug über dreihundert Pesos, oder sechsunddreißig amerikanische Dollar, was in jedem Bordell eine Menge Geld ist. Das konnte uns aber immer noch nicht erschüttern, und wir wollten nicht weggehen; und obwohl wir ganz leergepumpt waren, wollten wir weiter mit unseren niedlichen Mädchen in diesem fremden Paradies aus Tausendundeiner Nacht herumlümmeln, das wir am Ende der harten, harten Straße endlich gefunden hatten. Aber es wurde Nacht, und wir mußten Schluß machen; und Dean sah das ein und begann die Stirn zu runzeln und nachzudenken und zu versuchen, sich wieder in Schuß zu bringen, und schließlich schlug ich vor, endgültig wegzugehen. „So viel liegt noch vor uns, Mann, da wird es nichts ausmachen."

„Richtig!" rief Dean mit verglasten Augen und wandte sich seiner Venezolanerin zu. Zum Schluß war sie ohnmächtig geworden und lag auf einer hölzernen Bank, ihre weißen Beine ragten aus der Seide hervor. Die Galerie im Fenster freute sich über die Vorstellung; hinter den Leuten begannen rote Schatten zu kriechen, und irgendwo hörte ich in einer plötzlichen Pause ein Baby jammern, es erinnerte mich daran, daß ich mich immerhin in Mexiko befand und nicht in einem pornographischen Haschischwachtraum im Himmel.

Wir stolperten nach draußen; wir hatten Stan vergessen; wir liefen zurück, ihn zu holen, und fanden ihn, wie er sich charmant vor den Abendhuren verbeugte, die gerade zur Nachtschicht hereingekommen waren. Er wollte wieder von neuem anfangen. Wenn er betrunken ist, bewegt er sich so schwerfällig, als ob er drei Meter groß wäre, und wenn er betrunken ist, kann man ihn von den Frauen nicht wegschlagen. Außerdem klammern sich Frauen an ihn wie Efeu. Er bestand darauf zu bleiben und einige der neueren, fremdartigeren, tüchtigeren Señoritas zu probieren. Dean und ich hauten ihm auf den Rücken und schleppten ihn hinaus. Er winkte allen ausgiebig Lebewohl — den Mädchen, den Polizisten, der Menge, den Kindern draußen auf der Straße; er warf Kußhände in alle Richtungen, zum Beifall von Gregoria; er schwankte stolz zwischen den Gruppen herum und versuchte zu ihnen zu sprechen und seine Freude und Liebe an allem und zu allem an diesem schönen Nachmittag des Lebens mitzuteilen. Jeder lachte; einige klopften ihm auf den Rücken. Dean eilte hinüber und zahlte den Polizisten die vier Pesos und schüttelte ihnen die Hand und grinste und katzbuckelte mit ihnen. Dann sprang er in den Wagen, und die Mädchen, die wir kennengelernt hatten, sogar Venezuela, die für den Abschied geweckt worden war, sammelten sich in ihren dünnen Fetzen um den Wagen und schnatterten Lebewohl und küßten uns, und Venezuela fing sogar an zu weinen — wenn auch nicht unseretwegen, wir wußten es, gar nicht unseretwegen, doch genug und gut genug. Meine dunkle, süße Liebe war im Schatten des Innern verschwunden. Es war alles vorbei. Wir fuhren ab und ließen Freude und Jubel über Hunderte von Pesos hinter uns, und es schien kein schlechtes Tagewerk. Der anhängliche Mambo folgte uns ein paar Straßen weit wie ein Spuk. Es war alles vorbei. „Leb wohl, Gregoria!" schrie Dean und warf ihm eine Kußhand zu.

Victor war stolz auf uns und stolz auf sich selbst. „Wollen jetzt Bad?" fragte er. Ja, wir wollten alle ein wunderschönes Bad.

Und er führte uns zur merkwürdigsten Sache der Welt: einem gewöhnlichen Badehaus amerikanischer Art, anderthalb Kilometer außerhalb der Stadt an der Landstraße, voller Kinder, die in einem Becken plantschten; und in einem Haus aus Mauerwerk gab es Duschen für wenige Centavos je Brause, mit Seife und Handtuch vom Wärter. Außerdem gab es auch einen traurigen Kinderspielplatz mit Schaukeln und einem niedergebrochenen Karussell. In der verblassenden roten Sonne erschien er uns eigenartig und schön. Stan und ich nahmen Handtücher und sprangen unter die eiskalten Duschen im Gebäude und kamen erfrischt und wie neu heraus. Dean hatte keine Lust auf eine Dusche, und wir sahen ihn weit jenseits des traurigen Spielplatzes, er spazierte Arm in Arm mit dem guten Victor; sie plauderten wortreich und freundlich, und er beugte sich sogar aufgeregt zu ihm, um einen Gedanken zu unterstreichen, und gestikulierte mit der Hand. Dann faßte er ihn wieder unter, und sie schlenderten weiter. Es wurde Zeit, Victor Lebewohl zu sagen; so nahm Dean die Gelegenheit wahr, einige Augenblicke mit ihm allein zu sein, den Park zu besichtigen, seine Ansichten über die Dinge im allgemeinen zu hören und sich in ihn zu vertiefen, wie nur Dean es konnte.

Victor war jetzt traurig, daß wir weiter müßten. „Ihr kommen zurück nach Gregoria, mich besuchen?"

„Sicher, Mann!" sagte Dean. Er versprach sogar, Victor mit nach den Staaten zu nehmen, falls er es wünsche. Victor sagte, er werde darüber nachdenken.

„Ich habe Frau und Kind — habe kein Geld — will sehen."

Sein sanftes, höfliches Lächeln glühte in der Abendröte, als wir ihm vom Wagen aus zuwinkten. Hinter ihm lag der traurige Spielplatz mit den Kindern.

6

Unmittelbar hinter Gregoria führte die Straße bergab, mächtige Bäume wuchsen zu beiden Seiten, und während es dunkler wurde, hörten wir das mächtige Brummen von Milliarden Insekten, das wie ein ununterbrochenes hohes, kreischendes Geschrei klang. „Huh!“ sagte Dean, und schaltete die Scheinwerfer ein, aber sie funktionierten nicht. „O weh, verdammt noch mal, was jetzt?“ Und er trommelte auf das Armaturenbrett und tobte. „Oh, du ahnst es nicht, jetzt müssen wir ohne Licht durch den Dschungel fahren, stellt euch vor, wie schrecklich das ist; ich kann nur was sehen, wenn ein anderer Wagen vorbeikommt, und es *gibt* einfach keine Wagen! Und natürlich kein Licht! Oh, was machen wir, zum Teufel?“
„Fahren wir einfach weiter. Oder sollen wir besser zurückfahren?“
„Nein, niemals — niemals! Fahren wir weiter. Ich kann die Straße kaum sehen. Wir werden es schaffen.“ Und jetzt schossen wir in tintiger Finsternis durch die Angstschreie der Insekten, und der starke, ranzige, fast faulige Geruch senkte sich herab, und wir dachten daran, und es wurde uns bewußt, daß die Karte gleich nach Gregoria den Wendekreis des Krebses anzeigte. „Wir sind in einer neuen Tropenzone! Kein Wunder der Geruch! Riech nur!“ Ich steckte meinen Kopf zum Fenster hinaus; Insekten schmetterten mir ins Gesicht; ein schrilles Geräusch traf mein Ohr, als ich es in den Wind drehte. Plötzlich funktionierten unsere Scheinwerfer wieder, und sie stießen voraus und beleuchteten die einsame Straße, die zwischen den lückenlosen Wänden der bis zu dreißig Meter hohen Bäume mit ihren niederhängenden, schlangengleichen Ästen dahinlief.
„Donnerkacke!“ brüllte Stan im Rücksitz. „Ver-dammt noch mal!“ Er war noch immer berauscht. Es wurde uns plötzlich klar, daß er immer noch berauscht war, und der Dschungel und die Schwierigkeiten machten auf seine beglückte Seele keinen Eindruck. Wir fingen an zu lachen, allesamt.

„Der Teufel soll's holen! Wir werfen uns einfach in den gottverdammten Dschungel, wir werden heut nacht drin schlafen, los!" brüllte Dean. „Der alte Stan ist richtig. Der olle Stan macht sich nichts draus! Er ist so blau von diesen Weibern und diesem Rauchkraut und diesem verrückten, noch nicht dagewesenen, unmöglich zu verdauenden Mambo, der so viel Krach gemacht hat, daß mein Trommelfell noch immer im Takt dröhnt — hii! Er ist so blau, daß er weiß, was er tut!" Wir zogen unsere Hemden aus und heulten mit nacktem Oberkörper durch den Dschungel. Keine Dörfer, nichts, verlassener Dschungel, Meile um Meile, und weiter bergab, immer heißer, die Insekten immer lauter, die Vegetation immer üppiger, der Geruch ranziger und heißer, bis wir anfingen, uns daran zu gewöhnen und ihn zu mögen. „Ich möcht mich am liebsten nackt ausziehen und herumwälzen in diesem Dschungel", sagte Dean. „Nein, zum Teufel, Mensch, das mach ich, sobald ich eine passende Stelle finde." Und plötzlich erschien Limón vor uns, ein Dschungelstädtchen, ein paar braune Lichter, dunkle Schatten, ein riesiger Himmel darüber, und eine Menschentraube vor einem Gewirr von Holzschuppen — eine tropische Straßenkreuzung.

Wir hielten in der unvorstellbar weichen Luft. Es war heiß wie das Innere eines Backofens in einer Juninacht in New Orleans. Straßauf, straßab saßen ganze Familien im Dunkel und tratschten; gelegentlich kamen Mädchen vorbei, aber ganz junge, und sie wollten nur sehen, wie wir ausschauten. Sie waren barfuß und schmutzig. Wir lehnten auf der Holzveranda eines abgetakelten Kaufmannsladens, und Mehlsäcke und frische Ananas verrotteten unter den Fliegen auf der Theke. Eine Öllampe brannte, und draußen gab es noch ein paar braune Lichter, sonst aber war alles schwarz, schwarz, schwarz. Nun waren wir natürlich so müde, daß wir sofort schlafen mußten, und wir brachten den Wagen ein paar Meter einen Feldweg hinunter auf die andere Seite der Stadt. Es war so unglaublich heiß, daß man einfach nicht schlafen konnte. Dean nahm eine Decke und breitete sie im weichen, heißen Sand auf der Straße aus und entschnarchte. Stan streckte sich im Vordersitz des Ford aus und ließ beide Türen offen, der Zugluft wegen, aber es gab nicht einmal den leisesten Windhauch. Ich, im Rücksitz, litt inmitten einer Schweißlache. Ich stieg aus dem Wagen und stand schwankend in der Finsternis.

Das ganze Städtchen war schon zu Bett gegangen; kein Geräusch außer dem Bellen der Hunde. Wie konnte ich überhaupt schlafen? Abertausend Mücken hatten uns bereits am Oberkörper, an den Armen und Knöcheln gestochen. Dann kam mir ein guter Einfall: Ich sprang auf das Stahldach des Wagens und streckte mich flach auf dem Rücken aus. Es war immer noch kein Windhauch, aber der Stahl hatte ein Element der Kühle in sich und trocknete den Schweiß auf meinem Rücken und knetete dabei auf meiner Haut Tausende toter Insekten zu Krusten, und es kam mir zum Bewußtsein, daß der Dschungel einen ganz unterwirft und man eins mit ihm wird. Auf dem Wagendach mit dem Gesicht zum schwarzen Himmel zu liegen, war wie in einem geschlossenen Koffer in einer Sommernacht zu liegen. Zum erstenmal in meinem Leben war das Wetter nichts, das mich berührte, mich streichelte, mich frieren oder schwitzen ließ, sondern etwas, das mit mir identisch wurde. Die Atmosphäre und ich wurden eins. Sanfte, unendlich feine Schauer mikroskopischer Insekten wehten in mein Gesicht, während ich schlief, und sie waren außerordentlich angenehm und beruhigend. Der Himmel war sternenlos, unsichtbar und schwer. Ich konnte die ganze Nacht so daliegen, das Gesicht dem Himmel ausgesetzt, und er berührte mich nicht mehr als ein über mich gezogener Samtvorhang. Die toten Insekten mischten sich mit meinem Blut; die lebenden Moskitos tauschten weitere Portionen aus; mein ganzer Körper kribbelte und roch nach dem ranzigen, heißen und fauligen Dschungel, der ganze Leib von Kopf und Gesicht bis zu Fuß und Zeh. Natürlich war ich barfuß.
Um den Schweiß zu mildern, zog ich mein mückenverschmiertes Hemd an und legte mich wieder hin. Ein dunkles, zusammengekauertes Etwas auf der dunklen Straße zeigte an, wo Dean schlief. Ich konnte ihn schnarchen hören. Auch Stan schnarchte.
Zuweilen blitzte in der Stadt ein mattes Licht auf, und das war der Sheriff, der mit einer schwachen Taschenlampe seine Runden machte und in der Dschungelnacht mit sich selbst sprach. Dann sah ich sein Licht zu uns heranwackeln und hörte seine Schritte weich auf den Matten aus Sand und Pflanzenwuchs näher kommen. Er blieb stehen und leuchtete den Wagen an. Ich setzte mich auf und sah ihn an. Mit einer zitternden, beinahe klagenden und außerordentlich zarten

Stimme sagte er: „*Dormiendo?*“ und wies zu Dean auf der Straße. Ich wußte, das hieß „schlafen“.

„Si, dormiendo.“

„Bueno, bueno“, sagte er zu sich selbst und wandte sich mit Widerstreben und Trauer ab und ging zu seinen einsamen Runden zurück. So freundliche Polizisten hat Gott in Amerika nie geschaffen. Kein Mißtrauen, keine Geschichten, keine Belästigung: Er war der Wächter der schlafenden Stadt, Punktum.

Ich ging wieder zu meinem Bett aus Stahl und streckte mich mit ausgebreiteten Armen aus. Ich wußte nicht einmal, ob über mir Äste oder offener Himmel waren, und es war mir auch gleich. Ich machte den Mund auf und atmete die Dschungelatmosphäre tief ein. Es war nicht Luft, niemals Luft, sondern die fühlbare und lebendige Emanation von Bäumen und Sumpf. Ich blieb wach. Hähne kündigten krähend die Dämmerung an, irgendwo jenseits des Dickichts. Immer noch keine Luft, keine Brise, kein Tau, aber das Gewicht des Wendekreises des Krebses hielt uns alle an die Erde genagelt, zu der wir gehörten und auf der wir krabbelten. Kein Zeichen der Dämmerung war am Himmel. Plötzlich hörte ich die Hunde wütend durch das Dunkel bellen, und dann vernahm ich das leise Klappern von Pferdehufen. Es kam näher und näher. Was für ein verrückter Reiter in der Nacht würde das sein? Dann sah ich eine Erscheinung: Ein wildes Pferd, weiß wie ein Gespenst, kam die Straße herunter direkt auf Dean zu angetrabt. Hinter ihm heulten und stritten die Hunde. Ich konnte sie nicht sehen, es waren schmutzige, alte Dschungelhunde, das Pferd aber war weiß wie Schnee und riesenhaft und beinahe phosphoreszierend und leicht zu sehen. Ich empfand keine Sorge um Dean. Das Pferd sah ihn und trabte genau an seinem Kopf vorbei, passierte den Wagen wie ein Schiff, wieherte sanft und setzte seinen Weg durch die Stadt fort, von den Hunden umwütet, und klipp-klappte zurück in den Dschungel auf der anderen Seite, und ich hörte nichts als leisen Hufschlag, der im Wald verklang. Die Hunde gaben auf und setzten sich, um sich zu lecken. Was war das für ein Pferd? Was für ein Mythos und Gespenst, was für ein Geist? Ich erzählte Dean davon, als er aufwachte. Er dachte, ich habe geträumt. Dann erinnerte er sich verschwommen, von einem weißen Pferd geträumt zu haben, und ich sagte ihm, es sei kein Traum gewesen. Stan Shephard wachte langsam auf. Die leiseste Bewegung, und wir troffen wieder von Schweiß. Immer noch war es pechschwarz. „Starten wir den Wagen und machen wir etwas Fahrtwind!“ rief ich. „Ich sterbe vor Hitze.“

„Richtig!“ Wir rauschten zur Stadt hinaus und setzten die Fahrt mit fliegenden Haaren auf der verrückten Landstraße fort. In einem leichten grauen Dunst kam die Dämmerung rasch heran und enthüllte etwas tiefer zu beiden Seiten dichtes Moor mit hohen, vereinzelten, verschlungenen Bäumen, die sich über knotige Strünke lehnten und beugten. Eine Zeitlang rollten wir direkt an den Eisenbahngleisen entlang. Die eigenartige Sendeantenne von Ciudad Mante erschien vor uns, als seien wir in Nebraska. Wir fanden eine Tankstelle und füllten den Tank, während die letzten Insekten der Dschungelnacht sich in einer schwarzen Masse gegen die Glühbirnen warfen und in riesigen wirren Haufen flatternd vor unsere Füße fielen; manche hatten gut zehn Zentimeter lange Flügel, andere waren angsteinflößende Libellen, groß genug, um einen Vogel zu fressen, dazu kamen aber tausend immense, summende Moskitos und unnennbare spinnenartige Insekten jeder Sorte. Aus Angst vor ihnen hüpfte ich auf dem Pflaster herum; schließlich fand ich mich im Wagen, die Füße in der Hand, angstvoll auf den Boden blickend, wo sie um die Räder schwärmten. „Fahren wir!“ schrie ich. Dean und Stan waren von den Insekten überhaupt nicht beunruhigt; sie tranken ruhig zwei Flaschen Orangegetränk und stießen die Flaschen mit dem Fuß vom Kühler. Ihre Hemden und Hosen waren, wie meine, vom Blut und vom Schwarz Tausender toter Insekten getränkt. Unsere Kleider stanken.

„Wißt ihr, ich fang an, diesen Geruch gern zu haben“, sagte Stan. „Ich kann mich selbst nicht mehr riechen.“

„Es ist ein eigenartiger, guter Geruch“, sagte Dean. „Ich werde mein Hemd bis Mexico City nicht wechseln, ich will das alles in mich aufnehmen und es nicht vergessen.“ So brausten wir wieder ab und erzeugten so einen Luftzug für unsere heißen, verkrusteten Gesichter.

Dann tauchten die Berge vor uns auf, ganz grün. Nach dieser Steigung würden wir wieder auf dem großen Zentralplateau sein, bereit, geradeaus nach Mexico City zu rollen. Im Nu schwangen wir uns zu einer Höhe von siebzehnhundert Metern

auf, zwischen nebligen Pässen, die auf dampfende, gelbe Flüsse fünfzehnhundert Meter tief herabblickten. Es war der große Moctezuma-Fluß. Die Indianer an der Straße sahen nun außerordentlich fremdartig aus. Sie waren ein Volk für sich, Gebirgsindianer, von allem abgeschlossen außer von der großen amerikanischen Durchgangsstraße, dem Pan-American-Highway. Sie waren klein und untersetzt und dunkel und hatten schlechte Zähne; sie trugen riesige Lasten auf dem Rücken. Jenseits enormer pflanzenbewachsener Schluchten sahen wir ein Flickwerk von bewirtschaftetem Land auf steilen Abhängen. Sie kletterten auf diesen Abhängen umher und arbeiteten auf den Feldern. Dean fuhr mit zehn Stundenkilometern, um es zu betrachten. „Hui, ich hab nie gedacht, daß es so was gibt!" Auf dem höchsten Gipfel, der so hoch ist wie irgendein Gipfel der Rocky Mountains, sahen wir Bananen wachsen. Dean stieg aus dem Wagen und zeigte mit dem Finger auf das alles, stand herum und rieb seinen Bauch. Wir waren auf einem Vorsprung, wo eine kleine schindelgedeckte Hütte über dem Abgrund der Welt hing. Die Sonne schuf goldenen Dunst, der den Moctezuma, der jetzt bald zweitausend Meter unter uns lag, verschwimmen ließ.
Im Vorgarten der Hütte stand ein kleines dreijähriges Indianermädchen, hatte den Finger im Mund und beobachtete uns mit großen braunen Augen. „Sie hat wahrscheinlich in ihrem ganzen Leben noch nie jemanden hier parken sehen!" sagte Dean halblaut. „Hal-lo, kleines Mädchen. Wie geht's dir? Magst du uns?" Das Kind sah schüchtern weg und schmollte. „Hm, ich wollte, ich hätte etwas, was ich ihr geben könnte! *Stell dir vor,* auf dieser Felsenkante geboren werden und leben — und diese Felsenkante stellt alles vor, was du vom Leben weißt. Ihr Vater tastet sich wahrscheinlich am Seil die Schlucht hinunter und holt seine Ananas aus einer Höhle und hackt Holz an einem Abhang von achtzig Grad mit diesem Grund unter sich. Sie wird nie, nie hier weggehen und etwas von der Außenwelt kennenlernen. Es ist ein Volk. Stell dir den wilden Häuptling vor, den sie haben müssen. Sicher sind sie abseits der Straße, jenseits der Felsen, Kilometer tiefer im Land noch wilder und fremder, sicher, denn der Pan-American-Highway zivilisiert das Volk hier an dieser Straße zum Teil. Betrachte die Schweißperlen auf ihren Schläfen", bemerkte Dean mit einer schmerzvollen Grimasse. „Es ist

nicht die Art Schweiß, die wir haben; er ist ölig, und er ist *immer* da, denn es ist *immer* heiß, das ganze Jahr über, und sie weiß nichts von Nicht-Schweiß, sie ist mit Schweiß geboren worden und wird im Schweiße sterben." Der Schweiß auf ihren kleinen Schläfen war schwer und träge; er rann nicht; er stand einfach auf der Haut und glänzte wie feines Olivenöl. „Wie das auf ihre Seelen wirken muß! Wie anders müssen sie in ihren persönlichen Sorgen und Betrachtungen und Wünschen sein!" Dean fuhr mit ehrfürchtig hängendem Mund weiter, fünfzehn Stundenkilometer, er wollte möglichst jedes menschliche Wesen auf der Straße sehen. Wir kletterten und kletterten.

Während wir stiegen, wurde die Luft kühler, und die indianischen Mädchen auf der Straße trugen Schals um Köpfe und Schultern. Sie winkten uns verzweifelt; wir hielten, um zu sehen. Sie wollten uns kleine Stücke Bergkristall verkaufen. Ihre großen braunen, unschuldigen Augen blickten mit so beseelter Innigkeit in unsere, daß nicht einer von uns den leisesten erotischen Gedanken hatte; außerdem waren sie sehr jung, manche mochten elf sein und sahen fast aus wie Dreißigjährige. „Schau in diese Augen!" sagte Dean halblaut. Sie waren wie die Augen der Jungfrau Maria, als sie ein Kind war. Wir sahen den zarten und vergebenden, doch festen Blick Jesu in ihnen. Und sie blickten uns in die Augen und wir blickten zurück. Sie durchdrangen uns mit leidvollen und hypnotischem Leuchten. Wenn sie sprachen, wurden sie plötzlich wild und beinahe kindisch. In ihrem Schweigen waren sie sie selbst. „Sie haben erst *kürzlich* gelernt, diese Kristalle zu verkaufen, seit vor etwa zehn Jahren die Hauptstraße gebaut wurde — bis zu jener Zeit muß das ganze Volk *geschwiegen* haben."

Die Mädchen jammerten um den Wagen herum. Ein besonders seelenvolles Kind packte Deans schwitzenden Arm. Sie jammerte auf indianisch. „Ach ja, ach ja, mein Liebling", sagte Dean zart und beinahe traurig. Er stieg aus dem Wagen und fischte hinten im Koffer herum — seinem ewigen, alten gequälten, amerikanischen Koffer — und zog eine Armbanduhr heraus. Er zeigte sie dem Kind. Es wimmerte vor Wonne. Die anderen drängten mit Erstaunen heran. Dann holte Dean sich aus des kleines Mädchens Hand „den süßesten und reinsten und kleinsten Kristall, den sie persönlich aus dem Berg für mich gepflückt hat". Er fand einen, der nicht größer war als eine Beere. Und er überreichte ihr die baumelnde Armbanduhr. Ihre Münder waren rund wie die Münder von Chorkindern. Das glückliche kleine Mädchen preßte sie an den zerschlissenen Brustlatz. Sie streichelten Dean und dankten ihm. Er stand unter ihnen, hielt sein verwittertes Gesicht gen Himmel und suchte den höchsten und letzten Paß und sah aus wie der Prophet, der zu ihnen gekommen war. Er ging zum Wagen zurück. Sie waren betrübt, daß wir wieder abfuhren. Während wir den geraden Paß erklommen, winkten sie lange und liefen uns nach. Wir fuhren um eine Kurve und sahen sie nicht mehr, und sie liefen uns noch immer nach. „Ah, das bricht mir das Herz!“ rief Dean und schlug sich an die Brust. „Wie weit treiben sie diese Ergebenheit und Verwunderung! Was wird mit ihnen geschehen? Würden sie versuchen, dem Wagen bis Mexico City zu folgen, wenn wir langsam genug führen?“

„Ja“, sagte ich, denn ich wußte es.

Wir kamen in die schwindelerregenden Höhen der Sierra Madre Oriental. Die Bananenbäume glänzten golden im Dunst. Große Nebel gähnten jenseits der Steinwände des Abgrunds. Darunter war der Moctezuma, ein dünner goldener Faden in einer grünen Dschungelmatte. Wo die Straße sich gabelte, rollten fremde Dörfer auf dem Gipfel der Welt vorbei, mit Indianern in Schals, die uns unter Hutkrempen und *rebozos* beobachteten. Das Leben war dicht, dunkel, uralt. Sie beobachteten Dean, der ernst und besessen hinter dem beutegierigen Lenkrad saß, mit Habichtsaugen. Alle hatten ihre Hände ausgestreckt. Sie waren von entfernten Bergen und höhergelegenen Ortschaften gekommen, um ihre Hände für etwas aufzuhalten, von dem sie dachten, daß die Zivilisation es ihnen bieten könne, und sie ahnten nicht, wie traurig, armselig und enttäuschend diese Zivilisation ist. Sie wußten nicht, daß eine Bombe gekommen war, die alle unsere Brücken und Straßen zersprengen und in ein Chaos verwandeln konnte, und daß wir eines Tages arm sein würden wie sie, und unsere Hände ausstrecken würden wie sie, ebenso wie sie. Unser brüchiger Ford, der Ford des alten aufstrebenden Amerikas der dreißiger Jahre, klapperte an ihnen vorüber und verschwand im Staub.

Wir hatten die Ausläufer der letzten Hochebene erreicht. Nun war die Sonne Gold, die Luft ein strenges Blau und die Wüste

mit ihren gelegentlichen Flüssen ein Aufruhr von sandigem, heißem Raum und plötzlichen biblischen Baumschatten. Dean schlief jetzt, und Stan fuhr. Die Schafhirten erschienen wie zu vorsintflutlichen Zeiten in lange, fließende Gewänder gekleidet; die Frauen trugen goldene Bündel Flachs, die Männer Holzstäbe. Unter großen Bäumen in der schimmernden Wüste saßen die Schafhirten versammelt, und die Schafe mühten sich in der Sonne und wirbelten Staub auf bis zum Horizont. „Mensch, Mensch", schrie ich Dean zu, „wach auf und sieh die Schafhirten, wach auf und sieh die goldene Welt, aus der Jesus gekommen ist, mit deinen eigenen Augen kannst du es erkennen!"
Sein Kopf schoß aus dem Sitz, er warf einen Blick auf das Ganze in der roten schwindelnden Sonne und fiel zurück, um weiterzuschlafen. Als er aufwachte, beschrieb er es mir in allen Einzelheiten und sagte: „Ja, Mensch, ich bin froh, daß du mich darauf aufmerksam gemacht hast. Oh, Gott, was soll ich tun? Wohin gehe ich?" Er rieb seinen Bauch, er sah mit roten Augen zum Himmel, er weinte beinah.
Das Ende unserer Reise stand bevor. Große Felder breiteten sich zu beiden Seiten aus; ein stolzer Wind wehte durch die verstreuten riesigen Haine und über alte Missionshäuser, die in der späten Abendsonne lachsrosa leuchteten. Die Wolken waren nah und riesengroß und rötlich gefärbt. „Mexico City im Abendrot!" Wir hatten es geschafft, im ganzen gut dreitausend Kilometer von den Nachmittagshöfen Denvers zu diesen weiten und biblischen Gebieten der Welt, und jetzt waren wir dabei, das Ende der Straße zu erreichen.
„Sollen wir unsere Insektenhemden wechseln?"
„Nee, tragen wir sie bis in die Stadt, zum Teufel." Und wir fuhren nach Mexico City hinein.
Ein kurzer Gebirgspaß trug uns plötzlich auf eine Höhe, von der wir unter uns das ganze Mexico City in seinem vulkanischen Krater ausgebreitet sahen, ausgespieene Rauchsäulen und frühe Lichter in der Dämmerung. Dort hinunter sausten wir, den Insurgentes Boulevard hinab, geradewegs in das Herz der Stadt bei Reforma. Kinder spielten Fußball auf ausgedehnten traurigen Feldern und wirbelten Staub auf. Taxifahrer überholten uns und wollten wissen, ob wir Mädchen wollten. Nein, im Augenblick wollten wir keine Mädchen. Lange, zerfallene Armenviertel aus Luftziegeln dehnten sich

in der Ebene; wir sahen einsame Gestalten in den nun dunklen Gäßchen. Bald würde die Nacht kommen. Dann begann das Brausen der Stadt, und plötzlich fuhren wir an vollen Kaffeehäusern und an Theatern und vielen Lichtern vorbei. Zeitungsverkäufer schrien uns zu. Mechaniker latschten barfuß vorbei, mit Schraubenschlüsseln und Lappen. Verrückte barfüßige indianische Fahrer schnitten uns und umgaben uns und hupten und produzierten einen wüsten Verkehr. Der Lärm war unglaublich, die mexikanischen Wagen haben keine Schalldämpfer. Hupen wurden dauernd mit Wonne bearbeitet. „Hii!" brüllte Dean. „Paß auf!" Er tummelte den Wagen durch den Verkehr und spielte mit allen. Er fuhr wie ein Indianer. Er kam beim Reforma Boulevard an einen Straßenstern mit Kreisverkehr und kurvte herum, während die acht Zacken des Sterns aus allen Richtungen Wagen auf uns schossen, von links, rechts, *izquierda*, direkt entgegen, und er brüllte und hüpfte vor Freude. „Das ist Verkehr, wie ich ihn mir immer erträumt habe! Jeder *fährt*!" Eine Ambulanz kam vorbeigestürmt. Amerikanische Ambulanzen schießen und schlängeln sich mit heulender Sirene durch den Verkehr; die großen weltweiten indianischen Fellahin-Ambulanzen kommen nur so mit hundertvierzig Sachen durch die Straßen der Stadt, und jeder muß aus dem Weg, und sie nehmen auf niemand Rücksicht, unter keinen Umständen, und sie rauschen einfach durch. Wir sahen sie auf schlitternden Rädern aus dem Blickfeld rollen, mitten im explosiven Wirbel dichten Stadtverkehrs. Die Fahrer waren Indianer. Leute, alte Damen sogar, liefen Autobussen nach, die niemals hielten. Junge Kaufleute von Mexico City machten Wetten und rannten gruppenweise Bussen nach und sprangen sportlich auf. Die Busfahrer waren barfuß, ein höhnisches Grinsen auf den Lippen und nicht ganz bei Trost. Sie saßen im Hemd kauernd an den niedrigen, mächtigen Lenkrädern. Heiligenbilder brannten über ihnen, die Lichter in den Bussen waren braun und grünlich, und dunkle Gesichter reihten sich auf hölzernen Bänken.

In der Innenstadt von Mexico City stapften Tausende von Louis-Typen in schlappenden Strohhüten und in Röcken mit langen Aufschlägen über nackten Oberkörpern die Hauptgeschäftsstraße entlang; manche verkauften Kruzifixe und Marihuana in den engen Seitengäßchen, manche knieten in verwitterten Kirchlein nahe bei mexikanischen Stripteasevorführungen in einfachen Schuppen. Einige Gäßchen waren richtige Trümmerhaufen mit offenen Abzugskanälen, und kleine Türen führten in schrankgroße Bars, die zwischen Luftziegelmauern klebten. Man mußte über einen Graben springen, um einen Drink zu bekommen; und am Grunde des Grabens war der uralte See der Azteken. Man kam mit dem Rücken zur Mauer aus der Bar und arbeitete sich Schritt für Schritt zur Straße. Sie servierten Kaffee mit Rum und Muskat gemischt. Mambo plärrte von überallher. Hunderte von Huren reihten sich längs der dunklen und engen Straßen, und ihre trauervollen Augen funkelten uns in der Nacht an. Wir wanderten aufgeputscht und wie im Traum herum. Wir aßen wunderbare Steaks für achtundvierzig Cents in einem fremdartigen gekachelten mexikanischen Selbstbedienungslokal mit ganzen Generationen Marimbamusikern an einer immensen Marimba — auch singende Wandergitarristen gab es und an Straßenecken alte Männer, die Trompete bliesen. Man ging am sauren Gestank von Pulquekneipen vorbei; dort bekam man für zwei Cents ein Glas Kaktussaft. Es gab kein Aufhören; die Straßen waren die ganze Nacht voll Leben. Bettler schliefen, eingewickelt in Plakate, die sie von Zäunen gerissen hatten. In ganzen Familien saßen sie auf dem Gehsteig, spielten kleine Flöten und kicherten in die Nacht. Mit ausgestreckten bloßen Füßen und düsteren, abgebrannten Kerzen bildete ganz Mexiko ein weites Zigeunerlager. An Straßenekken zerteilten alte Weiber gekochte Kuhköpfe und wickelten Stückchen in Tortillas und servierten sie mit scharfer Sauce auf Servietten aus Zeitungspapier. Dies war die große und endgültige und ungehemmte kindliche Fellahin-Stadt, von der wir gewußt hatten, wir würden sie am Ende der Straße finden. Dean durchwanderte sie mit idiotisch-leblos herabhängenden Händen, offenem Mund und glänzenden Augen und vollführte einen ziellosen und heiligen Rundgang, der bis zur Morgendämmerung dauerte und zu einem Feld führte, wo ein Junge in einem Strohhut mit uns lachte und plauderte und Fangen spielen wollte; denn ein Aufhören gab es nicht.

Dann bekam ich Fieber und phantasierte und verlor das Bewußtsein. Dysenterie. Ich blickte aus dem dunklen Wirbel meiner Gedanken nach oben, und ich wußte, ich war in einem Bett dreitausend Meter über dem Meer, auf dem Dach der

Welt, und ich wußte, daß ich ein ganzes Leben und viele andere in der armen atomistischen Hülse meines Fleisches gelebt hatte, und ich hatte alle Träume, die man sich vorstellen kann. Und ich sah Dean sich über den Küchentisch beugen. Es war einige Nächte später, und er war schon dabei, Mexico City zu verlassen. „Was machst du, Mensch“ stöhnte ich.
„Armer Sal, armer Sal, bist krank. Stan wird sich um dich kümmern. Jetzt hör zu und paß auf, wenn du es in deiner Krankheit kannst: Ich hab hier unten meine Scheidung von Camille bekommen, und ich fahre heute nacht zu Inez nach New York zurück, wenn es der Wagen aushält.“
„Das Ganze noch einmal?“ schrie ich.
„Das Ganze noch einmal, lieber Freund. Muß zu meinem Leben zurück. Wünschte, ich könnt bei euch bleiben. Bete, daß ich zurückkommen kann.“ Ich griff mir in Krämpfen an den Bauch und stöhnte. Als ich wieder aufsah, stand der kühne, edle Dean mit seinem alten zerbrochenen Koffer da und blickte auf mich herab. Ich wußte nicht mehr, wer er war, und er wußte es und hatte Mitgefühl und zog die Decke über meine Schultern. „Ja, ja, ja, ich muß jetzt gehn. Alter, fiebriger Sal, auf Wiedersehen.“ Und weg war er. Zwölf Stunden später begriff ich in meinem quälenden Fieber endlich, daß er weg war. Da fuhr er bereits allein durch jene Bananenberge zurück, diesmal bei Nacht.
Als es mir etwas besser ging, wurde mir klar, was für ein Schwein er war, aber schließlich mußte ich Verständnis haben für die unmögliche Kompliziertheit seines Lebens und warum er mich krank zurückließ, um weiterzumachen mit seinen Weibern und Schmerzen. „Ist recht, alter Dean, ich will nichts sagen.“

Fünfter Chorus

Dean fuhr von Mexico City ab und sah in Gregoria Victor wieder und trieb den alten Wagen den ganzen Weg bis Lake Charles, Louisiana, bis schließlich das Hinterteil auf die Straße fiel, wie er es schon immer vorausgesehen hatte. So telegrafierte er Inez um Geld und flog den Rest der Strecke. Als er in New York mit den Scheidungspapieren in der Hand eintraf, fuhren er und Inez sofort nach Newark und heirateten; in dieser Nacht, während er ihr versicherte, alles sei in Ordnung, sie brauche sich keine Sorgen zu machen, und während er logisch zu sein versuchte, wo es nichts gab als endloses leidvolles Schweißvergießen, sprang er auf einen Bus und raste wieder quer durch den fürchterlichen Kontinent nach San Francisco, um zu Camille und den beiden kleinen Mädchen zurückzukehren. So war er nun dreimal verheiratet, zweimal geschieden und lebte mit seiner zweiten Frau.

Im Herbst trat auch ich die Rückreise von Mexico City an, und eines Nachts in Dilley, Texas, gerade hinter der Grenze bei Laredo, stand ich auf der heißen Straße unter einer Bogenlampe, an der die Sommermotten zerschmetterten, als ich aus der Dunkelheit außerhalb des Lichtkreises den Laut von Schritten hörte, und siehe da, ein großer alter Mann mit wehenden weißen Haaren kam stapfend mit einer Last auf dem Rücken vorüber, und als er mich im Vorbeigehen sah, sagte er: „Gehe hin und wehklage über die Menschen!" Und stapfte zurück in sein Dunkel. Hieß das, ich solle endlich zu Fuß zu meiner Wallfahrt über die dunklen Straßen Amerikas aufbrechen? Ich sträubte mich und eilte nach New York, und eines Nachts stand ich auf einer dunklen Straße in Manhattan und rief zum Fenster eines Stockwerks hinauf, wo meine Freunde eine Party gaben, wie ich meinte. Aber ein hübsches Mädchen steckte seinen Kopf aus dem Fenster und sagte: „Ja? Wer ist da?" — „Sal Paradise", sagte ich und hörte meinen Namen in der trüben und leeren Straße widerhallen.

„Kommen Sie herauf", rief sie. „Ich mache eben heiße Schokolade." So ging ich hinauf, und da war sie, das Mädchen mit den reinen und unschuldigen treuen Augen, das ich immer

gesucht hatte seit so langer Zeit. Wir kamen überein, uns wahnsinnig zu lieben. Wir planten, im Winter nach San Francisco zu ziehen und alle unsere schäbigen Möbel und unser armseliges Eigentum auf einem alten billigen Plattformlaster mitzunehmen. Ich schrieb Dean und erzählte es ihm. Er schrieb einen endlosen Brief zurück, achtzehntausend Worte lang, über seine jungen Jahre in Denver, und sagte, er würde mich abholen kommen und selbst den alten Laster auswählen und uns zu unserem Heim fahren. Wir hatten sechs Wochen Zeit, um das Geld für den Laster zusammenzusparen, und fingen an zu arbeiten und jeden Cent umzudrehen. Und plötzlich kam Dean ganz von selbst an, fünfeinhalb Wochen zu früh, und niemand hatte Geld, um den Plan auszuführen.
Ich war mitten in der Nacht spazierengegangen und kam zu meinem Mädchen zurück, um zu erzählen, worüber ich während meines Spazierganges nachgedacht hatte. Sie stand mit einem merkwürdigen Lächeln in der kleinen dunklen Bude. Ich erzählte ihr ein paar Sachen, und plötzlich bemerkte ich die Stille im Raum und sah mich um und sah ein verschlissenes Buch auf dem Radio. Ich wußte, es war Deans Erhabene-Ewigkeit-am-Nachmittag, sein Proust. Ich sah ihn ohne Schuhe auf den Zehenspitzen aus dem dunklen Vorraum hereinkommen. Er konnte nicht mehr sprechen. Er hüpfte und lachte, er stammelte und gestikulierte mit den Händen und sagte: „Ah — ah — ihr müßt zuhören und aufpassen.“ Wir hörten zu, ganz Ohr. Aber er hatte vergessen, was er sagen wollte. „Hört wirklich — mhm. Schau, teurer Sal — liebe Laura — ich bin gekommen — ich weiß nicht — aber wart — ach ja.“ Und er starrte mit steinernem Leid auf seine Hände. „Kann nicht mehr reden — versteht ihr, daß das so ist — oder vorkommen kann — aber hört!“ Wir hörten. Er lauschte Geräuschen in der Nacht. „Ja!“ flüsterte er scheu. „Aber ihr seht — brauche gar nicht mehr zu reden — auch in Zukunft nicht.“
„Aber warum bist du so früh gekommen, Dean?“
„Ah“, sagte er und sah mich an, als wär's zum erstenmal, „so früh, ja. Wir — wir werden wissen — das heißt, ich weiß nicht. Ich kam mit dem Eisenbahnpaß — Bremserhäuschen — alte Dritteklassewagen — Texas — habe den ganzen Weg Flöte gespielt.“ Er nahm seine neue Holzflöte heraus. Er spielte ein paar quietschende Töne auf ihr und hüpfte in Strümpfen auf

und ab. „Seht?“ sagte er. „Aber natürlich, Sal, ich kann so schnell reden wie je und hab dir eine Menge zu sagen, in der Tat habe ich mit meinem eigenen kleinen Kinderverstand diesen Mords-Proust auf dem ganzen Weg quer durchs Land gelesen und gelesen und habe eine große Menge Sachen herausbekommen, über die mit dir zu sprechen ich nie ZEIT gehabt habe und wir IMMER NOCH nicht über Mexiko gesprochen haben und über unsere Trennung dort im Fieber — aber nicht nötig zu reden. Absolut, jetzt, ja?“

„Gut, wir werden nicht reden.“ Und er erzählte bis in die letzte Einzelheit die Geschichte von dem, was er unterwegs in LA gemacht hatte, wie er eine Familie besucht, dort zu Abend gegessen, mit dem Vater, den Söhnen, den Schwestern gesprochen hatte — wie sie aussahen, was sie aßen, ihre Möbel, ihre Gedanken, ihre Interessen, sogar ihre Seelen; seine detaillierten Ausführungen nahmen drei Stunden in Anspruch, und als er damit fertig war, sagte er: „Ah, aber seht ihr, was ich euch WIRKLICH sagen wollte — viel später — Arkansas, Durchquerung im Zug — Flötespielen — mit den Jungs Karten spielen, meine dreckigen Karten — Geld gewonnen, Flötensolo gespielt — für Seeleute. Lange, lange, fürchterliche Reise, fünf Tage und fünf Nächte, nur um dich zu SEHEN, Sal.“

„Was ist mit Camille?“

„Hat natürlich Erlaubnis gegeben — wartet auf mich. Camille und ich, ganz klar für immer und immer . . .“ — „Und Inez?“

„Ich — ich — ich will, daß sie mit mir nach Frisco zurückkehrt, auf der anderen Seite der Stadt lebt — glaubst du nicht? Weiß nicht, warum ich gekommen bin.“ Später sagte er in einem jähen Augenblick gaffenden Staunens: „Gut, und ja, natürlich, ich wollte dein süßes Mädchen sehen und dich — bin froh für dich — hab dich lieb wie je.“ Er blieb drei Tage in New York und machte hastig Vorbereitungen, mit seinen Eisenbahnfreikarten per Bahn zurückzufahren und wieder den Kontinent zurück zu durchqueren, fünf Tage und fünf Nächte in staubigen Waggons und schäbigen Dritterklasseabteilen, und natürlich hatten wir kein Geld für einen Lastwagen und konnten nicht mit ihm zurückfahren. Mit Inez verbrachte er eine Nacht voller Erklärungen und Schwitzen und Streit, und sie warf ihn hinaus. Ein Brief kam an für ihn, an meine Adresse. Ich sah ihn. Er war von Camille. „Mein Herz brach, als ich Dich mit Deinem Sack über die Schienen gehen sah.

Ich bete und bete, daß Du sicher zurückkommst ... Ich möchte sehr, daß Sal und seine Freundin kommen und in derselben Straße leben wie wir ... Ich weiß, Du wirst es schaffen, aber ich kann mir nicht helfen, ich sorge mich — jetzt, wo wir alles entschieden haben ... Lieber Dean, es ist das Ende der ersten Hälfte des Jahrhunderts. Willkommen mit Liebe und Küssen, damit Du die andere Hälfte mit uns verbringst. Wir alle warten auf Dich. (Gez.:) Camille, Amy und Klein Joanie."
So war Deans Leben geordnet mit seiner beständigsten, verbittersten und ihn am besten kennenden Frau Camille, und an seiner Stelle dankte ich Gott.
Das letzte Mal sah ich ihn unter traurigen und sonderbaren Umständen. Nach mehreren Schiffsreisen um die Welt war Remi Boncœur nach New York gekommen. Ich wollte, er solle Dean treffen und kennenlernen. Sie trafen sich, aber Dean konnte nicht mehr reden und sagte nichts, und Remi wandte sich ab. Remi hatte Karten für das Duke-Ellington-Konzert in der Metropolitan Opera bekommen und bestand darauf, daß Laura und ich mit ihm und seinem Mädchen hingingen. Remi war jetzt fett und melancholisch, aber immer noch der eifrige und auf Benimm achtende Gentleman, und er wollte alles auf die *richtige* Art machen, wie er betonte. So brachte er seinen Buchmacher dazu, uns in einem Cadillac zum Konzert zu fahren. Es war eine kalte Winternacht. Der Cadillac wartete fahrfertig. Dean stand mit seinem Sack draußen vor den Fenstern, um zum Pennsylvania-Bahnhof zu fahren und weiter quer durchs Land. „Leb wohl, Dean", sagte ich. „Ich wollte wirklich, ich müßte nicht zu dem Konzert gehen."
„Glaubst du, ich kann bis zur 40. Straße mit euch fahren?" flüsterte er. „Möchte soviel wie möglich mit dir zusammen sein, Junge, und außerdem ist es so verdammt kalt hier in diesem New York ..." Ich flüsterte mit Remi. Nein, er wollte nicht; er mochte mich, aber er mochte nicht meine idiotischen Freunde. Ich solle nicht wieder anfangen, seine vorgeplanten Abende zu ruinieren, wie ich es 1947 bei Alfred's in San Francisco mit Roland Major getan hatte.
„Kommt überhaupt nicht in Frage, Sal!" Armer Remi, er hatte sich eine spezielle Krawatte für diesen Abend machen lassen; eine Wiedergabe der Konzertkarten war darauf gemalt und die Namen Sal und Laura und Remi und Vicki, das Mädchen,

dazu eine Reihe trauriger Witze und einige seiner Lieblingsaussprüche wie „Man kann dem alten Maestro keine neue Melodie beibringen".

So konnte Dean nicht mit uns ins andere Stadtviertel fahren, und ich konnte nichts tun, als hinten im Cadillac sitzen und ihm zuwinken. Der Buchmacher am Steuer wollte ebenfalls nichts mit Dean zu tun haben. Dean schritt in seinem mottenzerfressenen, abgerissenen Mantel, den er extra wegen der Unter-Null-Temperaturen des Ostens mitgebracht hatte, allein davon, und ich sah nur noch, wie er um die Ecke der Seventh Avenue ging. Die arme kleine Laura, mein Baby, der ich alles über Dean erzählt hatte, begann fast zu weinen.

„Oh, wir sollten ihn nicht so gehen lassen. Was werden wir machen?"

Der gute alte Dean ist fortgegangen, dachte ich, und laut sagte ich: „Er wird's schon machen." Und wir fuhren los zu dem traurigen Konzert, für das ich absolut nicht in Stimmung war, und die ganze Zeit dachte ich an Dean und daß er wieder den Zug bestieg und fünftausend Kilometer durch dies schreckliche Land fuhr und nicht einmal wußte, warum er überhaupt gekommen war, außer um mich zu sehen.

Deshalb, wenn die Sonne in Amerika untergeht und ich auf dem alten verwitterten Flußdamm sitze und die weiten, weiten Himmel über New Jersey betrachte und all das rauhe Land spüre, das in einem unglaublichen, riesenhaften Wulst der Westküste zurollt, und die Straße spüre, die dorthin führt, und all die Menschen, die in dem Riesenraum träumen, und weiß, daß jetzt in Iowa die Kinder schreien, in diesem Land, wo man die Kinder schreien läßt, und daß heute nacht die Sterne scheinen werden; und weißt du nicht, daß Gott der Polarstern ist, daß der Abendstern sich neigen und sein funkelndes Halblicht auf die Prärie werfen muß, bevor noch vollkommene Nacht die Erde segnet, alle Flüsse verdunkelt, die Gipfel verhüllt und die letzte Küste zusammenfaltet, und niemand, niemand weiß, was einem beschieden ist, außer den trostlosen Fetzen des Alterns: dann denke ich an Dean Moriarty, ich denke sogar an den alten Dean Moriarty, den Vater, den wir niemals fanden — ich denke an Dean Moriarty.

Nachwort

1

Die dort *so heftig leben,* die Romanfiguren *auf der Straße* gleichermaßen wie ihr Autor und dessen Schriftstellerkollegen, tun es im Dilemma: Sie fliehen gutbürgerliche Geborgenheit, politischen Konformismus, satte Konventionen, aber es gibt kein Entkommen; jeweils am scheinbaren Ziel, das hier die Pazifikküste ist, kehren sie um, *auf dem halben Wege quer durch Amerika,* ohne je einen ganzen Weg zu finden, und gehen zurück in Rage und Ohnmacht ... „ihr ganzes Dasein ist eine einzige fieberhafte Reise in die Tiefe ihrer eigenen verstörten, betäubten, suchenden Seele", so beschreibt es die sowjetische Literaturwissenschaftlerin Inna Lewidowa.

... *wir müssen uns beeilen,* sagt „Held" Dean Moriarty zu der ganzen kurzlebigen *zerstreuten Bande* zwischen New York, Chicago, Nebraska und Kalifornien, zwischen Hudson, Mississippi und Stillem Ozean; er sagt es als Sprecher jenes eigenwilligen Antikollektivs „ruheloser Seelen", die Individualität in schon wieder anarchischer Gleichmacherei, in rebellisch-depravierter Verbundenheit suchten. Diese *beat generation* der fünfziger Jahre hat keine Zeit — die Zeit, in der sie leben, ist nicht die ihre; es gäbe soviel Wesentliches zu tun auf der Erde, die ihnen aber nicht gehört, denn regierende *Dreckskerle sind im Augenblick nur daran interessiert zuzusehen, ob sie die Welt endlich in die Luft sprengen können.* Solcher schmutzigen Politik verweigern sich die Beatniks, doch zu intervenieren oder gar Veränderung zu bewirken, vermögen sie auch nicht. Sie sind gleich ihren Werken in Ambivalenz verhaftet: geschlagene *beat* Generation auf der besessenen und vergeblichen Jagd nach glückseliger *beatific* Ungebundenheit.

„Natürlich ist solch semantische Zweideutigkeit ein recht vordergründiges Symptom, dessen Kenntnisnahme noch keiner Diagnose gleichkommt. Und doch steht hinter der gewünschten Kongruenz von *Geschlagenheit* und *Glücksanspruch* ein tieferer Widerspruch, den die Kritiker der Beat-Dichtung nicht recht ergründet haben: eine Zerrissenheit zwischen Trotz und Demütigung, ein Widerspruch von Zorn und Resignation, Kritik und Apologie", erklärt Robert Weimann und vergleicht diese Autorenpositionen „zwischen Anarchie und Engagement" mit der „Zerrissenheit eines Rebellen, der sich selbst betäubt, eines Moralisten, der die öffentliche Sittenlosigkeit durch die Entblößung seiner Scham anzuprangern glaubt." Vornehmlich in der Lyrik der Beatniks wird das unhaltbare Spannungsgefüge zwischen dem idealen Anspruch der Gründer des demokratischen Amerika und der Zurücknahme durch den staatsmonopolistischen Kapitalismus in all seinen Institutionen und Erscheinungen augenfällig. Allen Ginsberg (im Buch: Carlo Marx), neben Lenore Kandel, Gregory Corso, Philip Lamantia und Lawrence Ferlinghetti führender Repräsentant der Beat-Dichtung, artikuliert das Unbehagen, die Angst der Jahrhundertmitte lakonisch und drastisch:

> Amerika, ich hab dir alles gegeben und jetzt bin ich nichts.
> Amerika zwei Dollar siebenundzwanzig am 17. Januar 1956.
> Mein eigener Kopf reicht nicht aus.
> Amerika, wann machen wir Schluß mit dem Menschenkrieg?
> Steck dir deine Atombombe in den Arsch.

Nach Hiroshima und Nagasaki *ver*sagen alle *an*gesagten Wertmaßstäbe: Nicht von ungefähr hißt deshalb Kerouacs Ich-Erzähler das Sternenbanner verkehrt herum; nicht von ungefähr unterstellen konservative Kritiker den Beatniks „unamerikanisches" Verhalten. Die jungen, allen politischen Bindungen entratenen Intellektuellen reagieren mit seismographischer Sensibilität und gleichzeitig anarchischem Ungestüm auf die gesellschaftliche Verdüsterung und Pervertierung, die mit dem Ende des zweiten Weltkrieges eingesetzt hat: Die Hoffnungen der antifaschistischen „roten" dreißiger Jahre in den USA sind mit dem Auseinanderbrechen der Anti-Hitler-Koalition für die meisten endgültig begraben; Schriftsteller wie John Steinbeck oder Erskine Caldwell geben in wachsendem Maße optimistische, kämpferisch-demokratische Haltungen preis. Die Politik der Regierungen Truman und Eisenhower bewirkt arge Desillusionierung zumal bei Künstlern. Mit dem

Namen des radikalen Senators Joseph McCarthy ist wilder Antikommunismus, *Hexenjagd* auf progressive Intellektuelle verbunden; Ethel und Julius Rosenberg sterben auf dem elektrischen Stuhl. John Foster Dulles' Außenpolitik der *brinkmanship* operiert am Abgrund einer dritten, atomaren Weltkatastrophe. Das Taft-Hartley-Gesetz von 1947 zielt innenpolitisch auf den Abbau demokratischer Grundrechte. Der „kalte Krieg" und die Aggressionswut des Pentagon frieren bis in die individuellsten, intimsten Bereiche echte Lebensmöglichkeiten ein. Das künstlerisch-kommerzielle Establishment triumphiert; klassizistische Unverbindlichkeit fernab der Tagesereignisse wird von der Kritik hofiert, die subtile psychologische Prosa des bedeutenden Erzählers Henry James wird zum alleingültigen Maßstab erklärt.
In Opposition dazu berufen sich die Beatniks auf andere literarische Traditionen: Sie schwören nostalgisch auf den Pioniergeist der Vorfahren, blicken zurück im Zorn wie zur selben Zeit die neorealistische Schriftstellergeneration der *Angry Young Men* in Großbritannien und lesen aus den gewaltigen Gesängen Walt Whitmans für sich das Recht auf kategorische Entfesselung und abenteuerliches Vagantentum fernab der Stereotypie des *American Way of Life* heraus. „Kerouac ist mehr als lediglich der Apostel der amerikanischen Teenager-Jugend in Jeans, protzend und einsam auf Motorrädern im Neonlicht; er ist wirklich ein Jünger der Offenen Straße, Walt Whitman's Open Road", räumt André Deutsch ein.
Tabus werden durchbrochen, vitaler Ungehorsam steht gegen prüde Staatsräson. Das große Vorbild heißt: Henry Miller. Dieser „verstörte, nachlässige, unbesonnene, wollüstige, obszöne, lärmende, nachdenkliche, gewissenhafte, lügnerische, teuflisch aufrichtige Mensch" hat Prämissen für ein kreatürliches und kreatives Sein geliefert; besonders die immer wieder von den Zensurbehörden der Pornographie verdächtigte autobiographische Prosa Millers — „Wendekreis des Krebses" 1934 oder „Wendekreis des Steinbocks" 1939 — ist dem dreißig Jahre jüngeren Kerouac maßgeblicher Impuls für das eigene Leben und Schaffen. In der „Liste der unentbehrlichen Hilfsmittel" für den Schriftsteller, die der Autor von *On the Road* 1959 für die New Yorker „Evergreen Review" in dreißig Leitsätzen aufgestellt hat, ist der Arbeitsstil Millers in wesentlichen Positionen nachempfunden:

Gib dich jedem Eindruck hin! Öffne dich! Lausche! ... Sei in dein Leben verliebt! ... Sei immer blödsinnig geistesabwesend! ... Schlage so tief, wie du schlagen willst! ... Es gilt, die Flut, die in deinem Inneren bereits unversehrt existiert, aufzuzeichnen! Ringe darum! ... Bleibe jedem Tag auf der Spur. Sein Datum schmücke deinen Morgen wie ein Wappenschild ... Empfinde weder Angst noch Scham, wenn es um die Würde deiner Erfahrungen, deiner Sprache und deines Wissens geht! ... Sei des Lobes voll, wenn du in der frostig kalten, unmenschlichen Einsamkeit einen Charakter findest.

Ihren eigenen Eskapismus bejubelnd, proklamieren die Beatniks den Dualismus zwischen dem Wohlstandsbürger und Philister, also dem *square,* auf der einen und dem bewußt auf Heim und Besitz verzichtenden *hipster* auf der anderen Seite, der gegen die heile Welt der Serienhäuschen mit Vorgarten und kleinbürgerlichem Horizont, gegen die *phony nice world,* wütende Attacken vom Stapel läßt oder sich still in Seelenschau und Verinnerlichung, in die Lehren des Zen-Buddhismus beispielsweise oder in existentialistische Positionen, rettet. Die *silent generation,* die „schweigende Generation" unterscheidet sich nur durch den Mangel an Lautstärke von den Beatniks; Holden Caulfield, der „Fänger im Roggen", Titelfigur des Romans von Jerome D. Salinger aus dem Jahre 1951, plädiert mit gesellschaftskritischem Impetus für die unschuldige Welt der Kinder, gegen das Bildungssystem in den USA, gegen die Gefühlskälte und Brutalität der großstädtischen Steinwüsten, in denen auch der *hipster* Jerry in Edward Albees 1959 entstandenen Zweipersonenstück „Die Zoogeschichte" an der Vertierung des Menschen zugrunde geht, getötet vom saturierten *square* Peter, der nicht zufällig von Beruf Verleger ist und die Sterilität des geistig-kulturellen Klimas mit zu verantworten hat. Ihm läuft letztlich der ziellose Rebell ins Messer.

Die mitunter selbstmörderischen Alleingänge und Angriffe gegen die herrschende Geschäftsmoral oder besser -unmoral sind von Salinger bis Albee — und in diesen Jahren zwischen 1951 und 1959 waren die Beatniks angetreten — immer vehementer, dröhnender geworden; ihr Weg ist derselbe, ein Ausweg ist er nicht. Aber er ist Voraussetzung für einen solchen, so wie eine unerbittliche Diagnose die Therapie einleitet. Der amerikanische Alptraum, gebunden an die „verkehrende Macht des Goldes", weicht der krassen, unbewältigten Wirklichkeitssicht, wie sie Ginsberg vertritt:

Maschinengewirr eines masseneelektrischen Traums! Eine
Kriege-kreißende Babylonische Hure brüllend über
Kapitolen und Akademien!
Geld! Geld! Geld! Wahngepeitscht allmächtiges
Geld der Illusion
Geld gemacht aus nichts, aus Hungern, Selbstmord!

Aufgebracht, in Ekstase flüchten die „Helden" der *beat generation* vor der *Entwertung der Menschenwelt* infolge *Verwertung der Sachenwelt,* deren Resultat, wie Karl Marx beweist, darin besteht, „daß der Mensch (der Arbeiter) nur mehr in seinen tierischen Funktionen, Essen Trinken und Zeugen ... sich als freitätig fühlt und in seinen menschlichen Funktionen nur mehr als Tier". Entfremdete Arbeit lähmt die Schöpferkraft des Menschen. Im Rausch der Drogen und der Promiskuität, in Raserei und Trance suchen statt dessen die Entwurzelten Selbstverwirklichung und verlieren sich doch nur, tatenlos und traurig, hilflos am Ende. Sal Paradise, Kerouacs Ich-Erzähler, fragt sich *Hast du denn noch nicht genug von dir selbst?,* und jegliche Antwort bleibt in *den trostlosen Fetzen des Alterns* aus. Nur der Marktwert entscheidet realiter.

2

Den Beatniks geschieht etwas Unbegreifliches. Jack Kerouac beobachtet es — gleich seinem geschiedenen, frustrierten Berichterstatter Sal, der autobiographische Züge trägt — als Beteiligter mit zunehmender Distanz; die anfängliche Faszination weicht wachsendem Mitleid.
Der Autor ist 1922 in Massachussetts geboren, zu einer Zeit, als eine andere *verlorene Generation,* betroffen durch Weltkrieg und Wirtschaftskrise, in der Literatur Aufsehen erregte: Das Frühwerk Ernest Hemingways ist ein wesentlicher Bezugspunkt für Kerouac, der nicht zuletzt in der lakonisch-knappen, nüchternen Prosa sprachlichen Ausdruck findet; nur manchmal blühen, wenn die immer wieder neu entdeckten

Landschaften beschrieben werden, Epitheta auf. Leidenschaft wird spürbar, wenn die Flucht aus der Zivilisation, die Exotik des Abenteuerlichen verklärt werden soll. Kerouac schreibt – wie Sal Paradise – *ohne modifizierte Einschränkungen und ganz frei von literarischen Hemmungen, grammatikalischen Ängsten und solchen Dingen.* Das kongruiert wieder mit der List der dreißig Hilfsmittel zur Frage „Wie schreibe ich moderne Prosa? Ein Glaubensbekenntnis und ein technischer Ratgeber": *Beseitige literarische, grammatische und syntaktische Hindernisse! ... Mach es wie Proust: Gehe mit dem Schatz deiner Erfahrungen und Erinnerungen hausieren ... Erzähle die wahre Geschichte der Welt im inneren Monolog! ... Schreibe aus der Erinnerung und sei erstaunt über die Ergebnisse ... Komponiere wild, undiszipliniert, rein! Schreibe, was aus den Tiefen deines Innern aufsteigt! Je verrückter, desto besser! ... Du bist allezeit ein Genie!*

Derart immer wieder auf sich selbst angewiesen und zurückgeworfen, erzählt Jack Kerouac als Heimatloser, als Vagant, dem allenfalls ein Kontinent zum labyrinthischen Zuhause werden kann, weil er sich nicht auf die enttäuschende Gesellschaft irgendwo beschränken kann: Wirtschaftskrise, Weltkrieg und kalter Krieg sind Kerouacs Grunderlebnisse gewesen; er hat ein bißchen an der Columbia-Universität studiert, später in der Handelsmarine gedient und jahrelang als Tramp und Gelegenheitsarbeiter die Vereinigten Staaten durchstreift ... *egal, wo ich lebe, mein Koffer lugt immer unter dem Bett hervor.* In seinem ersten Roman *The Town and the City* (1950) existiert für ihn noch der Wunsch nach zweckmäßiger Seßhaftigkeit; aber sein Credo für absolute Unabhängigkeit und Freizügigkeit, für ein *Carpe diem* der zügellosen (und wirkungslosen) Weltverbesserer, ist immer weniger zu überhören, am stärksten wohl 1958 in *The Dharma Bums* („Gammler, Zen und Hohe Berge") — bis es schließlich folgerichtig in pessimistischer Trauer und Indolenz verklingt: *Tristessa* heißt eines der letzten Bücher Kerouacs, das sieben Jahre vor seinem Tode — er starb 1969 — erschienen ist, längst nicht mehr mit jenem sensationellen Erfolg, der dem brisanten Zeitdokument von 1957, *On the Road*, in riesigen Auflagen zuteil wurde.

Vom ersten bis zum fünften Chorus dieses in schlagender, sich wiederholender Rhythmik komponierten Romans tönt prosaisch der ebenso furiose wie schmerzliche Abgesang auf die glücklich leidenden Außenseiter, auf ihren extremen Vertreter

Dean Moriarty aus den Besserungsanstalten, den *Hochstapler mit dem glitzernden Verstand*, den HEILIGEN BLÖDIAN in der Narrenfreiheit des wider Willen austauschbaren Individualisten, der mit seiner Energie und Vitalität vielleicht — wären die Verhältnisse nicht so — Großes zu leisten imstande sein könnte. Aber als gleichsam ein Jahrzehnt zu früh gekommenes Hippie- oder Gammler-Blumenkind endet er, nur noch Bruchstücke stammelnd, zwangsläufig im Halbwahnsinn — entsprechend der paradoxen antibürgerlichen Devise: *Denn die einzig wirklichen Menschen sind für mich die Verrückten, die verrückt danach sind zu leben, verrückt danach zu sprechen, verrückt danach, erlöst zu werden, und nach allem gleichzeitig gieren ...*

Das Narren- und Hochstaplermotiv mit der Frage nach der Identität ist nicht das einzige Moment der Rezeption spätbürgerlicher Erfahrungen, Erlebnisse, Empfindungen, die bis hin zu den halbgewalkten Gesprächen über Nietzsche und Schopenhauer reichen und eine beklemmende Zurücknahme klassischer bürgerlicher Philosophie und Kunst bedeuten; Beethoven und Goethe sind in diesem Zusammenhang als unerreichbar fern zitiert, auch Shakespeare wird korrigiert: Nicht mehr in Bereitschaft, sondern *in Bewegung zu sein* ist einzig edle Funktion, denn *die Straße ist das Leben.* Und Marylou, Ed, Sal, Remi, Camille — sie alle merken kaum, daß sie sich eigentlich nur im Kreise drehen. Cool Jazz, Blues, Be-bop begleiten die Hektik der Nachtbarbesuche und Jam-Sessions während der Fahrten, die diese Traumtänzer, diese erwachsenen Kinder unternehmen, wenn sie mitunter verharren, wenn der vielleicht nicht ganz ziellos explodierende Aktionismus unterbrochen wird, wenn *ein sanftes süßes Solo* aufklingt *wie ein Märchen auf dem Altsaxophon. Einsam wie Amerika, ein Klang in der Nacht wie aus einer durchbohrten Kehle.*

Es sind grelle und jähe Lebensakkorde zumeist, die das fragmentarische Figurenpanorama in Kerouacs Roman bewegen, das in die vielgestaltige natürliche Landschaft gestellt ist. Und dies weite Land wird bewußt und vereinfacht in konstruiertem Kontrast zur Gesellschaft, zur „Zivilisation" gesehen, ein Gegensatz, der aber zugleich ein Plädoyer für die Erniedrigten und Beleidigten, für die Gleichheit der Rassen und Minderheiten einschließt. Kerouac addiert, ohne die Summe zu errechnen: Da sind mexikanische Freudenmädchen und sonnig lächelnde Bauernjungen aus Minnesota, da ist die besorgte italienische Tante im Osten, und an der 23. Straße bewegen sich im solidarischem Ensemble junge Ballspieler aller Hautschattierungen, *weiß, farbig, mexikanisch, rein indianisch;* da sind der *klumpfüßige Spielautomaten-Haifisch* und der *weiße Dreigroschenjunge in einem grellbunten Hawaiihemd* und die wütende Mutter mit der Schrotflinte im Maisfeld; die *verwahrlosesten Typen des Landes* in Los Angeles, denn *LA ist die einsamste und brutalste der amerikanischen Städte;* da ist das schöne, langweilige Landmädchen aus Michigan, dessen Lebensinhalt in Popcorn besteht, neben die *Desperados aus den Zuchthäusern von Utah* und die *traurigen alten Schwulen der nächtlichen Eighth Avenue* gestellt; da werden aber auch geplagte armselige Saisonarbeiter skizziert, ehemalige Strafgefangene in Opposition zu anmaßenden Polizisten gesehen: Auf soziale Antagonismen läßt sich ständig rückschließen. Da sind auch die Frauen, die Moriarty in seinem sexuellen Solipsismus benutzt und da ist als beinahe legendäre Gestalt der Globetrotter Old Bull Lee in New Orleans, „Lehrer" und Vorbild der Jungen, ein Mann, der Shakespeare liest und in Europa eine Frau durch Heirat vor den Faschisten rettet, der Rauschgift nimmt, die Polizei bekämpft, der halbwissenschaftliche und pseudophilosophische Thesen und Geschichten erzählt und okkultischen Neigungen nachgeht. Kerouac zeichnet mit ihm das Porträt des Schriftstellers William Burroughs. Fast fände hier eine Apotheose des Spontanen, ja Asozialen statt, wenn nicht zugleich ein tödlicher Mangel aggressiv konstatiert wäre, der nämlich darin besteht – wie Lewidowa schreibt –, „daß diese Gesellschaft dem Menschen etwas sehr Wichtiges, Lebensnotwendiges vorenthält, das durch keinerlei Segnungen des Komforts zu ersetzen ist: ein allgemeines und kein egoistisches Lebensziel, eine echte und keine stereotype geistige Kultur, Uneigennützigkeit, Aufrichtigkeit und Vertrauen in den menschlichen Beziehungen".

So bleibt der Widerstand passiv, den die Beatniks leisten, ohne Resultat, so wie die Suche nach Deans Vater erfolglos bleibt und damit ein beinahe mythisches Symbol setzt: Zwischen Historie und Jetzt klafft scheinbar eine nicht zu überbrückende Diskrepanz; Moriarty junior als die Inkarnation der Ziellosigkeit, der Mann, der nur dem Augenblick lebt, stellt sich selbst in Frage: Aus dem *westlichen Verwandten der Sonne* wird, auch in der sich verdunkelnden, stetig fremder werdenden Sicht Sals, ein *alter Taugenichts;* und beide, der kritische Erzähler wie sein kritisch beleuchteter „Freund und Satan", bleiben *zwei ramponierte Helden der westlichen Nacht.* Am Ende kehrt Sal in die Zwänge des bürgerlichen Alltags zurück, während Dean bleibt, was er ist, ein verantwortungsloser „‚Rebell ohne Grund', über dessen Verhältnis zur Gesellschaft Sal sagt, Dean tobe lediglich in ihr herum, gierig nach Brot und Liebe, ohne sich im geringsten um ökonomische oder politische Probleme zu kümmern. Als Sal ihn in New York persönlich kennenlernte, war Dean für ihn eine faszinierende Persönlichkeit, ein schmalhüftiger, blauäugiger Apostel der Spontaneität, der nicht nur eine von Geheimnissen umwitterte Vergangenheit besaß, sondern sich auch durch Wissensdurst, intellektuelle Interessen und eine unbändige Lebensgier auszeichnete. Rastlos, ständig erregt, von Unruhe und innerer Spannung erfüllt, aber unglaublich vital, energiegeladen und ausdauernd, sucht Dean Wandel, Wechsel, Veränderung. Er nimmt alles enthusiastisch auf und braucht ständig neue Reize und Nervenkitzel ... Seine Handlungen haben weder Ziel noch Richtung. Die Vergangenheit ist ihm ebenso gleichgültig wie die Zukunft", so charakterisiert ihn Karl-Heinz Schönfelder. Dennoch: Bedauern bleibt. Bleibt in dem Maße, wie Menschen vom genialischen Schlage eines Moriarty – das authentische Vorbild ist Kerouacs Freund Neal Cassady – auf der Strecke bleiben.

3

Jack Kerouacs Roman ist eine Art Momentaufnahme, die — obwohl sie Geschichtserfahrungen weitgehend ausspart und Perspektiven nicht aufzeigen will — dennoch zeitbedeutend, weil zeitkritisch ist (und überdies für den Leser von heute schier die sechziger Jahre antizipiert). *On the Road* hält Rückschau auf die Nachkriegsjahre 1947 bis 1949 aus der Sicht der fünfziger Jahre, als Rock'n Roll den Be-bop ersetzt hat und der Gott der „Halbstarken" nicht mehr Shearing heißt, sondern Elvis Presley; der James-Dean-Mythos grassiert, und ein biblischer Filmtitel erscheint programmatisch: ... *denn sie wissen nicht, was sie tun.* Neue Moden bestätigen nur, wie alt, überlebt, parasitär die Macht-, also die Besitzverhältnisse der Etablierten im Lande sind. Wie die umgekrempelt werden können, weiß Kerouac nicht. Aber durch die zunehmende Distanz gegenüber dem Scheinidol Dean Moriarty ist dem Roman eine Tendenz gegeben, mit der das Buch absichtlich unvollkommen bleibt, mit der es Fragen stellt. Als lückenhaftes Stimmungsbild eines auch in den Freundschaften haltlosen antibourgeoisen Aufbegehrens liefert es die Richtung, in der der Roman weiterzudenken und in der auch der Stellenwert der Verse und Prosa der *beat generation* zu finden ist, deren Flüche und Klagen „die Aura von Selbstgefälligkeit und intellektueller Starre“ zertrümmert haben. Die Beat-Literatur war „ein allumfassender, aufrichtiger Protest, dessen Gefühlsbetontheit nicht den Mangel an Perspektive verbergen konnte“, stellt der sowjetische Amerikanist Aleksander Mulyarchik fest und folgert: „Das rasche Verschwinden der Beat-Schriftsteller aus dem literarischen Blickfeld Amerikas war fällig und mehr als nur die simple Reaktion eines saturierten Publikums. Wachsende Gefühle von Opposition und die Intensivierung sozialer Aktionen im Lande forderten die amerikanischen Schriftsteller heraus, das Elitäre und den Subjektivismus preiszugeben.“ Die Klassenkämpfe der sechziger und siebziger Jahre überholen die Beat-Revolte. Aber mit *seiner* Form des Protestes, *seiner* Herausforderung hat Jack Kerouac den ihm möglichen Impuls zu zukünftigen, gewichtigeren sozialen Aktionen gegeben, hat er einen sehr wesentlichen realistischen Beitrag geleistet, den es bei allem zeitlichen, historischen, geographischen und weltanschaulichen Abstand zu respektieren gilt.

Boltenhagen, Juni 1977
Berlin, Juni 1979 *Bernhard Scheller*